National Accounts of OECD Countries

MAIN AGGREGATES

2015/1

This work is published on the responsibility of the Secretary-General of the OECD. The opinions expressed and arguments employed herein do not necessarily reflect the official views of the Organisation or of the governments of its member countries.

This document and any map included herein are without prejudice to the status of or sovereignty over any territory, to the delimitation of international frontiers and boundaries and to the name of any territory, city or area.

Please cite this publication as:
OECD (2015), *National Accounts of OECD Countries, Volume 2015 Issue 1: Main Aggregates*, OECD Publishing.
http://dx.doi.org/10.1787/na-v2015-1-en

ISBN 978-92-64-23268-6 (print)
ISBN 978-92-64-23269-3 (PDF)

Periodical: National Accounts of OECD Countries
ISSN 2221-4321 (print)
ISSN 2221-433X (online)

The statistical data for Israel are supplied by and under the responsibility of the relevant Israeli authorities. The use of such data by the OECD is without prejudice to the status of the Golan Heights, East Jerusalem and Israeli settlements in the West Bank under the terms of international law.

Corrigenda to OECD publications may be found on line at: www.oecd.org/publishing/corrigenda.
© OECD 2015

You can copy, download or print OECD content for your own use, and you can include excerpts from OECD publications, databases and multimedia products in your own documents, presentations, blogs, websites and teaching materials, provided that suitable acknowledgment of OECD as source and copyright owner is given. All requests for public or commercial use and translation rights should be submitted to rights@oecd.org. Requests for permission to photocopy portions of this material for public or commercial use shall be addressed directly to the Copyright Clearance Center (CCC) at info@copyright.com or the Centre français d'exploitation du droit de copie (CFC) at contact@cfcopies.com.

Table of contents

Conventional signs and abbreviations 5

International comparisons 7

   1. Gross domestic product at current prices and PPPs 8
   2. Gross domestic product at the price levels and PPPs of year 2005 9
   3. Gross domestic product per head at current prices and PPPs 10
   4. Gross domestic product per head at the price levels and PPPs of year 2005 11
   5. Gross domestic product per head at current prices and current PPPs, index 12
   6. Gross domestic product per head at the price levels and PPPs of year 2005, index 13
   7. Gross domestic product at current prices and exchange rates 14
   8. Gross domestic product at the price levels and exchange rates of year 2005 15
   9. Gross domestic product at current prices and year 2005 exchange rates 16
  10. Gross domestic product per head at current prices and exchange rates 17
  11. Gross domestic product per head at the price levels and exchange rates of year 2005 ... 18
  12. Gross domestic product, volume indices 19
  13. Gross domestic product, price indices 20
  14. Actual individual consumption at current prices and PPPs 21
  15. Actual individual consumption at the price levels and PPPs of year 2005 22
  16. Actual individual consumption per head at current prices and PPPs 23
  17. Actual individual consumption per head at the price levels and PPPs of year 2005 24
  18. Actual individual consumption per head at current prices and current PPPs, index 25
  19. Actual individual consumption per head at the price levels and PPPs of year 2005, index 26
  20. Actual individual consumption at current prices and exchange rates 27
  21. Actual individual consumption at the price levels and exchange rates of year 2005 28
  22. Actual individual consumption at current prices and year 2005 exchange rates 29
  23. Actual individual consumption per head at current prices and exchange rates 30
  24. Actual individual consumption per head at the price levels and exchange rates of year 2005 ... 31
  25. Actual individual consumption, volume indices 32
  26. Actual individual consumption, price indices 33
  27. Exchange rates 34
  28. Purchasing power parities for gross domestic product 35
  29. Purchasing power parities for actual individual consumption 36
  30. Population, mid-year estimates 37

Country tables 39

Australia 40
Austria 44
Belgium 48
Canada 52
Chile 56

Czech Republic	60
Denmark	64
Estonia	68
Finland	72
France	76
Germany	80
Greece	84
Hungary	88
Iceland	92
Ireland	96
Israel	100
Italy	104
Japan	108
Korea	112
Luxembourg	116
Mexico	120
Netherlands	124
New Zealand	128
Norway	132
Poland	136
Portugal	140
Slovak Republic	144
Slovenia	148
Spain	152
Sweden	156
Switzerland	160
Turkey	164
United Kingdom	168
United States	172
Euro area	176

Conventional signs and abbreviations

Signs and abbreviations

e	Estimated value
..	Not available
.	Decimal point
Billion	Thousand million
FISIM	Financial Intermediation Services Indirectly Measured
NPISH	Non-Profit Institutions Serving Households

Main country groupings

Euro area (EMU): (18 countries) Austria, Belgium, Cyprus,* Estonia, Finland, France, Germany, Greece, Ireland, Italy, Latvia, Luxembourg, Malta, Netherlands, Portugal, Slovak Republic, Slovenia and Spain.

OECD-Total: Australia, Austria, Belgium, Canada, Chile, Czech Republic, Denmark, Estonia, Finland, France, Germany, Greece, Hungary, Iceland, Ireland, Israel,** Italy, Japan, Korea, Luxembourg, Mexico, Netherlands, New Zealand, Norway, Poland, Portugal, Slovak Republic, Slovenia, Spain, Sweden, Switzerland, Turkey, United Kingdom and United States.

Footnote by Turkey: "The information in this document with reference to 'Cyprus' relates to the southern part of the Island. There is no single authority representing both Turkish and Greek Cypriot people on the Island. Turkey recognises the Turkish Republic of Northern Cyprus (TRNC). Until a lasting and equitable solution is found within the context of the United Nations, Turkey shall preserve its position concerning the 'Cyprus issue'".

Footnote by all the European Union Member States of the OECD and the European Commission: "The Republic of Cyprus is recognised by all members of the United Nations with the exception of Turkey. The information in this document relates to the area under the effective control of the Government of the Republic of Cyprus".

**The statistical data for Israel are supplied by and under the responsibility of the relevant Israeli authorities. The use of such data by the OECD is without prejudice to the status of the Golan Heights, East Jerusalem and Israeli settlements in the West Bank under the terms of international law.*

Sources and methods:

System of National Accounts 2003: http://unstats.un.org/unsd/sna1993/introduction.asp

System of National Accounts 2008: http://unstats.un.org/unsd/nationalaccount/sna2008.asp

Classification

The International Standard Industrial Classification (ISIC) are available online: Rev. 3 at
http://unstats.un.org/unsd/cr/registry/regcst.asp?Cl=2 and Rev. 4 at
http://unstats.un.org/unsd/cr/registry/regcst.asp?Cl=27.

International comparisons

INTERNATIONAL COMPARISONS

Table 1. Gross domestic product at current prices and PPPs

Billion USD

	2006	2007	2008	2009	2010	2011	2012	2013
Australia	773.9	825.4	850.6	897.9	935.7	984.8	999.2	1 040.4
Austria	311.3	325.5	342.4	339.0	349.6	369.5	378.3	382.3
Belgium	371.0	389.1	406.5	407.5	428.2	452.5	460.8	464.9
Canada	1 231.9	1 290.1	1 333.4	1 301.7	1 362.1	1 427.5	1 469.4	1 513.0
Chile	254.6	277.3	273.7	273.2	310.7	348.8	370.0	386.6
Czech Republic	250.0	274.8	281.5	282.2	283.3	300.2	301.4	305.1
Denmark	202.2	211.2	224.3	218.9	231.9	241.3	243.6	245.8
Estonia	26.0	29.3	30.1	27.0	28.1	31.3	32.7	34.0
Finland	181.8	198.4	211.1	200.5	205.4	216.9	217.7	216.8
France	2 054.1	2 179.0	2 262.3	2 252.4	2 332.3	2 438.9	2 450.3	2 474.9
Germany	2 855.8	3 022.1	3 151.6	3 036.1	3 234.5	3 442.0	3 500.3	3 539.3
Greece	311.7	324.0	345.4	340.4	322.3	296.7	282.4	283.0
Hungary	187.2	193.8	208.2	208.5	214.8	224.6	223.1	230.9
Iceland	11.2	12.1	13.2	12.7	12.3	12.6	13.0	13.6
Ireland	186.8	205.3	196.4	188.5	195.6	205.6	207.5	210.0
Israel[1]	179.0	195.3	198.5	204.8	219.3	234.4	250.2	261.9
Italy	1 859.9	1 971.2	2 070.0	2 019.3	2 057.9	2 131.8	2 132.0	2 125.1
Japan	4 064.6	4 264.2	4 289.5	4 079.2	4 321.1	4 386.2	4 540.9	4 612.6
Korea	1 251.1	1 354.5	1 405.7	1 396.4	1 505.3	1 559.4	1 601.2	1 660.4
Luxembourg	36.4	38.9	41.4	39.8	42.7	47.4	48.8	49.5
Mexico	1 464.0	1 551.5	1 640.9	1 624.4	1 729.8	1 890.9	1 962.6	1 995.7 e
Netherlands	660.9	710.0	754.8	734.1	743.4	774.4	771.6	775.7
New Zealand	114.5	121.9	124.5	129.6	133.3	139.6	142.9	154.3
Norway	251.1	262.8	292.5	266.0	282.3	306.2	326.7	327.2
Poland	578.0	643.9	688.0	730.4	789.7	850.1	881.2	912.4
Portugal	251.3	265.9	275.5	277.1	284.7	284.3	286.0	290.8
Slovak Republic	101.2	115.2	120.0	124.8	131.7	135.3	139.1	143.4
Slovenia	51.9	55.9	59.8	56.1	56.5	58.5	58.5	59.4
Spain	1 371.0	1 483.7	1 550.0	1 521.0	1 506.8	1 527.3	1 532.7	1 542.8
Sweden	341.4	371.1	386.1	368.9	391.3	413.0	417.6	428.6
Switzerland	324.6	358.0	385.7	386.6	401.6	431.6	447.1	460.6
Turkey	895.5	975.7	1 067.9	1 044.4	1 168.2	1 308.3	1 348.3	1 407.4
United Kingdom	2 241.2	2 294.9	2 333.4	2 259.7	2 254.6	2 312.1	2 381.5	2 452.4
United States	13 855.9	14 477.6	14 718.6	14 418.7	14 964.4	15 517.9	16 163.2	16 768.1
Euro area	10 700.1	11 389.9	11 907.0	11 638.9	12 000.7	12 494.0	12 580.1	12 676.2
OECD-Total	39 103.1	41 269.7	42 541.7	41 667.8	43 431.3	45 301.9	46 582.1	47 768.9 e

1. The statistical data for Israel are supplied by and under the responsibility of the relevant Israeli authorities. The use of such data by the OECD is without prejudice to the status of the Golan Heights, East Jerusalem and Israeli settlements in the West Bank under the terms of international law.

INTERNATIONAL COMPARISONS

Table 2. Gross domestic product at the price levels and PPPs of year 2005

Billion USD

	2006	2007	2008	2009	2010	2011	2012	2013
Australia	745.8	773.5	786.8	802.3	820.9	851.5	872.9	895.1
Austria	295.0	305.7	310.4	298.6	304.2	313.6	316.3	317.1
Belgium	355.0	365.6	369.1	359.4	368.4	374.5	374.8	375.9
Canada	1 192.9	1 216.8	1 231.1	1 197.7	1 238.1	1 274.8	1 299.3	1 325.3
Chile	218.2	229.4	237.0	234.5	248.1	262.5	276.7	287.9
Czech Republic	243.2	256.7	263.6	250.9	256.6	261.7	259.5	257.7
Denmark	191.7	193.3	191.9	182.1	185.1	187.2	186.0	185.1
Estonia	24.8	26.7	25.3	21.6	22.1	23.9	25.0	25.5
Finland	175.0	184.1	185.4	170.1	175.2	179.7	177.1	174.8
France	1 964.7	2 011.1	2 015.0	1 955.7	1 994.2	2 035.6	2 042.5	2 048.3
Germany	2 749.0	2 838.9	2 868.8	2 707.0	2 817.8	2 918.9	2 929.9	2 933.0
Greece	295.1	305.6	304.2	290.8	275.0	250.6	234.1	226.4
Hungary	180.5	181.5	183.1	171.1	172.4	175.5	172.9	175.6
Iceland	11.1	12.2	12.4	11.7	11.4	11.6	11.7	12.2
Ireland	176.6	185.3	180.5	169.0	168.5	173.2	172.6	172.9
Israel[1]	180.4	191.7	198.4	202.2	213.8	222.7	229.4	236.9
Italy	1 754.2	1 780.1	1 761.4	1 664.9	1 693.3	1 703.3	1 664.7	1 632.6
Japan	3 955.4	4 042.1	4 000.0	3 779.0	3 954.8	3 936.8	4 005.9	4 070.5
Korea	1 226.2	1 293.2	1 329.8	1 339.2	1 426.2	1 478.6	1 512.7	1 557.6
Luxembourg	32.8	34.9	35.1	33.2	34.9	35.8	35.7	36.5
Mexico	1 388.2	1 433.0	1 452.8	1 383.8	1 455.8	1 511.7	1 571.2	1 588.0 e
Netherlands	626.4	652.7	666.2	644.3	651.2	662.0	651.5	646.8
New Zealand	107.3	111.1	109.0	111.4	112.1	114.7	117.6	120.6
Norway	225.3	231.2	231.4	227.6	228.7	231.8	238.5	240.0
Poland	559.6	599.9	623.4	639.8	663.5	695.1	707.3	719.1
Portugal	235.4	241.3	241.8	234.6	239.0	234.7	226.9	223.8
Slovak Republic	96.4	106.7	112.5	106.6	111.7	114.7	116.6	118.2
Slovenia	50.5	54.0	55.8	51.4	52.1	52.4	51.0	50.5
Spain	1 267.3	1 315.1	1 329.8	1 282.3	1 282.4	1 274.5	1 247.9	1 232.6
Sweden	324.5	335.6	333.7	316.4	335.4	344.3	343.3	347.7
Switzerland	302.9	315.4	322.6	315.7	325.0	330.9	334.6	341.0
Turkey	835.1	874.1	879.8	837.4	914.1	994.3	1 015.4	1 057.3
United Kingdom	2 148.8	2 203.7	2 196.4	2 101.7	2 141.9	2 177.1	2 191.5	2 228.0
United States	13 442.9	13 682.0	13 642.1	13 263.4	13 599.3	13 817.0	14 137.8	14 451.5
Euro area	10 157.5	10 465.7	10 515.8	10 041.8	10 245.1	10 410.7	10 335.0	10 284.1
OECD-Total	37 578.3	38 586.2	38 690.6	37 354.8	38 488.3	39 233.0	39 747.2	40 296.1 e

1. The statistical data for Israel are supplied by and under the responsibility of the relevant Israeli authorities. The use of such data by the OECD is without prejudice to the status of the Golan Heights, East Jerusalem and Israeli settlements in the West Bank under the terms of international law.

INTERNATIONAL COMPARISONS

Table 3. Gross domestic product per head at current prices and PPPs

USD

	2006	2007	2008	2009	2010	2011	2012	2013
Australia	37 078	38 822	39 147	40 578	41 721	43 265	43 158 e	44 145 e
Austria	37 653	39 240	41 151	40 642	41 816	44 045	44 892	45 093
Belgium	35 186	36 634	37 964	37 764	39 346	41 214	41 684	41 866
Canada	37 822	39 226	40 108	38 709	40 055	41 567	42 283	43 038 e
Chile	15 496	16 709	16 327	16 136	18 173	20 225	21 260	22 021
Czech Republic	24 350	26 622	26 994	26 895	26 941	28 602	28 679	29 028
Denmark	37 192	38 685	40 843	39 625	41 812	43 319	43 565	43 797
Estonia	19 250	21 795	22 478	20 184	21 056	23 536	24 689	25 780
Finland	34 523	37 509	39 730	37 546	38 296	40 251	40 209	39 869
France	32 311	34 064	35 170	34 837	35 896	37 350	37 347	37 556
Germany	34 672	36 737	38 378	37 082	39 563	42 089	42 730	43 108
Greece	28 013	29 025	30 872	30 429	28 901	26 675	25 462	25 586
Hungary	18 584	19 270	20 742	20 801	21 478	22 524	22 494	23 336
Iceland	36 814	39 007	41 275	39 734	38 663	39 560	40 464	41 860
Ireland	43 753	46 655	43 680	41 520	42 904	44 909	45 210	45 642
Israel[1]	25 256	27 056	26 999	27 379	28 773	30 193	31 648	32 505
Italy	31 832	33 531	34 941	33 893	34 396	35 494	35 334	35 041
Japan	31 795	33 319	33 500	31 861	33 748	34 312	35 601	36 225
Korea	25 863	27 872	28 718	28 393	30 465	31 327	32 022	33 062
Luxembourg	77 062	80 903	84 638	79 879	84 110	91 284	91 754	90 724
Mexico	13 505	14 132	14 743	14 394	15 139	16 345	16 767	16 856 e
Netherlands	40 447	43 349	45 913	44 420	44 752	46 389	46 062	46 174
New Zealand	27 273	28 749	29 083	29 910	30 428	31 616	32 166	34 424 e
Norway	53 867	55 850	61 332	55 110	57 736	61 812	65 098	64 408
Poland	15 157 e	16 894 e	18 051 e	18 981 e	20 502 e	22 065 e	22 869 e	23 698 e
Portugal	23 887	25 224	26 096	26 217	26 924	26 932	27 204 e	27 804 e
Slovak Republic	18 776	21 344	23 670	23 030	24 259	25 067	25 725	26 499
Slovenia	25 873	27 670	29 589	27 488	27 561	28 492	28 455	28 864
Spain	30 906	32 800	33 708	32 804	32 361	32 678	32 774	33 112
Sweden	37 594	40 565	41 881	39 670	41 727	43 709	43 869	44 646
Switzerland	42 955	46 990	50 024	49 552	50 978	54 551	55 916	56 940
Turkey	12 905	13 896	15 021	14 495	16 001	17 692	18 002 e	18 574 e
United Kingdom	36 845	37 425	37 743	36 295	35 924	36 534	37 383	38 256
United States	46 369	47 987	48 330	46 930	48 307	49 732	51 435	52 985
Euro area	32 656	34 561	35 938	35 012	36 007	37 384	37 540	37 747
OECD-Total	32 461 e	34 003 e	34 780 e	33 823 e	35 032 e	36 324 e	37 137 e	37 875 e

1. The statistical data for Israel are supplied by and under the responsibility of the relevant Israeli authorities. The use of such data by the OECD is without prejudice to the status of the Golan Heights, East Jerusalem and Israeli settlements in the West Bank under the terms of international law.

INTERNATIONAL COMPARISONS

Table 4. Gross domestic product per head at the price levels and PPPs of year 2005

USD

	2006	2007	2008	2009	2010	2011	2012	2013
Australia	35 735	36 379	36 213	36 256	36 604	37 411	37 703 e	37 982 e
Austria	35 680	36 850	37 302	35 799	36 387	37 382	37 543	37 402
Belgium	33 669	34 421	34 474	33 313	33 854	34 111	33 908	33 845
Canada	36 624	36 999	37 031	35 616	36 410	37 120	37 388	37 701 e
Chile	13 277	13 823	14 138	13 854	14 511	15 221	15 898	16 401
Czech Republic	23 690	24 865	25 277	23 911	24 400	24 928	24 697	24 520
Denmark	35 260	35 401	34 935	32 978	33 369	33 614	33 268	32 976
Estonia	18 337	19 900	18 903	16 150	16 580	17 998	18 899	19 280
Finland	33 237	34 813	34 901	31 862	32 665	33 350	32 718	32 138
France	30 904	31 439	31 326	30 249	30 692	31 174	31 131	31 082
Germany	33 376	34 510	34 934	33 063	34 465	35 693	35 767	35 724
Greece	26 522	27 373	27 195	25 998	24 656	22 531	21 108	20 464
Hungary	17 926	18 046	18 236	17 068	17 241	17 603	17 432	17 747
Iceland	36 573	39 218	38 680	36 702	35 764	36 412	36 633	37 544
Ireland	41 360	42 114	40 140	37 226	36 956	37 836	37 611	37 581
Israel[1]	25 445	26 552	26 986	27 018	28 052	28 692	29 018	29 402
Italy	30 024	30 280	29 733	27 944	28 303	28 360	27 588	26 920
Japan	30 941	31 584	31 239	29 515	30 886	30 797	31 406	31 968
Korea	25 350	26 611	27 168	27 230	28 865	29 706	30 250	31 016
Luxembourg	69 292	72 573	71 660	66 612	68 756	68 933	67 254	66 857
Mexico	12 805	13 052	13 053	12 262	12 741	13 068	13 423	13 413 e
Netherlands	38 331	39 850	40 525	38 985	39 198	39 657	38 890	38 498
New Zealand	25 548	26 187	25 456	25 713	25 592	25 988	26 471	26 902 e
Norway	48 327	49 135	48 518	47 152	46 776	46 791	47 513	47 246
Poland	14 675 e	15 738 e	16 355 e	16 626 e	17 226 e	18 042 e	18 356 e	18 677 e
Portugal	22 375	22 888	22 900	22 197	22 608	22 228	21 578 e	21 403 e
Slovak Republic	17 883	19 772	20 813	19 669	20 572	21 253	21 561	21 841
Slovenia	25 146	26 745	27 585	25 189	25 408	25 513	24 792	24 512
Spain	28 569	29 072	28 919	27 654	27 542	27 271	26 684	26 454
Sweden	35 740	36 684	36 197	34 029	35 761	36 437	36 065	36 219
Switzerland	40 075	41 400	41 835	40 470	41 262	41 822	41 839	42 153
Turkey	12 034	12 449	12 376	11 622	12 521	13 445	13 557 e	13 953 e
United Kingdom	35 327	35 939	35 527	33 757	34 129	34 402	34 401	34 755
United States	44 987	45 350	44 795	43 170	43 900	44 281	44 989	45 665
Euro area	31 000	31 757	31 739	30 208	30 739	31 151	30 840	30 624
OECD-Total	31 195 e	31 792 e	31 631 e	30 322 e	31 045 e	31 458 e	31 688 e	31 950 e

1. The statistical data for Israel are supplied by and under the responsibility of the relevant Israeli authorities. The use of such data by the OECD is without prejudice to the status of the Golan Heights, East Jerusalem and Israeli settlements in the West Bank under the terms of international law.

INTERNATIONAL COMPARISONS

Table 5. Gross domestic product per head at current prices and current PPPs, index

OECD=100

	2006	2007	2008	2009	2010	2011	2012	2013
Australia	114.2 e	114.2 e	112.6 e	120.0 e	119.1 e	119.1 e	116.2 e	116.6 e
Austria	116.0 e	115.4 e	118.3 e	120.2 e	119.4 e	121.3 e	120.9 e	119.1 e
Belgium	108.4 e	107.7 e	109.2 e	111.7 e	112.3 e	113.5 e	112.2 e	110.5 e
Canada	116.5 e	115.4 e	115.3 e	114.4 e	114.3 e	114.4 e	113.9 e	113.6 e
Chile	47.7 e	49.1 e	46.9 e	47.7 e	51.9 e	55.7 e	57.2 e	58.1 e
Czech Republic	75.0 e	78.3 e	77.6 e	79.5 e	76.9 e	78.7 e	77.2 e	76.6 e
Denmark	114.6 e	113.8 e	117.4 e	117.2 e	119.4 e	119.3 e	117.3 e	115.6 e
Estonia	59.3 e	64.1 e	64.6 e	59.7 e	60.1 e	64.8 e	66.5 e	68.1 e
Finland	106.4 e	110.3 e	114.2 e	111.0 e	109.3 e	110.8 e	108.3 e	105.3 e
France	99.5 e	100.2 e	101.1 e	103.0 e	102.5 e	102.8 e	100.6 e	99.2 e
Germany	106.8 e	108.0 e	110.3 e	109.6 e	112.9 e	115.9 e	115.1 e	113.8 e
Greece	86.3 e	85.4 e	88.8 e	90.0 e	82.5 e	73.4 e	68.6 e	67.6 e
Hungary	57.2 e	56.7 e	59.6 e	61.5 e	61.3 e	62.0 e	60.6 e	61.6 e
Iceland	113.4 e	114.7 e	118.7 e	117.5 e	110.4 e	108.9 e	109.0 e	110.5 e
Ireland	134.8 e	137.2 e	125.6 e	122.8 e	122.5 e	123.6 e	121.7 e	120.5 e
Israel[1]	77.8 e	79.6 e	77.6 e	80.9 e	82.1 e	83.1 e	85.2 e	85.8 e
Italy	98.1 e	98.6 e	100.5 e	100.2 e	98.2 e	97.7 e	95.1 e	92.5 e
Japan	97.9 e	98.0 e	96.3 e	94.2 e	96.3 e	94.5 e	95.9 e	95.6 e
Korea	79.7 e	82.0 e	82.6 e	83.9 e	87.0 e	86.2 e	86.2 e	87.3 e
Luxembourg	237.4 e	237.9 e	243.4 e	236.2 e	240.1 e	251.3 e	247.1 e	239.5 e
Mexico	41.6 e	41.6 e	42.4 e	42.6 e	43.2 e	45.0 e	45.1 e	44.5 e
Netherlands	124.6 e	127.5 e	132.0 e	131.3 e	127.7 e	127.7 e	124.0 e	121.9 e
New Zealand	84.0 e	84.6 e	83.6 e	88.4 e	86.9 e	87.0 e	86.6 e	90.9 e
Norway	165.9 e	164.3 e	176.3 e	162.9 e	164.8 e	170.2 e	175.3 e	170.1 e
Poland	46.7 e	49.7 e	51.9 e	56.1 e	58.5 e	60.7 e	61.6 e	62.6 e
Portugal	73.6 e	74.2 e	75.0 e	77.5 e	76.9 e	74.1 e	73.3 e	73.4 e
Slovak Republic	57.8 e	62.0 e	68.1 e	68.1 e	69.2 e	69.0 e	69.3 e	70.0 e
Slovenia	79.7 e	81.4 e	85.1 e	81.3 e	78.7 e	78.4 e	76.6 e	76.2 e
Spain	95.2 e	96.5 e	96.9 e	97.0 e	92.4 e	90.0 e	88.3 e	87.4 e
Sweden	115.8 e	119.3 e	120.4 e	117.3 e	119.1 e	120.3 e	118.1 e	117.9 e
Switzerland	132.3 e	138.2 e	143.8 e	146.5 e	145.5 e	150.2 e	150.6 e	150.3 e
Turkey	39.8 e	40.9 e	43.2 e	42.9 e	45.7 e	48.7 e	48.5 e	49.0 e
United Kingdom	113.5 e	110.1 e	108.5 e	107.3 e	102.5 e	100.6 e	100.7 e	101.0 e
United States	142.8 e	141.1 e	139.0 e	138.8 e	137.9 e	136.9 e	138.5 e	139.9 e
Euro area	100.6 e	101.6 e	103.3 e	103.5 e	102.8 e	102.9 e	101.1 e	99.7 e
OECD-Total	100.0 e	100.0 e	100.0 e	100.0 e	100.0 e	100.0 e	100.0 e	100.0 e

1. The statistical data for Israel are supplied by and under the responsibility of the relevant Israeli authorities. The use of such data by the OECD is without prejudice to the status of the Golan Heights, East Jerusalem and Israeli settlements in the West Bank under the terms of international law.

INTERNATIONAL COMPARISONS

Table 6. Gross domestic product per head at the price levels and PPPs of year 2005, index

OECD=100

	2006	2007	2008	2009	2010	2011	2012	2013
Australia	114.6 e	114.4 e	114.5 e	119.6 e	117.9 e	118.9 e	119.0 e	118.9 e
Austria	114.4 e	115.9 e	117.9 e	118.1 e	117.2 e	118.8 e	118.5 e	117.1 e
Belgium	107.9 e	108.3 e	109.0 e	109.9 e	109.0 e	108.4 e	107.0 e	105.9 e
Canada	117.4 e	116.4 e	117.1 e	117.5 e	117.3 e	118.0 e	118.0 e	118.0 e
Chile	42.6 e	43.5 e	44.7 e	45.7 e	46.7 e	48.4 e	50.2 e	51.3 e
Czech Republic	75.9 e	78.2 e	79.9 e	78.9 e	78.6 e	79.2 e	77.9 e	76.7 e
Denmark	113.0 e	111.4 e	110.4 e	108.8 e	107.5 e	106.9 e	105.0 e	103.2 e
Estonia	58.8 e	62.6 e	59.8 e	53.3 e	53.4 e	57.2 e	59.6 e	60.3 e
Finland	106.5 e	109.5 e	110.3 e	105.1 e	105.2 e	106.0 e	103.3 e	100.6 e
France	99.1 e	98.9 e	99.0 e	99.8 e	98.9 e	99.1 e	98.2 e	97.3 e
Germany	107.0 e	108.6 e	110.4 e	109.0 e	111.0 e	113.5 e	112.9 e	111.8 e
Greece	85.0 e	86.1 e	86.0 e	85.7 e	79.4 e	71.6 e	66.6 e	64.1 e
Hungary	57.5 e	56.8 e	57.7 e	56.3 e	55.5 e	56.0 e	55.0 e	55.5 e
Iceland	117.2 e	123.9 e	122.3 e	121.0 e	115.2 e	115.7 e	115.6 e	117.5 e
Ireland	132.6 e	132.5 e	126.9 e	122.8 e	119.0 e	120.3 e	118.7 e	117.6 e
Israel[1]	81.6 e	83.5 e	85.3 e	89.1 e	90.4 e	91.2 e	91.6 e	92.0 e
Italy	96.2 e	95.2 e	94.0 e	92.2 e	91.2 e	90.2 e	87.1 e	84.3 e
Japan	99.2 e	99.3 e	98.8 e	97.3 e	99.5 e	97.9 e	99.1 e	100.1 e
Korea	81.3 e	83.7 e	85.9 e	89.8 e	93.0 e	94.4 e	95.5 e	97.1 e
Luxembourg	222.1 e	228.3 e	226.5 e	219.7 e	221.5 e	219.1 e	212.2 e	209.3 e
Mexico	41.0 e	41.1 e	41.3 e	40.4 e	41.0 e	41.5 e	42.4 e	42.0 e
Netherlands	122.9 e	125.3 e	128.1 e	128.6 e	126.3 e	126.1 e	122.7 e	120.5 e
New Zealand	81.9 e	82.4 e	80.5 e	84.8 e	82.4 e	82.6 e	83.5 e	84.2 e
Norway	154.9 e	154.6 e	153.4 e	155.5 e	150.7 e	148.7 e	149.9 e	147.9 e
Poland	47.0 e	49.5 e	51.7 e	54.8 e	55.5 e	57.4 e	57.9 e	58.5 e
Portugal	71.7 e	72.0 e	72.4 e	73.2 e	72.8 e	70.7 e	68.1 e	67.0 e
Slovak Republic	57.3 e	62.2 e	65.8 e	64.9 e	66.3 e	67.6 e	68.0 e	68.4 e
Slovenia	80.6 e	84.1 e	87.2 e	83.1 e	81.8 e	81.1 e	78.2 e	76.7 e
Spain	91.6 e	91.4 e	91.4 e	91.2 e	88.7 e	86.7 e	84.2 e	82.8 e
Sweden	114.6 e	115.4 e	114.4 e	112.2 e	115.2 e	115.8 e	113.8 e	113.4 e
Switzerland	128.5 e	130.2 e	132.3 e	133.5 e	132.9 e	132.9 e	132.0 e	131.9 e
Turkey	38.6 e	39.2 e	39.1 e	38.3 e	40.3 e	42.7 e	42.8 e	43.7 e
United Kingdom	113.2 e	113.0 e	112.3 e	111.3 e	109.9 e	109.4 e	108.6 e	108.8 e
United States	144.2 e	142.6 e	141.6 e	142.4 e	141.4 e	140.8 e	142.0 e	142.9 e
Euro area	99.4 e	99.9 e	100.3 e	99.6 e	99.0 e	99.0 e	97.3 e	95.9 e
OECD-Total	100.0 e	100.0 e	100.0 e	100.0 e	100.0 e	100.0 e	100.0 e	100.0 e

1. The statistical data for Israel are supplied by and under the responsibility of the relevant Israeli authorities. The use of such data by the OECD is without prejudice to the status of the Golan Heights, East Jerusalem and Israeli settlements in the West Bank under the terms of international law.

INTERNATIONAL COMPARISONS

Table 7. Gross domestic product at current prices and exchange rates

Billion USD

	2006	2007	2008	2009	2010	2011	2012	2013
Australia	818.6	986.1	1 055.3	1 010.6	1 291.4	1 534.9	1 574.8	1 528.8
Austria	334.3	386.4	427.6	397.6	389.7	429.1	407.6	428.3
Belgium	410.7	472.3	520.1	485.8	484.4	528.2	498.9	524.8
Canada	1 310.8	1 457.9	1 542.6	1 370.8	1 614.1	1 788.7	1 832.7	1 839.0
Chile	154.7	173.1	179.6	172.0	217.6	251.0	266.4	277.0
Czech Republic	155.2	188.8	235.2	205.7	207.0	227.3	206.8	208.8
Denmark	283.0	319.5	352.6	319.8	319.8	341.5	322.3	335.9
Estonia	17.0	22.2	24.2	19.7	19.5	22.8	22.7	24.9
Finland	216.5	255.4	283.8	251.5	247.8	273.7	256.7	268.2
France	2 324.9	2 663.0	2 923.6	2 693.7	2 646.8	2 862.7	2 686.7	2 806.4
Germany	2 998.5	3 435.5	3 747.1	3 412.8	3 412.0	3 752.1	3 533.2	3 730.3
Greece	273.3	318.7	354.6	329.8	299.6	288.8	249.5	242.2
Hungary	114.2	138.6	156.6	129.4	129.6	139.4	126.8	133.4
Iceland	17.1	21.4	17.6	12.8	13.3	14.7	14.2	15.3
Ireland	230.5	269.3	273.7	233.5	218.4	237.8	222.0	232.1
Israel[1]	152.2	176.7	213.9	206.5	232.9	258.4	257.2	290.6
Italy	1 943.4	2 204.0	2 392.0	2 186.1	2 126.6	2 278.2	2 091.8	2 149.5
Japan	4 356.8	4 356.3	4 849.2	5 035.1	5 495.4	5 905.6	5 954.5	4 919.6
Korea	1 011.8	1 122.7	1 002.2	901.9	1 094.5	1 202.5	1 222.8	1 304.6
Luxembourg	41.8	49.2	55.0	50.1	52.1	59.0	56.3	60.1
Mexico	965.3	1 043.1	1 101.3	893.4	1 049.9	1 167.9	1 181.6	1 256.6 e
Netherlands	719.4	833.1	931.3	858.0	836.4	893.8	823.1	853.5
New Zealand	110.2	135.3	130.5	119.0	143.5	163.8	171.5	185.8
Norway	340.0	393.5	453.9	378.8	420.9	490.8	500.0	512.6
Poland	343.3	428.8	530.2	436.5	476.7	524.4	496.2	525.9
Portugal	208.6	240.2	262.0	243.7	238.3	244.9	218.0	227.3
Slovak Republic	57.0	76.7	96.1	88.6	89.0	97.5	92.7	97.7
Slovenia	39.6	48.1	55.6	50.2	47.0	51.3	46.3	48.0
Spain	1 264.5	1 479.3	1 635.0	1 499.0	1 431.6	1 494.6	1 355.7	1 393.0
Sweden	420.0	487.8	514.0	429.7	488.4	563.1	543.9	579.5
Switzerland	429.2	477.4	551.6	539.5	581.2	696.3	666.1	685.4
Turkey	530.9	647.1	730.3	614.6	731.1	774.8	788.9	822.1
United Kingdom	2 582.8	2 963.3	2 791.9	2 308.9	2 407.9	2 591.8	2 614.9	2 678.2
United States	13 855.9	14 477.6	14 718.6	14 418.7	14 964.4	15 517.9	16 163.2	16 768.1
Euro area	11 128.4	12 816.0	14 054.0	12 860.4	12 598.1	13 579.2	12 623.0	13 150.5
OECD-Total	39 031.8	42 748.3	45 108.5	42 303.8	44 419.9	47 669.3	47 465.9	47 953.4 e

1. The statistical data for Israel are supplied by and under the responsibility of the relevant Israeli authorities. The use of such data by the OECD is without prejudice to the status of the Golan Heights, East Jerusalem and Israeli settlements in the West Bank under the terms of international law.

INTERNATIONAL COMPARISONS

Table 8. Gross domestic product at the price levels and exchange rates of year 2005

Billion USD

	2006	2007	2008	2009	2010	2011	2012	2013
Australia	790.8	820.0	834.3	850.6	870.4	902.8	925.5	949.1
Austria	325.2	337.0	342.2	329.2	335.4	345.7	348.7	349.5
Belgium	397.1	409.0	412.9	402.1	412.2	418.9	419.3	420.5
Canada	1 194.7	1 218.7	1 233.0	1 199.6	1 240.1	1 276.8	1 301.3	1 327.4
Chile	130.1	136.8	141.3	139.8	147.9	156.5	164.9	171.6
Czech Republic	145.3	153.4	157.5	149.9	153.3	156.4	155.1	154.0
Denmark	274.6	276.9	274.9	260.9	265.1	268.2	266.4	265.1
Estonia	15.5	16.7	15.8	13.5	13.8	14.9	15.6	15.9
Finland	212.7	223.8	225.4	206.7	212.9	218.4	215.3	212.4
France	2 256.0	2 309.2	2 313.7	2 245.7	2 289.8	2 337.4	2 345.3	2 351.9
Germany	2 963.6	3 060.5	3 092.7	2 918.3	3 037.7	3 146.7	3 158.6	3 161.9
Greece	262.1	271.3	270.1	258.3	244.2	222.5	207.9	201.0
Hungary	116.3	116.9	117.9	110.2	111.1	113.1	111.4	113.1
Iceland	17.5	19.2	19.4	18.4	17.9	18.3	18.5	19.1
Ireland	221.9	232.8	226.7	212.3	211.7	217.6	216.9	217.3
Israel[1]	149.4	158.7	164.3	167.4	177.1	184.5	190.0	196.2
Italy	1 890.7	1 918.5	1 898.4	1 794.3	1 825.0	1 835.7	1 794.1	1 759.6
Japan	4 649.3	4 751.2	4 701.7	4 441.8	4 648.5	4 627.4	4 708.6	4 784.6
Korea	944.6	996.2	1 024.4	1 031.7	1 098.7	1 139.1	1 165.3	1 199.9
Luxembourg	38.8	41.3	41.5	39.3	41.3	42.4	42.4	43.2
Mexico	907.8	937.1	950.1	905.0	952.0	988.6	1 027.5	1 038.5 e
Netherlands	698.1	727.4	742.5	718.0	725.7	737.8	726.1	720.8
New Zealand	115.9	120.0	117.8	120.4	121.2	124.0	127.1	130.3
Norway	311.0	319.3	319.5	314.3	315.8	320.0	329.3	331.4
Poland	323.3	346.5	360.1	369.6	383.3	401.5	408.6	415.4
Portugal	200.4	205.4	205.8	199.6	203.4	199.7	193.1	190.5
Slovak Republic	53.0	58.7	61.8	58.6	61.4	63.1	64.1	65.0
Slovenia	38.4	41.1	42.4	39.1	39.6	39.8	38.8	38.4
Spain	1 205.6	1 251.0	1 264.9	1 219.7	1 219.9	1 212.4	1 187.1	1 172.5
Sweden	407.3	421.1	418.8	397.1	420.9	432.1	430.8	436.4
Switzerland	423.9	441.4	451.5	441.9	454.9	463.1	468.3	477.3
Turkey	516.3	540.4	543.9	517.7	565.1	614.7	627.8	653.6
United Kingdom	2 485.5	2 549.0	2 540.6	2 431.0	2 477.5	2 518.3	2 534.9	2 577.1
United States	13 442.9	13 682.0	13 642.1	13 263.4	13 599.3	13 817.0	14 137.8	14 451.5
Euro area	10 823.7	11 152.1	11 205.5	10 700.4	10 917.1	11 093.5	11 012.8	10 958.6
OECD-Total	38 125.3	39 112.3	39 192.1	37 807.9	38 905.1	39 592.8	40 085.5	40 634.2 e

1. The statistical data for Israel are supplied by and under the responsibility of the relevant Israeli authorities. The use of such data by the OECD is without prejudice to the status of the Golan Heights, East Jerusalem and Israeli settlements in the West Bank under the terms of international law.

INTERNATIONAL COMPARISONS

Table 9. Gross domestic product at current prices and year 2005 exchange rates

Billion USD

	2006	2007	2008	2009	2010	2011	2012	2013
Australia	830.1	899.9	960.8	989.5	1 075.1	1 136.4	1 161.5	1 209.3
Austria	331.4	351.1	363.0	355.9	365.9	383.9	394.5	401.2
Belgium	407.1	429.1	441.6	434.9	454.8	472.6	482.8	491.5
Canada	1 227.1	1 292.3	1 358.3	1 293.2	1 372.2	1 460.7	1 511.2	1 562.8
Chile	146.5	161.5	167.7	172.3	198.3	216.9	231.5	245.1
Czech Republic	146.4	159.9	167.6	163.7	165.0	167.9	169.0	170.6
Denmark	280.6	290.0	299.7	285.8	299.9	305.7	311.3	314.6
Estonia	16.8	20.2	20.5	17.6	18.3	20.4	21.9	23.3
Finland	214.7	232.0	240.9	225.1	232.7	244.8	248.5	251.2
France	2 304.7	2 419.6	2 482.0	2 411.4	2 485.3	2 560.9	2 600.4	2 628.6
Germany	2 972.4	3 121.6	3 181.1	3 055.1	3 203.8	3 356.6	3 419.8	3 493.9
Greece	270.9	289.5	301.1	295.3	281.3	258.4	241.5	226.9
Hungary	120.4	127.5	135.0	131.1	135.0	140.5	143.0	149.5
Iceland	19.1	21.8	24.6	25.2	25.7	27.0	28.2	29.7
Ireland	228.5	244.7	232.4	209.1	205.1	212.7	214.8	217.4
Israel[1]	151.1	161.7	171.0	180.9	194.1	206.0	221.0	233.8
Italy	1 926.6	2 002.6	2 030.7	1 957.0	1 996.8	2 038.1	2 024.6	2 013.3
Japan	4 597.1	4 654.2	4 547.4	4 274.6	4 376.6	4 276.2	4 310.6	4 356.2
Korea	943.3	1 018.7	1 078.5	1 124.1	1 235.5	1 301.3	1 345.0	1 394.7
Luxembourg	41.4	44.7	46.7	44.9	49.0	52.7	54.5	56.3
Mexico	965.4	1 046.0	1 124.7	1 107.8	1 217.4	1 331.3	1 427.9	1 472.7 e
Netherlands	713.1	757.0	790.7	768.1	785.3	799.5	796.7	799.4
New Zealand	119.7	129.6	130.7	134.1	140.2	146.0	149.0	159.5
Norway	338.5	358.0	397.3	369.8	394.9	427.0	451.5	467.4
Poland	329.2	366.8	394.8	420.9	444.2	480.2	499.4	513.7
Portugal	206.7	218.2	222.4	218.2	223.8	219.1	211.0	212.9
Slovak Republic	54.5	61.0	66.2	62.0	65.3	68.1	70.1	71.5
Slovenia	39.2	43.7	47.2	45.0	45.0	45.8	44.8	44.9
Spain	1 253.5	1 344.1	1 388.1	1 341.9	1 344.2	1 337.0	1 312.2	1 304.8
Sweden	414.7	441.2	453.3	440.0	471.0	489.3	493.1	505.1
Switzerland	432.2	460.2	479.8	471.5	486.8	496.6	501.6	510.2
Turkey	564.5	627.6	707.5	709.0	817.8	965.9	1 054.5	1 164.9
United Kingdom	2 552.2	2 692.7	2 761.2	2 694.8	2 833.4	2 941.2	3 009.8	3 114.8
United States	13 855.9	14 477.6	14 718.6	14 418.7	14 964.4	15 517.9	16 163.2	16 768.1
Euro area	11 031.8	11 644.9	11 931.4	11 512.6	11 829.2	12 147.7	12 217.5	12 317.1
OECD-Total	39 015.7	40 966.6	41 933.2	40 848.8	42 604.3	44 104.6	45 320.4	46 579.7 e

1. The statistical data for Israel are supplied by and under the responsibility of the relevant Israeli authorities. The use of such data by the OECD is without prejudice to the status of the Golan Heights, East Jerusalem and Israeli settlements in the West Bank under the terms of international law.

INTERNATIONAL COMPARISONS

Table 10. Gross domestic product per head at current prices and exchange rates

USD

	2006	2007	2008	2009	2010	2011	2012	2013
Australia	39 220	46 380	48 567	45 667	57 584	67 435	68 019 e	64 869 e
Austria	40 432	46 586	51 388	47 662	46 604	51 153	48 369	50 526
Belgium	38 953	44 463	48 577	45 024	44 510	48 118	45 129	47 258
Canada	40 245	44 328	46 399	40 764	47 465	52 085	52 737	52 311 e
Chile	9 412	10 428	10 715	10 158	12 727	14 552	15 309	15 780
Czech Republic	15 118	18 292	22 551	19 609	19 683	21 655	19 673	19 865
Denmark	52 044	58 517	64 189	57 897	57 655	61 310	57 642	59 839
Estonia	12 562	16 550	18 049	14 712	14 620	17 149	17 100	18 846
Finland	41 118	48 286	53 403	47 104	46 202	50 790	47 415	49 310
France	36 570	41 630	45 451	41 662	40 737	43 840	40 950	42 587
Germany	36 404	41 762	45 629	41 683	41 734	45 881	43 132	45 434
Greece	24 557	28 547	31 702	29 484	26 861	25 964	22 494	21 897
Hungary	11 343	13 781	15 598	12 907	12 958	13 983	12 784	13 487
Iceland	56 192	68 872	55 108	40 169	41 700	45 973	44 221	47 350
Ireland	53 989	61 198	60 883	51 451	47 906	51 948	48 357	50 432
Israel[1]	21 476	24 475	29 100	27 596	30 562	33 287	32 534	36 066
Italy	33 262	37 491	40 376	36 693	35 545	37 933	34 667	35 443
Japan	34 080	34 039	37 871	39 327	42 918	46 199	46 683	38 635
Korea	20 917	23 102	20 475	18 339	22 151	24 156	24 454	25 977
Luxembourg	88 346	102 367	112 355	100 645	102 746	113 508	105 912	110 271
Mexico	8 904	9 501	9 895	7 916	9 189	10 095	10 095	10 614 e
Netherlands	44 023	50 870	56 650	51 920	50 349	53 541	49 137	50 806
New Zealand	26 250	31 902	30 473	27 459	32 748	37 113	38 585	41 454 e
Norway	72 955	83 612	95 174	78 485	86 101	99 093	99 627	100 902
Poland	9 002 e	11 249 e	13 910 e	11 342 e	12 376 e	13 610 e	12 877 e	13 658 e
Portugal	19 820	22 779	24 816	23 063	22 539	23 196	20 733 e	21 738 e
Slovak Republic	10 567	14 209	17 781	16 359	16 392	18 068	17 156	18 051
Slovenia	19 715	23 831	27 494	24 608	23 414	24 966	22 493	23 301
Spain	28 505	32 701	35 558	32 328	30 746	31 979	28 989	29 899
Sweden	46 256	53 325	55 747	46 207	52 076	59 593	57 134	60 365
Switzerland	56 788	62 665	71 527	69 156	73 780	87 998	83 295	84 733
Turkey	7 651	9 217	10 273	8 530	10 015	10 477	10 532 e	10 850 e
United Kingdom	42 462	48 325	45 158	37 085	38 368	40 955	41 048	41 777
United States	46 369	47 987	48 330	46 930	48 307	49 732	51 435	52 985
Euro area	33 963	38 889	42 418	38 687	37 799	40 631	37 668	39 159
OECD-Total	32 402 e	35 221 e	36 878 e	34 339 e	35 829 e	38 222 e	37 842 e	38 021 e

1. The statistical data for Israel are supplied by and under the responsibility of the relevant Israeli authorities. The use of such data by the OECD is without prejudice to the status of the Golan Heights, East Jerusalem and Israeli settlements in the West Bank under the terms of international law.

INTERNATIONAL COMPARISONS

Table 11. Gross domestic product per head at the price levels and exchange rates of year 2005

USD

	2006	2007	2008	2009	2010	2011	2012	2013
Australia	37 888	38 571	38 395	38 440	38 809	39 665	39 974 e	40 270 e
Austria	39 331	40 621	41 119	39 462	40 110	41 207	41 385	41 230
Belgium	37 667	38 508	38 567	37 268	37 874	38 161	37 935	37 864
Canada	36 681	37 056	37 088	35 672	36 467	37 177	37 446	37 759 e
Chile	7 915	8 240	8 428	8 259	8 650	9 074	9 477	9 777
Czech Republic	14 157	14 858	15 105	14 289	14 581	14 896	14 758	14 652
Denmark	50 506	50 708	50 042	47 238	47 798	48 149	47 654	47 236
Estonia	11 445	12 421	11 799	10 080	10 348	11 234	11 796	12 034
Finland	40 393	42 307	42 414	38 721	39 697	40 530	39 762	39 056
France	35 486	36 100	35 970	34 733	35 242	35 796	35 746	35 690
Germany	35 981	37 204	37 660	35 644	37 155	38 479	38 558	38 512
Greece	23 551	24 307	24 148	23 086	21 894	20 007	18 743	18 172
Hungary	11 550	11 627	11 750	10 997	11 109	11 342	11 232	11 435
Iceland	57 535	61 695	60 849	57 737	56 261	57 280	57 628	59 062
Ireland	51 961	52 909	50 429	46 768	46 428	47 534	47 251	47 213
Israel[1]	21 075	21 992	22 351	22 378	23 234	23 764	24 034	24 352
Italy	32 358	32 635	32 045	30 117	30 504	30 565	29 734	29 014
Japan	36 368	37 125	36 719	34 693	36 304	36 200	36 915	37 575
Korea	19 528	20 500	20 928	20 976	22 236	22 884	23 303	23 893
Luxembourg	82 112	86 001	84 918	78 937	81 477	81 687	79 697	79 226
Mexico	8 374	8 536	8 536	8 019	8 332	8 546	8 778	8 772 e
Netherlands	42 718	44 411	45 163	43 446	43 684	44 195	43 341	42 904
New Zealand	27 612	28 302	27 513	27 790	27 659	28 088	28 610	29 075 e
Norway	66 735	67 850	66 999	65 112	64 593	64 614	65 611	65 242
Poland	8 477 e	9 092 e	9 448 e	9 605 e	9 951 e	10 423 e	10 604 e	10 790 e
Portugal	19 042	19 478	19 489	18 890	19 240	18 916	18 364 e	18 215 e
Slovak Republic	9 830	10 868	11 441	10 811	11 308	11 682	11 852	12 005
Slovenia	19 125	20 341	20 980	19 158	19 324	19 404	18 856	18 643
Spain	27 176	27 655	27 509	26 306	26 199	25 941	25 383	25 164
Sweden	44 852	46 037	45 425	42 705	44 878	45 727	45 260	45 454
Switzerland	56 089	57 943	58 552	56 643	57 751	58 534	58 558	58 998
Turkey	7 440	7 696	7 651	7 185	7 741	8 312	8 381 e	8 626 e
United Kingdom	40 862	41 570	41 093	39 047	39 477	39 792	39 791	40 200
United States	44 987	45 350	44 795	43 170	43 900	44 281	44 989	45 665
Euro area	33 033	33 840	33 821	32 189	32 755	33 194	32 863	32 632
OECD-Total	31 649 e	32 225 e	32 041 e	30 690 e	31 381 e	31 746 e	31 958 e	32 218 e

1. The statistical data for Israel are supplied by and under the responsibility of the relevant Israeli authorities. The use of such data by the OECD is without prejudice to the status of the Golan Heights, East Jerusalem and Israeli settlements in the West Bank under the terms of international law.

INTERNATIONAL COMPARISONS

Table 12. Gross domestic product, volume indices

Year 2005=100

	2006	2007	2008	2009	2010	2011	2012	2013
Australia	103.8	107.6	109.5	111.6	114.2	118.5	121.4	124.5
Austria	103.4	107.1	108.8	104.6	106.6	109.9	110.8	111.1
Belgium	102.6	105.7	106.7	103.9	106.5	108.3	108.4	108.7
Canada	102.6	104.7	105.9	103.0	106.5	109.7	111.8	114.0
Chile	105.7	111.1	114.8	113.6	120.2	127.2	134.0	139.5
Czech Republic	106.9	112.8	115.8	110.2	112.8	115.0	114.0	113.2
Denmark	103.8	104.7	103.9	98.6	100.2	101.4	100.7	100.2
Estonia	110.4	119.1	112.8	96.2	98.5	106.7	111.7	113.5
Finland	104.1	109.5	110.2	101.1	104.1	106.8	105.3	103.9
France	102.4	104.8	105.0	101.9	103.9	106.1	106.4	106.7
Germany	103.7	107.1	108.2	102.1	106.3	110.1	110.5	110.7
Greece	105.8	109.6	109.1	104.3	98.6	89.9	84.0	81.2
Hungary	104.0	104.5	105.4	98.5	99.3	101.1	99.6	101.1
Iceland	104.2	114.4	115.7	109.7	106.5	108.8	110.0	113.8
Ireland	105.5	110.7	107.8	100.9	100.6	103.4	103.1	103.3
Israel[1]	105.8	112.4	116.3	118.6	125.4	130.6	134.5	138.9
Italy	102.0	103.5	102.4	96.8	98.5	99.0	96.8	94.9
Japan	101.7	103.9	102.8	97.2	101.7	101.2	103.0	104.7
Korea	105.2	110.9	114.1	114.9	122.3	126.8	129.7	133.6
Luxembourg	104.9	111.7	112.2	106.2	111.7	114.6	114.4	116.7
Mexico	105.0	108.4	109.9	104.6	110.1	114.3	118.8	120.1 e
Netherlands	103.8	108.2	110.4	106.8	107.9	109.7	108.0	107.2
New Zealand	101.9	105.5	103.5	105.8	106.5	109.0	111.7	114.5
Norway	102.3	105.0	105.1	103.4	103.9	105.3	108.3	109.0
Poland	106.2	113.8	118.3	121.4	125.9	131.9	134.2	136.5
Portugal	101.6	104.1	104.3	101.2	103.1	101.2	97.9	96.5
Slovak Republic	108.3	119.8	126.3	119.7	125.4	128.8	130.9	132.8
Slovenia	105.7	113.0	116.7	107.6	108.9	109.6	106.7	105.6
Spain	104.2	108.1	109.3	105.4	105.4	104.8	102.6	101.3
Sweden	104.7	108.3	107.6	102.1	108.2	111.1	110.7	112.2
Switzerland	104.0	108.3	110.8	108.4	111.6	113.6	114.9	117.1
Turkey	106.9	111.9	112.6	107.2	117.0	127.3	130.0	135.3
United Kingdom	103.0	105.7	105.3	100.8	102.7	104.4	105.1	106.8
United States	102.7	104.5	104.2	101.3	103.9	105.5	108.0	110.4
Euro area	103.2	106.4	106.9	102.1	104.1	105.8	105.0	104.5
OECD-Total	103.0	105.7	105.9	102.2	105.1	107.0	108.3	109.8 e

1. The statistical data for Israel are supplied by and under the responsibility of the relevant Israeli authorities. The use of such data by the OECD is without prejudice to the status of the Golan Heights, East Jerusalem and Israeli settlements in the West Bank under the terms of international law.

INTERNATIONAL COMPARISONS

Table 13. Gross domestic product, price indices

Year 2005=100

	2006	2007	2008	2009	2010	2011	2012	2013
Australia	105.0	109.7	115.2	116.3	123.5	125.9	125.5	127.4
Austria	101.9	104.2	106.1	108.1	109.1	111.1	113.1	114.8
Belgium	102.5	104.9	106.9	108.1	110.3	112.8	115.1	116.9
Canada	102.7	106.0	110.2	107.8	110.7	114.4	116.1	117.7
Chile	112.7	118.1	118.7	123.2	134.1	138.6	140.4	142.8
Czech Republic	100.7	104.3	106.4	109.2	107.6	107.4	108.9	110.7
Denmark	102.2	104.8	109.0	109.6	113.1	114.0	116.8	118.6
Estonia	108.7	121.1	130.0	130.6	132.6	136.5	140.3	146.7
Finland	100.9	103.7	106.9	108.9	109.3	112.1	115.4	118.3
France	102.2	104.8	107.3	107.4	108.5	109.6	110.9	111.8
Germany	100.3	102.0	102.9	104.7	105.5	106.7	108.3	110.5
Greece	103.4	106.7	111.5	114.3	115.2	116.1	116.2	112.9
Hungary	103.5	109.1	114.5	119.0	121.5	124.2	128.4	132.2
Iceland	108.8	113.5	126.5	136.6	143.9	147.8	152.4	155.5
Ireland	103.0	105.1	102.5	98.5	96.9	97.8	99.1	100.0
Israel[1]	101.2	101.9	104.1	108.1	109.6	111.7	116.3	119.2
Italy	101.9	104.4	107.0	109.1	109.4	111.0	112.8	114.4
Japan	98.9	98.0	96.7	96.2	94.2	92.4	91.5	91.0
Korea	99.9	102.3	105.3	109.0	112.5	114.2	115.4	116.2
Luxembourg	106.7	108.2	112.3	114.1	118.4	124.3	128.6	130.4
Mexico	106.3	111.6	118.4	122.4	127.9	134.7	139.0	141.8 e
Netherlands	102.2	104.1	106.5	107.0	108.2	108.4	109.7	110.9
New Zealand	103.2	108.0	110.9	111.4	115.7	117.8	117.2	122.4
Norway	108.8	112.1	124.4	117.7	125.1	133.4	137.1	141.0
Poland	101.8	105.8	109.6	113.9	115.9	119.6	122.2	123.7
Portugal	103.2	106.3	108.1	109.3	110.0	109.7	109.3	111.8
Slovak Republic	102.9	104.1	107.0	105.0	106.3	108.1	109.4	110.0
Slovenia	102.2	106.4	111.3	115.0	113.8	115.1	115.5	117.1
Spain	104.0	107.4	109.7	110.0	110.2	110.3	110.5	111.3
Sweden	101.8	104.8	108.2	110.8	111.9	113.2	114.4	115.8
Switzerland	102.0	104.3	106.3	106.7	107.0	107.2	107.1	106.9
Turkey	109.3	116.1	130.1	136.9	144.7	157.1	168.0	178.2
United Kingdom	102.7	105.6	108.7	110.9	114.4	116.8	118.7	120.9
United States	103.1	105.8	107.9	108.7	110.0	112.3	114.3	116.0
Euro area	101.9	104.4	106.5	107.6	108.4	109.5	110.9	112.4
OECD-Total	102.3	104.7	107.0	108.0	109.5	111.4	113.1	114.6 e

1. The statistical data for Israel are supplied by and under the responsibility of the relevant Israeli authorities. The use of such data by the OECD is without prejudice to the status of the Golan Heights, East Jerusalem and Israeli settlements in the West Bank under the terms of international law.

INTERNATIONAL COMPARISONS

Table 14. Actual individual consumption at current prices and PPPs

Billion USD

	2006	2007	2008	2009	2010	2011	2012	2013
Australia	513.8	551.8	561.3	574.9	605.4	639.5	664.9	692.8
Austria	205.7	209.6	218.4	220.1	230.4	237.0	244.7	247.1
Belgium	233.7	241.6	257.2	258.6	272.0	286.7	297.5	300.4
Canada	796.6 e	849.6 e	878.6 e	875.9 e	921.9 e	955.3 e	979.0 e	1 010.5 e
Chile	150.0 e	164.7 e	177.6	177.6	198.9	230.5	252.4	271.0
Czech Republic	151.9	162.9	163.4	168.5	173.1	181.2	184.4	188.0
Denmark	124.7	131.9	139.1	139.3	144.7	149.1	155.4	156.2
Estonia	17.0	18.6	19.2	17.1	17.6	18.6	20.0	20.8
Finland	112.2	121.3	131.1	130.3	136.0	143.6	150.2	151.7
France	1 453.0	1 528.6	1 591.0	1 593.4	1 659.5	1 704.1	1 744.1	1 757.5
Germany	1 970.9	2 026.0	2 108.7	2 092.0	2 217.9	2 324.9	2 415.0	2 438.0
Greece	229.8	242.9	266.4	264.8	256.4	234.3	220.7	223.4
Hungary	129.4	132.4	137.7	135.9	140.0	145.4	147.5	149.8
Iceland	8.3	9.0	8.8	8.1	8.1	8.5	8.9	9.1
Ireland	97.7	106.9	107.3	101.8	105.3	104.4	104.5	105.5
Israel[1]	119.0	130.8	133.1	138.6	147.3	158.1	168.6	175.3
Italy	1 282.0	1 343.8	1 425.8	1 401.4	1 481.2	1 495.3	1 484.2	1 470.9
Japan	2 733.4	2 836.6	2 892.4	2 888.6	3 019.7	3 120.3	3 274.4	3 355.0
Korea	716.1 e	770.5	806.0	813.6	864.2	914.9	955.9	983.4 e
Luxembourg	15.0	15.3	15.9	16.0	16.1	16.9	17.8	18.1
Mexico	1 105.4	1 167.7	1 248.2	1 178.0	1 264.2	1 357.6	1 450.6	1 495.7 e
Netherlands	421.4	444.4	468.4	459.6	453.8	462.7	467.2	459.7
New Zealand	81.4	86.7	91.1	91.9	95.5	100.1	103.5	108.1 e
Norway	123.7	133.7	139.9	141.4	148.9	153.0	161.7	165.8
Poland	429.5	483.9	524.5	551.1	601.4	639.0	678.6	697.2
Portugal	186.4	194.1	203.6	199.7	207.7	207.0	210.0	212.1
Slovak Republic	67.2	76.2	85.3	86.1	90.5	91.6	95.1	97.1
Slovenia	32.1	34.3	36.5	36.1	37.3	38.2	38.6	37.8
Spain	920.9	968.0	1 011.7	981.3	993.7	997.8	1 017.1	1 018.8
Sweden	210.0	225.1	237.4	237.4	245.0	254.4	262.1	267.1
Switzerland	188.1	202.0	216.2	220.2	224.7	233.7	245.9	252.2
Turkey	650.2 e	697.3 e	767.0 e	773.9 e	870.5 e	972.1 e	1 000.2 e	1 048.7 e
United Kingdom	1 727.3	1 763.0	1 773.8	1 729.3	1 682.9	1 696.1	1 768.7	1 791.8
United States	10 162.0	10 659.5	10 975.3	10 826.1	11 200.3	11 692.8	12 099.5	12 515.6
Euro area	..	..	..	..	..	..	..	..
OECD-Total	27 365.9 e	28 730.7 e	29 818.0 e	29 528.9 e	30 732.3 e	31 964.2 e	33 089.0 e	33 892.1 e

1. The statistical data for Israel are supplied by and under the responsibility of the relevant Israeli authorities. The use of such data by the OECD is without prejudice to the status of the Golan Heights, East Jerusalem and Israeli settlements in the West Bank under the terms of international law.

INTERNATIONAL COMPARISONS

Table 15. Actual individual consumption at the price levels and PPPs of year 2005

Billion USD

	2006	2007	2008	2009	2010	2011	2012	2013
Australia	511.4	534.8	539.5	551.6	570.6	586.6	596.2	608.9
Austria	197.1	200.0	202.5	204.0	206.6	208.2	209.7	209.7
Belgium	228.2	232.4	237.0	237.9	244.0	245.7	247.7	248.8
Canada	795.9 e	826.8 e	851.1 e	856.2 e	885.0 e	901.3 e	916.9 e	934.6 e
Chile	139.8 e	149.5 e	156.3 e	156.4 e	172.0 e	186.4 e	197.6 e	208.6 e
Czech Republic	148.7	154.0	157.9	158.0	159.3	159.2	156.6	157.4
Denmark	119.1	121.1	122.7	120.7	122.1	122.1	122.3	122.2
Estonia	17.0	18.4	17.8	15.5	15.3	15.6	16.3	16.8
Finland	108.1	111.3	113.7	111.5	114.3	117.1	117.5	116.9
France	1 420.8	1 455.5	1 464.7	1 473.5	1 501.1	1 511.2	1 512.6	1 522.1
Germany	1 918.7	1 925.6	1 946.5	1 957.8	1 973.2	2 014.6	2 029.4	2 046.0
Greece	223.6	232.2	238.1	235.3	221.2	198.9	182.8	177.8
Hungary	126.6	125.8	125.3	118.4	115.1	115.9	113.6	113.8
Iceland	8.1	8.6	8.2	7.6	7.5	7.6	7.7	7.7
Ireland	92.8	96.0	93.0	87.6	84.6	80.9	77.4	75.3
Israel[1]	119.4	127.8	129.9	133.3	139.1	143.3	147.9	152.8
Italy	1 224.6	1 237.8	1 226.9	1 212.7	1 226.3	1 223.9	1 180.4	1 151.3
Japan	2 675.2	2 704.4	2 689.1	2 683.5	2 755.2	2 773.5	2 838.9	2 896.4
Korea	698.7 e	732.4 e	744.9 e	751.9 e	784.4 e	809.7 e	827.3 e	845.3 e
Luxembourg	14.2	14.6	14.6	14.9	15.2	15.3	15.7	16.1
Mexico	1 058.5	1 089.2	1 110.9	1 045.7	1 102.2	1 151.1	1 202.3	1 230.6 e
Netherlands	406.1	414.9	423.2	421.3	423.3	425.3	420.6	415.0
New Zealand	77.5	80.4	80.1	81.3	83.0	85.3	87.1	89.7 e
Norway	119.7	125.1	127.4	128.5	132.6	135.4	139.0	142.0
Poland	419.7	445.5	472.4	488.8	501.5	511.8	515.5	521.2
Portugal	178.2	182.1	184.6	181.8	185.2	178.1	169.3	166.2
Slovak Republic	65.0	70.5	75.0	74.8	75.1	74.1	74.0	73.9
Slovenia	31.3	33.0	33.9	34.3	34.6	34.6	33.6	32.5
Spain	886.0	918.2	921.5	901.9	903.8	886.9	858.2	837.1
Sweden	203.7	209.4	210.3	212.1	218.6	221.9	223.2	227.5
Switzerland	182.7	186.5	188.6	192.2	195.1	197.0	202.4	206.6
Turkey	631.4 e	666.4 e	665.0 e	653.1 e	695.0 e	747.4 e	746.3 e	785.0 e
United Kingdom	1 673.8	1 714.5	1 714.0	1 676.9	1 685.0	1 690.2	1 712.2	1 738.7
United States	9 883.3	10 098.8	10 076.1	9 947.2	10 107.1	10 295.8	10 469.1	10 696.9
Euro area	..	..	..	..	..	..	..	..
OECD-Total	26 604.8 e	27 243.4 e	27 362.9 e	27 125.2 e	27 653.9 e	28 077.0 e	28 366.7 e	28 788.4 e

1. The statistical data for Israel are supplied by and under the responsibility of the relevant Israeli authorities. The use of such data by the OECD is without prejudice to the status of the Golan Heights, East Jerusalem and Israeli settlements in the West Bank under the terms of international law.

INTERNATIONAL COMPARISONS

Table 16. Actual individual consumption per head at current prices and PPPs

USD

	2006	2007	2008	2009	2010	2011	2012	2013
Australia	24 619	25 955	25 835	25 978	26 996	28 096	28 717 e	29 397 e
Austria	24 875	25 263	26 247	26 389	27 561	28 247	29 042	29 147
Belgium	22 163	22 747	24 023	23 966	24 995	26 116	26 910	27 048
Canada	24 459 e	25 833 e	26 426 e	26 047 e	27 111 e	27 816 e	28 172 e	28 746 e
Chile	9 126 e	9 921 e	10 596	10 492	11 635	13 361	14 506	15 437
Czech Republic	14 800	15 782	15 671	16 063	16 461	17 259	17 548	17 890
Denmark	22 942	24 155	25 321	25 221	26 083	26 766	27 791	27 824
Estonia	12 583	13 832	14 343	12 814	13 235	13 981	15 092	15 791
Finland	21 314	22 936	24 672	24 414	25 362	26 657	27 744	27 885
France	22 856	23 897	24 733	24 645	25 541	26 096	26 583	26 670
Germany	23 928	24 629	25 679	25 552	27 128	28 428	29 482	29 695
Greece	20 652	21 761	23 813	23 674	22 988	21 062	19 897	20 192
Hungary	12 844	13 171	13 721	13 562	14 004	14 577	14 866	15 144
Iceland	27 199	28 853	27 651	25 435	25 537	26 498	27 837	28 199
Ireland	22 886	24 291	23 862	22 430	23 095	22 808	22 764	22 915
Israel[1]	16 794	18 123	18 104	18 529	19 331	20 364	21 329	21 765
Italy	21 942	22 859	24 068	23 523	24 757	24 897	24 597	24 254
Japan	21 382	22 164	22 589	22 561	23 584	24 409	25 671	26 348
Korea	14 803 e	15 856	16 467	16 542	17 490	18 379	19 115	19 581 e
Luxembourg	31 713	31 873	32 415	32 045	31 658	32 493	33 532	33 102
Mexico	10 196	10 636	11 215	10 438	11 065	11 735	12 393	12 633 e
Netherlands	25 787	27 136	28 490	27 813	27 319	27 720	27 889	27 361
New Zealand	19 389	20 441	21 287	21 215	21 809	22 669	23 294	24 118 e
Norway	26 536	28 414	29 336	29 301	30 451	30 890	32 223	32 632
Poland	11 265 e	12 695 e	13 760 e	14 320 e	15 614 e	16 586 e	17 610 e	18 109 e
Portugal	17 714	18 406	19 287	18 895	19 649	19 605	19 973 e	20 281 e
Slovak Republic	12 466	14 112	15 777	15 891	16 660	16 967	17 583	17 939
Slovenia	15 996	16 988	18 068 |	17 658	18 183	18 611	18 767	18 377
Spain	20 760	21 398	22 002	21 163	21 341	21 351	21 749	21 867
Sweden	23 131	24 602	25 749	25 528	26 120	26 920	27 528	27 817
Switzerland	24 884	26 515	28 034	28 231	28 523	29 534	30 755	31 174
Turkey	9 370 e	9 931 e	10 789 e	10 742 e	11 924 e	13 145 e	13 355 e	13 840 e
United Kingdom	28 397	28 751	28 691	27 776	26 816	26 801	27 764	27 951
United States	34 007	35 332	36 038	35 236	36 156	37 473	38 503	39 548
Euro area	..	..	..	..	..	..	..	..
OECD-Total	22 717 e	23 672 e	24 378 e	23 969 e	24 789 e	25 629 e	26 380 e	26 872 e

1. The statistical data for Israel are supplied by and under the responsibility of the relevant Israeli authorities. The use of such data by the OECD is without prejudice to the status of the Golan Heights, East Jerusalem and Israeli settlements in the West Bank under the terms of international law.

INTERNATIONAL COMPARISONS

Table 17. Actual individual consumption per head at the price levels and PPPs of year 2005

USD

	2006	2007	2008	2009	2010	2011	2012	2013
Australia	24 503	25 156	24 829	24 929	25 443	25 773	25 751 e	25 835 e
Austria	23 843	24 106	24 329	24 456	24 709	24 819	24 882	24 741
Belgium	21 648	21 882	22 132	22 050	22 416	22 377	22 408	22 409
Canada	24 436 e	25 141 e	25 600 e	25 460 e	26 026 e	26 244 e	26 384 e	26 587 e
Chile	8 507 e	9 008 e	9 323 e	9 240 e	10 064 e	10 808 e	11 353 e	11 882 e
Czech Republic	14 480	14 921	15 138	15 059	15 149	15 169	14 905	14 980
Denmark	21 907	22 177	22 343	21 847	22 021	21 919	21 868	21 766
Estonia	12 576	13 720	13 267	11 581	11 439	11 715	12 295	12 727
Finland	20 526	21 045	21 393	20 889	21 302	21 728	21 711	21 492
France	22 348	22 754	22 770	22 791	23 103	23 142	23 054	23 098
Germany	23 295	23 408	23 703	23 912	24 135	24 635	24 774	24 920
Greece	20 091	20 801	21 283	21 031	19 833	17 882	16 483	16 074
Hungary	12 571	12 514	12 486	11 809	11 507	11 626	11 450	11 501
Iceland	26 619	27 680	25 832	23 682	23 444	23 790	23 909	23 853
Ireland	21 737	21 813	20 694	19 293	18 555	17 679	16 871	16 354
Israel[1]	16 843	17 705	17 673	17 814	18 252	18 463	18 711	18 966
Italy	20 959	21 056	20 710	20 355	20 497	20 378	19 563	18 985
Japan	20 926	21 131	21 001	20 959	21 517	21 696	22 257	22 746
Korea	14 444 e	15 071 e	15 217 e	15 287 e	15 875 e	16 265 e	16 545 e	16 833 e
Luxembourg	30 099	30 354	29 899	29 846	29 946	29 510	29 462	29 492
Mexico	9 764	9 921	9 981	9 266	9 647	9 950	10 272	10 394 e
Netherlands	24 851	25 334	25 742	25 493	25 482	25 478	25 105	24 701
New Zealand	18 451	18 949	18 710	18 768	18 949	19 328	19 605	20 024 e
Norway	25 687	26 590	26 722	26 623	27 114	27 329	27 698	27 947
Poland	11 006 e	11 688 e	12 395 e	12 701 e	13 020 e	13 284 e	13 378 e	13 538 e
Portugal	16 939	17 271	17 483	17 204	17 518	16 870	16 105 e	15 889 e
Slovak Republic	12 059	13 064	13 868	13 806	10 027	13 734	13 680	13 649
Slovenia	15 573	16 365	16 757	16 783	16 874	16 857	16 359	15 760
Spain	19 972	20 298	20 039	19 451	19 410	18 976	18 350	17 966
Sweden	22 431	22 891	22 812	22 815	23 315	23 481	23 451	23 696
Switzerland	24 176	24 479	24 457	24 638	24 763	24 892	25 313	25 540
Turkey	9 098 e	9 491 e	9 353 e	9 065 e	9 521 e	10 106 e	9 965 e	10 360 e
United Kingdom	27 518	27 961	27 725	26 934	26 849	26 708	26 877	27 122
United States	33 075	33 473	33 086	32 376	32 627	32 996	33 315	33 801
Euro area	..	..	..	..	..	..	..	..
OECD-Total	22 086 e	22 446 e	22 371 e	22 018 e	22 306 e	22 513 e	22 615 e	22 825 e

1. The statistical data for Israel are supplied by and under the responsibility of the relevant Israeli authorities. The use of such data by the OECD is without prejudice to the status of the Golan Heights, East Jerusalem and Israeli settlements in the West Bank under the terms of international law.

INTERNATIONAL COMPARISONS

Table 18. Actual individual consumption per head at current prices and current PPPs, index

OECD=100

	2006	2007	2008	2009	2010	2011	2012	2013
Australia	108.4 e	109.6 e	106.0 e	108.4 e	108.9 e	109.6 e	108.9 e	109.4 e
Austria	109.5 e	106.7 e	107.7 e	110.1 e	111.2 e	110.2 e	110.1 e	108.5 e
Belgium	97.6 e	96.1 e	98.5 e	100.0 e	100.8 e	101.9 e	102.0 e	100.7 e
Canada	107.7 e	109.1 e	108.4 e	108.7 e	109.4 e	108.5 e	106.8 e	107.0 e
Chile	40.2 e	41.9 e	43.5 e	43.8 e	46.9 e	52.1 e	55.0 e	57.4 e
Czech Republic	65.1 e	66.7 e	64.3 e	67.0 e	66.4 e	67.3 e	66.5 e	66.6 e
Denmark	101.0 e	102.0 e	103.9 e	105.2 e	105.2 e	104.4 e	105.3 e	103.5 e
Estonia	55.4 e	58.4 e	58.8 e	53.5 e	53.4 e	54.6 e	57.2 e	58.8 e
Finland	93.8 e	96.9 e	101.2 e	101.9 e	102.3 e	104.0 e	105.2 e	103.8 e
France	100.6 e	101.0 e	101.5 e	102.8 e	103.0 e	101.8 e	100.8 e	99.2 e
Germany	105.3 e	104.0 e	105.3 e	106.6 e	109.4 e	110.9 e	111.8 e	110.5 e
Greece	90.9 e	91.9 e	97.7 e	98.8 e	92.7 e	82.2 e	75.4 e	75.1 e
Hungary	56.5 e	55.6 e	56.3 e	56.6 e	56.5 e	56.9 e	56.4 e	56.4 e
Iceland	119.7 e	121.9 e	113.4 e	106.1 e	103.0 e	103.4 e	105.5 e	104.9 e
Ireland	100.7 e	102.6 e	97.9 e	93.6 e	93.2 e	89.0 e	86.3 e	85.3 e
Israel[1]	73.9 e	76.6 e	74.3 e	77.3 e	78.0 e	79.5 e	80.9 e	81.0 e
Italy	96.6 e	96.6 e	98.7 e	98.1 e	99.9 e	97.1 e	93.2 e	90.3 e
Japan	94.1 e	93.6 e	92.7 e	94.1 e	95.1 e	95.2 e	97.3 e	98.1 e
Korea	65.2 e	67.0 e	67.6 e	69.0 e	70.6 e	71.7 e	72.5 e	72.9 e
Luxembourg	139.6 e	134.6 e	133.0 e	133.7 e	127.7 e	126.8 e	127.1 e	123.2 e
Mexico	44.9 e	44.9 e	46.0 e	43.5 e	44.6 e	45.8 e	47.0 e	47.0 e
Netherlands	113.5 e	114.6 e	116.9 e	116.0 e	110.2 e	108.2 e	105.7 e	101.8 e
New Zealand	85.3 e	86.4 e	87.3 e	88.5 e	88.0 e	88.4 e	88.3 e	89.7 e
Norway	116.8 e	120.0 e	120.3 e	122.2 e	122.8 e	120.5 e	122.2 e	121.4 e
Poland	49.6 e	53.6 e	56.4 e	59.7 e	63.0 e	64.7 e	66.8 e	67.4 e
Portugal	78.0 e	77.8 e	79.1 e	78.8 e	79.3 e	76.5 e	75.7 e	75.5 e
Slovak Republic	54.9 e	59.6 e	64.7 e	66.3 e	67.2 e	66.2 e	66.7 e	66.8 e
Slovenia	70.4 e	71.8 e	74.1 e	73.7 e	73.4 e	72.6 e	71.1 e	68.4 e
Spain	91.4 e	90.4 e	90.3 e	88.3 e	86.1 e	83.3 e	82.4 e	81.4 e
Sweden	101.8 e	103.9 e	105.6 e	106.5 e	105.4 e	105.0 e	104.4 e	103.5 e
Switzerland	109.5 e	112.0 e	115.0 e	117.8 e	115.1 e	115.2 e	116.6 e	116.0 e
Turkey	41.2 e	42.0 e	44.3 e	44.8 e	48.1 e	51.3 e	50.6 e	51.5 e
United Kingdom	125.0 e	121.5 e	117.7 e	115.9 e	108.2 e	104.6 e	105.2 e	104.0 e
United States	149.7 e	149.3 e	147.8 e	147.0 e	145.9 e	146.2 e	146.0 e	147.2 e
Euro area	..	..	..	..	..	..	..	..
OECD-Total	100.0 e	100.0 e	100.0 e	100.0 e	100.0 e	100.0 e	100.0 e	100.0 e

1. The statistical data for Israel are supplied by and under the responsibility of the relevant Israeli authorities. The use of such data by the OECD is without prejudice to the status of the Golan Heights, East Jerusalem and Israeli settlements in the West Bank under the terms of international law.

INTERNATIONAL COMPARISONS

Table 19. Actual individual consumption per head at the price levels and PPPs of year 2005, index

OECD=100

	2006	2007	2008	2009	2010	2011	2012	2013
Australia	110.9 e	112.1 e	111.0 e	113.2 e	114.1 e	114.5 e	113.9 e	113.2 e
Austria	108.0 e	107.4 e	108.8 e	111.1 e	110.8 e	110.2 e	110.0 e	108.4 e
Belgium	98.0 e	97.5 e	98.9 e	100.1 e	100.5 e	99.4 e	99.1 e	98.2 e
Canada	110.6 e	112.0 e	114.4 e	115.6 e	116.7 e	116.6 e	116.7 e	116.5 e
Chile	38.5 e	40.1 e	41.7 e	42.0 e	45.1 e	48.0 e	50.2 e	52.1 e
Czech Republic	65.6 e	66.5 e	67.7 e	68.4 e	67.9 e	67.4 e	65.9 e	65.6 e
Denmark	99.2 e	98.8 e	99.9 e	99.2 e	98.7 e	97.4 e	96.7 e	95.4 e
Estonia	56.9 e	61.1 e	59.3 e	52.6 e	51.3 e	52.0 e	54.4 e	55.8 e
Finland	92.9 e	93.8 e	95.6 e	94.9 e	95.5 e	96.5 e	96.0 e	94.2 e
France	101.2 e	101.4 e	101.8 e	103.5 e	103.6 e	102.8 e	101.9 e	101.2 e
Germany	105.5 e	104.3 e	106.0 e	108.6 e	108.2 e	109.4 e	109.5 e	109.2 e
Greece	91.0 e	92.7 e	95.1 e	95.5 e	88.9 e	79.4 e	72.9 e	70.4 e
Hungary	56.9 e	55.8 e	55.8 e	53.6 e	51.6 e	51.6 e	50.6 e	50.4 e
Iceland	120.5 e	123.3 e	115.5 e	107.6 e	105.1 e	105.7 e	105.7 e	104.5 e
Ireland	98.4 e	97.2 e	92.5 e	87.6 e	83.2 e	78.5 e	74.6 e	71.6 e
Israel[1]	76.3 e	78.9 e	79.0 e	80.9 e	81.8 e	82.0 e	82.7 e	83.1 e
Italy	94.9 e	93.8 e	92.6 e	92.4 e	91.9 e	90.5 e	86.5 e	83.2 e
Japan	94.8 e	94.1 e	93.9 e	95.2 e	96.5 e	96.4 e	98.4 e	99.7 e
Korea	65.4 e	67.1 e	68.0 e	69.4 e	71.2 e	72.2 e	73.2 e	73.7 e
Luxembourg	136.3 e	135.2 e	133.7 e	135.6 e	134.3 e	131.1 e	130.3 e	129.2 e
Mexico	44.2 e	44.2 e	44.6 e	42.1 e	43.2 e	44.2 e	45.4 e	45.5 e
Netherlands	112.5 e	112.9 e	115.1 e	115.8 e	114.2 e	113.2 e	111.0 e	108.2 e
New Zealand	83.5 e	84.4 e	83.6 e	85.2 e	85.0 e	85.9 e	86.7 e	87.7 e
Norway	116.3 e	118.5 e	119.5 e	120.9 e	121.6 e	121.4 e	122.5 e	122.4 e
Poland	49.8 e	52.1 e	55.4 e	57.7 e	58.4 e	59.0 e	59.2 e	59.3 e
Portugal	76.7 e	76.9 e	78.2 e	78.1 e	78.5 e	74.9 e	71.2 e	69.6 e
Slovak Republic	54.6 e	58.2 e	62.0 e	62.7 e	62.0 e	61.0 e	60.5 e	59.8 e
Slovenia	70.5 e	72.9 e	74.9 e	76.2 e	75.6 e	74.9 e	72.3 e	69.0 e
Spain	90.4 e	90.4 e	89.6 e	88.3 e	87.0 e	84.3 e	81.1 e	78.7 e
Sweden	101.6 e	102.0 e	102.0 e	103.6 e	104.5 e	104.3 e	103.7 e	103.8 e
Switzerland	109.5 e	109.1 e	109.3 e	111.9 e	111.0 e	110.6 e	111.9 e	111.9 e
Turkey	41.2 e	42.3 e	41.8 e	41.2 e	42.7 e	44.9 e	44.1 e	45.4 e
United Kingdom	124.6 e	124.6 e	123.9 e	122.3 e	120.4 e	118.6 e	118.8 e	118.8 e
United States	149.8 e	149.1 e	147.9 e	147.0 e	146.3 e	146.6 e	147.3 e	148.1 e
Euro area	..	..	..	..	..	..	..	..
OECD-Total	100.0 e	100.0 e	100.0 e	100.0 e	100.0 e	100.0 e	100.0 e	100.0 e

1. The statistical data for Israel are supplied by and under the responsibility of the relevant Israeli authorities. The use of such data by the OECD is without prejudice to the status of the Golan Heights, East Jerusalem and Israeli settlements in the West Bank under the terms of international law.

INTERNATIONAL COMPARISONS

Table 20. Actual individual consumption at current prices and exchange rates

Billion USD

	2006	2007	2008	2009	2010	2011	2012	2013
Australia	548.6	659.1	688.1	672.3	837.4	992.8	1 037.4	1 012.7
Austria	218.0	247.1	273.8	263.8	259.0	282.3	268.9	283.7
Belgium	261.2	298.6	337.8	323.0	321.1	350.8	334.3	350.9
Canada	865.8 e	968.8 e	1 024.2 e	971.3 e	1 129.0 e	1 227.4 e	1 255.9 e	1 263.9 e
Chile	93.6 e	105.6 e	119.5	113.3	141.8	168.3	183.5	195.0
Czech Republic	88.4	105.3	134.2	122.0	123.3	135.2	123.1	124.8
Denmark	181.3	205.4	228.7	218.0	214.8	228.8	217.9	227.1
Estonia	10.8	13.8	15.6	12.9	12.4	13.9	13.9	15.4
Finland	138.9	159.7	181.4	172.5	171.1	190.4	182.4	192.2
France	1 617.1	1 844.4	2 038.5	1 928.5	1 893.7	2 032.0	1 901.6	1 989.5
Germany	2 045.3	2 273.0	2 493.4	2 380.4	2 332.2	2 545.0	2 404.9	2 548.0
Greece	205.7	241.2	277.2	264.8	242.9	232.9	198.7	195.6
Hungary	74.5	90.4	101.3	84.0	82.2	88.2	81.3	83.6
Iceland	12.5	15.4	12.1	8.7	8.9	9.9	9.8	10.5
Ireland	125.9	151.2	164.7	141.5	131.5	138.3	126.7	132.3
Israel[1]	103.0	121.0	148.6	141.1	160.5	178.4	175.2	198.6
Italy	1 379.1	1 553.1	1 698.6	1 591.2	1 552.6	1 662.4	1 516.1	1 544.2
Japan	2 959.4	2 936.0	3 332.5	3 595.6	3 879.9	4 265.6	4 334.1	3 607.2
Korea	602.7 e	664.1	597.1	533.6	628.2	701.5	720.0	765.3 e
Luxembourg	18.3	21.1	23.2	22.7	22.4	24.5	23.6	25.2
Mexico	689.1	743.4	794.7	648.0	764.0	840.6	865.3	941.6 e
Netherlands	448.3	510.5	568.7	538.3	521.0	556.9	517.6	534.7
New Zealand	77.1	92.5	91.8	84.4	101.3	116.8	122.9	129.2 e
Norway	181.9	212.4	234.7	218.5	240.8	270.8	272.3	283.4
Poland	247.4	302.3	383.6	315.8	345.1	375.4	355.6	373.9
Portugal	158.9	181.9	202.5	186.7	184.0	187.4	165.0	170.7
Slovak Republic	36.5	48.7	62.6	61.9	59.9	64.4	61.4	64.2
Slovenia	24.7	29.5	34.4	33.4	32.6	34.8	31.6	31.7
Spain	850.8	993.3	1 104.7	1 020.4	988.6	1 039.8	945.1	962.7
Sweden	263.4	302.3	321.3	283.8	315.6	362.9	354.0	379.9
Switzerland	264.1	285.6	326.9	330.5	351.8	417.6	403.3	414.9
Turkey	397.7 e	490.9 e	543.4 e	471.3 e	561.4 e	589.9 e	595.3 e	626.7 e
United Kingdom	1 958.8	2 246.5	2 145.9	1 814.3	1 878.7	2 006.6	2 035.6	2 079.2
United States	10 162.0	10 659.5	10 975.3	10 826.1	11 200.3	11 692.8	12 099.5	12 515.6
Euro area	..	..	..	..	..	..	..	..
OECD-Total	27 311.1 e	29 773.8 e	31 681.1 e	30 394.5 e	31 690.1 e	34 025.4 e	33 934.2 e	34 273.8 e

1. The statistical data for Israel are supplied by and under the responsibility of the relevant Israeli authorities. The use of such data by the OECD is without prejudice to the status of the Golan Heights, East Jerusalem and Israeli settlements in the West Bank under the terms of international law.

INTERNATIONAL COMPARISONS

Table 21. Actual individual consumption at the price levels and exchange rates of year 2005

Billion USD

	2006	2007	2008	2009	2010	2011	2012	2013
Australia	536.5	561.1	566.0	578.7	598.6	615.4	625.4	638.7
Austria	211.8	214.9	217.6	219.2	222.0	223.7	225.3	225.4
Belgium	251.4	256.1	261.0	262.1	268.7	270.6	272.9	274.1
Canada	794.8 e	825.7 e	849.9 e	855.0 e	883.8 e	900.1 e	915.7 e	933.4 e
Chile	86.3 e	92.3 e	96.5 e	96.6 e	106.2 e	115.1 e	122.0 e	128.8 e
Czech Republic	81.3	84.3	86.4	86.4	87.2	87.1	85.7	86.1
Denmark	176.0	179.0	181.4	178.3	180.5	180.4	180.7	180.6
Estonia	10.1	10.9	10.5	9.2	9.1	9.2	9.7	10.0
Finland	135.2	139.2	142.2	139.5	142.9	146.4	147.0	146.2
France	1 569.8	1 608.2	1 618.4	1 628.1	1 658.5	1 669.7	1 671.2	1 681.8
Germany	2 004.4	2 011.6	2 033.4	2 045.2	2 061.3	2 104.5	2 120.0	2 137.3
Greece	197.6	205.2	210.4	207.9	195.5	175.8	161.6	157.2
Hungary	75.9	75.4	75.1	71.0	69.0	69.5	68.1	68.2
Iceland	12.9	13.7	13.1	12.0	11.9	12.1	12.2	12.3
Ireland	117.1	121.1	117.4	110.5	106.8	102.1	97.7	95.0
Israel[1]	99.6	106.6	108.4	111.2	116.0	119.6	123.4	127.5
Italy	1 330.5	1 344.8	1 333.0	1 317.5	1 332.3	1 329.7	1 282.5	1 250.9
Japan	3 135.0	3 169.1	3 151.2	3 144.7	3 228.7	3 250.2	3 326.8	3 394.1
Korea	551.8 e	578.4 e	588.2 e	593.8 e	619.5 e	639.4 e	653.4 e	667.6 e
Luxembourg	17.7	18.2	18.2	18.5	18.9	19.1	19.5	20.0
Mexico	664.8	684.1	697.7	656.8	692.3	723.0	755.2	772.9 e
Netherlands	434.7	444.2	453.1	451.0	453.2	455.3	450.2	444.3
New Zealand	81.0	84.1	83.8	85.1	86.9	89.3	91.2	93.9 e
Norway	176.6	184.5	187.9	189.5	195.5	199.6	205.0	209.4
Poland	233.0	247.3	262.3	271.3	278.4	284.1	286.2	289.4
Portugal	152.7	155.9	158.1	155.7	158.6	152.5	145.0	142.3
Slovak Republic	33.2	36.0	38.3	38.2	38.4	37.9	37.8	37.8
Slovenia	23.8	25.2	25.8	26.1	26.4	26.4	25.7	24.8
Spain	814.2	843.8	846.8	828.9	830.6	815.0	788.6	769.3
Sweden	255.2	262.4	263.5	265.8	273.9	278.0	279.7	285.0
Switzerland	262.6	268.0	271.0	276.2	280.3	283.0	290.9	296.9
Turkey	384.3 e	405.6 e	404.8 e	397.6 e	423.1 e	454.9 e	454.3 e	477.8 e
United Kingdom	1 877.2	1 922.9	1 922.4	1 880.7	1 889.8	1 895.6	1 920.3	1 950.0
United States	9 883.3	10 098.8	10 076.1	9 947.2	10 107.1	10 295.8	10 469.1	10 696.9
Euro area	..	..	..	..	..	..	..	..
OECD-Total	26 672.4 e	27 284.7 e	27 387.2 e	27 179.7 e	27 670.7 e	28 050.6 e	28 335.0 e	28 747.0 e

1. The statistical data for Israel are supplied by and under the responsibility of the relevant Israeli authorities. The use of such data by the OECD is without prejudice to the status of the Golan Heights, East Jerusalem and Israeli settlements in the West Bank under the terms of international law.

INTERNATIONAL COMPARISONS

Table 22. Actual individual consumption at current prices and year 2005 exchange rates

Billion USD

	2006	2007	2008	2009	2010	2011	2012	2013
Australia	556.4	601.5	626.5	658.3	697.2	735.0	765.2	801.0
Austria	216.1	224.5	232.5	236.2	243.2	252.5	260.3	265.7
Belgium	259.0	271.3	286.8	289.2	301.5	313.8	323.6	328.6
Canada	810.5 e	858.8 e	901.9 e	916.3 e	959.8 e	1 002.3 e	1 035.6 e	1 074.1 e
Chile	88.7 e	98.6 e	111.6	113.6	129.3	145.4	159.5	172.6
Czech Republic	83.4	89.2	95.6	97.1	98.3	99.9	100.6	102.0
Denmark	179.8	186.5	194.4	194.9	201.5	204.9	210.5	212.7
Estonia	10.7	12.6	13.2	11.5	11.6	12.5	13.5	14.4
Finland	137.7	145.1	154.0	154.4	160.7	170.4	176.6	180.0
France	1 603.0	1 675.8	1 730.6	1 726.4	1 778.1	1 817.8	1 840.6	1 863.4
Germany	2 027.6	2 065.3	2 116.9	2 130.9	2 189.8	2 276.7	2 327.7	2 386.5
Greece	203.9	219.2	235.3	237.0	228.1	208.4	192.3	183.2
Hungary	78.6	83.2	87.3	85.2	85.6	88.8	91.7	93.7
Iceland	14.0	15.6	16.8	17.0	17.3	18.2	19.4	20.3
Ireland	124.8	137.3	139.8	126.7	123.5	123.8	122.6	123.9
Israel[1]	102.3	110.7	118.8	123.6	133.7	142.3	150.5	159.8
Italy	1 367.1	1 411.2	1 442.1	1 424.4	1 457.8	1 487.2	1 467.4	1 446.3
Japan	3 122.6	3 136.8	3 125.1	3 052.5	3 090.0	3 088.6	3 137.6	3 194.1
Korea	561.9 e	602.6	642.5	665.3	709.2	759.1	792.0	818.2 e
Luxembourg	18.2	19.1	19.7	20.3	21.0	21.9	22.9	23.6
Mexico	689.2	745.4	811.6	803.5	885.8	958.2	1 045.7	1 103.5 e
Netherlands	444.4	463.8	482.8	481.9	489.2	498.2	501.0	500.8
New Zealand	83.7	88.7	92.0	95.1	99.0	104.1	106.8	110.9 e
Norway	181.1	193.2	205.4	213.3	225.9	235.6	245.9	258.5
Poland	237.3	258.6	285.6	304.6	321.6	343.8	357.9	365.2
Portugal	157.5	165.3	172.0	167.1	172.8	167.6	159.7	159.9
Slovak Republic	34.9	38.8	43.1	43.3	43.9	45.0	46.4	47.0
Slovenia	24.5	26.8	29.2	29.9	30.6	31.2	30.6	29.7
Spain	843.4	902.5	937.9	913.5	928.2	930.2	914.8	901.6
Sweden	260.1	273.4	283.4	290.7	304.4	315.3	321.0	331.1
Switzerland	266.0	275.3	284.4	288.9	294.6	297.8	303.7	308.9
Turkey	422.8 e	476.0 e	526.4 e	543.7 e	628.0 e	735.4 e	795.8 e	888.0 e
United Kingdom	1 935.6	2 041.4	2 122.4	2 117.5	2 210.6	2 277.1	2 343.0	2 418.2
United States	10 162.0	10 659.5	10 975.3	10 826.1	11 200.3	11 692.8	12 099.5	12 515.6
Euro area	..	..	..	..	..	..	..	..
OECD-Total	27 308.8 e	28 573.9 e	29 542.9 e	29 399.6 e	30 472.4 e	31 601.7 e	32 481.7 e	33 403.0 e

1. The statistical data for Israel are supplied by and under the responsibility of the relevant Israeli authorities. The use of such data by the OECD is without prejudice to the status of the Golan Heights, East Jerusalem and Israeli settlements in the West Bank under the terms of international law.

INTERNATIONAL COMPARISONS

Table 23. Actual individual consumption per head at current prices and exchange rates

USD

	2006	2007	2008	2009	2010	2011	2012	2013
Australia	26 285	30 999	31 669	30 380	37 341	43 618	44 808 e	42 969 e
Austria	26 369	29 792	32 908	31 627	30 975	33 649	31 917	33 461
Belgium	24 779	28 112	31 549	29 938	29 506	31 954	30 242	31 594
Canada	26 583 e	29 458 e	30 806 e	28 883 e	33 201 e	35 741 e	36 139 e	35 952 e
Chile	5 697 e	6 363 e	7 131	6 695	8 297	9 759	10 544	11 109
Czech Republic	8 612	10 202	12 867	11 629	11 725	12 884	11 711	11 874
Denmark	33 352	37 623	41 630	39 466	38 732	41 083	38 982	40 456
Estonia	7 983	10 307	11 646	9 634	9 311	10 480	10 508	11 637
Finland	26 379	30 197	34 138	32 302	31 908	35 345	33 695	35 331
France	25 436	28 833	31 691	29 827	29 146	31 119	28 984	30 191
Germany	24 832	27 631	30 363	29 074	28 526	31 121	29 358	31 034
Greece	18 488	21 609	24 779	23 666	21 780	20 939	17 908	17 680
Hungary	7 401	8 994	10 089	8 382	8 219	8 842	8 193	8 447
Iceland	41 167	49 312	37 732	27 173	27 959	31 022	30 519	32 327
Ireland	29 490	34 351	36 638	31 176	28 844	30 226	27 601	28 750
Israel[1]	14 535	16 758	20 220	18 858	21 064	22 983	22 157	24 647
Italy	23 602	26 420	28 672	26 708	25 950	27 680	25 127	25 462
Japan	23 149	22 941	26 026	28 083	30 302	33 369	33 979	28 329
Korea	12 460 e	13 666	12 198	10 849	12 714	14 091	14 399	15 239 e
Luxembourg	38 791	43 792	47 348	45 496	44 154	47 105	44 446	46 175
Mexico	6 356	6 771	7 140	5 742	6 687	7 266	7 393	7 953 e
Netherlands	27 435	31 168	34 595	32 571	31 362	33 360	30 899	31 829
New Zealand	18 365	21 820	21 449	19 475	23 126	26 448	27 668	28 827 e
Norway	39 023	45 130	49 207	45 272	49 258	54 670	54 249	55 796
Poland	6 488 e	7 932 e	10 064 e	8 207 e	8 959 e	9 745 e	9 229 e	9 710 e
Portugal	15 101	17 258	19 184	17 665	17 401	17 747	15 693 e	16 321 e
Slovak Republic	6 768	9 029	11 588	11 419	11 025	11 026	11 353	11 862
Slovenia	12 286	14 635	16 991	16 369	15 932	16 974	15 369	15 412
Spain	19 180	21 958	24 025	22 007	21 231	22 248	20 209	20 661
Sweden	29 012	33 044	34 852	30 522	33 652	38 404	37 192	39 567
Switzerland	34 950	37 487	42 398	42 371	44 656	52 777	50 438	51 292
Turkey	5 731 e	6 991 e	7 643 e	6 542 e	7 691 e	7 977 e	7 948 e	8 271 e
United Kingdom	32 203	36 636	34 710	29 141	29 935	31 707	31 954	32 434
United States	34 007	35 332	36 038	35 236	36 156	37 473	38 503	39 548
Euro area	..	..	..	..	..	..	..	..
OECD-Total	22 672 e	24 531 e	25 901 e	24 672 e	25 561 e	27 282 e	27 054 e	27 175 e

1. The statistical data for Israel are supplied by and under the responsibility of the relevant Israeli authorities. The use of such data by the OECD is without prejudice to the status of the Golan Heights, East Jerusalem and Israeli settlements in the West Bank under the terms of international law.

INTERNATIONAL COMPARISONS

Table 24. Actual individual consumption per head at the price levels and exchange rates of year 2005

USD

	2006	2007	2008	2009	2010	2011	2012	2013
Australia	25 705	26 390	26 047	26 152	26 692	27 037	27 014 e	27 103 e
Austria	25 621	25 903	26 144	26 280	26 551	26 670	26 738	26 586
Belgium	23 848	24 106	24 381	24 291	24 694	24 650	24 685	24 686
Canada	24 403 e	25 106 e	25 565 e	25 425 e	25 991 e	26 208 e	26 348 e	26 551 e
Chile	5 253 e	5 563 e	5 757 e	5 706 e	6 214 e	6 674 e	7 011 e	7 338 e
Czech Republic	7 921	8 162	8 281	8 238	8 287	8 298	8 153	8 194
Denmark	32 379	32 778	33 023	32 289	32 547	32 396	32 320	32 170
Estonia	7 464	8 144	7 875	6 874	6 790	6 954	7 298	7 554
Finland	25 670	26 318	26 754	26 124	26 640	27 173	27 152	26 878
France	24 693	25 141	25 159	25 182	25 526	25 570	25 473	25 521
Germany	24 335	24 453	24 762	24 979	25 212	25 735	25 880	26 032
Greece	17 758	18 385	18 811	18 588	17 530	15 805	14 568	14 207
Hungary	7 537	7 503	7 486	7 080	6 899	6 970	6 865	6 895
Iceland	42 405	44 095	41 153	37 727	37 347	37 898	38 089	37 999
Ireland	27 427	27 523	26 111	24 344	23 412	22 307	21 287	20 635
Israel[1]	14 050	14 769	14 743	14 861	15 226	15 401	15 609	15 821
Italy	22 771	22 876	22 501	22 114	22 269	22 139	21 254	20 626
Japan	24 523	24 763	24 610	24 561	25 216	25 425	26 082	26 656
Korea	11 407 e	11 902 e	12 018 e	12 073 e	12 537 e	12 845 e	13 066 e	13 294 e
Luxembourg	37 452	37 769	37 203	37 137	37 261	36 719	36 659	36 696
Mexico	6 132	6 232	6 269	5 820	6 059	6 250	6 452	6 528 e
Netherlands	26 604	27 122	27 559	27 291	27 280	27 276	26 876	26 444
New Zealand	19 305	19 826	19 576	19 637	19 826	20 222	20 512	20 950 e
Norway	37 879	39 211	39 406	39 260	39 984	40 301	40 845	41 212
Poland	6 109 e	6 488 e	6 881 e	7 051 e	7 228 e	7 374 e	7 426 e	7 515 e
Portugal	14 508	14 792	14 973	14 734	15 003	14 449	13 794 e	13 608 e
Slovak Republic	6 162	6 676	7 087	7 055	7 066	7 018	6 991	6 975
Slovenia	11 876	12 480	12 779	12 798	12 867	12 855	12 475	12 018
Spain	18 354	18 654	18 416	17 876	17 837	17 439	16 863	16 510
Sweden	28 104	28 680	28 581	28 585	29 211	29 420	29 382	29 689
Switzerland	34 744	35 180	35 147	35 408	35 587	35 772	36 377	36 703
Turkey	5 538 e	5 777 e	5 693 e	5 518 e	5 795 e	6 152 e	6 065 e	6 306 e
United Kingdom	30 862	31 359	31 094	30 207	30 112	29 953	30 144	30 418
United States	33 075	33 473	33 086	32 376	32 627	32 996	33 315	33 801
Euro area	..	..	..	..	..	..	..	..
OECD-Total	22 142 e	22 480 e	22 390 e	22 062 e	22 319 e	22 491 e	22 590 e	22 793 e

1. The statistical data for Israel are supplied by and under the responsibility of the relevant Israeli authorities. The use of such data by the OECD is without prejudice to the status of the Golan Heights, East Jerusalem and Israeli settlements in the West Bank under the terms of international law.

INTERNATIONAL COMPARISONS

Table 25. Actual individual consumption, volume indices

Year 2005=100

	2006	2007	2008	2009	2010	2011	2012	2013
Australia	104.4	109.2	110.1	112.6	116.5	119.8	121.7	124.3
Austria	102.5	103.9	105.2	106.0	107.4	108.2	109.0	109.0
Belgium	101.6	103.4	105.5	105.9	108.6	109.3	110.2	110.7
Canada	103.8 e	107.8 e	111.0 e	111.7 e	115.4 e	117.5 e	119.6 e	121.9 e
Chile	107.2 e	114.6 e	119.8 e	119.9 e	131.9 e	142.9 e	151.5 e	159.9 e
Czech Republic	102.8	106.5	109.2	109.2	110.1	110.1	108.3	108.9
Denmark	102.9	104.6	106.1	104.3	105.5	105.5	105.6	105.6
Estonia	112.0	121.5	117.1	102.0	100.6	102.7	107.4	110.8
Finland	103.4	106.4	108.7	106.7	109.3	112.0	112.4	111.8
France	102.1	104.6	105.2	105.9	107.8	108.6	108.7	109.4
Germany	101.4	101.8	102.9	103.5	104.3	106.5	107.2	108.1
Greece	102.7	106.7	109.4	108.1	101.6	91.4	84.0	81.7
Hungary	101.7	101.0	100.6	95.0	92.4	93.1	91.2	91.4
Iceland	102.8	109.4	104.7	95.9	94.6	96.3	97.3	98.0
Ireland	102.5	106.0	102.7	96.7	93.4	89.3	85.5	83.1
Israel[1]	104.5	111.8	113.7	116.6	121.7	125.4	129.4	133.7
Italy	101.4	102.5	101.6	100.4	101.5	101.3	97.7	95.3
Japan	101.0	102.1	101.6	101.3	104.1	104.7	107.2	109.4
Korea	105.0 e	110.0 e	111.9 e	112.9 e	117.8 e	121.6 e	124.3 e	127.0 e
Luxembourg	103.2	105.8	106.0	107.8	110.2	111.1	113.5	116.6
Mexico	105.3	108.4	110.5	104.0	109.7	114.5	119.6	122.4 e
Netherlands	102.8	105.0	107.1	106.6	107.2	107.7	106.5	105.0
New Zealand	102.1	105.9	105.5	107.1	109.4	112.4	114.8	118.3 e
Norway	104.3	109.0	111.0	111.9	115.4	117.9	121.1	123.6
Poland	104.7	111.1	117.9	121.9	125.1	127.7	128.6	130.0
Portugal	101.1	103.3	104.7	103.1	105.1	101.0	96.1	94.2
Slovak Republic	106.1	115.0	122.3	122.0	122.5	121.0	120.7	120.5
Slovenia	101.4	107.2	109.9	111.1	112.1	112.2	109.1	105.3
Spain	103.8	107.6	108.0	105.7	105.9	103.9	100.6	98.1
Sweden	102.4	105.3	105.7	106.6	109.9	111.5	112.2	114.4
Switzerland	101.3	103.4	104.6	104.6	108.2	109.2	112.3	114.6
Turkey	104.8 e	110.6 e	110.4 e	108.4 e	115.4 e	124.1 e	123.9 e	130.3 e
United Kingdom	102.1	104.6	104.5	102.3	102.8	103.1	104.4	106.0
United States	102.9	105.1	104.9	103.5	105.2	107.2	109.0	111.3
Euro area	..	..	..	..	..	..	..	..
OECD-Total	102.6 e	104.9 e	105.3 e	104.5 e	106.4 e	107.9 e	109.0 e	110.5 e

1. The statistical data for Israel are supplied by and under the responsibility of the relevant Israeli authorities. The use of such data by the OECD is without prejudice to the status of the Golan Heights, East Jerusalem and Israeli settlements in the West Bank under the terms of international law.

INTERNATIONAL COMPARISONS

Table 26. Actual individual consumption, price indices

Year 2005=100

	2006	2007	2008	2009	2010	2011	2012	2013
Australia	103.7	107.2	110.7	113.7	116.5	119.4	122.3	125.4
Austria	102.0	104.5	106.9	107.7	109.5	112.9	115.5	117.9
Belgium	103.0	106.0	109.9	110.3	112.2	116.0	118.6	119.9
Canada	102.0 e	104.0 e	106.1 e	107.2 e	108.6 e	111.4 e	113.1 e	115.1 e
Chile	102.7 e	106.8 e	115.6 e	117.6 e	121.7 e	126.3 e	130.7 e	134.0 e
Czech Republic	102.5	105.9	110.7	112.3	112.8	114.7	117.4	118.4
Denmark	102.1	104.2	107.2	109.3	111.6	113.5	116.5	117.8
Estonia	105.9	115.0	125.7	125.4	128.7	134.8	139.4	144.3
Finland	101.9	104.3	108.3	110.7	112.5	116.4	120.1	123.1
France	102.1	104.2	106.9	106.0	107.2	108.9	110.1	110.8
Germany	101.2	102.7	104.1	104.2	106.2	108.2	109.8	111.7
Greece	103.2	106.8	111.8	114.0	116.7	118.5	119.0	116.6
Hungary	103.5	110.3	116.2	120.0	124.1	127.8	134.6	137.3
Iceland	108.2	113.7	128.0	141.4	145.3	150.7	159.1	165.0
Ireland	106.6	113.4	119.1	114.6	115.7	121.2	125.5	130.5
Israel[1]	102.7	103.9	109.7	111.2	115.3	119.0	122.0	125.3
Italy	102.8	104.9	108.2	108.1	109.4	111.8	114.4	115.6
Japan	99.6	99.0	99.2	97.1	95.7	95.0	94.3	94.1
Korea	101.8 e	104.2 e	109.2 e	112.0 e	114.5 e	118.7 e	121.2 e	122.6 e
Luxembourg	102.7	105.4	108.0	109.7	111.3	114.8	117.3	117.9
Mexico	103.7	109.0	116.3	122.3	128.0	132.5	138.5	142.8 e
Netherlands	102.2	104.4	106.6	106.8	107.9	109.4	111.3	112.7
New Zealand	103.3	105.4	109.8	111.8	114.0	116.6	117.2	118.1 e
Norway	102.6	104.7	109.3	112.6	115.6	118.0	119.9	123.5
Poland	101.9	104.6	108.9	112.2	115.5	121.0	125.1	126.2
Portugal	103.2	106.0	108.8	107.3	108.9	109.9	110.1	112.3
Slovak Republic	105.1	107.7	112.6	113.2	114.4	118.7	122.8	124.4
Slovenia	102.6	106.5	112.9	114.5	116.3	118.1	119.2	120.1
Spain	103.6	107.0	110.8	110.2	111.8	114.1	116.0	117.2
Sweden	101.9	104.2	107.5	109.4	111.1	113.4	114.8	116.2
Switzerland	101.3	102.7	104.9	104.6	105.1	105.2	104.4	104.0
Turkey	110.0 e	117.4 e	130.0 e	136.8 e	148.4 e	161.7 e	175.2 e	185.9 e
United Kingdom	103.1	106.2	110.4	112.6	117.0	120.1	122.0	124.0
United States	102.8	105.6	108.9	108.8	110.8	113.6	115.6	117.0
Euro area	..	..	..	..	..	..	..	..
OECD-Total	102.4 e	104.7 e	107.9 e	108.2 e	110.1 e	112.7 e	114.6 e	116.2 e

1. The statistical data for Israel are supplied by and under the responsibility of the relevant Israeli authorities. The use of such data by the OECD is without prejudice to the status of the Golan Heights, East Jerusalem and Israeli settlements in the West Bank under the terms of international law.

INTERNATIONAL COMPARISONS

Table 27. Exchange rates

National currency per USD

	2006	2007	2008	2009	2010	2011	2012	2013
Australia	1.3280	1.1951	1.1922	1.2822	1.0902	0.9695	0.9658	1.0358
Austria	0.7971	0.7306	0.6827	0.7198	0.7550	0.7194	0.7783	0.7532
Belgium	0.7971	0.7306	0.6827	0.7198	0.7550	0.7194	0.7783	0.7532
Canada	1.1344	1.0741	1.0670	1.1431	1.0302	0.9895	0.9992	1.0298
Chile	530.28	522.46	522.46	560.86	510.25	483.67	486.47	495.27
Czech Republic	22.596	20.294	17.072	19.063	19.098	17.696	19.578	19.571
Denmark	5.9468	5.4437	5.0981	5.3609	5.6241	5.3687	5.7925	5.6163
Estonia	0.7967	0.7308	0.6835	0.7195	0.7546	0.7194	0.7783	0.7532
Finland	0.7971	0.7306	0.6827	0.7198	0.7550	0.7194	0.7783	0.7532
France	0.7971	0.7306	0.6827	0.7198	0.7550	0.7194	0.7783	0.7532
Germany	0.7971	0.7306	0.6827	0.7198	0.7550	0.7194	0.7783	0.7532
Greece	0.7971	0.7306	0.6827	0.7198	0.7550	0.7194	0.7783	0.7532
Hungary	210.39	183.63	172.11	202.34	207.94	201.06	225.10	223.70
Iceland	70.180	64.055	87.948	123.638	122.242	115.954	125.083	122.179
Ireland	0.7971	0.7306	0.6827	0.7198	0.7550	0.7194	0.7783	0.7532
Israel[1]	4.4558	4.1081	3.5880	3.9323	3.7390	3.5781	3.8559	3.6108
Italy	0.7971	0.7306	0.6827	0.7198	0.7550	0.7194	0.7783	0.7532
Japan	116.30	117.75	103.36	93.57	87.78	79.81	79.79	97.60
Korea	954.8	929.3	1 102.1	1 276.9	1 156.1	1 108.3	1 126.5	1 094.9
Luxembourg	0.7971	0.7306	0.6827	0.7198	0.7550	0.7194	0.7783	0.7532
Mexico	10.8992	10.9282	11.1297	13.5135	12.6360	12.4233	13.1695	12.7720
Netherlands	0.7971	0.7306	0.6827	0.7198	0.7550	0.7194	0.7783	0.7532
New Zealand	1.5421	1.3607	1.4227	1.6009	1.3878	1.2658	1.2343	1.2194
Norway	6.4133	5.8617	5.6400	6.2883	6.0442	5.6046	5.8175	5.8750
Poland	3.1032	2.7680	2.4092	3.1201	3.0153	2.9629	3.2565	3.1606
Portugal	0.7971	0.7306	0.6827	0.7198	0.7550	0.7194	0.7783	0.7532
Slovak Republic	0.986	0.820	0.709	0.720	0.755	0.719	0.770	0.753
Slovenia	0.7971	0.7306	0.6827	0.7198	0.7550	0.7194	0.7783	0.7532
Spain	0.7971	0.7306	0.6827	0.7198	0.7550	0.7194	0.7783	0.7532
Sweden	7.3783	6.7588	6.5911	7.6538	7.2075	6.4935	6.7750	6.5140
Switzerland	1.2538	1.2004	1.0831	1.0881	1.0429	0.8880	0.9377	0.9269
Turkey	1.4285	1.3029	1.3015	1.5500	1.5029	1.6750	1.7960	1.9038
United Kingdom	0.5435	0.4998	0.5440	0.6419	0.6472	0.6241	0.6330	0.6397
United States	1.0000	1.0000	1.0000	1.0000	1.0000	1.0000	1.0000	1.0000

1. The statistical data for Israel are supplied by and under the responsibility of the relevant Israeli authorities. The use of such data by the OECD is without prejudice to the status of the Golan Heights, East Jerusalem and Israeli settlements in the West Bank under the terms of international law.

INTERNATIONAL COMPARISONS

Table 28. Purchasing power parities for gross domestic product

National currency per USD

	2006	2007	2008	2009	2010	2011	2012	2013
Australia	1.40	1.43	1.48	1.44	1.50	1.51	1.52	1.52
Austria	0.856	0.867	0.852	0.844	0.841	0.835	0.839	0.844
Belgium	0.882	0.887	0.874	0.858	0.854	0.840	0.843	0.850
Canada	1.21	1.21	1.23	1.20	1.22	1.24	1.25	1.25
Chile	322.09	326.07	342.90	353.07	357.33	348.02	350.29	354.91
Czech Republic	14.0	13.9	14.3	13.9	14.0	13.4	13.4	13.4
Denmark	8.32	8.23	8.01	7.83	7.76	7.60	7.66	7.67
Estonia	0.52	0.55	0.55	0.52	0.52	0.52	0.54	0.55
Finland	0.949	0.941	0.918	0.903	0.911	0.908	0.918	0.932
France	0.902	0.893	0.882	0.861	0.857	0.844	0.853	0.854
Germany	0.837	0.831	0.812	0.809	0.796	0.784	0.786	0.794
Greece	0.699	0.719	0.701	0.697	0.702	0.700	0.688	0.645
Hungary	128.4	131.3	129.4	125.6	125.5	124.8	127.9	129.3
Iceland	107.1	113.1	117.4	125.0	131.8	134.8	136.7	138.2
Ireland	0.984	0.958	0.952	0.892	0.843	0.832	0.832	0.832
Israel[1]	3.789	3.716	3.867	3.964	3.971	3.945	3.964	4.006
Italy	0.833	0.817	0.789	0.779	0.780	0.769	0.764	0.762
Japan	125	120	117	115	112	107	105	104
Korea	772	770	786	825	841	855	860	860
Luxembourg	0.914	0.924	0.906	0.907	0.922	0.894	0.898	0.915
Mexico	7.19	7.35	7.47	7.43	7.67	7.67	7.93	8.04
Netherlands	0.87	0.86	0.84	0.84	0.85	0.83	0.83	0.83
New Zealand	1.484	1.510	1.491	1.470	1.494	1.486	1.481	1.468
Norway	8.69	8.78	8.75	8.96	9.01	8.98	8.90	9.20
Poland	1.84	1.84	1.86	1.86	1.82	1.83	1.83	1.82
Portugal	0.661	0.660	0.649	0.633	0.632	0.620	0.593	0.589
Slovak Republic	0.6	0.5	0.5	0.5	0.5	0.5	0.5	0.5
Slovenia	0.61	0.63	0.63	0.64	0.64	0.63	0.62	0.61
Spain	0.735	0.728	0.720	0.709	0.717	0.704	0.688	0.680
Sweden	9.08	8.88	8.77	8.92	9.00	8.85	8.82	8.81
Switzerland	1.66	1.60	1.55	1.52	1.51	1.43	1.40	1.38
Turkey	0.85	0.86	0.89	0.91	0.94	0.99	1.05	1.11
United Kingdom	0.626	0.645	0.651	0.656	0.691	0.700	0.695	0.699
United States	1.00	1.00	1.00	1.00	1.00	1.00	1.00	1.00

1. The statistical data for Israel are supplied by and under the responsibility of the relevant Israeli authorities. The use of such data by the OECD is without prejudice to the status of the Golan Heights, East Jerusalem and Israeli settlements in the West Bank under the terms of international law.

INTERNATIONAL COMPARISONS

Table 29. Purchasing power parities for actual individual consumption

National currency per USD

	2006	2007	2008	2009	2010	2011	2012	2013
Australia	1.42	1.43	1.46	1.50	1.51	1.51	1.51	1.51
Austria	0.845	0.862	0.856	0.863	0.849	0.857	0.855	0.865
Belgium	0.891	0.903	0.897	0.899	0.891	0.880	0.875	0.880
Canada	1.23	1.22	1.24	1.27	1.26	1.27	1.28	1.29
Chile	331.02	335.08	351.61	357.91	363.86	353.27	353.60	356.41
Czech Republic	13.1	13.1	14.0	13.8	13.6	13.2	13.1	13.0
Denmark	8.65	8.48	8.38	8.39	8.35	8.24	8.13	8.17
Estonia	0.51	0.54	0.55	0.54	0.53	0.54	0.54	0.56
Finland	0.987	0.962	0.945	0.952	0.950	0.954	0.945	0.954
France	0.887	0.882	0.875	0.871	0.862	0.858	0.849	0.853
Germany	0.827	0.820	0.807	0.819	0.794	0.787	0.775	0.787
Greece	0.714	0.726	0.710	0.720	0.715	0.715	0.701	0.659
Hungary	121.2	125.4	126.6	125.1	122.0	122.0	124.1	124.8
Iceland	106.2	109.5	120.0	132.1	133.8	135.7	137.1	140.1
Ireland	1.027	1.033	1.048	1.001	0.943	0.953	0.944	0.945
Israel[1]	3.856	3.799	4.007	4.002	4.074	4.038	4.006	4.089
Italy	0.857	0.844	0.813	0.817	0.791	0.800	0.795	0.791
Japan	126	122	119	116	113	109	106	105
Korea	804	801	816	837	840	850	849	852
Luxembourg	0.975	1.004	0.997	1.022	1.053	1.043	1.032	1.051
Mexico	6.79	6.96	7.09	7.43	7.64	7.69	7.86	8.04
Netherlands	0.85	0.84	0.83	0.84	0.87	0.87	0.86	0.88
New Zealand	1.46	1.45	1.43	1.47	1.47	1.48	1.47	1.46
Norway	9.43	9.31	9.46	9.72	9.78	9.92	9.79	10.05
Poland	1.79	1.73	1.76	1.79	1.73	1.74	1.71	1.69
Portugal	0.680	0.685	0.679	0.673	0.669	0.651	0.612	0.606
Slovak Republic	0.5	0.5	0.5	0.5	0.5	0.5	0.5	0.5
Slovenia	0.61	0.63	0.64	0.67	0.66	0.66	0.64	0.63
Spain	0.736	0.750	0.745	0.749	0.751	0.750	0.723	0.712
Sweden	9.25	9.08	8.92	9.15	9.29	9.26	9.15	9.27
Switzerland	1.76	1.70	1.64	1.63	1.63	1.59	1.54	1.53
Turkey	0.87	0.92	0.92	0.94	0.97	1.02	1.07	1.14
United Kingdom	0.616	0.637	0.658	0.673	0.722	0.738	0.729	0.742
United States	1.00	1.00	1.00	1.00	1.00	1.00	1.00	1.00

1. The statistical data for Israel are supplied by and under the responsibility of the relevant Israeli authorities. The use of such data by the OECD is without prejudice to the status of the Golan Heights, East Jerusalem and Israeli settlements in the West Bank under the terms of international law.

INTERNATIONAL COMPARISONS

Table 30. Population, mid-year estimates

Thousands

	2006	2007	2008	2009	2010	2011	2012	2013
Australia	20 871	21 261	21 728	22 129	22 427	22 761	23 152 e	23 567 e
Austria	8 268	8 295	8 322	8 341	8 361	8 389	8 426	8 477
Belgium	10 543	10 622	10 707	10 790	10 883	10 978	11 054	11 105
Canada	32 571	32 888	33 246	33 629	34 005	34 343	34 752	35 154 e
Chile	16 433	16 598	16 763	16 929	17 094	17 248	17 403	17 557
Czech Republic	10 267	10 323	10 430	10 491	10 517	10 497	10 509	10 511
Denmark	5 437	5 460	5 493	5 523	5 547	5 570	5 591	5 613
Estonia	1 351	1 343	1 338	1 336	1 333	1 330	1 325	1 320
Finland	5 266	5 289	5 313	5 339	5 363	5 388	5 414	5 439
France	63 574	63 967	64 324	64 655	64 974	65 299	65 609	65 899
Germany	82 366	82 263	82 120	81 875	81 757	81 779	81 917	82 103
Greece	11 128	11 163	11 186	11 187	11 153	11 123	11 093	11 063
Hungary	10 071	10 056	10 038	10 023	10 000	9 972	9 920	9 893
Iceland	304	311	319	319	318	319	321	324
Ireland	4 270	4 400	4 496	4 539	4 560	4 577	4 590	4 602
Israel[1]	7 088	7 219	7 351	7 482	7 621	7 763	7 906	8 056
Italy	58 428	58 787	59 242	59 578	59 830	60 060	60 339	60 646
Japan	127 838	127 980	128 045	128 034	128 043	127 831	127 552	127 333
Korea	48 372	48 598	48 949	49 182	49 410	49 779	50 004	50 220
Luxembourg	473	481	489	498	508	519	532	545
Mexico	108 409	109 787	111 299	112 853	114 256	115 683	117 054	118 395
Netherlands	16 341	16 378	16 440	16 526	16 612	16 693	16 752	16 800
New Zealand	4 198	4 241	4 281	4 332	4 381	4 415	4 444	4 482 e
Norway	4 661	4 706	4 769	4 827	4 889	4 953	5 019	5 080
Poland	38 132 e	38 116 e	38 116 e	38 483 e	38 517 e	38 526 e	38 534 e	38 502 e
Portugal	10 522	10 543	10 558	10 568	10 573	10 558	10 515 e	10 457 e
Slovak Republic	5 391	5 397	5 406	5 418	5 430	5 398	5 406	5 413
Slovenia	2 007.8	2 018.9	2 022.0		2 041.7	2 048.8	2 052.8	2 056.8	2 059.5
Spain	44 361	45 236	45 983	46 368	46 563	46 736	46 766	46 592
Sweden	9 081	9 148	9 220	9 299	9 378	9 449	9 519	9 600
Switzerland	7 558	7 619	7 711	7 801	7 878	7 912	7 997	8 089
Turkey	69 395	70 215	71 095	72 050	73 003	73 950	74 899 e	75 774 e
United Kingdom	60 827	61 319	61 824	62 260	62 759	63 285	63 705	64 106
United States	298 818	301 696	304 543	307 240	309 776	312 034	314 246	316 465
Euro area	327 664	329 557	331 321	332 423	333 290	334 206	335 113	335 818
OECD-Total	1 204 620 e	1 213 722 e	1 223 167 e	1 231 946 e	1 239 768 e	1 247 171 e	1 254 322 e	1 261 242 e

1. The statistical data for Israel are supplied by and under the responsibility of the relevant Israeli authorities. The use of such data by the OECD is without prejudice to the status of the Golan Heights, East Jerusalem and Israeli settlements in the West Bank under the terms of international law.

Country tables

AUSTRALIA

Table 1. Gross domestic product, expenditure approach

Million AUD, fiscal years

		2006	2007	2008	2009	2010	2011	2012	2013
	AT CURRENT PRICES								
1	**Final consumption expenditure**	801 720	865 717	904 674	950 824	1 010 788	1 065 483	1 106 335	1 158 396
2	Household[1]	614 605	663 844	683 991	717 516	759 358	799 392	836 417	878 391
3	NPISH's[1]	..	..	..	..	..	..	..	..
4	Government	187 115	201 873	220 683	233 308	251 430	266 091	269 918	280 005
5	Individual	113 921	123 790	136 360	144 467	153 579	163 099	165 524	170 553
6	Collective	73 194	78 083	84 323	88 841	97 851	102 992	104 394	109 452
7	*of which:* Actual individual consumption	728 526	787 634	820 351	861 983	912 937	962 491	1 001 941	1 048 944
8	**Gross capital formation**	302 806	343 339	352 116	357 503	382 420	424 450	433 324	430 569
9	Gross fixed capital formation, total[2]	301 766	338 812	354 929	359 679	376 347	419 270	430 844	433 870
10	Dwellings	61 890	66 159	67 886	71 891	75 882	73 941	72 068	76 909
11	Other buildings and structures	98 567	112 563	130 126	130 193	144 134	177 092	193 328	192 146
12	Transport equipment	24 880	29 944	27 028	30 985	29 919	30 292	30 774	25 698
13	Other machinery and equipment[3]	..	..	..	..	..	..	..	..
14	Cultivated assets	3 542	3 957	3 672	3 517	5 167	4 240	4 124	3 438
15	Intangible fixed assets	31 787	36 917	37 984	38 974	40 962	45 041	46 718	47 563
16	Changes in inventories, acquisitions less disposals of valuables	1 040	4 527	-2 813	-2 176	6 073	5 180	2 480	-3 301
17	Changes in inventories	1 040	4 527	-2 813	-2 176	6 073	5 180	2 480	-3 301
18	Acquisitions less disposals of valuables	..	..	..	..	..	..	..	..
19	**External balance of goods and services**	-17 499	-30 634	1 283	-12 600	14 655	-1 905	-18 714	-6 787
20	Exports of goods and services	216 177	232 747	283 461	252 154	298 052	317 287	302 404	331 052
21	Exports of goods	169 620	182 925	231 615	201 805	247 006	265 722	248 917	273 775
22	Exports of services	46 557	49 822	51 846	50 349	51 046	51 565	53 487	57 277
23	Imports of goods and services	233 676	263 381	282 178	264 754	283 397	319 192	321 118	337 839
24	Imports of goods	186 955	208 929	224 858	210 800	225 028	256 990	253 537	267 077
25	Imports of services	46 721	54 452	57 320	53 954	58 369	62 202	67 581	70 762
26	**Statistical discrepancy**	0	0	0	0	0	0	0	1 378
27	**Gross domestic product**	1 087 028	1 178 422	1 258 074	1 295 727	1 407 865	1 488 028	1 520 944	1 583 557
	AT CONSTANT PRICES, REFERENCE YEAR 2005								
28	**Final consumption expenditure**	772 436	806 187	814 588	832 286	862 618	887 347	900 268	920 563
29	Household[1]	594 035	622 139	622 471	636 734	660 450	677 212	690 395	705 625
30	NPISH's[1]	..	..	..	..	..	..	..	..
31	Government	178 402	184 077	191 981	195 446	202 086	209 886	209 850	214 898
32	Individual	108 609	112 761	118 514	120 960	123 403	128 527	128 612	130 819
33	Collective	69 781	71 126	73 287	74 385	78 625	81 161	81 114	83 953
34	*of which:* Actual individual consumption	702 525	734 723	741 104	757 802	783 858	805 847	818 991	836 395
35	**Gross capital formation**	295 379	325 961	323 744	331 661	350 433	388 307	392 992	382 135
36	Gross fixed capital formation, total[2]	293 784	321 782	328 527	335 440	348 122	388 073	395 644	389 615
37	Dwellings	60 367	61 319	60 672	62 295	63 958	61 780	59 012	61 208
38	Other buildings and structures	92 262	98 668	109 429	110 584	119 275	144 569	154 943	151 762
39	Transport equipment	24 917	30 795	27 875	34 050	33 439	34 060	34 944	28 745
40	Other machinery and equipment[3]	..	..	..	..	..	..	..	..
41	Cultivated assets	3 589	3 453	3 658	3 203	4 313	3 536	3 562	2 845
42	Intangible fixed assets	31 338	35 463	35 832	36 986	39 307	43 357	44 928	45 923
43	Changes in inventories, acquisitions less disposals of valuables	..	..	..	..	..	..	..	..
44	Changes in inventories	1 881	4 064	-5 278	-1 687	4 608	4 249	2 490	-2 938
45	Acquisitions less disposals of valuables	..	..	..	..	..	..	..	..
46	**External balance of goods and services**	-32 323	-59 178	-45 623	-51 320	-77 571	-101 432	-89 534	-67 559
47	Exports of goods and services	203 166	210 385	214 068	225 071	227 160	238 590	252 840	267 461
48	Exports of goods	157 859	163 235	166 532	178 789	181 154	192 624	205 730	218 267
49	Exports of services	45 307	47 168	47 524	45 252	44 961	44 320	45 072	47 025
50	Imports of goods and services	235 489	269 562	259 691	276 390	304 731	340 022	342 374	335 020
51	Imports of goods	188 907	213 260	205 626	218 262	237 881	267 894	265 488	261 796
52	Imports of services	46 582	56 263	53 123	57 044	65 722	70 709	75 896	72 110
53	**Statistical discrepancy (including chaining residual)**	1	861	-283	1 237	4 243	7 987	8 180	7 618
54	**Gross domestic product**	1 035 493	1 073 830	1 092 427	1 113 864	1 139 722	1 182 209	1 211 905	1 242 756

Note: Detailed metadata:http://metalinks.oecd.org/nav1/20150309/14f1
1. *Final consumption expenditure of households* includes *Final consumption expenditure of NPISH's*.
2. *Ownership transfer cost* are included in the total but have not been allocated by type of asset and by industry.
3. Including weapons systems.

AUSTRALIA

Table 2. Gross domestic product, output and income approach
ISIC Rev. 4

Million AUD, fiscal years

		2006	2007	2008	2009	2010	2011	2012	2013
	OUTPUT APPROACH AT CURRENT PRICES								
1	**Total gross value added at basic prices**	1 002 248	1 088 585	1 174 776	1 205 392	1 313 733	1 394 048	1 423 473	1 481 508
2	Agriculture, forestry and fishing	24 069	27 438	28 928	28 581	32 265	33 720	34 868	37 256
3	Industry, including energy	203 334	218 801	248 705	228 891	269 494	278 251	262 038	275 852
4	Manufacturing	101 268	108 754	106 513	103 966	104 345	105 728	101 538	101 050
5	Construction	76 266	83 106	90 799	97 141	104 401	115 461	119 723	124 984
6	Services	..	..	..	..	..	..	..	..
7	Distrib. trade, repairs; transp.; accommod., food serv. activ.	179 179	193 349	198 340	205 706	219 797	234 965	241 639	243 907
8	Information and communication	35 124	37 525	38 873	41 318	41 476	42 198	42 493	43 711
9	Financial and insurance activities	85 890	95 538	105 522	106 921	114 548	118 191	125 040	132 981
10	Real estate activities	108 806	120 777	130 354	139 067	144 888	157 094	168 442	179 526
11	Prof., scientif., techn. activ.; admin., support service activ.	95 366	105 460	110 157	118 023	128 623	138 993	144 143	145 440
12	Public admin.; compulsory s.s.; education; human health	164 663	175 246	189 640	204 735	221 614	235 392	245 999	257 203
13	Other service activities	29 551	31 345	33 458	35 009	36 627	39 783	39 088	40 649
14	FISIM (Financial Intermediation Services Indirectly Measured)	..	..	..	..	..	..	..	..
15	Gross value added at basic prices, excluding FISIM	1 002 248	1 088 585	1 174 776	1 205 392	1 313 733	1 394 048	1 423 473	1 481 508
16	Taxes less subsidies on products	84 780	89 837	83 298	90 335	94 132	93 980	97 471	104 598
17	Taxes on products	..	..	..	..	..	..	..	..
18	Subsidies on products	..	..	..	..	..	..	..	..
19	**Residual item**	0	0	0	0	0	0	0	-2 550
20	**Gross domestic product at market prices**	1 087 028	1 178 422	1 258 074	1 295 727	1 407 865	1 488 028	1 520 944	1 583 557
	OUTPUT APPROACH AT CONSTANT PRICES (REF. YEAR 2005)								
21	**Total gross value added at basic prices**	953 895	990 634	1 010 119	1 031 705	1 055 298	1 096 184	1 124 726	1 154 507
22	Agriculture, forestry and fishing	23 225	24 804	29 158	28 894	29 896	30 315	30 127	30 765
23	Industry, including energy	197 413	203 276	201 415	209 221	211 434	219 920	227 107	234 376
24	Manufacturing	100 937	104 877	99 351	99 782	99 574	100 389	97 822	96 051
25	Construction	70 902	75 895	78 900	79 304	81 535	90 607	92 536	96 158
26	Services	..	..	..	..	..	..	..	..
27	Distrib. trade, repairs; transp.; accommod., food serv. activ.	169 745	176 283	176 076	179 203	181 872	189 742	194 752	194 450
28	Information and communication	35 261	37 357	37 780	38 306	39 502	39 822	39 634	40 581
29	Financial and insurance activities	83 924	91 066	90 711	91 048	93 240	95 945	99 500	104 805
30	Real estate activities	98 411	98 934	102 370	103 463	104 710	107 551	111 440	115 408
31	Prof., scientif., techn. activ.; admin., support service activ.	86 066	89 384	90 056	93 495	99 290	102 066	105 218	105 030
32	Public admin.; compulsory s.s.; education; human health	159 294	163 528	172 075	176 818	181 152	186 082	190 511	198 234
33	Other service activities	29 652	30 280	31 573	31 555	31 986	33 110	32 276	32 988
34	FISIM (Financial Intermediation Services Indirectly Measured)	..	..	..	..	..	..	..	..
35	Gross value added at basic prices, excluding FISIM	953 895	990 634	1 010 119	1 031 705	1 055 298	1 096 184	1 124 726	1 154 507
36	Taxes less subsidies on products	81 598	83 179	82 251	81 840	84 118	85 533	86 517	86 412
37	Taxes on products	..	..	..	..	..	..	..	..
38	Subsidies on products	..	..	..	..	..	..	..	..
39	**Residual item**	0	17	57	320	306	492	662	1 837
40	**Gross domestic product at market prices**	1 035 493	1 073 830	1 092 427	1 113 864	1 139 722	1 182 209	1 211 905	1 242 756
	INCOME APPROACH								
41	**Compensation of employees**	521 114	568 199	590 602	613 721	666 993	714 195	733 633	755 009
42	Agriculture, forestry and fishing	6 750	7 138	7 055	6 644	7 027	7 265	7 337	7 217
43	Industry, including energy	78 415	84 730	88 629	89 098	94 698	103 550	104 383	104 546
44	Manufacturing	56 538	60 111	60 255	59 175	60 997	63 873	62 696	62 155
45	Construction	38 847	44 502	46 880	49 028	54 448	60 122	63 555	64 906
46	Distrib. trade, repairs; transp.; accommod., food serv. activ.	107 320	118 252	121 884	125 233	134 209	142 581	145 418	148 690
47	Information and communication	12 693	13 638	13 772	13 760	14 359	15 212	15 566	16 209
48	Financial and insurance activities	37 331	40 352	39 705	41 551	46 002	47 745	47 484	49 089
49	Real estate activities	11 602	12 589	12 798	12 558	13 482	13 779	14 413	15 857
50	Prof., scientif., techn. activ.; admin., support service activ.	72 921	80 992	81 649	82 781	92 345	100 607	102 789	105 665
51	Public admin.; compulsory s.s.; education; human health	136 214	145 839	156 900	170 729	186 396	197 455	206 766	215 960
52	Other service activities	19 021	20 167	21 330	22 339	24 027	25 879	25 922	26 870
53	**Wages and salaries**	466 985	509 445	529 778	550 539	598 779	640 949	657 317	675 499
54	Agriculture, forestry and fishing	6 088	6 401	6 284	5 889	6 194	6 399	6 415	6 297
55	Industry, including energy	70 633	76 341	79 962	80 393	85 514	93 712	94 410	94 390
56	Manufacturing	50 625	53 841	54 038	53 093	54 859	57 482	56 308	55 704
57	Construction	34 650	39 702	41 918	43 892	48 973	54 155	56 943	58 035
58	Distrib. trade, repairs; transp.; accommod., food serv. activ.	96 539	106 510	109 969	113 033	120 962	128 859	131 168	133 938
59	Information and communication	11 559	12 425	12 558	12 527	13 083	13 920	14 265	14 838
60	Financial and insurance activities	34 601	37 267	36 383	38 274	42 447	43 840	43 619	45 039
61	Real estate activities	10 512	11 400	11 563	11 345	12 217	12 421	12 814	14 086
62	Prof., scientif., techn. activ.; admin., support service activ.	65 356	72 631	73 602	74 942	84 064	91 446	93 158	95 554
63	Public admin.; compulsory s.s.; education; human health	120 015	128 698	138 438	150 204	163 652	172 909	181 246	189 219
64	Other service activities	17 032	18 070	19 101	20 040	21 673	23 288	23 279	24 105
65	**Gross operating surplus and mixed income**	450 630	487 184	548 147	553 924	604 664	634 501	637 812	671 050
66	**Taxes less subsidies on production and imports**	115 284	123 039	119 325	128 082	136 208	139 332	149 499	160 048
67	Taxes on production and imports	130 004	139 458	137 374	145 429	153 695	158 313	172 249	183 341
68	Subsidies on production and imports	14 720	16 419	18 049	17 347	17 487	18 981	22 750	23 293
69	**Residual item**	0	0	0	0	0	0	0	-2 550
70	**Gross domestic product**	1 087 028	1 178 422	1 258 074	1 295 727	1 407 865	1 488 028	1 520 944	1 583 557

Note: Detailed metadata:http://metalinks.oecd.org/nav1/20150309/14f1

AUSTRALIA

Table 3. Disposable income, saving and net lending / net borrowing

Million AUD, fiscal years

		2006	2007	2008	2009	2010	2011	2012	2013
	DISPOSABLE INCOME								
1	Gross domestic product	1 087 555	1 178 952	1 258 654	1 296 324	1 406 671	1 486 071	1 521 163	..
2	Net primary incomes from the rest of the world	-48 487	-48 126	-43 942	-50 371	-53 900	-42 441	-35 620	..
3	Primary incomes receivable from the rest of the world	40 115	48 989	47 766	38 425	44 921	47 484	47 671	..
4	Primary incomes payable to the rest of the world	88 602	97 115	91 708	88 796	98 821	89 925	83 291	..
5	Gross national income at market prices	1 039 068	1 130 826	1 214 712	1 245 953	1 352 771	1 443 630	1 485 696	1 544 892 e
6	Consumption of fixed capital	173 877	187 580	201 462	210 329	220 622	230 055	243 106	256 476 e
7	Net national income at market prices	865 191	943 246	1 013 250	1 035 624	1 132 149	1 213 575	1 242 590	1 288 460 e
8	Net current transfers from the rest of the world	-126	108	-324	-1 265	-1 778	-2 062	-2 001	..
9	Current transfers receivable from the rest of the world	6 422	6 743	6 785	6 238	6 913	7 253	7 331	..
10	Current transfers payable to the rest of the world	6 548	6 635	7 109	7 503	8 691	9 315	9 332	..
11	Net national disposable income	913 552	991 480	1 056 868	1 084 730	1 184 271	1 253 954	1 276 056	..
	SAVING AND NET LENDING / NET BORROWING								
12	Net national disposable income	913 552	991 480	1 056 868	1 084 730	1 184 271	1 253 954	1 276 056	..
13	Final consumption expenditures	801 720	865 717	904 674	950 824	1 010 269	1 064 907	1 110 760	..
14	Adj. for change in net equity of households in pension funds	..	..	..	..	..	..	..	..
15	Saving, net	63 345	77 637	108 252	83 535	120 102	146 606	129 830	..
16	Net capital transfers from the rest of the world	-159	-259	-463	-280	-287	-383	-359	..
17	Capital transfers receivable from the rest of the world	0	0	0	0	0	0	0	..
18	Capital transfers payable to the rest of the world	159	259	463	280	287	383	359	..
19	Gross capital formation	303 334	343 870	352 696	358 100	382 428	424 238	430 730	..
20	Acquisitions less disposals of non-financial non-produced assets	-423	1	244	4	29	28	93	..
21	Consumption of fixed capital	173 877	187 580	201 462	210 329	220 622	230 055	243 106	..
22	Net lending / net borrowing	-65 848	-78 912	-43 690	-64 520	-42 021	-47 986	-55 621	..
	REAL DISPOSABLE INCOME								
23	Gross domestic product at constant prices, reference year 2005	..	..	..	..	..	..	..	..
24	Trading gain or loss	..	..	..	..	..	..	..	..
25	Real gross domestic income	..	..	..	..	..	..	..	..
26	Net real primary incomes from the rest of the world	..	..	..	..	..	..	..	..
27	Real primary incomes receivable from the rest of the world	..	..	..	..	..	..	..	..
28	Real primary incomes payable to the rest of the world	..	..	..	..	..	..	..	..
29	Real gross national income at market prices	..	..	..	..	..	..	..	..
30	Net real current transfers from the rest of the world	..	..	..	..	..	..	..	..
31	Real current transfers receivable from the rest of the world	..	..	..	..	..	..	..	..
32	Real current transfers payable to the rest of the world	..	..	..	..	..	..	..	..
33	Real gross national disposable income	..	..	..	..	..	..	..	..
34	Consumption of fixed capital at constant prices	170 207	181 321	188 907	200 176	211 374	221 121	233 309	..
35	Real net national income at market prices	..	..	..	..	..	..	..	..
36	Real net national disposable income	..	..	..	..	..	..	..	..

Note: Detailed metadata:http://metalinks.oecd.org/nav1/20150309/740d

AUSTRALIA

Table 4. Population and employment (persons) and employment (hours worked) by industry
ISIC Rev. 4

		2006	2007	2008	2009	2010	2011	2012	2013
	POPULATION, THOUSAND PERSONS, NATIONAL CONCEPT								
1	**Total population**	20 871.3	21 260.9	21 728.2	22 128.7	22 426.8	22 761.2	23 152.4 e	23 567.1 e
2	Economically active population	10 914.8	11 218.6	11 497.2	11 682.5	11 924.4	12 073.5	..	..
3	Unemployed persons	493.8	475.5	571.0	639.2	602.4	624.5	..	..
4	Total employment	10 421.1	10 743.1	10 926.2	11 043.2	11 322.1	11 448.9	..	..
5	Employees	9 175.1	9 478.3	9 660.6	9 759.7	10 016.2	10 199.8	..	..
6	Self-employed	1 245.9	1 264.8	1 265.6	1 283.5	1 305.9	1 249.2	..	..
	TOTAL EMPLOYMENT, THOUSAND PERSONS, DOMESTIC CONCEPT								
7	Agriculture, forestry and fishing	351.6	355.0	362.6	368.6	349.8	334.6		
8	Industry, including energy	1 267.0	1 322.6	1 334.6	1 307.9	1 341.0	1 357.5		
9	Manufacturing	1 025.3	1 062.7	1 028.5	1 003.5	986.4	954.7		
10	Construction	943.4	971.7	1 002.8	1 001.5	1 026.7	1 021.7		
11	Distrib. trade, repairs; transp.; accommod., food serv. activ.	2 807.0	2 894.5	2 949.1	2 946.0	2 986.1	2 955.1		
12	Information and communication	249.3	230.5	225.6	214.4	214.2	216.5		
13	Financial and insurance activities	402.5	405.1	400.2	401.4	403.5	427.4		
14	Real estate activities	200.5	199.9	194.8	185.2	205.0	207.5		
15	Prof., scientif., techn. activ.; admin., support service activ.	1 100.8	1 135.8	1 132.1	1 205.3	1 254.4	1 289.8		
16	Public admin.; compulsory s.s.; education; human health	2 464.0	2 533.7	2 639.7	2 722.7	2 852.5	2 942.4		
17	Other service activities	602.1	659.2	657.3	650.4	656.6	666.9		
18	**Total employment**	10 388.3	10 708.0	10 899.2	11 003.2	11 290.0	11 419.3	..	..
	EMPLOYEES, THOUSAND PERSONS, DOMESTIC CONCEPT								
19	Agriculture, forestry and fishing	177.2	175.5	176.7	188.2	189.8	193.2		
20	Industry, including energy	1 194.6	1 246.1	1 263.4	1 235.1	1 263.7	1 291.0		
21	Manufacturing	958.8	990.7	961.6	936.6	914.4	895.1		
22	Construction	668.1	690.9	718.3	711.8	744.3	752.4		
23	Distrib. trade, repairs; transp.; accommod., food serv. activ.	2 551.8	2 633.5	2 696.3	2 695.7	2 734.2	2 711.3		
24	Information and communication	239.5	219.7	214.5	201.3	203.0	203.5		
25	Financial and insurance activities	383.4	384.5	385.1	384.6	386.3	410.8		
26	Real estate activities	173.4	175.8	172.7	163.0	178.7	184.9		
27	Prof., scientif., techn. activ.; admin., support service activ.	903.2	949.2	941.9	992.3	1 023.2	1 069.0		
28	Public admin.; compulsory s.s.; education; human health	2 367.7	2 431.1	2 527.3	2 603.8	2 727.1	2 812.1		
29	Other service activities	476.1	517.3	524.9	525.6	516.3	531.8		
30	**Total employees**	9 135.1	9 423.7	9 621.0	9 701.4	9 966.5	10 159.9	..	..
	SELF-EMPLOYED, THOUSAND PERSONS, DOMESTIC CONCEPT								
31	Agriculture, forestry and fishing	174.4	179.5	185.9	180.4	160.1	141.4		
32	Industry, including energy	72.4	76.5	71.2	72.8	77.4	66.5		
33	Manufacturing	66.5	72.0	67.0	66.9	72.0	59.7		
34	Construction	275.3	280.8	284.5	289.6	282.4	269.3		
35	Distrib. trade, repairs; transp.; accommod., food serv. activ.	255.2	260.9	252.8	250.3	251.9	243.8		
36	Information and communication	9.8	10.9	11.1	13.1	11.2	13.1		
37	Financial and insurance activities	19.1	20.6	15.1	16.8	17.2	16.6		
38	Real estate activities	27.1	24.0	22.1	22.2	26.3	22.6		
39	Prof., scientif., techn. activ.; admin., support service activ.	197.6	186.6	190.4	213.0	231.2	220.8		
40	Public admin.; compulsory s.s.; education; human health	96.2	102.6	112.4	118.9	125.4	130.3		
41	Other service activities	126.0	142.0	132.5	124.7	140.3	135.0		
42	**Total self-employed**	1 253.2	1 284.4	1 278.2	1 301.8	1 323.4	1 259.5	..	..
	TOTAL EMPLOYMENT, MILLION HOURS, DOMESTIC CONCEPT								
43	Industry, including energy	2 436.6	2 542.8	2 546.6	2 497.8	2 587.3	2 649.9		
44	Distrib. trade, repairs; transp.; accommod., food serv. activ.	4 536.1	4 680.7	4 688.4	4 635.5	4 697.7	4 662.9		
45	Financial and insurance activities	727.4	733.4	726.7	730.7	731.6	777.9		
46	Prof., scientif., techn. activ.; admin., support service activ.	1 927.0	1 983.0	1 969.8	2 100.0	2 166.7	2 235.8		
47	Public admin.; compulsory s.s.; education; human health	3 938.7	4 048.6	4 221.1	4 284.6	4 468.0	4 647.0		
48	**Total employment**	17 926.2	18 465.2	18 665.7	18 668.1	19 153.4	19 458.7	..	..
	EMPLOYEES, MILLION HOURS, DOMESTIC CONCEPT								
49	Industry, including energy	2 403.8	2 506.8	2 499.7	2 465.2	2 542.1	2 630.1		
50	Distrib. trade, repairs; transp.; accommod., food serv. activ.	4 171.2	4 319.2	4 324.1	4 326.2	4 366.3	4 345.9		
51	Financial and insurance activities	721.8	725.9	726.4	729.4	728.9	777.5		
52	Prof., scientif., techn. activ.; admin., support service activ.	1 683.1	1 767.1	1 730.1	1 837.8	1 893.5	1 976.6		
53	Public admin.; compulsory s.s.; education; human health	3 941.6	4 054.2	4 201.8	4 280.2	4 454.9	4 643.0		
54	**Total employees**	16 263.3	16 806.1	16 934.4	17 063.9	17 494.5	17 984.2	..	..
	SELF-EMPLOYED, MILLION HOURS, DOMESTIC CONCEPT								
55	Industry, including energy	143.8	152.6	143.5	146.6	153.4	130.5		
56	Distrib. trade, repairs; transp.; accommod., food serv. activ.	564.3	569.1	539.1	518.0	527.4	512.7		
57	Financial and insurance activities	33.2	35.4	23.5	29.7	28.9	28.9		
58	Prof., scientif., techn. activ.; admin., support service activ.	325.9	301.2	311.0	356.3	363.2	353.9		
59	Public admin.; compulsory s.s.; education; human health	152.5	153.7	171.8	174.5	184.4	187.4		
60	**Total self-employed**	2 415.9	2 441.4	2 407.4	2 406.2	2 427.2	2 264.0	..	..

Note: Detailed metadata:http://metalinks.oecd.org/nav1/20150309/c206

AUSTRIA

Table 1. Gross domestic product, expenditure approach

Million EUR (1999 ATS euro)

		2006	2007	2008	2009	2010	2011	2012	2013
	AT CURRENT PRICES								
1	**Final consumption expenditure**	**193 717**	**200 510**	**208 263**	**212 781**	**218 913**	**226 373**	**233 075**	**237 781**
2	Household	138 118	142 953	147 158	148 510	153 449	159 840	164 491	167 862
3	NPISH's	4 572	4 856	5 101	5 382	5 416	5 483	5 801	5 954
4	Government	51 027	52 701	56 004	58 890	60 048	61 050	62 783	63 965
5	Individual	31 101	32 752	34 687	36 018	36 676	37 728	39 024	39 822
6	Collective	19 926	19 948	21 318	22 872	23 371	23 322	23 759	24 143
7	*of which:* Actual individual consumption	173 791	180 561	186 946	189 909	195 542	203 051	209 317	213 638
8	**Gross capital formation**	**63 076**	**69 514**	**71 626**	**65 379**	**66 433**	**74 809**	**76 251**	**73 670**
9	Gross fixed capital formation, total	60 420	64 934	68 247	64 342	63 541	69 656	71 534	71 562
10	Dwellings	11 089	11 773	12 426	12 509	12 817	13 561	13 702	13 950
11	Other buildings and structures	18 894	20 016	21 044	19 110	18 146	19 273	20 416	20 115
12	Transport equipment	5 335	5 969	6 450	5 136	5 638	6 623	6 343	6 322
13	Other machinery and equipment	..	..	..	..	..	..	..	..
14	Cultivated assets	147	162	161	152	130	126	104	107
15	Intangible fixed assets	9 814	10 455	11 058	11 551	11 741	13 555	13 979	14 264
16	Changes in inventories, acquisitions less disposals of valuables	2 656	4 580	3 379	1 037	2 892	5 153	4 716	2 108
17	Changes in inventories	2 729	3 771	2 083	-670	1 426	2 822	2 473	123
18	Acquisitions less disposals of valuables	-73	809	1 296	1 706	1 466	2 331	2 244	1 985
19	**External balance of goods and services**	**9 148**	**11 722**	**12 217**	**8 542**	**9 268**	**7 775**	**8 043**	**11 455**
20	Exports of goods and services	135 455	148 190	155 175	128 487	149 148	165 646	169 997	172 479
21	Exports of goods	99 825	109 497	112 447	89 997	109 498	122 326	124 660	123 899
22	Exports of services	35 631	38 693	42 729	38 490	39 650	43 319	45 337	48 580
23	Imports of goods and services	126 307	136 469	142 959	119 945	139 880	157 871	161 954	161 024
24	Imports of goods	98 701	107 450	112 612	92 561	110 882	125 961	127 822	124 631
25	Imports of services	27 606	29 018	30 347	27 384	28 998	31 910	34 132	36 393
26	**Statistical discrepancy**	**537**	**602**	**-176**	**-513**	**-407**	**-282**	**-156**	**-311**
27	**Gross domestic product**	**266 478**	**282 347**	**291 930**	**286 188**	**294 208**	**308 675**	**317 213**	**322 595**
	AT CONSTANT PRICES, REFERENCE YEAR 2005								
28	**Final consumption expenditure**	**189 978**	**192 175**	**195 231**	**197 346**	**199 701**	**200 766**	**201 873**	**202 032**
29	Household	135 226	136 496	137 570	138 262	140 377	141 453	142 184	141 929
30	NPISH's	4 563	4 769	4 891	5 021	5 021	4 967	5 141	5 192
31	Government	50 188	50 913	52 787	54 088	54 334	54 379	54 583	54 950
32	Individual	30 548	31 524	32 491	33 007	33 134	33 497	33 862	34 130
33	Collective	19 641	19 388	20 297	21 086	21 205	20 885	20 723	20 821
34	*of which:* Actual individual consumption	170 337	172 785	174 941	176 276	178 513	179 901	181 168	181 229
35	**Gross capital formation**	**61 738**	**66 247**	**65 781**	**58 982**	**58 920**	**64 433**	**64 112**	**61 301**
36	Gross fixed capital formation, total	59 133	61 851	62 730	58 133	56 728	60 610	60 903	59 997
37	Dwellings	10 779	10 986	11 068	10 894	10 966	11 290	11 117	11 055
38	Other buildings and structures	18 337	18 677	18 623	16 399	15 205	15 557	16 047	15 513
39	Transport equipment	5 256	5 788	6 133	4 844	5 335	6 245	5 943	5 885
40	Other machinery and equipment	..	..	..	..	..	..	..	..
41	Cultivated assets	133	147	142	146	115	106	85	84
42	Intangible fixed assets	9 694	10 132	10 451	10 806	11 088	12 541	12 628	12 673
43	Changes in inventories, acquisitions less disposals of valuables	..	..	..	..	..	..	..	..
44	Changes in inventories	..	..	..	..	..	..	..	..
45	Acquisitions less disposals of valuables	..	..	..	..	..	..	..	..
46	**External balance of goods and services**	**11 437**	**15 811**	**18 992**	**9 784**	**13 806**	**15 089**	**16 552**	**20 608**
47	Exports of goods and services	132 219	141 984	145 191	123 402	139 209	148 367	150 314	152 438
48	Exports of goods	96 919	104 734	105 427	87 081	102 596	110 277	111 439	111 860
49	Exports of services	35 300	37 236	39 761	36 299	36 698	38 192	38 973	40 633
50	Imports of goods and services	121 952	128 803	129 987	114 364	127 321	135 469	136 473	136 067
51	Imports of goods	94 996	101 678	102 592	89 584	101 747	108 613	108 372	106 916
52	Imports of services	26 956	27 105	27 375	24 755	25 680	26 980	28 207	29 227
53	**Statistical discrepancy (including chaining residual)**	**-1 665**	**-3 276**	**-4 856**	**-1 415**	**-2 754**	**-2 332**	**-2 126**	**-2 889**
54	**Gross domestic product**	**261 487**	**270 957**	**275 149**	**264 696**	**269 673**	**277 956**	**280 412**	**281 052**

Note: Detailed metadata:http://metalinks.oecd.org/nav1/20150309/1661

AUSTRIA

Table 2. Gross domestic product, output and income approach
ISIC Rev. 4

Million EUR (1999 ATS euro)

		2006	2007	2008	2009	2010	2011	2012	2013
	OUTPUT APPROACH AT CURRENT PRICES								
1	**Total gross value added at basic prices**	237 683	251 926	260 533	254 763	261 892	274 897	282 052	287 273
2	Agriculture, forestry and fishing	3 494	4 030	3 947	3 306	3 762	4 424	4 345	4 140
3	Industry, including energy	56 335	60 222	60 335	56 208	57 833	60 999	62 668	62 884
4	Manufacturing	47 702	51 524	51 052	47 034	48 760	51 616	52 630	53 138
5	Construction	16 134	17 436	18 163	17 462	17 092	17 466	17 621	18 191
6	Services	..	..	..	..	..	..	..	..
7	Distrib. trade, repairs; transp.; accommod., food serv. activ.	54 265	57 232	59 705	59 015	61 205	64 485	66 367	66 902
8	Information and communication	8 287	8 443	8 574	8 338	8 463	9 141	9 225	9 248
9	Financial and insurance activities	11 648	12 858	12 926	11 887	11 890	12 710	12 203	13 124
10	Real estate activities	21 492	22 169	22 806	23 011	24 081	25 325	26 322	27 975
11	Prof., scientif., techn. activ.; admin., support service activ.	19 585	21 299	23 166	22 447	23 250	24 876	26 095	26 625
12	Public admin.; compulsory s.s.; education; human health	39 987	41 420	43 746	45 699	46 782	47 706	49 232	50 040
13	Other service activities	6 456	6 818	7 165	7 388	7 534	7 766	7 973	8 144
14	**FISIM (Financial Intermediation Services Indirectly Measured)**	..	..	..	..	..	..	..	..
15	**Gross value added at basic prices, excluding FISIM**	237 683	251 926	260 533	254 763	261 892	274 897	282 052	287 273
16	**Taxes less subsidies on products**	28 795	30 421	31 398	31 426	32 316	33 778	35 161	35 322
17	Taxes on products	29 443	30 997	32 072	32 099	32 963	34 416	35 801	36 000
18	Subsidies on products	648	576	675	674	647	638	640	678
19	**Residual item**	0	0	0	0	0	0	0	0
20	**Gross domestic product at market prices**	266 478	282 347	291 930	286 188	294 208	308 675	317 213	322 595
	OUTPUT APPROACH AT CONSTANT PRICES (REF. YEAR 2005)								
21	**Total gross value added at basic prices**	232 990	241 726	245 906	235 497	240 090	248 320	250 119	251 135
22	Agriculture, forestry and fishing	3 159	3 454	3 691	3 439	3 277	3 793	3 492	3 371
23	Industry, including energy	55 501	58 703	58 726	51 585	54 631	58 223	59 660	60 507
24	Manufacturing	47 692	51 408	51 874	44 241	47 631	51 805	52 401	52 765
25	Construction	15 573	16 070	15 867	14 359	13 774	13 669	13 292	13 339
26	Services	..	..	..	..	..	..	..	..
27	Distrib. trade, repairs; transp.; accommod., food serv. activ.	52 772	54 162	54 285	53 205	53 955	55 369	55 547	55 055
28	Information and communication	8 484	8 805	8 781	8 410	8 322	8 916	8 554	8 421
29	Financial and insurance activities	11 661	12 518	13 176	14 169	14 159	14 312	14 557	14 496
30	Real estate activities	21 031	21 351	22 176	21 817	22 274	22 975	23 206	23 897
31	Prof., scientif., techn. activ.; admin., support service activ.	19 326	20 460	21 658	20 559	21 266	22 391	22 950	23 104
32	Public admin.; compulsory s.s.; education; human health	39 165	39 686	40 902	41 369	41 791	42 046	42 387	42 546
33	Other service activities	6 317	6 526	6 643	6 574	6 628	6 717	6 720	6 706
34	**FISIM (Financial Intermediation Services Indirectly Measured)**	..	..	..	..	..	..	..	..
35	**Gross value added at basic prices, excluding FISIM**	232 990	241 726	245 906	235 497	240 090	248 320	250 119	251 135
36	**Taxes less subsidies on products**	28 497	29 228	29 240	29 181	29 565	29 618	30 264	29 901
37	Taxes on products	29 118	29 859	29 938	29 864	30 213	30 243	30 877	30 524
38	Subsidies on products	621	631	708	690	652	626	611	623
39	**Residual item**	0	3	4	18	19	17	29	16
40	**Gross domestic product at market prices**	261 487	270 957	275 149	264 696	269 673	277 956	280 412	281 052
	INCOME APPROACH								
41	**Compensation of employees**	122 035	128 190	134 961	136 224	138 905	144 343	150 379	154 729
42	Agriculture, forestry and fishing	439	489	480	492	511	551	585	603
43	Industry, including energy	26 869	28 523	30 269	28 999	29 153	30 679	32 200	33 079
44	Manufacturing	24 182	25 671	27 243	25 796	25 959	27 364	28 733	29 487
45	Construction	8 894	9 317	9 583	9 901	9 900	10 239	10 612	10 857
46	Distrib. trade, repairs; transp.; accommod., food serv. activ.	28 149	29 390	30 945	31 285	31 775	32 940	34 265	35 564
47	Information and communication	4 070	4 232	4 393	4 522	4 549	4 966	5 297	5 588
48	Financial and insurance activities	7 075	7 364	7 702	7 780	7 911	8 140	8 406	8 643
49	Real estate activities	1 205	1 327	1 387	1 373	1 453	1 538	1 572	1 625
50	Prof., scientif., techn. activ.; admin., support service activ.	10 057	11 016	11 817	11 752	12 442	13 318	14 042	14 766
51	Public admin.; compulsory s.s.; education; human health	31 580	32 680	34 370	35 803	36 768	37 414	38 660	39 148
52	Other service activities	3 698	3 853	4 014	4 317	4 445	4 557	4 740	4 857
53	**Wages and salaries**	100 259	105 589	111 440	112 343	114 602	119 030	124 043	127 401
54	Agriculture, forestry and fishing	360	403	397	406	422	455	481	494
55	Industry, including energy	22 395	23 853	25 433	24 214	24 312	25 535	26 795	27 457
56	Manufacturing	20 282	21 583	23 020	21 658	21 780	22 961	24 108	24 682
57	Construction	7 490	7 873	8 130	8 429	8 421	8 673	8 995	9 182
58	Distrib. trade, repairs; transp.; accommod., food serv. activ.	23 213	24 283	25 591	25 894	26 316	27 351	28 448	29 457
59	Information and communication	3 378	3 507	3 666	3 769	3 798	4 146	4 401	4 631
60	Financial and insurance activities	5 379	5 609	5 903	5 923	6 046	6 203	6 445	6 604
61	Real estate activities	995	1 094	1 141	1 133	1 205	1 268	1 287	1 328
62	Prof., scientif., techn. activ.; admin., support service activ.	8 275	9 089	9 766	9 708	10 305	11 016	11 606	12 172
63	Public admin.; compulsory s.s.; education; human health	25 705	26 654	28 051	29 250	30 052	30 566	31 621	32 017
64	Other service activities	3 070	3 225	3 362	3 616	3 725	3 816	3 964	4 059
65	**Gross operating surplus and mixed income**	112 697	120 351	121 859	114 784	119 036	125 696	126 486	126 789
66	**Taxes less subsidies on production and imports**	31 746	33 806	35 111	35 180	36 267	38 636	40 348	41 077
67	Taxes on production and imports	37 245	39 128	40 831	41 145	42 206	44 462	46 335	46 818
68	Subsidies on production and imports	5 499	5 322	5 720	5 965	5 940	5 826	5 987	5 741
69	**Residual item**	0	0	0	0	0	0	0	0
70	**Gross domestic product**	266 478	282 347	291 930	286 188	294 208	308 675	317 213	322 595

Note: Detailed metadata: http://metalinks.oecd.org/nav1/20150309/1661

AUSTRIA

Table 3. Disposable income, saving and net lending / net borrowing

Million EUR (1999 ATS euro)

		2006	2007	2008	2009	2010	2011	2012	2013
	DISPOSABLE INCOME								
1	Gross domestic product	266 478	282 347	291 930	286 188	294 208	308 675	317 213	322 595
2	Net primary incomes from the rest of the world	724	-556	2 129	-72	2 607	1 363	2 940	-305
3	Primary incomes receivable from the rest of the world	27 657	33 696	32 192	26 657	29 951	35 386	34 938	30 484
4	Primary incomes payable to the rest of the world	26 934	34 252	30 064	26 729	27 345	34 023	31 998	30 790
5	Gross national income at market prices	267 202	281 791	294 059	286 116	296 815	310 038	320 154	322 289
6	Consumption of fixed capital	44 220	46 236	48 848	50 416	51 546	53 725	55 953	57 631
7	Net national income at market prices	222 982	235 555	245 211	235 700	245 268	256 313	264 201	264 658
8	Net current transfers from the rest of the world	-2 363	-1 948	-2 306	-2 561	-2 781	-2 653	-2 852	-3 797
9	Current transfers receivable from the rest of the world	2 172	2 541	2 716	2 234	2 404	2 789	2 884	2 609
10	Current transfers payable to the rest of the world	4 535	4 489	5 021	4 795	5 185	5 442	5 736	6 406
11	**Net national disposable income**	220 619	233 607	242 906	233 139	242 487	253 661	261 349	260 861
	SAVING AND NET LENDING / NET BORROWING								
12	Net national disposable income	220 619	233 607	242 906	233 139	242 487	253 661	261 349	260 861
13	Final consumption expenditures	193 717	200 510	208 263	212 781	218 913	226 373	233 075	237 781
14	Adj. for change in net equity of households in pension funds	0	0	0	0	0	0	0	0
15	**Saving, net**	26 902	33 098	34 643	20 358	23 574	27 288	28 274	23 080
16	Net capital transfers from the rest of the world	-807	110	-25	-260	-277	-224	-414	-218
17	Capital transfers receivable from the rest of the world	159	514	298	266	182	242	108	138
18	Capital transfers payable to the rest of the world	966	404	323	525	459	466	523	356
19	Gross capital formation[1]	63 613	70 116	71 450	64 865	66 026	74 527	76 095	73 359
20	Acquisitions less disposals of non-financial non-produced assets	108	120	59	276	180	166	154	71
21	Consumption of fixed capital	44 220	46 236	48 848	50 416	51 546	53 725	55 953	57 631
22	**Net lending / net borrowing**	6 594	9 209	11 956	5 373	8 637	6 096	7 563	7 063
	REAL DISPOSABLE INCOME								
23	Gross domestic product at constant prices, reference year 2005	261 487	270 957	275 149	264 696	269 673	277 956	280 412	281 052
24	Trading gain or loss	-278	735	-2 908	-1 090	-3 158	-6 183	-7 684	-8 403
25	**Real gross domestic income**	261 209	270 222	272 241	263 606	266 514	271 772	272 728	272 648
26	Net real primary incomes from the rest of the world	709	-532	1 985	-67	2 361	1 200	2 528	-258
27	Real primary incomes receivable from the rest of the world	27 110	32 249	30 021	24 553	27 132	31 156	30 039	25 765
28	Real primary incomes payable to the rest of the world	26 401	32 781	28 036	24 620	24 771	29 955	27 511	26 023
29	**Real gross national income at market prices**	261 919	269 690	274 226	263 540	268 876	272 972	275 256	272 390
30	Net real current transfers from the rest of the world	-2 316	-1 864	-2 150	-2 359	-2 519	-2 335	-2 452	-3 209
31	Real current transfers receivable from the rest of the world	2 129	2 432	2 532	2 057	2 178	2 455	2 479	2 205
32	Real current transfers payable to the rest of the world	4 445	4 296	4 682	4 416	4 697	4 791	4 931	5 414
33	**Real gross national disposable income**	259 602	267 826	272 076	261 181	266 356	270 637	272 804	269 181
34	Consumption of fixed capital at constant prices	43 351	44 220	45 185	45 914	46 422	47 210	48 139	48 887
35	**Real net national income at market prices**	218 574	225 439	228 673	217 102	222 181	225 670	227 150	223 682
36	**Real net national disposable income**	216 257	223 575	226 523	214 743	219 662	223 335	224 698	220 473

Note: Detailed metadata:http://metalinks.oecd.org/nav1/20150309/b184
1. Including a statistical discrepancy.

AUSTRIA

Table 4. Population and employment (persons) and employment (hours worked) by industry
ISIC Rev. 4

		2006	2007	2008	2009	2010	2011	2012	2013
	POPULATION, THOUSAND PERSONS, NATIONAL CONCEPT								
1	Total population	8 267.9	8 295.2	8 321.5	8 341.5	8 361.1	8 388.5	8 426.3	8 477.2
2	Economically active population	..	..	..	..	..	..	..	..
3	Unemployed persons	..	..	..	..	..	..	..	..
4	Total employment[1]	3 932.2	4 001.6	4 074.9	4 056.2	4 087.1	4 144.6	4 191.4	4 222.1
5	Employees[1]	3 376.3	3 442.1	3 505.1	3 480.2	3 503.5	3 556.7	3 604.5	3 632.7
6	Self-employed[1]	555.9	559.5	569.8	576.0	583.5	588.0	586.9	589.4
	TOTAL EMPLOYMENT, THOUSAND PERSONS, DOMESTIC CONCEPT								
7	Agriculture, forestry and fishing	210.8	208.5	205.6	201.7	199.1	195.8	188.5	186.3
8	Industry, including energy	684.4	698.5	705.6	680.3	667.9	679.4	689.6	689.3
9	Manufacturing	632.1	644.9	651.1	625.1	612.5	623.4	632.6	631.7
10	Construction	268.5	277.9	285.7	286.8	289.5	295.5	299.4	301.4
11	Distrib. trade, repairs; transp.; accommod., food serv. activ.	1 086.0	1 098.9	1 112.9	1 104.7	1 115.1	1 133.7	1 148.0	1 160.0
12	Information and communication	92.7	94.3	95.3	95.6	97.7	102.7	105.3	108.1
13	Financial and insurance activities	132.3	135.2	138.1	137.5	135.0	135.3	136.0	136.4
14	Real estate activities	51.5	52.2	52.0	51.9	53.1	54.5	54.4	56.5
15	Prof., scientif., techn. activ.; admin., support service activ.	385.9	407.6	427.6	423.2	439.5	460.4	474.3	485.8
16	Public admin.; compulsory s.s.; education; human health	854.1	861.3	884.0	902.8	922.0	927.6	936.1	934.8
17	Other service activities	175.2	179.2	183.5	188.3	191.7	194.7	197.8	202.1
18	**Total employment**	3 941.4	4 013.7	4 090.3	4 072.7	4 110.6	4 179.5	4 229.5	4 260.8
	EMPLOYEES, THOUSAND PERSONS, DOMESTIC CONCEPT								
19	Agriculture, forestry and fishing	23.1	24.3	23.9	22.6	23.0	24.5	25.4	26.4
20	Industry, including energy	660.0	674.5	683.3	658.7	646.8	658.3	668.5	668.4
21	Manufacturing	608.9	622.0	630.1	604.8	592.8	603.7	613.2	612.4
22	Construction	247.1	255.7	262.5	263.4	265.1	270.5	274.3	275.4
23	Distrib. trade, repairs; transp.; accommod., food serv. activ.	954.4	967.4	983.3	976.0	983.7	1 001.0	1 016.0	1 029.5
24	Information and communication	76.9	79.3	80.0	79.8	81.0	85.6	88.0	90.7
25	Financial and insurance activities	120.3	122.7	124.6	124.0	122.9	123.2	124.3	124.6
26	Real estate activities	41.2	41.3	40.1	38.3	38.5	39.2	38.9	40.3
27	Prof., scientif., techn. activ.; admin., support service activ.	313.0	329.5	341.1	331.6	344.0	362.8	372.4	380.4
28	Public admin.; compulsory s.s.; education; human health	810.2	816.5	835.5	852.5	869.2	871.9	878.0	876.1
29	Other service activities	139.4	143.1	146.3	149.9	152.8	154.7	156.7	159.4
30	**Total employees**	3 385.4	3 454.2	3 520.5	3 496.7	3 527.0	3 591.6	3 642.5	3 671.4
	SELF-EMPLOYED, THOUSAND PERSONS, DOMESTIC CONCEPT								
31	Agriculture, forestry and fishing	187.8	184.3	181.7	179.1	176.1	171.3	163.2	160.0
32	Industry, including energy	24.4	24.0	22.3	21.6	21.1	21.1	21.1	21.0
33	Manufacturing	23.2	22.8	21.0	20.4	19.8	19.7	19.4	19.3
34	Construction	21.5	22.2	23.3	23.4	24.4	24.9	25.2	25.9
35	Distrib. trade, repairs; transp.; accommod., food serv. activ.	131.5	131.5	129.6	128.6	131.3	132.8	132.0	130.5
36	Information and communication	15.8	15.1	15.3	15.8	16.8	17.1	17.3	17.3
37	Financial and insurance activities	12.0	12.5	13.5	13.5	12.1	12.1	11.8	11.8
38	Real estate activities	10.3	10.9	11.9	13.5	14.6	15.3	15.5	16.2
39	Prof., scientif., techn. activ.; admin., support service activ.	72.9	78.1	86.5	91.7	95.4	97.6	101.9	105.3
40	Public admin.; compulsory s.s.; education; human health	43.9	44.8	48.6	50.4	52.8	55.7	58.1	58.7
41	Other service activities	35.8	36.1	37.2	38.5	38.9	40.0	41.1	42.7
42	**Total self-employed**	555.9	559.5	569.8	576.0	583.5	588.0	586.9	589.4
	TOTAL EMPLOYMENT, MILLION HOURS, DOMESTIC CONCEPT								
43	Industry, including energy	1 166.7	1 186.9	1 191.7	1 101.7	1 104.1	1 122.0	1 134.8	1 129.9
44	Distrib. trade, repairs; transp.; accommod., food serv. activ.	1 900.2	1 919.5	1 925.0	1 867.6	1 872.2	1 881.2	1 891.8	1 888.3
45	Financial and insurance activities	217.0	219.1	226.6	219.7	218.1	221.0	216.6	218.2
46	Prof., scientif., techn. activ.; admin., support service activ.	673.9	716.4	749.5	701.5	722.3	762.8	778.0	783.6
47	Public admin.; compulsory s.s.; education; human health	1 353.0	1 353.8	1 396.6	1 380.5	1 388.2	1 420.1	1 408.5	1 392.8
48	**Total employment**	6 882.4	6 967.9	7 070.0	6 813.6	6 845.0	6 981.7	6 973.6	6 938.7
	EMPLOYEES, MILLION HOURS, DOMESTIC CONCEPT								
49	Industry, including energy	1 106.3	1 127.3	1 136.0	1 046.9	1 055.0	1 071.6	1 084.5	1 081.6
50	Distrib. trade, repairs; transp.; accommod., food serv. activ.	1 552.5	1 578.6	1 593.4	1 543.8	1 551.5	1 559.5	1 580.8	1 579.8
51	Financial and insurance activities	189.8	191.2	199.4	193.2	194.3	197.6	193.6	195.6
52	Prof., scientif., techn. activ.; admin., support service activ.	502.6	532.0	556.7	510.6	529.6	562.3	572.9	575.0
53	Public admin.; compulsory s.s.; education; human health	1 262.3	1 270.6	1 309.5	1 294.4	1 302.2	1 327.2	1 316.5	1 308.9
54	**Total employees**	5 489.3	5 594.0	5 715.1	5 497.3	5 549.9	5 651.3	5 688.2	5 693.9
	SELF-EMPLOYED, MILLION HOURS, DOMESTIC CONCEPT								
55	Industry, including energy	60.4	59.6	55.7	54.7	49.1	50.5	50.3	48.3
56	Distrib. trade, repairs; transp.; accommod., food serv. activ.	347.7	340.9	331.6	323.8	320.7	321.7	311.0	308.5
57	Financial and insurance activities	27.2	28.0	27.1	26.5	23.8	23.5	23.0	22.6
58	Prof., scientif., techn. activ.; admin., support service activ.	171.3	184.4	192.8	190.8	192.7	200.5	205.2	208.6
59	Public admin.; compulsory s.s.; education; human health	90.7	83.2	87.1	86.2	86.1	92.9	92.0	84.0
60	**Total self-employed**	1 393.2	1 373.9	1 354.9	1 316.3	1 295.2	1 330.4	1 285.4	1 244.8

Note: Detailed metadata:http://metalinks.oecd.org/nav1/20150309/105b
1. Data in terms of jobs instead of persons.

BELGIUM

Table 1. Gross domestic product, expenditure approach

Million EUR (1999 BEF euro)

		2006	2007	2008	2009	2010	2011	2012	2013
	AT CURRENT PRICES								
1	**Final consumption expenditure**	**235 908**	**246 715**	**260 900**	**264 290**	**274 532**	**285 585**	**295 177**	**300 474**
2	Household	160 541	168 374	176 830	176 406	184 311	191 277	196 838	199 714
3	NPISH's	3 300	3 392	3 594	3 499	3 784	3 825	4 098	4 256
4	Government	72 067	74 949	80 477	84 385	86 437	90 483	94 242	96 503
5	Individual	44 408	46 408	50 181	52 623	54 359	57 240	59 240	60 277
6	Collective	27 659	28 540	30 296	31 761	32 078	33 243	35 001	36 226
7	*of which:* Actual individual consumption	208 249	218 175	230 605	232 529	242 454	252 342	260 176	264 247
8	**Gross capital formation**	**79 110**	**85 064**	**92 336**	**76 797**	**84 743**	**92 050**	**91 303**	**89 485**
9	Gross fixed capital formation, total	74 085	80 887	86 208	79 998	81 537	87 301	89 139	88 045
10	Dwellings	20 279	21 810	23 169	21 436	22 535	23 195	23 819	23 476
11	Other buildings and structures	13 461	14 982	16 195	14 872	16 869	20 032	20 786	21 127
12	Transport equipment	7 449	8 168	8 323	7 394	7 182	7 828	7 326	6 247
13	Other machinery and equipment	..	..	..	..	..	..	..	..
14	Cultivated assets	177	196	231	233	163	194	202	184
15	Intangible fixed assets	11 152	11 604	12 910	13 569	14 338	14 691	15 432	15 881
16	Changes in inventories, acquisitions less disposals of valuables	5 025	4 177	6 128	-3 201	3 206	4 749	2 164	1 440
17	Changes in inventories	5 025	4 177	6 128	-3 201	3 206	4 749	2 164	1 440
18	Acquisitions less disposals of valuables	0	0	0	0	0	0	0	0
19	**External balance of goods and services**	**12 350**	**13 289**	**1 830**	**8 615**	**6 472**	**2 355**	**1 775**	**5 304**
20	Exports of goods and services	247 740	267 493	282 285	242 214	278 845	309 335	319 267	327 126
21	Exports of goods	198 519	211 497	216 428	176 152	204 549	233 665	236 028	241 643
22	Exports of services	49 221	55 996	65 858	66 062	74 296	75 670	83 239	85 483
23	Imports of goods and services	235 390	254 204	280 456	233 599	272 373	306 980	317 492	321 822
24	Imports of goods	190 906	203 797	220 788	175 789	206 641	239 184	241 674	244 236
25	Imports of services	44 484	50 407	59 668	57 810	65 732	67 796	75 818	77 500
26	**Statistical discrepancy**	..	..	..	..	..	..	..	..
27	**Gross domestic product**	**327 368**	**345 069**	**355 066**	**349 703**	**365 747**	**379 991**	**388 254**	**395 262**
	AT CONSTANT PRICES, REFERENCE YEAR 2005								
28	**Final consumption expenditure**	**228 868**	**233 009**	**237 947**	**239 436**	**244 837**	**246 443**	**248 911**	**250 352**
29	Household	155 701	158 564	161 312	161 857	166 198	167 251	168 462	168 973
30	NPISH's	3 237	3 265	3 368	3 220	3 453	3 400	3 551	3 629
31	Government	69 929	71 181	73 272	74 359	75 220	75 821	76 917	77 749
32	Individual	43 242	44 068	45 238	45 678	46 467	46 960	47 415	47 829
33	Collective	26 687	27 113	28 036	28 688	28 750	28 852	29 504	29 929
34	*of which:* Actual individual consumption	202 180	205 896	209 914	210 759	216 100	217 604	219 422	220 437
35	**Gross capital formation**	**77 157**	**82 814**	**84 177**	**73 790**	**74 147**	**80 201**	**77 061**	**86 133**
36	Gross fixed capital formation, total	71 577	76 110	78 280	72 587	72 489	75 390	75 383	73 745
37	Dwellings	19 219	19 760	19 511	17 795	18 420	18 702	18 709	18 132
38	Other buildings and structures	12 852	13 856	14 617	13 693	14 982	17 034	17 485	17 851
39	Transport equipment	7 246	7 805	7 921	6 960	6 805	7 157	6 495	5 576
40	Other machinery and equipment	..	..	..	..	..	..	..	..
41	Cultivated assets	171	195	214	229	169	189	182	166
42	Intangible fixed assets	10 905	11 085	12 009	12 536	12 972	12 857	13 143	13 201
43	Changes in inventories, acquisitions less disposals of valuables	6 438	8 164	8 637	1 342	3 693	7 203	4 016	315
44	Changes in inventories	6 438	8 164	8 637	1 342	3 693	7 203	4 016	315
45	Acquisitions less disposals of valuables	..	..	..	..	..	..	..	..
46	**External balance of goods and services**	**13 471**	**13 509**	**8 957**	**4 016**	**4 809**	**3 874**	**4 191**	**11 955**
47	Exports of goods and services	241 312	254 739	258 836	234 252	257 700	274 643	279 944	287 958
48	Exports of goods	192 459	201 200	198 849	173 059	191 596	208 843	207 684	213 854
49	Exports of services	48 854	53 587	60 069	61 218	66 200	66 129	72 480	74 332
50	Imports of goods and services	227 841	241 151	249 479	226 527	248 387	266 253	271 264	276 263
51	Imports of goods	184 242	193 759	196 687	173 230	189 865	205 919	205 168	209 394
52	Imports of services	43 599	47 411	52 772	53 239	58 455	60 338	66 257	67 018
53	**Statistical discrepancy (including chaining residual)**	**-162**	**-417**	**969**	**6 114**	**7 651**	**6 354**	**7 029**	**-10 322**
54	**Gross domestic product**	**319 334**	**328 915**	**332 051**	**323 356**	**331 443**	**336 873**	**337 191**	**338 118**

Note: Detailed metadata:http://metalinks.oecd.org/nav1/20150309/764f

BELGIUM

Table 2. Gross domestic product, output and income approach
ISIC Rev. 4

Million EUR (1999 BEF euro)

		2006	2007	2008	2009	2010	2011	2012	2013
	OUTPUT APPROACH AT CURRENT PRICES								
1	Total gross value added at basic prices	292 505	308 295	317 981	313 494	327 215	340 384	347 328	353 848
2	Agriculture, forestry and fishing	2 950	3 048	2 505	2 340	2 871	2 369	2 709	2 931
3	Industry, including energy	58 390	60 811	60 399	55 688	59 358	60 039	60 096	59 849
4	Manufacturing	50 410	52 462	51 458	46 446	49 564	49 526	50 479	50 306
5	Construction	15 399	16 698	18 060	17 836	18 064	19 563	19 902	19 762
6	Services	..	..	..	..	..	..	..	..
7	Distrib. trade, repairs; transp.; accommod., food serv. activ.	61 372	65 166	67 318	64 017	66 304	68 608	69 314	70 348
8	Information and communication	11 749	12 493	12 914	12 961	13 085	13 451	13 879	14 082
9	Financial and insurance activities	16 074	15 790	15 093	17 571	19 673	20 576	21 318	21 253
10	Real estate activities	26 478	28 192	29 264	28 180	28 759	29 781	30 376	30 811
11	Prof., scientif., techn. activ.; admin., support service activ.	34 824	37 856	39 944	39 800	41 824	45 000	44 989	46 846
12	Public admin.; compulsory s.s.; education; human health	59 098	61 842	65 832	68 517	70 464	73 878	77 371	80 372
13	Other service activities	6 170	6 399	6 653	6 584	6 815	7 119	7 375	7 594
14	FISIM (Financial Intermediation Services Indirectly Measured)	..	..	..	..	..	..	..	..
15	Gross value added at basic prices, excluding FISIM	292 505	308 295	317 981	313 494	327 215	340 384	347 328	353 848
16	Taxes less subsidies on products	34 863	36 774	37 085	36 209	38 532	39 607	40 927	41 414
17	Taxes on products	37 268	39 266	39 442	38 116	40 879	42 059	43 065	43 564
18	Subsidies on products	2 405	2 492	2 357	1 907	2 347	2 453	2 138	2 150
19	Residual item	..	..	..	..	..	..	..	..
20	Gross domestic product at market prices	327 368	345 069	355 066	349 703	365 747	379 991	388 254	395 262
	OUTPUT APPROACH AT CONSTANT PRICES (REF. YEAR 2005)								
21	Total gross value added at basic prices	285 256	293 708	298 045	290 117	296 829	302 504	302 641	303 785
22	Agriculture, forestry and fishing	2 837	2 817	2 855	2 695	2 882	2 807	2 681	2 769
23	Industry, including energy	57 453	59 819	59 808	55 209	58 093	57 596	57 548	57 189
24	Manufacturing	49 926	52 133	52 115	46 007	48 453	48 108	49 295	49 254
25	Construction	15 039	15 302	15 474	15 239	15 388	16 600	16 909	16 687
26	Services	..	..	..	..	..	..	..	..
27	Distrib. trade, repairs; transp.; accommod., food serv. activ.	59 429	62 276	63 037	59 780	60 895	61 856	60 874	60 360
28	Information and communication	11 594	12 013	12 326	12 406	12 225	12 584	12 649	12 681
29	Financial and insurance activities	16 749	16 084	16 248	16 423	17 064	17 432	18 196	18 050
30	Real estate activities	25 096	25 267	25 803	25 672	26 218	26 979	27 494	27 544
31	Prof., scientif., techn. activ.; admin., support service activ.	34 121	36 376	37 376	36 523	37 687	39 694	37 449	38 420
32	Public admin.; compulsory s.s.; education; human health	56 856	57 596	58 723	59 800	60 100	60 359	61 928	62 953
33	Other service activities	6 080	6 118	6 310	6 012	6 106	6 273	6 382	6 450
34	FISIM (Financial Intermediation Services Indirectly Measured)	..	..	..	..	..	..	..	..
35	Gross value added at basic prices, excluding FISIM	285 256	293 708	298 045	290 117	296 829	302 504	302 641	303 785
36	Taxes less subsidies on products	34 079	35 208	33 999	33 229	34 600	34 363	34 541	34 334
37	Taxes on products	36 429	37 593	36 204	35 023	36 753	36 535	36 390	36 161
38	Subsidies on products	2 350	2 385	2 206	1 786	2 152	2 171	1 842	1 819
39	Residual item	-1	-1	7	10	14	6	9	-1
40	Gross domestic product at market prices	319 334	328 915	332 051	323 356	331 443	336 873	337 191	338 118
	INCOME APPROACH								
41	Compensation of employees	160 053	168 757	178 091	179 532	183 069	191 331	197 997	202 063
42	Agriculture, forestry and fishing	323	346	362	392	396	433	455	476
43	Industry, including energy	32 501	33 947	34 844	32 987	33 406	34 245	34 982	35 150
44	Manufacturing	29 328	30 532	31 186	29 362	29 675	30 361	31 020	31 267
45	Construction	8 045	8 609	9 191	9 372	9 428	10 228	10 455	10 366
46	Distrib. trade, repairs; transp.; accommod., food serv. activ.	33 341	35 324	37 403	38 096	38 477	40 002	41 463	42 062
47	Information and communication	5 867	6 217	6 614	6 764	6 653	6 818	7 040	7 170
48	Financial and insurance activities	8 793	9 150	9 572	9 474	9 288	9 692	9 931	9 891
49	Real estate activities	625	687	742	770	783	826	877	928
50	Prof., scientif., techn. activ.; admin., support service activ.	16 559	18 163	19 449	19 153	20 002	21 447	22 198	22 797
51	Public admin.; compulsory s.s.; education; human health	50 128	52 294	55 596	58 061	60 062	62 906	65 672	68 134
52	Other service activities	3 872	4 019	4 318	4 464	4 574	4 736	4 925	5 089
53	Wages and salaries	118 139	123 701	130 257	130 497	132 836	138 877	143 412	145 974
54	Agriculture, forestry and fishing	250	268	283	304	308	341	354	367
55	Industry, including energy	23 449	24 103	24 835	23 292	23 450	24 434	24 907	25 084
56	Manufacturing	21 356	21 885	22 458	20 852	20 971	21 859	22 260	22 382
57	Construction	6 089	6 509	6 747	6 816	6 833	7 422	7 850	7 814
58	Distrib. trade, repairs; transp.; accommod., food serv. activ.	25 309	26 704	28 143	28 594	28 927	29 943	30 887	31 328
59	Information and communication	4 228	4 480	4 769	4 779	4 698	4 662	4 896	4 973
60	Financial and insurance activities	6 426	6 661	6 906	6 824	6 706	6 971	7 062	7 115
61	Real estate activities	470	498	554	575	583	618	644	684
62	Prof., scientif., techn. activ.; admin., support service activ.	12 660	13 674	14 656	14 365	15 044	16 316	16 545	16 996
63	Public admin.; compulsory s.s.; education; human health	36 186	37 654	40 006	41 497	42 792	44 538	46 521	47 797
64	Other service activities	3 071	3 151	3 358	3 451	3 496	3 633	3 746	3 817
65	Gross operating surplus and mixed income	131 444	139 425	140 223	134 797	145 944	151 184	150 327	153 215
66	Taxes less subsidies on production and imports	35 871	36 888	36 751	35 374	36 735	37 476	39 931	39 984
67	Taxes on production and imports	43 141	45 225	45 901	44 763	47 898	49 615	52 034	52 235
68	Subsidies on production and imports	7 270	8 337	9 150	9 390	11 164	12 139	12 104	12 251
69	Residual item	..	..	..	..	..	..	..	..
70	Gross domestic product	327 368	345 069	355 066	349 703	365 747	379 991	388 254	395 262

Note: Detailed metadata:http://metalinks.oecd.org/nav1/20150309/764f

BELGIUM

Table 3. Disposable income, saving and net lending / net borrowing

Million EUR (1999 BEF euro)

		2006	2007	2008	2009	2010	2011	2012	2013
	DISPOSABLE INCOME								
1	Gross domestic product	327 368	345 069	355 066	349 703	365 747	379 991	388 254	395 262
2	Net primary incomes from the rest of the world	3 228	4 035	6 221	-1 852	6 813	4 078	6 842	-3 981
3	Primary incomes receivable from the rest of the world	59 931	73 489	72 695	53 824	52 959	48 778	49 277	44 092
4	Primary incomes payable to the rest of the world	56 703	69 455	66 473	55 676	46 146	44 700	42 435	48 074
5	Gross national income at market prices	330 596	349 104	361 287	347 851	372 560	384 068	395 096	391 281
6	Consumption of fixed capital	57 197	60 597	64 862	66 926	70 494	73 652	76 340	78 150
7	Net national income at market prices	273 399	288 506	296 425	280 926	302 066	310 416	318 756	313 130
8	Net current transfers from the rest of the world	-4 560	-3 869	-4 780	-5 142	-4 595	-5 216	-6 208	-7 129
9	Current transfers receivable from the rest of the world	4 725	5 955	5 527	6 075	7 293	6 868	6 650	5 999
10	Current transfers payable to the rest of the world	9 285	9 825	10 307	11 217	11 887	12 084	12 859	13 128
11	Net national disposable income	268 839	284 637	291 645	275 784	297 471	305 200	312 548	306 001
	SAVING AND NET LENDING / NET BORROWING								
12	Net national disposable income	268 839	284 637	291 645	275 784	297 471	305 200	312 548	306 001
13	Final consumption expenditures	235 908	246 715	260 900	264 290	274 532	285 585	295 177	300 474
14	Adj. for change in net equity of households in pension funds	0	0	0	0	0	0	0	0
15	Saving, net	32 931	37 922	30 745	11 494	22 939	19 615	17 371	5 528
16	Net capital transfers from the rest of the world	-74	-199	-180	-203	-277	-460	2 310	-176
17	Capital transfers receivable from the rest of the world	603	209	332	338	207	189	2 778	323
18	Capital transfers payable to the rest of the world	678	409	511	541	484	650	468	500
19	Gross capital formation	79 110	85 064	92 336	76 797	84 743	92 050	91 303	89 485
20	Acquisitions less disposals of non-financial non-produced assets	-69	782	1 125	263	32	-85	-375	28
21	Consumption of fixed capital	57 197	60 597	64 862	66 926	70 494	73 652	76 340	78 150
22	Net lending / net borrowing	11 012	12 473	1 966	1 156	8 382	841	5 093	-6 012
	REAL DISPOSABLE INCOME								
23	Gross domestic product at constant prices, reference year 2005	319 334	328 915	332 051	323 356	331 443	336 873	337 192	338 118
24	Trading gain or loss	-1 480	-916	-7 630	-218	-3 963	-6 649	-7 361	-7 245
25	Real gross domestic income	317 854	327 999	324 421	323 138	327 480	330 224	329 830	330 874
26	Net real primary incomes from the rest of the world	3 134	3 835	5 684	-1 711	6 100	3 544	5 812	-3 333
27	Real primary incomes receivable from the rest of the world	58 189	69 854	66 421	49 735	47 418	42 389	41 862	36 910
28	Real primary incomes payable to the rest of the world	55 055	66 019	60 736	51 446	41 318	38 846	36 050	40 242
29	Real gross national income at market prices	320 988	331 834	330 105	321 427	333 580	333 768	335 643	327 541
30	Net real current transfers from the rest of the world	-4 427	-3 678	-4 368	-4 751	-4 114	-4 533	-5 274	-5 968
31	Real current transfers receivable from the rest of the world	4 588	5 661	5 050	5 614	6 530	5 968	5 649	5 022
32	Real current transfers payable to the rest of the world	9 015	9 339	9 417	10 365	10 644	10 501	10 924	10 990
33	Real gross national disposable income	316 561	328 156	325 738	316 676	329 466	329 235	330 368	321 573
34	Consumption of fixed capital at constant prices	55 331	57 217	59 313	61 223	62 687	63 833	64 137	64 983
35	Real net national income at market prices	265 453	274 235	270 842	259 585	270 462	269 762	270 790	262 121
36	Real net national disposable income	261 026	270 557	266 474	254 834	266 348	265 229	265 516	256 153

Note: Detailed metadata:http://metalinks.oecd.org/nav1/20150309/a1b9

BELGIUM

Table 4. Population and employment (persons) and employment (hours worked) by industry
ISIC Rev. 4

		2006	2007	2008	2009	2010	2011	2012	2013
	POPULATION, THOUSAND PERSONS, NATIONAL CONCEPT								
1	Total population	10 543.0	10 622.0	10 707.0	10 790.0	10 883.0	10 978.0	11 054.0	11 105.0
2	Economically active population	..	..	..	..	..	..	..	..
3	Unemployed persons	..	..	..	..	..	..	..	..
4	Total employment	4 382.6	4 455.6	4 535.3	4 527.2	4 558.3	4 621.0	4 634.5	4 621.5
5	Employees	3 683.6	3 750.0	3 819.6	3 807.1	3 831.8	3 884.9	3 889.5	3 869.8
6	Self-employed	699.0	705.7	715.7	720.2	726.4	736.1	745.0	751.7
	TOTAL EMPLOYMENT, THOUSAND PERSONS, DOMESTIC CONCEPT								
7	Agriculture, forestry and fishing	73.1	70.7	69.2	67.2	63.6	60.9	59.5	59.6
8	Industry, including energy	637.9	636.4	637.1	609.5	590.6	589.3	582.5	569.6
9	Manufacturing	593.9	590.3	589.5	561.3	541.8	539.9	532.8	520.1
10	Construction	252.2	261.9	268.6	270.4	273.0	279.3	280.7	276.6
11	Distrib. trade, repairs; transp.; accommod., food serv. activ.	983.1	993.5	1 002.4	990.4	990.2	995.0	988.8	978.2
12	Information and communication	96.5	99.8	103.4	103.7	102.7	103.1	104.1	103.8
13	Financial and insurance activities	136.1	135.7	135.1	132.6	130.1	130.0	129.8	127.9
14	Real estate activities	20.2	20.5	21.3	22.8	23.3	24.1	24.6	25.1
15	Prof., scientif., techn. activ.; admin., support service activ.	663.5	701.2	737.5	744.0	773.5	804.1	814.9	824.8
16	Public admin.; compulsory s.s.; education; human health	1 239.2	1 257.6	1 280.5	1 308.2	1 336.3	1 358.4	1 370.2	1 381.8
17	Other service activities	205.4	201.4	202.6	199.8	195.6	197.6	200.0	195.1
18	**Total employment**	4 307.3	4 378.6	4 457.7	4 448.6	4 478.8	4 541.8	4 555.0	4 542.6
	EMPLOYEES, THOUSAND PERSONS, DOMESTIC CONCEPT								
19	Agriculture, forestry and fishing	17.4	17.2	17.9	18.9	19.1	19.7	19.8	21.2
20	Industry, including energy	611.3	610.1	610.8	584.3	565.4	564.1	557.8	545.4
21	Manufacturing	567.6	564.3	563.6	536.4	516.9	515.1	508.6	496.3
22	Construction	200.4	207.6	212.8	214.6	215.5	219.5	219.0	213.5
23	Distrib. trade, repairs; transp.; accommod., food serv. activ.	824.5	840.2	852.6	846.7	848.1	855.6	853.4	844.6
24	Information and communication	87.3	89.8	92.5	92.9	91.2	90.8	91.5	90.6
25	Financial and insurance activities	126.4	126.5	126.2	123.7	121.3	121.5	121.5	119.7
26	Real estate activities	16.6	16.9	17.6	19.1	19.4	19.8	20.3	20.7
27	Prof., scientif., techn. activ.; admin., support service activ.	401.1	427.0	451.1	444.0	466.7	487.4	487.6	491.7
28	Public admin.; compulsory s.s.; education; human health	1 167.6	1 185.6	1 207.9	1 234.4	1 261.3	1 281.9	1 291.9	1 301.6
29	Other service activities	155.6	152.1	152.6	149.8	144.4	145.3	147.2	141.8
30	**Total employees**	3 608.3	3 672.9	3 742.1	3 728.4	3 752.3	3 805.7	3 810.0	3 790.9
	SELF-EMPLOYED, THOUSAND PERSONS, DOMESTIC CONCEPT								
31	Agriculture, forestry and fishing	55.7	53.5	51.3	48.2	44.5	41.2	39.7	38.4
32	Industry, including energy	26.6	26.3	26.3	25.2	25.2	25.1	24.6	24.2
33	Manufacturing	26.3	25.9	26.0	24.9	24.9	24.8	24.2	23.8
34	Construction	51.8	54.3	55.8	55.8	57.5	59.9	61.7	63.1
35	Distrib. trade, repairs; transp.; accommod., food serv. activ.	158.6	153.3	149.8	143.8	142.0	139.4	135.4	133.7
36	Information and communication	9.3	10.0	10.9	10.7	11.5	12.3	12.6	13.2
37	Financial and insurance activities	9.7	9.2	8.8	8.9	8.8	8.5	8.3	8.2
38	Real estate activities	3.6	3.6	3.7	3.7	4.0	4.2	4.4	4.4
39	Prof., scientif., techn. activ.; admin., support service activ.	262.4	274.2	286.5	300.0	306.7	316.6	327.2	333.1
40	Public admin.; compulsory s.s.; education; human health	71.6	71.9	72.7	73.8	75.0	76.5	78.3	80.2
41	Other service activities	49.8	49.3	50.0	50.0	51.2	52.3	52.8	53.3
42	**Total self-employed**	699.0	705.7	715.7	720.2	726.4	736.1	745.0	751.7
	TOTAL EMPLOYMENT, MILLION HOURS, DOMESTIC CONCEPT								
43	Industry, including energy	1 024.4	1 021.7	1 011.6	928.8	921.0	928.2	917.3	899.8
44	Distrib. trade, repairs; transp.; accommod., food serv. activ.	1 541.9	1 559.9	1 571.4	1 540.3	1 543.8	1 560.0	1 548.3	1 531.0
45	Financial and insurance activities	204.4	205.1	204.6	200.9	196.1	195.8	196.5	194.5
46	Prof., scientif., techn. activ.; admin., support service activ.	1 191.2	1 258.2	1 311.5	1 320.5	1 376.2	1 442.8	1 472.2	1 502.5
47	Public admin.; compulsory s.s.; education; human health	1 738.9	1 765.5	1 795.9	1 826.1	1 862.8	1 889.3	1 910.8	1 931.1
48	**Total employment**	6 782.0	6 913.7	7 009.7	6 914.8	6 987.2	7 137.9	7 163.8	7 159.6
	EMPLOYEES, MILLION HOURS, DOMESTIC CONCEPT								
49	Industry, including energy	957.1	957.0	948.9	871.9	863.7	869.2	857.6	839.8
50	Distrib. trade, repairs; transp.; accommod., food serv. activ.	1 176.7	1 205.3	1 225.6	1 206.8	1 208.4	1 223.9	1 222.8	1 212.0
51	Financial and insurance activities	185.3	185.7	185.4	181.6	177.6	177.8	178.5	176.3
52	Prof., scientif., techn. activ.; admin., support service activ.	594.4	632.6	661.0	634.4	669.6	702.9	703.5	708.1
53	Public admin.; compulsory s.s.; education; human health	1 603.4	1 627.7	1 656.5	1 684.8	1 720.9	1 744.2	1 759.9	1 773.6
54	**Total employees**	5 214.7	5 318.8	5 403.1	5 298.6	5 348.5	5 448.9	5 453.6	5 425.7
	SELF-EMPLOYED, MILLION HOURS, DOMESTIC CONCEPT								
55	Industry, including energy	67.3	64.7	62.7	56.9	57.4	59.1	59.8	60.0
56	Distrib. trade, repairs; transp.; accommod., food serv. activ.	365.1	354.6	345.8	333.5	335.3	336.2	325.4	319.0
57	Financial and insurance activities	19.1	19.5	19.2	19.3	18.5	18.0	18.0	18.2
58	Prof., scientif., techn. activ.; admin., support service activ.	596.8	625.6	650.5	686.1	706.6	739.9	768.7	794.4
59	Public admin.; compulsory s.s.; education; human health	135.5	137.8	139.4	141.2	141.9	145.1	151.0	157.5
60	**Total self-employed**	1 567.3	1 594.8	1 606.6	1 616.2	1 638.7	1 689.0	1 710.2	1 733.9

Note: Detailed metadata: http://metalinks.oecd.org/nav1/20150309/99ea

CANADA

Table 1. Gross domestic product, expenditure approach

Million CAD

		2006	2007	2008	2009	2010	2011	2012	2013
	AT CURRENT PRICES								
1	**Final consumption expenditure**	1 093 845	1 158 635	1 221 774	1 248 242	1 305 119	1 363 577	1 409 007	1 460 657
2	Household	784 654	831 218	868 042	872 738	915 271	955 500	987 036	1 024 942
3	NPISH's	20 017	21 134	22 748	23 457	23 502	25 361	26 334	26 972
4	Government	289 174	306 283	330 984	352 047	366 346	381 774	394 499	407 757
5	Individual	177 479 e	188 264 e	202 045 e	214 086 e	224 280 e	233 725 e	241 515 e	249 632 e
6	Collective	111 694 e	118 020 e	128 940 e	137 961 e	142 066 e	148 049 e	152 984 e	158 125 e
7	*of which:* Actual individual consumption	982 150 e	1 040 616 e	1 092 835 e	1 110 281 e	1 163 053 e	1 214 586 e	1 254 885 e	1 301 546 e
8	**Gross capital formation**	353 345	375 049	395 369	341 274	388 101	427 174	455 082	463 628
9	Gross fixed capital formation, total	342 709	366 111	386 526	348 304	387 976	414 047	443 601	452 506
10	Dwellings	99 432	110 216	108 523	101 932	113 067	117 704	127 655	128 936
11	Other buildings and structures	105 417	114 997	132 136	119 469	143 037	158 241	175 132	184 676
12	Transport equipment	19 301	18 119	17 442	13 467	14 598	15 277	16 418	17 022
13	Other machinery and equipment	70 401	71 721	75 119	65 707	65 175	67 834	68 528	66 855
14	Cultivated assets	..	..	..	..	..	..	..	..
15	Intangible fixed assets	48 158	51 058	53 306	47 729	52 099	54 991	55 868	55 017
16	Changes in inventories, acquisitions less disposals of valuables	10 636	8 938	8 843	-7 030	125	13 127	11 481	11 122
17	Changes in inventories	10 636	8 938	8 843	-7 030	125	13 127	11 481	11 122
18	Acquisitions less disposals of valuables	..	..	..	..	..	..	..	..
19	**External balance of goods and services**	39 954	33 272	28 472	-23 013	-31 609	-21 229	-33 829	-30 218
20	Exports of goods and services	527 187	537 413	567 339	445 689	483 212	540 969	553 130	571 808
21	Exports of goods	451 969	461 386	487 264	367 209	403 966	456 610	463 138	479 266
22	Exports of services	75 218	76 027	80 075	78 480	79 246	84 359	89 992	92 542
23	Imports of goods and services	487 233	504 141	538 867	468 702	514 821	562 198	586 959	602 026
24	Imports of goods	404 509	415 789	443 588	373 985	413 674	456 041	474 292	486 489
25	Imports of services	82 724	88 352	95 279	94 717	101 147	106 157	112 667	115 537
26	**Statistical discrepancy**	-226	-1 056	359	504	1 146	492	968	-308
27	**Gross domestic product**	1 486 918	1 565 900	1 645 974	1 567 007	1 662 757	1 770 014	1 831 228	1 893 759
	AT CONSTANT PRICES, REFERENCE YEAR 2005								
28	**Final consumption expenditure**	1 072 639	1 114 024	1 151 442	1 164 811	1 201 808	1 224 456	1 245 838	1 269 278
29	Household	774 508	808 176	831 183	833 593	862 505	881 525	898 622	921 060
30	NPISH's	19 506	19 650	20 639	21 242	21 077	22 445	22 951	23 321
31	Government	278 657	286 347	299 546	309 462	317 863	320 351	323 769	325 645
32	Individual	..	..	..	..	..	..	..	..
33	Collective	..	..	..	..	..	..	..	..
34	*of which:* Actual individual consumption	963 109 e	1 000 549 e	1 029 926 e	1 036 072 e	1 070 988 e	1 090 666 e	1 109 564 e	1 131 014 e
35	**Gross capital formation**	340 246	349 667	355 345	304 951	344 925	373 452	387 667	394 271
36	Gross fixed capital formation, total	330 118	340 598	346 126	306 368	341 450	357 813	375 052	376 549
37	Dwellings	92 562	95 605	90 860	85 420	92 238	93 644	99 122	98 723
38	Other buildings and structures	98 413	101 081	108 595	97 921	113 991	121 504	130 455	134 782
39	Transport equipment	19 706	18 971	18 529	13 143	15 412	16 550	17 532	18 080
40	Other machinery and equipment	72 788	76 640	79 335	66 212	71 982	76 817	77 201	74 875
41	Cultivated assets	..	..	..	..	..	..	..	..
42	Intangible fixed assets	46 728	48 463	49 084	42 881	46 433	48 268	48 338	46 616
43	Changes in inventories, acquisitions less disposals of valuables	9 784	8 322	7 478	-4 752	-421	10 159	6 924	11 516
44	Changes in inventories	9 784	8 322	7 478	-4 752	-421	10 159	6 924	11 516
45	Acquisitions less disposals of valuables	..	..	..	..	..	..	..	..
46	**External balance of goods and services**	34 760	12 505	-15 797	-17 469	-49 666	-57 344	-64 851	-61 900
47	Exports of goods and services	525 911	531 908	507 851	441 424	471 735	493 577	506 497	516 705
48	Exports of goods	451 962	458 443	434 064	369 613	400 618	420 629	430 098	439 031
49	Exports of services	73 912	73 413	73 752	71 734	71 552	73 541	76 895	78 197
50	Imports of goods and services	491 151	519 403	523 648	458 893	521 401	550 921	571 348	578 605
51	Imports of goods	408 487	430 881	432 130	370 114	421 954	446 852	460 869	469 556
52	Imports of services	82 667	88 473	91 358	88 156	98 791	103 404	109 846	108 470
53	**Statistical discrepancy (including chaining residual)**	51	574	3 137	1 323	5 597	6 581	8 240	6 839
54	**Gross domestic product**	1 447 696	1 476 770	1 494 128	1 453 615	1 502 664	1 547 145	1 576 894	1 608 487

Note: Detailed metadata: http://metalinks.oecd.org/nav1/20150309/df7b

CANADA

Table 2. Gross domestic product, output and income approach
ISIC Rev. 4

Million CAD

		2006	2007	2008	2009	2010	2011	2012	2013
	OUTPUT APPROACH AT CURRENT PRICES								
1	**Total gross value added at basic prices**	1 390 360 e	1 466 692	1 551 684	1 473 183	1 564 105	..	..	..
2	Agriculture, forestry and fishing	..	23 141	28 579	23 169	23 785	..	..	..
3	Industry, including energy	..	343 993	369 257	284 927	319 769	..	..	..
4	Manufacturing	..	186 210	174 933	158 136	166 969	..	..	..
5	Construction	..	95 353	105 605	103 549	113 256	..	..	..
6	Services	..	..	..	..	..	..	..	..
7	Distrib. trade, repairs; transp.; accommod., food serv. activ.	..	249 983	255 610	248 937	261 885	..	..	..
8	Information and communication	..	48 833	49 963	50 250	51 838	..	..	..
9	Financial and insurance activities	..	98 636	100 554	94 528	101 730	..	..	..
10	Real estate activities	..	168 758	176 255	185 348	192 466	..	..	..
11	Prof., scientif., techn. activ.; admin., support service activ.	..	128 074	136 319	134 290	140 968	..	..	..
12	Public admin.; compulsory s.s.; education; human health	..	268 602	285 975	303 563	313 209	..	..	..
13	Other service activities	..	41 317	43 566	44 622	45 201	..	..	..
14	FISIM (Financial Intermediation Services Indirectly Measured)	..	..	..	..	..	..	..	..
15	Gross value added at basic prices, excluding FISIM	1 390 360 e	1 466 692	1 551 684	1 473 183	1 564 105	..	..	..
16	**Taxes less subsidies on products**	96 558	99 209	94 290	93 826	98 653	103 010	109 155	113 471
17	Taxes on products	111 721	114 566	111 095	110 953	117 900	124 390	129 650	133 058
18	Subsidies on products	15 163	15 357	16 805	17 127	19 247	21 380	20 495	19 587
19	**Residual item**	..	..	..	..	..	..	..	..
20	**Gross domestic product at market prices**	1 486 918	1 565 900	1 645 974	1 567 007	1 662 757	1 770 014	1 831 228	1 893 759
	OUTPUT APPROACH AT CONSTANT PRICES (REF. YEAR 2005)								
21	**Total gross value added at basic prices**	1 353 742 e	1 383 702 e	1 398 221 e	1 356 918 e	1 404 961 e	1 443 433 e	1 469 917 e	..
22	Agriculture, forestry and fishing	..	..	..	..	..	..	..	..
23	Industry, including energy	..	..	..	..	..	..	..	..
24	Manufacturing	..	..	..	..	..	..	..	..
25	Construction	..	..	..	..	..	..	..	..
26	Services	..	..	..	..	..	..	..	..
27	Distrib. trade, repairs; transp.; accommod., food serv. activ.	..	..	..	..	..	..	..	..
28	Information and communication	..	..	..	..	..	..	..	..
29	Financial and insurance activities	..	..	..	..	..	..	..	..
30	Real estate activities	..	..	..	..	..	..	..	..
31	Prof., scientif., techn. activ.; admin., support service activ.	..	..	..	..	..	..	..	..
32	Public admin.; compulsory s.s.; education; human health	..	..	..	..	..	..	..	..
33	Other service activities	..	..	..	..	..	..	..	..
34	FISIM (Financial Intermediation Services Indirectly Measured)	..	..	..	..	..	..	..	..
35	Gross value added at basic prices, excluding FISIM	1 353 742 e	1 383 702 e	1 398 221 e	1 356 918 e	1 404 961 e	1 443 433 e	1 469 917 e	..
36	**Taxes less subsidies on products**	..	..	..	..	..	..	..	..
37	Taxes on products	..	..	..	..	..	..	..	..
38	Subsidies on products	..	..	..	..	..	..	..	..
39	**Residual item**	..	..	..	..	..	..	..	..
40	**Gross domestic product at market prices**	1 447 696	1 476 770	1 494 128	1 453 615	1 502 664	1 547 145	1 576 894	1 608 487
	INCOME APPROACH								
41	**Compensation of employees**	742 228	782 621	816 942	812 983	839 376	885 131	926 189	960 209
42	Agriculture, forestry and fishing	..	..	..	8 060	..	..	..	..
43	Industry, including energy	..	..	..	141 248	..	..	..	..
44	Manufacturing	..	..	..	103 429	..	..	..	..
45	Construction	..	..	..	63 388	..	..	..	..
46	Distrib. trade, repairs; transp.; accommod., food serv. activ.	..	..	..	168 710	..	..	..	..
47	Information and communication	..	..	..	35 074	..	..	..	..
48	Financial and insurance activities	..	..	..	62 313	..	..	..	..
49	Real estate activities	..	..	..	9 123	..	..	..	..
50	Prof., scientif., techn. activ.; admin., support service activ.	..	..	..	71 250	..	..	..	..
51	Public admin.; compulsory s.s.; education; human health	..	..	..	228 879	..	..	..	..
52	Other service activities	..	..	..	24 937	..	..	..	..
53	**Wages and salaries**	644 759	684 981	716 170	705 172	727 617	766 672	799 649	828 226
54	Agriculture, forestry and fishing	..	7 573	7 607	7 311	7 462	7 969	8 263	8 605
55	Industry, including energy	..	128 019	126 227	115 327	119 151	127 185	132 633	135 122
56	Manufacturing	..	95 364	90 802	80 850	82 164	85 427	89 077	89 982
57	Construction	..	49 308	55 141	53 442	57 261	61 453	67 858	73 491
58	Distrib. trade, repairs; transp.; accommod., food serv. activ.	..	148 249	153 524	149 866	153 312	161 200	171 617	177 682
59	Information and communication	..	18 331	18 714	18 300	18 759	19 718	20 610	20 818
60	Financial and insurance activities	..	56 146	58 691	56 370	58 503	61 542	61 493	63 314
61	Real estate activities	..	11 500	12 021	11 546	11 983	12 605	12 595	12 968
62	Prof., scientif., techn. activ.; admin., support service activ.	..	70 107	75 218	73 723	75 763	80 017	82 997	86 189
63	Public admin.; compulsory s.s.; education; human health	..	168 690	179 997	190 833	196 183	204 100	209 550	216 771
64	Other service activities	..	27 059	29 031	28 455	29 242	30 883	32 034	33 266
65	**Gross operating surplus and mixed income**	584 302	615 925	665 364	590 601	654 099	708 748	721 356	743 319
66	**Taxes less subsidies on production and imports**	160 162	166 298	164 027	163 927	170 428	176 627	184 651	189 922
67	Taxes on production and imports	177 500	183 651	182 850	183 276	192 903	201 117	208 200	212 566
68	Subsidies on production and imports	17 338	17 353	18 823	19 349	22 475	24 490	23 549	22 644
69	**Residual item**	226	1 056	-359	-504	-1 146	-492	-968	309
70	**Gross domestic product**	1 486 918	1 565 900	1 645 974	1 567 007	1 662 757	1 770 014	1 831 228	1 893 759

Note: Detailed metadata:http://metalinks.oecd.org/nav1/20150309/df7b

CANADA

Table 3. Disposable income, saving and net lending / net borrowing

Million CAD

		2006	2007	2008	2009	2010	2011	2012	2013
	DISPOSABLE INCOME								
1	Gross domestic product	1 486 918	1 565 900	1 645 974	1 567 007	1 662 757	1 770 014	1 831 228	1 893 759
2	Net primary incomes from the rest of the world	-23 767	-23 118	-25 055	-27 645	-32 253	-32 354	-31 873	-27 444
3	Primary incomes receivable from the rest of the world	47 845	53 558	52 134	40 685	41 342	42 749	44 969	49 513
4	Primary incomes payable to the rest of the world	71 612	76 676	77 189	68 330	73 595	75 103	76 842	76 957
5	Gross national income at market prices	1 463 151	1 542 782	1 620 919	1 539 362	1 630 504	1 737 660	1 799 355	1 866 315
6	Consumption of fixed capital	224 088	241 097	262 374	274 639	276 161	288 366	306 298	322 884
7	Net national income at market prices	1 239 062	1 301 685	1 358 545	1 264 722	1 354 343	1 449 294	1 493 057	1 543 431
8	Net current transfers from the rest of the world	-1 936	-2 223	-612	-2 588	-3 318	-2 902	-3 289	-1 873
9	Current transfers receivable from the rest of the world	9 548	9 512	11 100	9 939	9 484	9 803	9 663	11 517
10	Current transfers payable to the rest of the world	11 484	11 735	11 712	12 527	12 802	12 705	12 952	13 390
11	Net national disposable income	1 237 126	1 299 462	1 357 933	1 262 134	1 351 025	1 446 392	1 489 768	1 541 558
	SAVING AND NET LENDING / NET BORROWING								
12	Net national disposable income	1 237 126	1 299 462	1 357 933	1 262 134	1 351 025	1 446 392	1 489 768	1 541 558
13	Final consumption expenditures	1 093 845	1 158 635	1 221 774	1 248 242	1 305 119	1 363 577	1 409 007	1 460 657
14	Adj. for change in net equity of households in pension funds	..	..	..	..	..	..	..	..
15	Saving, net	143 281	140 827	136 159	13 892	45 906	82 815	80 761	80 901
16	Net capital transfers from the rest of the world	-235	-286	-252	-816	-123	-12	-141	-54
17	Capital transfers receivable from the rest of the world	212	224	236	-227	260	272	284	300
18	Capital transfers payable to the rest of the world	447	510	488	589	383	284	425	354
19	Gross capital formation	353 345	375 049	395 369	341 274	388 101	427 174	455 082	463 628
20	Acquisitions less disposals of non-financial non-produced assets	..	..	..	..	..	..	..	..
21	Consumption of fixed capital	224 088	241 097	262 374	274 639	276 161	288 366	306 298	322 884
22	Net lending / net borrowing	13 563	5 533	3 271	-53 055	-65 011	-55 513	-67 196	-60 206
	REAL DISPOSABLE INCOME								
23	Gross domestic product at constant prices, reference year 2005	1 447 696	1 476 770	1 494 128	1 453 615	1 502 664	1 547 145	1 576 894	1 608 487
24	Trading gain or loss	3 892	17 567	39 311	7 051	13 490	29 765	25 561	26 364
25	Real gross domestic income	1 451 587	1 494 337	1 533 440	1 445 664	1 516 154	1 576 910	1 602 455	1 634 851
26	Net real primary incomes from the rest of the world	-23 212	-22 078	-23 284	-25 506	-29 420	-28 823	-27 888	-23 677
27	Real primary incomes receivable from the rest of the world	46 700	51 114	48 601	37 543	37 700	38 095	39 357	42 757
28	Real primary incomes payable to the rest of the world	69 912	73 193	71 886	63 049	67 121	66 917	67 246	66 434
29	Real gross national income at market prices	1 428 376	1 472 258	1 510 153	1 420 157	1 486 735	1 548 087	1 574 568	1 611 173
30	Net real current transfers from the rest of the world	-1 889	-2 125	-569	-2 386	-3 027	-2 589	-2 878	-1 619
31	Real current transfers receivable from the rest of the world	9 322	9 075	10 338	9 170	8 645	8 730	8 454	9 941
32	Real current transfers payable to the rest of the world	11 211	11 200	10 908	11 556	11 672	11 319	11 333	11 560
33	Real gross national disposable income	1 426 485	1 470 132	1 509 582	1 417 769	1 483 707	1 545 496	1 571 689	1 609 554
34	Consumption of fixed capital at constant prices	218 744	230 073	244 378	253 376	251 814	256 899	268 024	278 740
35	Real net national income at market prices	1 209 632	1 242 186	1 265 777	1 166 781	1 234 920	1 291 189	1 306 545	1 332 436
36	Real net national disposable income	1 207 743	1 240 060	1 265 205	1 164 393	1 231 893	1 288 600	1 303 666	1 330 815

Note: Detailed metadata:http://metalinks.oecd.org/nav1/20150309/d4ea

CANADA

Table 4. Population and employment (persons) and employment (hours worked) by industry
ISIC Rev. 4

		2006	2007	2008	2009	2010	2011	2012	2013
	POPULATION, THOUSAND PERSONS, NATIONAL CONCEPT								
1	Total population	32 570.5	32 887.9	33 245.8	33 628.6	34 005.3	34 342.8	34 752.1	35 154.3 e
2	Economically active population	..	..	..	..	..	..	..	..
3	Unemployed persons	..	..	..	..	..	..	..	..
4	Total employment	16 724.9	17 122.9	17 404.6	17 110.8	17 365.3	17 643.0	17 841.1	..
5	Employees	15 149.1	15 485.3	15 784.9	15 469.3	15 723.8	16 011.1	16 228.4	..
6	Self-employed	1 575.8	1 637.6	1 619.7	1 641.5	1 641.5	1 631.9	1 612.7	..
	TOTAL EMPLOYMENT, THOUSAND PERSONS, DOMESTIC CONCEPT								
7	Agriculture, forestry and fishing	..	..	..	..	..	..	..	..
8	Industry, including energy	..	..	..	..	..	..	..	..
9	Manufacturing	..	..	..	..	..	..	..	..
10	Construction	..	..	..	..	..	..	..	..
11	Distrib. trade, repairs; transp.; accommod., food serv. activ.	..	..	..	..	..	..	..	..
12	Information and communication	..	..	..	..	..	..	..	..
13	Financial and insurance activities	..	..	..	..	..	..	..	..
14	Real estate activities	..	..	..	..	..	..	..	..
15	Prof., scientif., techn. activ.; admin., support service activ.	..	..	..	..	..	..	..	..
16	Public admin.; compulsory s.s.; education; human health	..	..	..	..	..	..	..	..
17	Other service activities	..	..	..	..	..	..	..	..
18	**Total employment**	16 874.5	17 310.9	17 643.9	17 382.5	17 638.5	17 933.6	18 170.4	..
	EMPLOYEES, THOUSAND PERSONS, DOMESTIC CONCEPT								
19	Agriculture, forestry and fishing	..	..	..	..	..	..	..	..
20	Industry, including energy	..	..	..	..	..	..	..	..
21	Manufacturing	..	..	..	..	..	..	..	..
22	Construction	..	..	..	..	..	..	..	..
23	Distrib. trade, repairs; transp.; accommod., food serv. activ.	..	..	..	..	..	..	..	..
24	Information and communication	..	..	..	..	..	..	..	..
25	Financial and insurance activities	..	..	..	..	..	..	..	..
26	Real estate activities	..	..	..	..	..	..	..	..
27	Prof., scientif., techn. activ.; admin., support service activ.	..	..	..	..	..	..	..	..
28	Public admin.; compulsory s.s.; education; human health	..	..	..	..	..	..	..	..
29	Other service activities	..	..	..	..	..	..	..	..
30	**Total employees**	15 298.7	15 673.3	16 024.2	15 741.1	15 997.0	16 301.7	16 557.6	..
	SELF-EMPLOYED, THOUSAND PERSONS, DOMESTIC CONCEPT								
31	Agriculture, forestry and fishing	..	..	..	..	..	..	..	..
32	Industry, including energy	..	..	..	..	..	..	..	..
33	Manufacturing	..	..	..	..	..	..	..	..
34	Construction	..	..	..	..	..	..	..	..
35	Distrib. trade, repairs; transp.; accommod., food serv. activ.	..	..	..	..	..	..	..	..
36	Information and communication	..	..	..	..	..	..	..	..
37	Financial and insurance activities	..	..	..	..	..	..	..	..
38	Real estate activities	..	..	..	..	..	..	..	..
39	Prof., scientif., techn. activ.; admin., support service activ.	..	..	..	..	..	..	..	..
40	Public admin.; compulsory s.s.; education; human health	..	..	..	..	..	..	..	..
41	Other service activities	..	..	..	..	..	..	..	..
42	**Total self-employed**	1 575.8	1 637.6	1 619.7	1 641.5	1 641.5	1 631.9	1 612.7	..
	TOTAL EMPLOYMENT, MILLION HOURS, DOMESTIC CONCEPT								
43	Industry, including energy	4 833.1	4 718.6	4 512.8	4 028.0	4 119.3	4 210.6	4 242.9	..
44	Distrib. trade, repairs; transp.; accommod., food serv. activ.	7 967.0	8 159.8	8 183.3	7 827.4	7 911.6	7 959.1	8 070.6	..
45	Financial and insurance activities	1 441.8	1 440.0	1 583.2	1 586.4	1 629.9	1 649.1	1 697.3	..
46	Prof., scientif., techn. activ.; admin., support service activ.	3 010.4	3 145.2	3 238.1	2 987.3	3 047.4	3 160.7	3 191.9	..
47	Public admin.; compulsory s.s.; education; human health	5 924.2	6 133.1	6 274.6	6 397.9	6 513.9	6 558.4	6 656.4	..
48	**Total employment**	29 150.0	29 741.6	30 108.6	29 042.6	29 580.1	30 027.8	30 541.0	..
	EMPLOYEES, MILLION HOURS, DOMESTIC CONCEPT								
49	Industry, including energy	4 670.6	4 560.9	4 362.1	3 885.3	3 986.8	4 090.2	4 120.7	..
50	Distrib. trade, repairs; transp.; accommod., food serv. activ.	7 434.8	7 608.2	7 662.4	7 325.0	7 414.0	7 503.1	7 626.3	..
51	Financial and insurance activities	1 359.9	1 349.5	1 498.6	1 494.3	1 543.8	1 563.5	1 605.0	..
52	Prof., scientif., techn. activ.; admin., support service activ.	2 527.4	2 651.2	2 749.0	2 475.1	2 525.8	2 633.7	2 678.4	..
53	Public admin.; compulsory s.s.; education; human health	5 575.6	5 750.2	5 905.2	6 039.0	6 156.2	6 208.3	6 303.1	..
54	**Total employees**	26 393.1	26 881.0	27 329.4	26 296.5	26 871.0	27 380.9	27 911.7	..
	SELF-EMPLOYED, MILLION HOURS, DOMESTIC CONCEPT								
55	Industry, including energy	162.5	157.7	150.7	142.7	132.5	120.4	122.2	..
56	Distrib. trade, repairs; transp.; accommod., food serv. activ.	532.2	551.6	520.9	502.4	497.6	456.0	444.3	..
57	Financial and insurance activities	81.9	90.5	84.5	92.1	86.1	85.6	92.3	..
58	Prof., scientif., techn. activ.; admin., support service activ.	483.0	494.0	489.1	512.2	521.6	527.0	513.5	..
59	Public admin.; compulsory s.s.; education; human health	348.6	382.9	369.4	358.9	357.8	350.1	353.3	..
60	**Total self-employed**	2 756.9	2 860.6	2 779.3	2 746.1	2 709.1	2 646.9	2 629.3	..

Note: Detailed metadata: http://metalinks.oecd.org/nav1/20150309/952c

CHILE

Table 1. Gross domestic product, expenditure approach

Million CLP

		2006	2007	2008	2009	2010	2011	2012	2013
	AT CURRENT PRICES								
1	**Final consumption expenditure**	53 346 314	59 841 750	67 635 211	69 577 702	79 168 033	88 782 270	97 006 723	104 866 703
2	Household	45 145 859	50 470 087	57 081 908	57 357 843	65 522 805	74 091 660	81 327 256	87 872 091
3	NPISH's	..	..	..	..	..	..	..	..
4	Government	8 200 456	9 371 663	10 553 303	12 219 859	13 645 227	14 690 610	15 679 467	16 994 612
5	Individual	3 987 484 e	4 576 779 e	5 370 675	6 212 183	6 849 172	7 323 246	7 935 540	8 722 623
6	Collective	4 175 044 e	4 751 461 e	5 182 627	6 007 676	6 796 056	7 367 365	7 743 927	8 271 989
7	*of which:* Actual individual consumption	49 643 521 e	55 175 894 e	62 452 583	63 570 026	72 371 977	81 414 905	89 262 796	96 594 714
8	**Gross capital formation**	16 959 561	18 592 914	24 362 051	19 562 014	24 847 992	28 784 630	32 522 671	32 817 769
9	Gross fixed capital formation, total	15 841 193	18 145 379	23 178 540	21 026 612	23 406 703	27 132 032	31 093 307	32 394 540
10	Dwellings[1]	10 181 709	11 738 780	14 927 136	14 255 981	14 681 853	16 751 193	19 119 315	20 859 830
11	Other buildings and structures[1]	..	..	..	..	..	..	..	..
12	Transport equipment[2]	5 659 485	6 406 599	8 251 404	6 770 631	8 724 850	10 380 839	11 973 991	11 534 710
13	Other machinery and equipment[2]	..	..	..	..	..	..	..	..
14	Cultivated assets[1]	..	..	..	..	..	..	..	..
15	Intangible fixed assets	..	..	..	..	..	..	..	..
16	Changes in inventories, acquisitions less disposals of valuables	1 118 368	447 535	1 183 511	-1 464 598	1 441 289	1 652 597	1 429 364	423 229
17	Changes in inventories	1 118 368	447 535	1 183 511	-1 464 598	1 441 289	1 652 597	1 429 364	423 229
18	Acquisitions less disposals of valuables	..	..	..	..	..	..	..	..
19	**External balance of goods and services**	11 712 295	11 994 107	1 850 671	7 304 045	6 991 861	3 835 922	71 397	-472 408
20	Exports of goods and services	36 012 110	40 885 361	38 953 165	35 849 025	42 245 984	46 162 810	44 374 880	44 672 547
21	Exports of goods	30 356 718 e	34 631 860 e	32 887 478	30 829 883	36 188 309	39 435 085	38 000 598	38 043 538
22	Exports of services	4 437 220 e	4 988 869 e	6 065 687	5 019 142	6 057 675	6 727 725	6 374 282	6 629 009
23	Imports of goods and services	24 299 815	28 891 254	37 102 495	28 544 979	35 254 122	42 326 888	44 303 483	45 144 955
24	Imports of goods	20 631 688 e	24 879 918 e	32 624 251	23 803 415	30 064 809	36 181 505	38 874 969	39 174 160
25	Imports of services	3 567 172 e	4 017 468 e	4 470 244	4 741 564	5 189 313	6 145 383	5 428 515	5 970 805
26	Statistical discrepancy	..	..	..	..	..	..	..	..
27	**Gross domestic product**	82 018 171	90 428 771	93 847 932	96 443 761	111 007 886	121 402 822	129 600 791	137 212 064
	AT CONSTANT PRICES, REFERENCE YEAR 2005								
28	**Final consumption expenditure**	51 541 919	55 434 436	57 883 777	58 329 300	64 002 608	68 963 416	72 814 068	76 714 414
29	Household	43 759 414	47 106 333	49 546 334	49 156 918	54 477 890	59 300 309	62 837 443	66 349 153
30	NPISH's	..	..	..	..	..	..	..	..
31	Government	7 782 505	8 328 983	8 355 504	9 122 878	9 539 973	9 774 990	10 132 874	10 553 726
32	Individual	3 783 208 e	4 031 490 e	4 213 093 e	4 603 124 e	4 704 725 e	4 878 117 e	5 179 031 e	5 469 075 e
33	Collective	3 964 102 e	4 270 175 e	4 120 658 e	4 495 961 e	4 811 454 e	4 870 729 e	4 927 658 e	5 059 251 e
34	*of which:* Actual individual consumption	48 324 058 e	51 684 805 e	54 026 190 e	54 068 191 e	59 465 477 e	64 438 640 e	68 294 081 e	72 111 455 e
35	**Gross capital formation**	16 525 282	17 582 448	21 234 608	16 249 103	20 686 160	23 617 482	26 208 591	25 541 318
36	Gross fixed capital formation, total	15 471 093	17 141 243	20 207 316	17 763 399	19 931 594	22 810 491	25 587 520	25 687 664
37	Dwellings[1]	9 501 844	10 321 623	11 488 493	10 657 791	10 803 159	11 862 621	12 925 722	13 348 478
38	Other buildings and structures[1]	..	..	..	..	..	..	..	..
39	Transport equipment[2]	5 969 249	6 846 438	8 896 761	7 038 007	9 503 736	11 618 008	13 634 706	13 061 220
40	Other machinery and equipment[2]	..	..	..	..	..	..	..	..
41	Cultivated assets[1]	..	..	..	..	..	..	..	..
42	Intangible fixed assets	..	..	..	..	..	..	..	..
43	Changes in inventories, acquisitions less disposals of valuables	..	..	..	..	..	..	..	..
44	Changes in inventories	..	..	..	..	..	..	..	..
45	Acquisitions less disposals of valuables	..	..	..	..	..	..	..	..
46	**External balance of goods and services**	5 002 846	3 964 489	1 250 068	4 104 948	-746 251	-3 458 825	-4 671 865	-4 212 291
47	Exports of goods and services	29 153 760	31 249 844	31 031 125	29 619 267	30 307 732	31 979 583	32 341 661	33 721 805
48	Exports of goods	23 390 326 e	25 030 277 e	25 378 606 e	24 647 830 e	24 538 244 e	25 555 782 e	26 136 885 e	27 053 845 e
49	Exports of services	4 660 057 e	5 118 869 e	5 652 754 e	4 883 636 e	5 827 778 e	6 626 048 e	6 257 663 e	6 807 884 e
50	Imports of goods and services	24 415 777	27 902 439	31 034 100	26 016 433	32 746 626	37 861 062	39 743 362	40 623 389
51	Imports of goods	20 661 444 e	23 926 595 e	27 252 539 e	22 180 509 e	28 566 176 e	32 914 432 e	35 178 975 e	35 623 942 e
52	Imports of services	3 661 100 e	3 927 367 e	4 107 524 e	4 174 436 e	4 642 284 e	5 473 970 e	5 131 035 e	5 593 507 e
53	Statistical discrepancy (including chaining residual)	-264 864	-418 840	-1 285 133	-419 676	-1 168 528	-1 514 964	-2 028 886	-1 959 677
54	**Gross domestic product**	72 805 184	76 562 532	79 083 319	78 263 675	82 773 989	87 607 108	92 321 909	96 083 764

Note: Detailed metadata:http://metalinks.oecd.org/nav1/20150309/7bf2
1. *Other buildings and structures* and *Cultivated assets* are included in *Dwellings*.
2. *Other machinery and equipment* is included in *Transport equipment*.

CHILE

Table 2. Gross domestic product, output and income approach
ISIC Rev. 4

Million CLP

		2006	2007	2008	2009	2010	2011	2012	2013
	OUTPUT APPROACH AT CURRENT PRICES								
1	Total gross value added at basic prices	75 610 826	83 303 053	85 888 192	88 806 618	102 169 076	111 404 021	118 547 457	125 492 472
2	Agriculture, forestry and fishing	2 918 788	3 085 649	3 116 985	3 166 793	3 539 187	3 988 946	4 015 387	4 314 641
3	Industry, including energy	29 377 198	31 169 002	26 169 761	26 569 793	32 857 805	34 741 338	33 517 398	33 571 246
4	Manufacturing	10 439 909	10 839 854	10 506 172	10 892 426	12 005 186	13 295 316	13 545 882	14 400 887
5	Construction	4 576 133	5 230 284	6 891 485	7 197 372	7 555 645	8 370 433	9 533 147	10 712 947
6	Services	..	..	..	..	..	..	..	..
7	Distrib. trade, repairs; transp.; accommod., food serv. activ.	11 273 514	12 112 434	13 629 202	13 003 155	15 228 016	16 157 377	18 271 401	19 240 157
8	Information and communication	1 546 570	1 733 117	1 856 790	1 980 734	2 205 581	2 380 963	2 647 463	2 774 349
9	Financial and insurance activities	3 449 558	4 354 581	4 868 571	5 088 370	5 374 095	6 072 856	6 378 222	6 499 382
10	Real estate activities	..	..	..	..	..	..	..	..
11	Prof., scientif., techn. activ.; admin., support service activ.	8 314 175	9 888 632	11 443 187	12 077 695	13 368 262	15 451 677	17 777 239	19 699 491
12	Public admin.; compulsory s.s.; education; human health	8 435 323	9 398 691	10 832 568	12 363 414	13 735 065	14 907 918	16 171 822	17 899 729
13	Other service activities	5 719 568	6 330 662	7 079 643	7 359 292	8 305 421	9 332 513	10 235 379	10 780 528
14	FISIM (Financial Intermediation Services Indirectly Measured)	..	..	..	..	..	..	..	..
15	Gross value added at basic prices, excluding FISIM	75 610 826	83 303 053	85 888 192	88 806 618	102 169 076	111 404 021	118 547 457	125 492 472
16	Taxes less subsidies on products	6 407 345	7 125 718	7 959 740	7 637 143	8 838 810	9 998 801	11 053 333	11 719 592
17	Taxes on products	6 407 345	7 125 718	7 959 740	7 637 143	8 838 810	9 998 801	11 053 333	11 719 592
18	Subsidies on products	..	..	..	..	..	..	..	..
19	Residual item	..	..	..	..	..	..	..	..
20	Gross domestic product at market prices	82 018 171	90 428 771	93 847 932	96 443 761	111 007 886	121 402 822	129 600 791	137 212 064
	OUTPUT APPROACH AT CONSTANT PRICES (REF. YEAR 2005)								
21	Total gross value added at basic prices	66 516 961	69 667 532	71 777 467	71 202 480	74 851 802	79 023 554	83 171 931	86 505 125
22	Agriculture, forestry and fishing	2 850 712	2 916 020	3 138 836	2 962 128	2 970 381	3 328 501	3 299 619	3 358 749
23	Industry, including energy	22 301 810	22 469 269	22 149 353	21 948 650	22 547 452	22 791 970	23 708 201	24 623 501
24	Manufacturing	10 235 918	10 482 974	10 647 846	10 196 477	10 457 294	11 250 295	11 636 190	11 664 227
25	Construction	4 012 158	4 206 426	4 667 697	4 418 479	4 499 334	4 805 303	5 141 467	5 307 149
26	Services	..	..	..	..	..	..	..	..
27	Distrib. trade, repairs; transp.; accommod., food serv. activ.	11 206 559	11 841 727	12 245 548	11 384 883	12 818 454	14 145 906	15 153 789	15 990 512
28	Information and communication	1 440 095	1 608 552	1 789 140	1 886 241	2 087 238	2 248 616	2 449 844	2 569 854
29	Financial and insurance activities	3 349 006	3 798 238	3 962 192	4 114 456	4 405 975	4 856 822	5 404 893	5 701 840
30	Real estate activities	..	..	..	..	..	..	..	..
31	Prof., scientif., techn. activ.; admin., support service activ.	7 959 001	9 045 680	9 671 454	9 722 231	10 355 661	11 213 806	11 907 958	12 321 171
32	Public admin.; compulsory s.s.; education; human health	7 945 675	8 289 886	8 649 537	9 123 348	9 410 931	9 871 549	10 332 809	10 828 114
33	Other service activities	5 451 945	5 727 500	5 971 702	6 063 735	6 311 448	6 554 566	6 693 642	6 822 268
34	FISIM (Financial Intermediation Services Indirectly Measured)	..	..	..	..	..	..	..	..
35	Gross value added at basic prices, excluding FISIM	66 516 961	69 667 532	71 777 467	71 202 480	74 851 802	79 023 554	83 171 931	86 505 125
36	Taxes less subsidies on products	6 288 223	6 927 623	7 369 420	7 105 884	8 042 318	8 758 800	9 359 199	9 807 933
37	Taxes on products	6 288 223	6 927 623	7 369 420	7 105 884	8 042 318	8 758 800	9 359 199	9 807 933
38	Subsidies on products	..	..	..	..	..	..	..	..
39	Residual item	0	-32 623	-63 568	-44 689	-120 132	-175 245	-209 221	-229 295
40	Gross domestic product at market prices	72 805 184	76 562 532	79 083 319	78 263 675	82 773 989	87 607 108	92 321 909	96 083 764
	INCOME APPROACH								
41	Compensation of employees	26 300 145 e	29 326 085 e	34 133 031	36 532 940	40 124 545	45 139 448	50 398 018	..
42	Agriculture, forestry and fishing	..	..	1 358 020	1 452 722	1 399 941	1 519 779	1 634 643	..
43	Industry, including energy	..	..	5 465 475	5 700 598	6 092 436	6 748 290	7 727 663	..
44	Manufacturing	..	..	3 537 285	3 664 909	3 967 334	4 338 997	4 790 423	..
45	Construction	..	..	3 265 413	3 639 142	3 794 690	4 489 039	5 063 629	..
46	Distrib. trade, repairs; transp.; accommod., food serv. activ.	..	..	6 850 292	6 620 591	7 525 866	8 308 738	9 350 437	..
47	Information and communication	..	..	417 784	452 354	441 333	454 428	430 525	..
48	Financial and insurance activities	..	..	1 938 391	1 901 134	2 041 778	2 332 533	2 515 571	..
49	Real estate activities	..	..	..	..	..	..	..	..
50	Prof., scientif., techn. activ.; admin., support service activ.	..	..	4 431 867	4 977 440	5 648 734	7 039 174	8 192 775	..
51	Public admin.; compulsory s.s.; education; human health	..	..	8 635 928	9 942 950	11 097 219	11 923 865	13 020 614	..
52	Other service activities	..	..	1 769 863	1 846 009	2 082 547	2 323 603	2 462 161	..
53	Wages and salaries	..	..	..	..	..	..	..	..
54	Agriculture, forestry and fishing	..	..	..	..	..	..	..	..
55	Industry, including energy	..	..	..	..	..	..	..	..
56	Manufacturing	..	..	..	..	..	..	..	..
57	Construction	..	..	..	..	..	..	..	..
58	Distrib. trade, repairs; transp.; accommod., food serv. activ.	..	..	..	..	..	..	..	..
59	Information and communication	..	..	..	..	..	..	..	..
60	Financial and insurance activities	..	..	..	..	..	..	..	..
61	Real estate activities	..	..	..	..	..	..	..	..
62	Prof., scientif., techn. activ.; admin., support service activ.	..	..	..	..	..	..	..	..
63	Public admin.; compulsory s.s.; education; human health	..	..	..	..	..	..	..	..
64	Other service activities	..	..	..	..	..	..	..	..
65	Gross operating surplus and mixed income	47 611 177 e	52 281 185 e	49 359 305	49 998 160	59 640 802	63 321 667	64 908 708	..
66	Taxes less subsidies on production and imports	8 584 067 e	9 350 934 e	10 355 596	9 912 661	11 242 539	12 941 707	14 294 065	..
67	Taxes on production and imports	..	..	..	..	..	..	..	..
68	Subsidies on production and imports	..	..	..	..	..	..	..	..
69	Residual item	..	..	..	..	..	..	..	..
70	Gross domestic product	82 018 171	90 428 771	93 847 932	96 443 761	111 007 886	121 402 822	129 600 791	137 212 064

Note: Detailed metadata: http://metalinks.oecd.org/nav1/20150309/7bf2

CHILE

Table 3. Disposable income, saving and net lending / net borrowing

Million CLP

		2006	2007	2008	2009	2010	2011	2012	2013
	DISPOSABLE INCOME								
1	Gross domestic product	82 018 171	90 428 771	93 847 932	96 443 761	111 007 886	121 402 822	129 600 791	137 212 064
2	Net primary incomes from the rest of the world	-9 735 288	-9 853 611	-6 745 879	-6 241 264	-7 465 758	-6 728 871	-5 598 409	-5 505 697
3	Primary incomes receivable from the rest of the world	3 110 261	3 218 654	3 384 888	3 630 917	4 601 019	3 850 813	3 710 885	3 910 721
4	Primary incomes payable to the rest of the world	12 845 549	13 072 265	10 130 767	9 872 180	12 066 777	10 579 684	9 309 294	9 416 417
5	Gross national income at market prices	72 282 883	80 575 161	87 102 053	90 202 497	103 542 128	114 673 951	124 002 382	131 706 367
6	Consumption of fixed capital	9 396 775 e	10 474 771 e	11 323 267 e	11 726 325 e	13 460 477 e	14 907 614 e	16 120 310 e	17 121 828 e
7	Net national income at market prices	62 886 108 e	70 100 390 e	75 778 786 e	78 476 173 e	90 081 651 e	99 766 338 e	107 882 072 e	114 584 539 e
8	Net current transfers from the rest of the world	1 833 496	1 662 177	1 523 439	911 129	2 310 003	1 425 054	1 121 527	1 265 003
9	Current transfers receivable from the rest of the world	2 127 136	2 013 705	1 982 247	1 410 231	2 909 355	2 100 394	1 902 992	2 106 060
10	Current transfers payable to the rest of the world	293 641	351 528	458 808	499 102	599 352	675 339	781 465	841 057
11	Net national disposable income	64 719 604 e	71 762 567 e	77 302 225 e	79 387 302 e	92 391 654 e	101 191 392 e	109 003 599 e	115 849 542 e
	SAVING AND NET LENDING / NET BORROWING								
12	Net national disposable income	64 719 604 e	71 762 567 e	77 302 225 e	79 387 302 e	92 391 654 e	101 191 392 e	109 003 599 e	115 849 542 e
13	Final consumption expenditures	53 346 314	59 841 750	67 635 211	69 577 702	79 168 033	88 782 270	97 006 723	104 866 703
14	Adj. for change in net equity of households in pension funds	..	..	..	..	..	..	..	..
15	Saving, net	11 373 289 e	11 920 817 e	9 667 014 e	9 809 600 e	13 223 621 e	12 409 122 e	11 996 876 e	10 982 839 e
16	Net capital transfers from the rest of the world	7 049 e	8 199 e	1 586	8 051	3 237 359	5 774	5 696	5 614
17	Capital transfers receivable from the rest of the world	..	..	..	..	..	..	..	..
18	Capital transfers payable to the rest of the world	..	..	..	..	..	..	..	..
19	Gross capital formation	16 959 561	18 592 914	24 362 051	19 562 014	24 847 992	28 784 630	32 522 671	32 817 769
20	Acquisitions less disposals of non-financial non-produced assets	..	..	..	..	..	..	..	..
21	Consumption of fixed capital	9 396 775 e	10 474 771 e	11 323 267 e	11 726 325 e	13 460 477 e	14 907 614 e	16 120 310 e	17 121 828 e
22	Net lending / net borrowing	3 815 865 e	3 809 198 e	-3 370 183	1 981 962	5 073 465	-1 462 121	-4 399 789	-4 707 488
	REAL DISPOSABLE INCOME								
23	Gross domestic product at constant prices, reference year 2005	72 805 184	76 562 532	79 083 319	78 263 675	82 773 989	87 607 108	92 321 909	96 083 764
24	Trading gain or loss	3 759 397 e	4 921 423 e	2 044 307 e	3 194 896 e	7 873 265 e	8 189 218 e	6 906 168 e	6 091 870 e
25	Real gross domestic income	76 564 580 e	81 483 955 e	81 127 687 e	81 458 570 e	90 647 254 e	95 796 326 e	99 228 078 e	102 175 634 e
26	Net real primary incomes from the rest of the world	..	..	..	..	..	..	..	..
27	Real primary incomes receivable from the rest of the world	..	..	..	..	..	..	..	..
28	Real primary incomes payable to the rest of the world	..	..	..	..	..	..	..	..
29	Real gross national income at market prices	66 928 006 e	72 238 409 e	75 215 609 e	76 170 390 e	84 490 941 e	90 417 905 e	94 870 045 e	98 002 361 e
30	Net real current transfers from the rest of the world	..	..	..	..	..	..	..	..
31	Real current transfers receivable from the rest of the world	..	..	..	..	..	..	..	..
32	Real current transfers payable to the rest of the world	..	..	..	..	..	..	..	..
33	Real gross national disposable income	69 871 228	74 339 623	80 148 271	80 567 225	90 462 903	95 877 939	100 263 351	103 632 233
34	Consumption of fixed capital at constant prices	..	..	..	..	..	..	..	..
35	Real net national income at market prices	60 883 693 e	65 259 381 e	65 134 571 e	65 681 119 e	73 388 600 e	78 586 864 e	82 455 671 e	85 169 703 e
36	Real net national disposable income	62 658 807 e	66 806 771 e	66 444 021 e	66 443 694 e	75 270 536 e	79 709 393 e	83 312 869 e	86 109 969 e

Note: Detailed metadata:http://metalinks.oecd.org/nav1/20150309/2307

CHILE

Table 4. Population and employment (persons) and employment (hours worked) by industry
ISIC Rev. 4

		2006	2007	2008	2009	2010	2011	2012	2013
	POPULATION, THOUSAND PERSONS, NATIONAL CONCEPT								
1	**Total population**	16 432.7	16 598.1	16 763.5	16 928.9	17 094.3	17 248.5	17 402.6	17 556.8
2	Economically active population	6 806.2	6 943.7	7 201.3	7 302.3	7 774.6	8 054.2	8 150.2	8 280.4
3	Unemployed persons	531.8	494.3	562.4	707.7	626.1	575.4	523.1	495.2
4	Total employment	6 274.4	6 449.4	6 638.9	6 594.6	7 148.5	7 478.8	7 627.1	7 785.2
5	Employees	4 577.7	4 757.6	4 969.6	4 878.0	5 353.3	5 607.2	5 814.2	5 914.4
6	Self-employed	1 696.8	1 691.8	1 669.2	1 716.5	1 795.2	1 871.6	1 813.0	1 870.7
	TOTAL EMPLOYMENT, THOUSAND PERSONS, DOMESTIC CONCEPT								
7	Agriculture, forestry and fishing	..	..	..	..	..	..	..	..
8	Industry, including energy	..	..	..	..	..	..	..	..
9	Manufacturing	..	..	..	..	..	..	..	..
10	Construction	..	..	..	..	..	..	..	..
11	Distrib. trade, repairs; transp.; accommod., food serv. activ.	..	..	..	..	..	..	..	..
12	Information and communication	..	..	..	..	..	..	..	..
13	Financial and insurance activities	..	..	..	..	..	..	..	..
14	Real estate activities	..	..	..	..	..	..	..	..
15	Prof., scientif., techn. activ.; admin., support service activ.	..	..	..	..	..	..	..	..
16	Public admin.; compulsory s.s.; education; human health	..	..	..	..	..	..	..	..
17	Other service activities	..	..	..	..	..	..	..	..
18	**Total employment**	6 184.5	6 355.6	6 539.5	6 496.6	6 702.7	6 998.5	..	..
	EMPLOYEES, THOUSAND PERSONS, DOMESTIC CONCEPT								
19	Agriculture, forestry and fishing	..	..	..	..	..	..	..	..
20	Industry, including energy	..	..	..	..	..	..	..	..
21	Manufacturing	..	..	..	..	..	..	..	..
22	Construction	..	..	..	..	..	..	..	..
23	Distrib. trade, repairs; transp.; accommod., food serv. activ.	..	..	..	..	..	..	..	..
24	Information and communication	..	..	..	..	..	..	..	..
25	Financial and insurance activities	..	..	..	..	..	..	..	..
26	Real estate activities	..	..	..	..	..	..	..	..
27	Prof., scientif., techn. activ.; admin., support service activ.	..	..	..	..	..	..	..	..
28	Public admin.; compulsory s.s.; education; human health	..	..	..	..	..	..	..	..
29	Other service activities	..	..	..	..	..	..	..	..
30	**Total employees**	..	..	..	..	5 284.1	5 199.4	..	..
	SELF-EMPLOYED, THOUSAND PERSONS, DOMESTIC CONCEPT								
31	Agriculture, forestry and fishing	..	..	..	..	..	..	..	..
32	Industry, including energy	..	..	..	..	..	..	..	..
33	Manufacturing	..	..	..	..	..	..	..	..
34	Construction	..	..	..	..	..	..	..	..
35	Distrib. trade, repairs; transp.; accommod., food serv. activ.	..	..	..	..	..	..	..	..
36	Information and communication	..	..	..	..	..	..	..	..
37	Financial and insurance activities	..	..	..	..	..	..	..	..
38	Real estate activities	..	..	..	..	..	..	..	..
39	Prof., scientif., techn. activ.; admin., support service activ.	..	..	..	..	..	..	..	..
40	Public admin.; compulsory s.s.; education; human health	..	..	..	..	..	..	..	..
41	Other service activities	..	..	..	..	..	..	..	..
42	**Total self-employed**	..	..	..	..	1 418.5	1 799.1	..	..
	TOTAL EMPLOYMENT, MILLION HOURS, DOMESTIC CONCEPT								
43	Industry, including energy	..	..	..	..	..	..	..	..
44	Distrib. trade, repairs; transp.; accommod., food serv. activ.	..	..	..	..	..	..	..	..
45	Financial and insurance activities	..	..	..	..	..	..	..	..
46	Prof., scientif., techn. activ.; admin., support service activ.	..	..	..	..	..	..	..	..
47	Public admin.; compulsory s.s.; education; human health	..	..	..	..	..	..	..	..
48	**Total employment**	..	..	..	..	..	..	..	..
	EMPLOYEES, MILLION HOURS, DOMESTIC CONCEPT								
49	Industry, including energy	..	..	..	..	..	..	..	..
50	Distrib. trade, repairs; transp.; accommod., food serv. activ.	..	..	..	..	..	..	..	..
51	Financial and insurance activities	..	..	..	..	..	..	..	..
52	Prof., scientif., techn. activ.; admin., support service activ.	..	..	..	..	..	..	..	..
53	Public admin.; compulsory s.s.; education; human health	..	..	..	..	..	..	..	..
54	**Total employees**	..	..	..	..	..	..	..	..
	SELF-EMPLOYED, MILLION HOURS, DOMESTIC CONCEPT								
55	Industry, including energy	..	..	..	..	..	..	..	..
56	Distrib. trade, repairs; transp.; accommod., food serv. activ.	..	..	..	..	..	..	..	..
57	Financial and insurance activities	..	..	..	..	..	..	..	..
58	Prof., scientif., techn. activ.; admin., support service activ.	..	..	..	..	..	..	..	..
59	Public admin.; compulsory s.s.; education; human health	..	..	..	..	..	..	..	..
60	**Total self-employed**	..	..	..	..	..	..	..	..

Note: Detailed metadata:http://metalinks.oecd.org/nav1/20150309/b685

CZECH REPUBLIC

Table 1. Gross domestic product, expenditure approach

Million CZK

		2006	2007	2008	2009	2010	2011	2012	2013
	AT CURRENT PRICES								
1	**Final consumption expenditure**	2 355 176	2 506 801	2 678 872	2 729 612	2 756 756	2 775 810	2 781 131	2 828 472
2	Household	1 631 011	1 749 455	1 887 029	1 890 858	1 919 942	1 956 863	1 970 453	1 998 767
3	NPISH's	24 447	25 708	26 330	27 044	27 140	26 762	27 289	27 721
4	Government	699 718	731 638	765 513	811 710	809 674	792 185	783 389	801 984
5	Individual	342 354	362 015	377 581	407 818	407 966	409 612	411 650	416 099
6	Collective	357 364	369 623	387 932	403 892	401 708	382 573	371 739	385 885
7	*of which:* Actual individual consumption	1 997 812	2 137 178	2 290 940	2 325 720	2 355 048	2 393 237	2 409 392	2 442 587
8	**Gross capital formation**	1 055 701	1 231 126	1 249 396	1 039 879	1 074 377	1 087 748	1 066 130	1 022 327
9	Gross fixed capital formation, total	982 951	1 132 392	1 165 332	1 063 472	1 066 005	1 068 992	1 054 900	1 019 056
10	Dwellings	121 850	157 164	159 947	148 149	160 461	148 039	141 698	135 542
11	Other buildings and structures	326 973	349 014	361 645	349 374	330 520	322 749	307 569	290 973
12	Transport equipment	123 246	141 231	142 867	105 599	112 220	105 401	97 040	102 645
13	Other machinery and equipment	..	..	..	..	..	..	..	..
14	Cultivated assets	4 453	4 419	4 030	3 878	3 622	3 604	2 034	2 174
15	Intangible fixed assets	106 018	121 654	130 462	131 167	119 077	132 905	154 824	145 575
16	Changes in inventories, acquisitions less disposals of valuables	72 750	98 734	84 064	-23 593	8 372	18 756	11 230	3 271
17	Changes in inventories	69 872	95 287	80 491	-27 458	4 831	15 108	5 220	-1 193
18	Acquisitions less disposals of valuables	2 878	3 447	3 573	3 865	3 541	3 648	6 010	4 464
19	**External balance of goods and services**	96 254	93 892	87 078	152 336	122 518	158 852	200 414	235 461
20	Exports of goods and services	2 289 863	2 550 182	2 544 303	2 306 533	2 616 396	2 880 742	3 097 512	3 154 749
21	Exports of goods	1 932 904	2 160 136	2 140 278	1 916 601	2 198 394	2 440 415	2 624 117	2 682 613
22	Exports of services	356 959	390 046	404 025	389 932	418 002	440 327	473 395	472 136
23	Imports of goods and services	2 193 609	2 456 290	2 457 225	2 154 197	2 493 878	2 721 890	2 897 098	2 919 288
24	Imports of goods	1 908 531	2 149 768	2 143 254	1 846 169	2 153 658	2 362 118	2 500 318	2 519 030
25	Imports of services	285 078	306 522	313 071	308 028	340 220	359 772	396 780	400 250
26	**Statistical discrepancy**	0	0	0	0	0	0	0	0
27	**Gross domestic product**	3 507 131	3 831 819	4 015 346	3 921 827	3 953 651	4 022 410	4 047 675	4 086 260
	AT CONSTANT PRICES, REFERENCE YEAR 2005								
28	**Final consumption expenditure**	2 292 805	2 362 155	2 418 439	2 428 134	2 448 145	2 431 001	2 393 325	2 415 436
29	Household	1 601 840	1 668 269	1 717 323	1 705 754	1 723 439	1 727 734	1 696 298	1 702 528
30	NPISH's	23 897	24 778	24 827	24 992	24 729	24 406	24 874	25 434
31	Government	667 067	669 639	677 179	697 770	700 500	679 964	673 161	688 491
32	Individual	322 564	325 883	327 646	339 975	340 150	335 302	332 147	335 891
33	Collective	344 504	343 708	349 548	357 720	360 346	344 269	340 604	352 701
34	*of which:* Actual individual consumption	1 948 301	2 018 577	2 069 061	2 070 570	2 087 957	2 086 730	2 052 772	2 063 415
35	**Gross capital formation**	1 046 367	1 196 992	1 211 146	992 198	1 036 100	1 055 396	1 015 957	964 021
36	Gross fixed capital formation, total	975 969	1 108 117	1 136 252	1 021 605	1 035 059	1 046 166	1 015 479	970 755
37	Dwellings	118 915	150 100	147 831	141 067	155 558	146 309	142 935	141 335
38	Other buildings and structures	316 491	324 663	318 914	301 843	287 498	279 484	265 696	251 036
39	Transport equipment	125 383	144 922	155 764	114 568	128 877	124 323	105 588	109 787
40	Other machinery and equipment	..	..	..	..	..	..	..	..
41	Cultivated assets	4 444	3 785	3 394	4 424	3 818	3 163	1 735	1 724
42	Intangible fixed assets	102 665	114 778	118 895	115 022	102 791	113 173	128 303	112 870
43	Changes in inventories, acquisitions less disposals of valuables	..	..	..	..	..	..	..	..
44	Changes in inventories	..	..	..	..	..	..	..	..
45	Acquisitions less disposals of valuables	..	..	..	..	..	..	..	..
46	**External balance of goods and services**	142 837	99 375	130 695	161 778	184 612	300 544	397 318	398 126
47	Exports of goods and services	2 320 436	2 576 309	2 685 307	2 421 299	2 780 783	3 040 209	3 164 422	3 173 426
48	Exports of goods	1 962 506	2 190 539	2 282 049	2 041 293	2 370 898	2 611 548	2 715 107	2 736 473
49	Exports of services	357 931	385 915	403 381	379 073	411 129	431 734	452 251	440 943
50	Imports of goods and services	2 177 600	2 457 334	2 535 668	2 256 166	2 592 302	2 766 051	2 833 679	2 841 901
51	Imports of goods	1 887 502	2 146 992	2 204 510	1 946 293	2 239 944	2 387 973	2 430 143	2 447 601
52	Imports of services	290 097	309 848	330 782	309 909	352 566	378 292	404 405	394 666
53	**Statistical discrepancy (including chaining residual)**	-1	16 015	13 872	9 306	4 985	-40 952	-90 894	-87 948
54	**Gross domestic product**	3 482 008	3 674 537	3 774 152	3 591 416	3 673 842	3 745 988	3 715 706	3 689 635

Note: Detailed metadata:http://metalinks.oecd.org/nav1/20150309/ff7f

CZECH REPUBLIC

Table 2. Gross domestic product, output and income approach
ISIC Rev. 4

Million CZK

		2006	2007	2008	2009	2010	2011	2012	2013
	OUTPUT APPROACH AT CURRENT PRICES								
1	Total gross value added at basic prices	3 191 413	3 473 464	3 647 113	3 553 172	3 582 869	3 636 627	3 644 127	3 664 726
2	Agriculture, forestry and fishing	72 821	75 389	77 800	64 525	60 217	86 648	94 220	95 566
3	Industry, including energy	1 014 944	1 102 465	1 135 417	1 067 352	1 071 734	1 122 681	1 136 853	1 140 421
4	Manufacturing	827 397	901 750	894 785	812 564	840 146	889 780	906 728	912 051
5	Construction	203 255	225 677	239 307	239 190	246 127	224 729	212 400	204 329
6	Services	..	..	..	..	..	..	..	..
7	Distrib. trade, repairs; transp.; accommod., food serv. activ.	636 462	681 478	697 975	646 419	668 181	661 940	662 413	662 691
8	Information and communication	160 969	181 555	188 081	188 617	183 752	187 413	186 481	181 815
9	Financial and insurance activities	99 820	126 764	149 991	159 791	169 583	170 109	163 249	175 630
10	Real estate activities	254 284	274 534	305 997	321 451	322 254	319 933	325 643	329 575
11	Prof., scientif., techn. activ.; admin., support service activ.	203 217	231 416	253 509	243 664	237 179	238 481	237 570	241 665
12	Public admin.; compulsory s.s.; education; human health	465 398	490 122	517 059	540 583	542 896	540 084	543 477	548 795
13	Other service activities	80 243	84 064	81 977	81 580	80 946	84 609	81 821	84 239
14	FISIM (Financial Intermediation Services Indirectly Measured)	..	..	..	..	..	..	..	..
15	Gross value added at basic prices, excluding FISIM	3 191 413	3 473 464	3 647 113	3 553 172	3 582 869	3 636 627	3 644 127	3 664 726
16	Taxes less subsidies on products	315 718	358 355	368 233	368 655	370 782	385 783	403 548	421 534
17	Taxes on products	352 099	395 546	407 734	414 592	427 869	464 120	485 181	511 721
18	Subsidies on products	36 381	37 191	39 501	45 937	57 087	78 337	81 633	90 187
19	Residual item	0	0	0	0	0	0	0	0
20	Gross domestic product at market prices	3 507 131	3 831 819	4 015 346	3 921 827	3 953 651	4 022 410	4 047 675	4 086 260
	OUTPUT APPROACH AT CONSTANT PRICES (REF. YEAR 2005)								
21	Total gross value added at basic prices	3 170 604	3 335 598	3 455 210	3 265 447	3 359 120	3 425 439	3 400 207	3 380 969
22	Agriculture, forestry and fishing	65 989	49 081	53 480	64 580	54 074	55 049	56 457	51 394
23	Industry, including energy	1 074 962	1 133 655	1 226 914	1 085 108	1 154 649	1 230 853	1 213 541	1 178 857
24	Manufacturing	906 158	967 649	1 048 883	922 391	1 025 354	1 129 099	1 113 218	1 086 756
25	Construction	196 569	205 960	205 812	198 589	206 457	192 707	185 433	183 893
26	Services	..	..	..	..	..	..	..	..
27	Distrib. trade, repairs; transp.; accommod., food serv. activ.	628 673	673 706	665 271	607 071	633 644	637 216	626 575	620 911
28	Information and communication	158 456	177 292	182 097	180 517	180 038	183 305	179 827	178 752
29	Financial and insurance activities	99 046	119 357	132 614	144 792	145 295	145 345	156 141	177 498
30	Real estate activities	243 023	250 810	258 242	251 433	255 003	259 939	263 700	270 330
31	Prof., scientif., techn. activ.; admin., support service activ.	187 970	208 444	214 864	199 254	198 106	202 147	204 647	204 686
32	Public admin.; compulsory s.s.; education; human health	437 484	440 580	448 707	451 030	454 614	449 241	442 186	439 260
33	Other service activities	78 431	79 251	72 175	68 575	67 514	70 424	68 883	70 755
34	FISIM (Financial Intermediation Services Indirectly Measured)	..	..	..	..	..	..	..	..
35	Gross value added at basic prices, excluding FISIM	3 170 604	3 335 598	3 455 210	3 265 447	3 359 120	3 425 439	3 400 207	3 380 969
36	Taxes less subsidies on products	311 403	338 865	319 313	324 418	313 931	319 777	315 028	308 953
37	Taxes on products	347 548	373 644	353 781	357 567	348 894	353 260	345 937	340 285
38	Subsidies on products	36 145	34 750	34 422	33 094	34 435	33 499	31 835	31 779
39	Residual item	1	75	-370	1 551	791	773	471	-287
40	Gross domestic product at market prices	3 482 008	3 674 537	3 774 152	3 591 416	3 673 842	3 745 988	3 715 706	3 689 635
	INCOME APPROACH								
41	Compensation of employees	1 394 034	1 513 254	1 616 849	1 568 561	1 589 052	1 625 741	1 657 508	1 658 042
42	Agriculture, forestry and fishing	35 492	36 741	38 517	35 799	33 292	34 536	35 025	35 775
43	Industry, including energy	443 955	485 100	510 844	465 373	466 744	500 984	512 831	513 518
44	Manufacturing	388 624	427 082	450 320	407 107	409 185	438 801	449 464	451 561
45	Construction	89 960	98 820	106 266	102 435	102 355	97 968	95 483	90 312
46	Distrib. trade, repairs; transp.; accommod., food serv. activ.	282 814	307 060	330 790	318 628	329 098	333 815	336 222	336 943
47	Information and communication	54 514	62 329	70 004	72 370	72 115	72 382	74 816	74 360
48	Financial and insurance activities	46 533	50 919	54 195	52 174	53 243	56 246	60 588	57 211
49	Real estate activities	14 533	14 242	17 150	17 254	17 470	16 107	18 343	18 711
50	Prof., scientif., techn. activ.; admin., support service activ.	91 220	101 193	112 168	114 229	119 961	118 111	122 603	123 019
51	Public admin.; compulsory s.s.; education; human health	307 345	327 031	344 420	356 870	360 160	359 854	365 597	371 323
52	Other service activities	27 668	29 819	32 495	33 429	34 614	35 738	36 000	36 870
53	Wages and salaries	1 053 200	1 140 368	1 226 454	1 201 971	1 208 990	1 236 159	1 261 605	1 256 824
54	Agriculture, forestry and fishing	26 411	27 199	28 676	27 585	25 498	26 400	26 845	27 341
55	Industry, including energy	333 198	363 294	386 359	352 886	352 213	378 077	388 146	387 684
56	Manufacturing	292 780	320 905	341 751	310 258	309 530	331 971	340 901	341 723
57	Construction	67 697	73 721	79 943	79 822	79 317	75 980	73 819	69 251
58	Distrib. trade, repairs; transp.; accommod., food serv. activ.	214 981	233 050	252 474	247 112	252 748	257 065	259 155	257 687
59	Information and communication	41 431	47 239	53 408	55 584	54 922	55 000	56 996	56 358
60	Financial and insurance activities	35 048	38 343	41 091	39 759	40 397	42 141	45 832	43 025
61	Real estate activities	11 082	10 788	13 058	13 320	13 368	12 213	14 052	14 278
62	Prof., scientif., techn. activ.; admin., support service activ.	69 788	76 810	85 705	87 863	91 191	89 812	93 540	93 651
63	Public admin.; compulsory s.s.; education; human health	232 312	247 107	260 711	272 115	272 714	271 945	275 474	279 229
64	Other service activities	21 252	22 817	25 029	25 925	26 622	27 526	27 746	28 320
65	Gross operating surplus and mixed income	1 823 130	1 987 828	2 059 532	2 024 241	2 023 974	2 036 579	2 014 158	2 036 237
66	Taxes less subsidies on production and imports	289 967	330 737	338 965	329 025	340 625	360 090	376 009	391 981
67	Taxes on production and imports	366 844	411 180	423 391	429 858	447 231	487 540	507 431	531 700
68	Subsidies on production and imports	76 877	80 443	84 426	100 833	106 606	127 450	131 422	139 719
69	Residual item	..	..	..	..	..	..	..	..
70	Gross domestic product	3 507 131	3 831 819	4 015 346	3 921 827	3 953 651	4 022 410	4 047 675	4 086 260

Note: Detailed metadata:http://metalinks.oecd.org/nav1/20150309/e592

CZECH REPUBLIC

Table 3. Disposable income, saving and net lending / net borrowing

Million CZK

		2006	2007	2008	2009	2010	2011	2012	2013
	DISPOSABLE INCOME								
1	**Gross domestic product**	3 507 131	3 831 819	4 015 346	3 921 827	3 953 651	4 022 410	4 047 675	4 086 260
2	Net primary incomes from the rest of the world	-212 809	-245 142	-260 552	-276 117	-297 393	-308 912	-254 945	-288 364
3	Primary incomes receivable from the rest of the world	142 215	169 733	186 891	118 187	116 548	125 065	152 179	132 565
4	Primary incomes payable to the rest of the world	355 024	414 875	447 443	394 304	413 941	433 977	407 124	420 929
5	**Gross national income at market prices**	3 294 322	3 586 677	3 754 794	3 645 710	3 656 258	3 713 498	3 792 730	3 797 896
6	Consumption of fixed capital	703 919	763 591	811 474	841 008	849 717	863 249	879 539	905 403
7	**Net national income at market prices**	2 590 403	2 823 086	2 943 320	2 804 702	2 806 541	2 850 249	2 913 191	2 892 493
8	Net current transfers from the rest of the world	-17 943	-28 715	-25 034	-27 954	-30 390	-36 846	-34 246	-37 202
9	Current transfers receivable from the rest of the world	37 459	34 528	39 380	42 143	42 059	41 148	48 895	48 762
10	Current transfers payable to the rest of the world	55 402	63 243	64 414	70 097	72 449	77 994	83 141	85 964
11	**Net national disposable income**	2 572 460	2 794 371	2 918 286	2 776 748	2 776 151	2 813 403	2 878 945	2 855 291
	SAVING AND NET LENDING / NET BORROWING								
12	**Net national disposable income**	2 572 460	2 794 371	2 918 286	2 776 748	2 776 151	2 813 403	2 878 945	2 855 291
13	Final consumption expenditures	2 355 176	2 506 801	2 678 872	2 729 612	2 756 756	2 775 810	2 781 131	2 828 472
14	Adj. for change in net equity of households in pension funds	0	0	0	0	0	0	0	0
15	**Saving, net**	217 284	287 570	239 414	47 136	19 395	37 593	97 814	26 819
16	Net capital transfers from the rest of the world	17 859	24 460	34 575	65 083	70 019	70 038	45 395	85 045
17	Capital transfers receivable from the rest of the world	23 105	25 411	36 302	65 771	72 866	70 435	60 609	91 464
18	Capital transfers payable to the rest of the world	5 246	951	1 727	688	2 847	397	15 214	6 419
19	Gross capital formation	1 055 701	1 231 126	1 249 396	1 039 879	1 074 377	1 087 748	1 066 130	1 022 327
20	Acquisitions less disposals of non-financial non-produced assets	-1 671	-252	-2 764	-15 205	-8 051	-112	3 185	-4 412
21	Consumption of fixed capital	703 919	763 591	811 474	841 008	849 717	863 249	879 539	905 403
22	**Net lending / net borrowing**	-114 968	-155 253	-161 169	-71 447	-127 195	-116 756	-46 567	-648
	REAL DISPOSABLE INCOME								
23	**Gross domestic product at constant prices, reference year 2005**	3 482 008	3 674 537	3 774 152	3 591 416	3 673 842	3 745 988	3 715 706	3 689 635
24	Trading gain or loss	-48 606	-27 487	-65 331	-23 124	-70 148	-109 724	-120 677	-90 821
25	**Real gross domestic income**	3 433 401	3 647 050	3 708 821	3 568 292	3 603 694	3 636 264	3 595 029	3 598 813
26	Net real primary incomes from the rest of the world	-208 335	-233 321	-240 662	-251 226	-271 069	-279 257	-226 435	-253 965
27	Real primary incomes receivable from the rest of the world	139 225	161 549	172 624	107 533	106 232	113 059	135 161	116 751
28	Real primary incomes payable to the rest of the world	347 560	394 870	413 286	358 759	377 301	392 316	361 596	370 717
29	**Real gross national income at market prices**	3 225 066	3 413 729	3 468 159	3 317 066	3 332 625	3 357 007	3 368 594	3 344 848
30	Net real current transfers from the rest of the world	-17 566	-27 330	-23 123	-25 434	-27 700	-33 309	-30 416	-32 764
31	Real current transfers receivable from the rest of the world	36 672	32 863	36 374	38 344	38 336	37 198	43 427	42 945
32	Real current transfers payable to the rest of the world	54 237	60 193	59 497	63 778	66 036	70 507	73 843	75 709
33	**Real gross national disposable income**	3 207 501	3 386 398	3 445 036	3 291 632	3 304 925	3 323 699	3 338 178	3 312 084
34	Consumption of fixed capital at constant prices	696 077	730 685	764 410	791 214	811 829	831 667	851 854	869 793
35	**Real net national income at market prices**	2 535 946	2 686 958	2 718 632	2 551 871	2 558 121	2 576 629	2 587 413	2 547 450
36	**Real net national disposable income**	2 518 380	2 659 627	2 695 509	2 526 437	2 530 421	2 543 320	2 556 996	2 514 686

Note: Detailed metadata:http://metalinks.oecd.org/nav1/20150309/2bd2

CZECH REPUBLIC

Table 4. Population and employment (persons) and employment (hours worked) by industry
ISIC Rev. 4

		2006	2007	2008	2009	2010	2011	2012	2013
	POPULATION, THOUSAND PERSONS, NATIONAL CONCEPT								
1	Total population	10 266.6	10 322.7	10 429.7	10 491.5	10 517.2	10 496.7	10 509.3	10 510.7
2	Economically active population	..	..	..	..	..	..	..	..
3	Unemployed persons	..	..	..	..	..	..	..	..
4	Total employment	4 917.3	5 005.2	5 074.0	4 996.7	4 986.7	4 991.6	5 011.1	5 052.8
5	Employees	4 162.5	4 241.9	4 314.9	4 222.7	4 180.8	4 178.4	4 201.8	4 251.3
6	Self-employed	754.9	763.3	759.1	774.0	805.8	813.3	809.3	801.5
	TOTAL EMPLOYMENT, THOUSAND PERSONS, DOMESTIC CONCEPT								
7	Agriculture, forestry and fishing	174.9	170.1	167.7	167.9	159.1	162.8	164.9	166.1
8	Industry, including energy	1 486.2	1 524.1	1 535.5	1 422.4	1 378.6	1 423.7	1 434.4	1 443.8
9	Manufacturing	1 353.2	1 392.8	1 400.8	1 292.7	1 252.3	1 297.4	1 308.3	1 318.4
10	Construction	437.4	434.2	444.2	463.3	471.5	447.2	441.0	424.9
11	Distrib. trade, repairs; transp.; accommod., food serv. activ.	1 178.2	1 196.4	1 234.0	1 244.2	1 239.7	1 237.2	1 229.8	1 235.5
12	Information and communication	110.2	116.8	125.7	133.6	130.0	124.5	127.3	127.3
13	Financial and insurance activities	84.1	87.4	89.6	89.9	87.3	88.7	94.9	92.4
14	Real estate activities	89.4	92.1	99.7	101.1	103.2	89.3	95.2	95.1
15	Prof., scientif., techn. activ.; admin., support service activ.	392.8	415.7	423.4	422.6	419.3	404.7	415.9	421.8
16	Public admin.; compulsory s.s.; education; human health	881.1	895.8	919.7	899.0	899.6	891.4	882.1	894.5
17	Other service activities	154.7	160.5	164.6	166.0	169.0	174.1	179.1	182.4
18	**Total employment**	4 989.0	5 093.1	5 204.1	5 110.1	5 057.2	5 043.4	5 064.6	5 083.8
	EMPLOYEES, THOUSAND PERSONS, DOMESTIC CONCEPT								
19	Agriculture, forestry and fishing	141.5	132.0	133.3	128.5	113.2	114.2	115.2	119.2
20	Industry, including energy	1 370.7	1 411.2	1 419.9	1 304.3	1 251.1	1 294.1	1 303.7	1 311.8
21	Manufacturing	1 240.0	1 282.6	1 288.1	1 177.9	1 129.0	1 173.0	1 181.8	1 191.2
22	Construction	297.9	296.6	308.6	322.1	317.4	292.4	289.1	279.6
23	Distrib. trade, repairs; transp.; accommod., food serv. activ.	959.7	990.7	1 020.4	1 027.1	1 017.7	1 001.8	1 008.3	1 016.7
24	Information and communication	94.8	101.1	110.1	116.2	112.2	108.7	110.3	109.1
25	Financial and insurance activities	69.7	71.2	72.1	72.7	73.2	74.0	78.3	76.0
26	Real estate activities	61.1	59.3	68.7	68.5	67.7	58.8	64.5	65.6
27	Prof., scientif., techn. activ.; admin., support service activ.	279.1	297.3	313.5	315.7	316.3	307.5	316.9	320.5
28	Public admin.; compulsory s.s.; education; human health	854.5	862.8	884.7	866.9	869.6	863.8	853.7	867.1
29	Other service activities	105.1	107.7	113.8	114.2	113.1	114.8	115.4	116.7
30	**Total employees**	4 234.1	4 329.8	4 445.0	4 336.1	4 251.4	4 230.2	4 255.4	4 282.3
	SELF-EMPLOYED, THOUSAND PERSONS, DOMESTIC CONCEPT								
31	Agriculture, forestry and fishing	33.4	38.2	34.4	39.4	45.9	48.6	49.8	46.8
32	Industry, including energy	115.5	112.9	115.6	118.1	127.5	129.5	130.7	131.9
33	Manufacturing	113.2	110.2	112.7	114.8	123.3	124.4	126.5	127.3
34	Construction	139.5	137.7	135.7	141.2	154.1	154.8	152.0	145.3
35	Distrib. trade, repairs; transp.; accommod., food serv. activ.	218.6	205.6	213.7	217.1	221.9	235.4	221.5	218.8
36	Information and communication	15.4	15.7	15.6	17.4	17.8	15.8	17.1	18.3
37	Financial and insurance activities	14.4	16.3	17.5	17.3	14.1	14.7	16.6	16.4
38	Real estate activities	28.3	32.8	31.1	32.6	35.6	30.5	30.7	29.4
39	Prof., scientif., techn. activ.; admin., support service activ.	113.6	118.5	109.9	106.9	103.0	97.2	99.0	101.4
40	Public admin.; compulsory s.s.; education; human health	26.6	33.0	35.0	32.2	30.0	27.6	28.4	27.4
41	Other service activities	49.6	52.8	50.8	51.8	55.9	59.2	63.6	65.7
42	**Total self-employed**	754.9	763.3	759.1	774.0	805.8	813.3	809.3	801.5
	TOTAL EMPLOYMENT, MILLION HOURS, DOMESTIC CONCEPT								
43	Industry, including energy	2 576.6	2 619.6	2 646.7	2 408.8	2 418.3	2 489.6	2 483.8	2 491.4
44	Distrib. trade, repairs; transp.; accommod., food serv. activ.	2 213.2	2 223.0	2 301.4	2 304.5	2 295.2	2 310.5	2 249.1	2 249.8
45	Financial and insurance activities	145.7	150.4	154.8	156.0	152.9	157.1	164.3	159.4
46	Prof., scientif., techn. activ.; admin., support service activ.	700.8	733.4	749.5	745.2	737.7	709.3	719.3	725.0
47	Public admin.; compulsory s.s.; education; human health	1 478.2	1 497.6	1 543.1	1 519.1	1 534.1	1 532.1	1 497.3	1 498.9
48	**Total employment**	8 975.1	9 087.6	9 313.6	9 089.6	9 101.1	9 107.1	8 994.8	8 963.2
	EMPLOYEES, MILLION HOURS, DOMESTIC CONCEPT								
49	Industry, including energy	2 288.2	2 348.6	2 364.0	2 151.7	2 132.4	2 211.1	2 214.8	2 223.9
50	Distrib. trade, repairs; transp.; accommod., food serv. activ.	1 694.2	1 749.5	1 800.1	1 805.0	1 795.6	1 784.6	1 782.3	1 804.9
51	Financial and insurance activities	118.8	120.8	122.4	124.9	127.3	130.6	135.2	129.9
52	Prof., scientif., techn. activ.; admin., support service activ.	476.8	508.0	536.9	541.3	546.7	531.2	546.7	549.0
53	Public admin.; compulsory s.s.; education; human health	1 425.0	1 434.4	1 475.2	1 461.9	1 478.1	1 479.6	1 448.4	1 455.7
54	**Total employees**	7 246.9	7 395.3	7 603.8	7 406.9	7 361.2	7 360.9	7 355.2	7 377.4
	SELF-EMPLOYED, MILLION HOURS, DOMESTIC CONCEPT								
55	Industry, including energy	288.4	271.1	282.7	257.0	285.9	278.5	269.0	267.5
56	Distrib. trade, repairs; transp.; accommod., food serv. activ.	519.0	473.5	501.3	499.5	499.7	526.0	466.9	444.9
57	Financial and insurance activities	26.9	29.5	32.4	31.1	25.6	26.5	29.1	29.5
58	Prof., scientif., techn. activ.; admin., support service activ.	224.1	225.4	212.7	203.9	191.1	178.1	172.6	176.0
59	Public admin.; compulsory s.s.; education; human health	53.2	63.3	67.9	57.1	56.0	52.5	49.0	43.1
60	**Total self-employed**	1 728.2	1 692.3	1 709.8	1 682.7	1 739.9	1 746.2	1 639.7	1 585.8

Note: Detailed metadata:http://metalinks.oecd.org/nav1/20150309/0f33

DENMARK

Table 1. Gross domestic product, expenditure approach

Million DKK

		2006	2007	2008	2009	2010	2011	2012	2013
	AT CURRENT PRICES								
1	**Final consumption expenditure**	**1 204 566**	**1 248 791**	**1 305 768**	**1 315 684**	**1 357 410**	**1 374 912**	**1 413 288**	**1 424 313**
2	Household	773 164	800 741	827 957	807 634	833 895	855 137	881 361	890 163
3	NPISH's	24 236	24 851	25 626	26 970	27 940	29 164	29 917	30 185
4	Government	407 166	423 200	452 185	481 081	495 575	490 610	502 010	503 966
5	Individual	280 973	292 655	312 222	333 908	346 466	344 236	351 185	354 999
6	Collective	126 193	130 545	139 963	147 172	149 109	146 374	150 825	148 967
7	*of which:* Actual individual consumption	1 078 372	1 118 247	1 165 805	1 168 511	1 208 301	1 228 537	1 262 464	1 275 346
8	**Gross capital formation**	**412 158**	**441 181**	**432 889**	**323 849**	**331 264**	**356 755**	**353 507**	**353 793**
9	Gross fixed capital formation, total	394 669	412 024	413 351	341 336	328 425	335 563	341 687	345 671
10	Dwellings	113 585	113 086	97 589	71 972	66 871	79 695	73 962	70 696
11	Other buildings and structures	86 360	91 401	100 447	79 892	74 913	78 980	74 750	76 287
12	Transport equipment	37 831	43 296	46 059	40 753	34 916	24 726	26 857	31 521
13	Other machinery and equipment	..	..	..	..	..	..	..	..
14	Cultivated assets	102	-169	11	122	-53	-147	61	-741
15	Intangible fixed assets	67 530	69 967	83 393	84 045	92 150	89 915	94 328	94 960
16	Changes in inventories, acquisitions less disposals of valuables	17 488	29 157	19 538	-17 487	2 840	21 193	11 819	8 122
17	Changes in inventories	14 825	26 489	16 644	-20 154	337	18 061	8 876	4 965
18	Acquisitions less disposals of valuables	2 664	2 668	2 894	2 667	2 502	3 132	2 943	3 156
19	**External balance of goods and services**	**65 989**	**49 292**	**58 889**	**74 682**	**109 974**	**101 737**	**99 984**	**108 287**
20	Exports of goods and services	850 353	892 874	967 939	800 829	894 288	970 675	1 007 481	1 023 810
21	Exports of goods	538 416	553 222	591 098	495 572	548 673	609 992	618 804	626 950
22	Exports of services	311 937	339 652	376 841	305 257	345 615	360 683	388 677	396 860
23	Imports of goods and services	784 363	843 582	909 050	726 147	784 314	868 938	907 497	915 523
24	Imports of goods	518 299	550 657	587 768	446 807	490 020	553 900	566 637	574 885
25	Imports of services	266 064	292 926	321 282	279 340	294 488	315 038	340 860	340 638
26	**Statistical discrepancy**	**0**	**0**	**0**	**0**	**0**	**0**	**0**	**0**
27	**Gross domestic product**	**1 682 713**	**1 739 264**	**1 797 547**	**1 714 214**	**1 798 649**	**1 833 404**	**1 866 779**	**1 886 393**
	AT CONSTANT PRICES, REFERENCE YEAR 2005								
28	**Final consumption expenditure**	**1 178 640**	**1 197 166**	**1 214 060**	**1 199 511**	**1 210 951**	**1 206 521**	**1 209 170**	**1 206 860**
29	Household	756 556	770 352	774 127	746 303	752 000	752 878	756 039	755 997
30	NPISH's	23 673	23 620	23 569	23 877	24 076	24 991	25 214	25 028
31	Government	398 410	403 193	416 295	428 978	434 469	428 331	427 604	425 535
32	Individual	275 480	279 267	290 070	299 111	306 318	303 989	302 123	301 567
33	Collective	122 931	123 928	126 237	129 886	128 219	124 464	125 553	124 068
34	*of which:* Actual individual consumption	1 055 710	1 073 244	1 087 820	1 069 446	1 082 658	1 082 122	1 083 654	1 082 867
35	**Gross capital formation**	**400 447**	**409 515**	**388 432**	**301 456**	**307 593**	**323 147**	**315 527**	**315 061**
36	Gross fixed capital formation, total	384 791	387 323	374 524	321 107	308 321	309 376	311 270	314 226
37	Dwellings	106 673	100 823	83 949	66 818	60 899	70 523	64 706	61 487
38	Other buildings and structures	82 513	82 761	85 221	72 292	66 149	66 800	63 170	64 036
39	Transport equipment	37 707	42 150	43 731	43 870	38 168	27 941	29 376	34 734
40	Other machinery and equipment	..	..	..	..	..	..	..	..
41	Cultivated assets	92	-164	15	163	-66	-174	77	-937
42	Intangible fixed assets	66 305	66 781	77 245	75 748	82 554	78 831	81 449	81 141
43	Changes in inventories, acquisitions less disposals of valuables	..	..	..	..	..	..	..	..
44	Changes in inventories	..	..	..	..	..	..	..	..
45	Acquisitions less disposals of valuables	2 307	2 207	2 182	1 953	1 753	1 993	1 861	1 980
46	**External balance of goods and services**	**74 273**	**64 373**	**59 821**	**73 176**	**80 272**	**86 797**	**82 145**	**78 259**
47	Exports of goods and services	825 600	855 046	882 364	798 614	813 959	873 128	874 377	881 240
48	Exports of goods	514 905	517 804	522 663	466 114	489 631	518 235	509 820	518 894
49	Exports of services	310 696	337 883	361 097	334 344	323 813	354 689	365 795	362 873
50	Imports of goods and services	757 915	801 128	835 244	731 424	738 143	790 912	798 201	810 308
51	Imports of goods	504 601	524 646	526 638	441 955	459 163	485 443	484 440	501 989
52	Imports of services	253 313	276 288	308 199	290 472	279 318	305 908	314 795	308 551
53	**Statistical discrepancy (including chaining residual)**	**-6 587**	**-10 704**	**-13 884**	**-9 585**	**-8 831**	**-8 161**	**-9 076**	**-10 183**
54	**Gross domestic product**	**1 646 774**	**1 660 350**	**1 648 429**	**1 564 558**	**1 589 985**	**1 608 303**	**1 597 765**	**1 589 997**

Note: Detailed metadata: http://metalinks.oecd.org/nav1/20150309/9d35

DENMARK

Table 2. Gross domestic product, output and income approach
ISIC Rev. 4

Million DKK

		2006	2007	2008	2009	2010	2011	2012	2013
	OUTPUT APPROACH AT CURRENT PRICES								
1	Total gross value added at basic prices	1 429 107	1 475 433	1 541 529	1 477 012	1 550 466	1 580 292	1 607 796	1 625 586
2	Agriculture, forestry and fishing	19 602	20 421	15 453	14 356	21 766	24 233	28 772	22 161
3	Industry, including energy	303 344	304 509	314 202	266 810	284 104	295 453	299 099	300 323
4	Manufacturing	206 555	212 615	212 390	191 697	196 000	201 750	208 531	223 177
5	Construction	82 793	84 636	93 359	76 199	68 993	73 782	72 449	71 190
6	Services	..	..	..	..	..	..	..	..
7	Distrib. trade, repairs; transp.; accommod., food serv. activ.	284 079	300 840	300 614	269 611	295 870	300 600	303 388	310 952
8	Information and communication	61 810	64 001	69 963	72 573	74 119	73 519	71 931	71 052
9	Financial and insurance activities	74 938	82 084	91 893	93 102	96 659	94 140	102 704	99 646
10	Real estate activities	133 012	136 901	138 325	145 697	155 198	164 389	163 662	167 804
11	Prof., scientif., techn. activ.; admin., support service activ.	109 833	114 075	126 216	123 588	124 580	126 704	131 385	142 745
12	Public admin.; compulsory s.s.; education; human health	311 822	319 224	340 092	362 129	375 160	371 652	377 174	381 245
13	Other service activities	47 874	48 742	51 413	52 946	54 017	55 820	57 232	58 468
14	FISIM (Financial Intermediation Services Indirectly Measured)	..	..	..	..	..	..	..	..
15	Gross value added at basic prices, excluding FISIM	1 429 107	1 475 433	1 541 529	1 477 012	1 550 466	1 580 292	1 607 796	1 625 586
16	Taxes less subsidies on products	253 606	263 831	256 017	237 202	248 183	253 111	258 983	260 807
17	Taxes on products	265 146	275 984	266 804	249 923	260 028	265 569	272 919	275 665
18	Subsidies on products	11 540	12 153	10 786	12 721	11 845	12 457	13 936	14 857
19	Residual item	0	0	0	0	0	0	0	0
20	Gross domestic product at market prices	1 682 713	1 739 264	1 797 547	1 714 214	1 798 649	1 833 404	1 866 779	1 886 393
	OUTPUT APPROACH AT CONSTANT PRICES (REF. YEAR 2005)								
21	Total gross value added at basic prices	1 398 093	1 403 697	1 400 447	1 335 335	1 356 204	1 374 317	1 365 583	1 357 541
22	Agriculture, forestry and fishing	18 965	20 182	15 254	14 736	19 195	17 224	19 749	15 857
23	Industry, including energy	288 148	281 451	272 253	242 203	248 345	254 725	257 373	253 064
24	Manufacturing	204 640	208 245	204 216	179 600	183 904	195 156	203 728	209 533
25	Construction	78 659	76 191	80 192	72 747	63 789	65 995	64 809	63 452
26	Services	..	..	..	..	..	..	..	..
27	Distrib. trade, repairs; transp.; accommod., food serv. activ.	288 212	293 227	274 037	248 735	260 092	270 322	262 484	262 247
28	Information and communication	62 898	70 662	79 807	82 276	86 268	88 685	90 065	90 720
29	Financial and insurance activities	78 703	86 117	94 930	90 147	86 927	82 075	81 334	78 647
30	Real estate activities	126 784	127 599	125 499	130 722	134 966	139 075	134 181	133 313
31	Prof., scientif., techn. activ.; admin., support service activ.	105 877	102 602	104 944	97 605	96 892	98 483	101 378	108 417
32	Public admin.; compulsory s.s.; education; human health	304 603	302 238	310 306	315 994	321 037	319 542	315 326	314 113
33	Other service activities	45 244	44 725	45 834	45 172	44 528	44 458	44 494	43 917
34	FISIM (Financial Intermediation Services Indirectly Measured)	..	..	..	..	..	..	..	..
35	Gross value added at basic prices, excluding FISIM	1 398 093	1 403 697	1 400 447	1 335 335	1 356 204	1 374 317	1 365 583	1 357 541
36	Taxes less subsidies on products	248 682	256 669	247 842	228 688	233 292	233 307	231 492	231 841
37	Taxes on products	262 308	270 908	261 158	240 341	245 648	245 428	243 449	243 709
38	Subsidies on products	13 627	14 273	13 263	11 442	12 111	11 856	11 694	11 609
39	Residual item	-1	-16	141	535	489	679	691	615
40	Gross domestic product at market prices	1 646 774	1 660 350	1 648 429	1 564 558	1 589 985	1 608 303	1 597 765	1 589 997
	INCOME APPROACH								
41	Compensation of employees	848 967	902 639	949 819	945 677	953 668	966 474	978 804	991 727
42	Agriculture, forestry and fishing	7 274	7 613	8 163	8 192	8 776	8 903	9 336	9 881
43	Industry, including energy	136 940	146 612	152 157	139 156	134 055	137 641	138 490	139 465
44	Manufacturing	126 341	135 152	139 546	125 585	120 844	124 074	124 014	125 233
45	Construction	58 164	62 666	65 157	58 239	54 349	55 858	56 608	57 035
46	Distrib. trade, repairs; transp.; accommod., food serv. activ.	181 491	196 713	207 916	200 029	201 286	207 121	209 615	213 313
47	Information and communication	40 266	43 001	45 336	46 007	46 900	46 231	46 401	46 181
48	Financial and insurance activities	41 159	45 644	46 840	50 534	49 958	50 856	49 931	50 210
49	Real estate activities	11 405	12 016	12 661	12 057	12 549	12 831	13 053	13 284
50	Prof., scientif., techn. activ.; admin., support service activ.	77 360	86 928	91 718	88 894	90 802	94 298	97 704	102 353
51	Public admin.; compulsory s.s.; education; human health	263 174	268 319	285 108	306 675	317 901	314 763	318 781	321 051
52	Other service activities	31 732	33 127	34 762	35 895	37 092	37 972	38 886	38 956
53	Wages and salaries	780 047	830 179	870 251	867 106	874 694	888 416	902 481	910 416
54	Agriculture, forestry and fishing	6 924	7 200	7 618	7 640	8 205	8 363	8 812	9 343
55	Industry, including energy	127 839	137 234	141 609	130 026	125 506	129 294	130 570	130 363
56	Manufacturing	118 108	126 807	130 241	117 865	113 468	116 892	117 290	117 370
57	Construction	54 740	59 016	61 043	54 861	51 256	52 841	53 761	53 753
58	Distrib. trade, repairs; transp.; accommod., food serv. activ.	170 867	185 769	195 589	188 951	190 308	196 431	199 552	201 717
59	Information and communication	38 108	40 575	42 414	43 232	44 291	43 840	44 151	43 629
60	Financial and insurance activities	34 846	38 821	39 630	42 860	42 059	42 348	42 035	42 046
61	Real estate activities	10 732	11 277	11 879	11 349	11 868	12 166	12 417	12 541
62	Prof., scientif., techn. activ.; admin., support service activ.	72 531	81 564	85 772	83 396	85 753	89 196	92 733	96 549
63	Public admin.; compulsory s.s.; education; human health	234 307	238 217	252 760	271 785	281 427	279 041	282 703	284 743
64	Other service activities	29 154	30 506	31 937	33 005	34 023	34 896	35 747	35 732
65	Gross operating surplus and mixed income	578 050	570 676	587 114	529 817	592 502	609 012	623 710	624 114
66	Taxes less subsidies on production and imports	255 695	265 949	260 613	238 720	252 479	257 918	264 265	270 553
67	Taxes on production and imports	294 260	307 102	300 292	284 466	296 570	304 180	312 445	319 039
68	Subsidies on production and imports	38 565	41 153	39 679	45 746	44 091	46 262	48 180	48 486
69	Residual item	0	0	0	0	0	0	0	0
70	Gross domestic product	1 682 713	1 739 264	1 797 547	1 714 214	1 798 649	1 833 404	1 866 779	1 886 393

Note: Detailed metadata: http://metalinks.oecd.org/nav1/20150309/9d35

DENMARK

Table 3. Disposable income, saving and net lending / net borrowing

Million DKK

		2006	2007	2008	2009	2010	2011	2012	2013
	DISPOSABLE INCOME								
1	**Gross domestic product**	1 682 713	1 739 264	1 797 547	1 714 214	1 798 649	1 833 404	1 866 779	1 886 393
2	Net primary incomes from the rest of the world	20 377	8 878	20 091	17 185	29 619	38 945	42 912	67 503
3	Primary incomes receivable from the rest of the world	168 219	188 353	192 216	135 387	146 832	163 308	152 174	182 301
4	Primary incomes payable to the rest of the world	147 842	179 475	172 125	118 202	117 213	124 363	109 262	114 798
5	**Gross national income at market prices**	1 703 091	1 748 142	1 817 638	1 731 398	1 828 269	1 872 350	1 909 692	1 953 897
6	Consumption of fixed capital	280 426	298 945	327 345	312 457	318 100	323 440	333 784	337 995
7	**Net national income at market prices**	1 422 665	1 449 197	1 490 293	1 418 941	1 510 169	1 548 910	1 575 908	1 615 902
8	Net current transfers from the rest of the world	-33 304	-33 947	-31 013	-34 959	-36 560	-35 416	-37 886	-39 839
9	Current transfers receivable from the rest of the world	12 032	12 931	16 475	18 583	15 218	15 818	17 563	18 912
10	Current transfers payable to the rest of the world	45 336	46 878	47 488	53 542	51 778	51 234	55 449	58 751
11	**Net national disposable income**	1 389 360	1 415 249	1 459 281	1 383 983	1 473 608	1 513 495	1 538 022	1 576 062
	SAVING AND NET LENDING / NET BORROWING								
12	**Net national disposable income**	1 389 360	1 415 249	1 459 281	1 383 983	1 473 608	1 513 495	1 538 022	1 576 062
13	Final consumption expenditures	1 204 566	1 248 791	1 305 768	1 315 684	1 357 410	1 374 914	1 413 288	1 424 314
14	Adj. for change in net equity of households in pension funds	0	0	0	0	0	0	0	0
15	**Saving, net**	184 794	166 458	153 513	68 299	116 198	138 580	124 734	151 749
16	Net capital transfers from the rest of the world	699	498	451	-476	395	5 261	345	637
17	Capital transfers receivable from the rest of the world	1 135	808	909	815	903	5 820	866	1 149
18	Capital transfers payable to the rest of the world	436	310	458	1 291	508	559	521	512
19	Gross capital formation	412 158	441 181	432 890	323 849	331 263	356 755	353 507	353 793
20	Acquisitions less disposals of non-financial non-produced assets	652	233	24	-196	-75	-508	-108	567
21	Consumption of fixed capital	280 426	298 945	327 345	312 457	318 100	323 440	333 784	337 995
22	**Net lending / net borrowing**	53 109	24 488	48 396	56 627	103 504	111 034	105 464	136 021
	REAL DISPOSABLE INCOME								
23	**Gross domestic product at constant prices, reference year 2005**	1 646 774	1 660 350	1 648 429	1 564 558	1 589 985	1 608 303	1 597 765	1 589 907
24	Trading gain or loss	-3 234	6 790	7 681	1 816	24 344	7 564	9 782	21 164
25	**Real gross domestic income**	1 643 540	1 653 557	1 656 110	1 566 374	1 614 328	1 615 867	1 607 547	1 611 161
26	Net real primary incomes from the rest of the world	19 903	8 441	18 510	15 703	26 584	34 324	36 953	57 654
27	Real primary incomes receivable from the rest of the world	164 303	179 071	177 092	123 711	131 785	143 931	131 042	155 703
28	Real primary incomes payable to the rest of the world	144 400	170 631	158 582	108 008	105 201	109 607	94 089	98 049
29	**Real gross national income at market prices**	1 663 443	1 661 998	1 674 620	1 582 076	1 640 913	1 650 192	1 644 501	1 668 816
30	Net real current transfers from the rest of the world	-32 529	-32 274	-28 573	-31 944	-32 813	-31 214	-32 625	-34 026
31	Real current transfers receivable from the rest of the world	11 752	12 294	15 179	16 980	13 658	13 941	15 124	16 153
32	Real current transfers payable to the rest of the world	44 281	44 568	43 751	48 924	46 472	45 155	47 749	50 179
33	**Real gross national disposable income**	1 630 915	1 629 723	1 646 048	1 550 132	1 608 099	1 618 978	1 611 876	1 634 790
34	Consumption of fixed capital at constant prices	272 577	282 221	295 175	288 255	290 552	289 083	290 849	292 015
35	**Real net national income at market prices**	1 389 546	1 377 784	1 373 032	1 296 567	1 355 411	1 365 129	1 357 068	1 380 136
36	**Real net national disposable income**	1 357 016	1 345 509	1 344 460	1 264 623	1 322 597	1 333 916	1 324 443	1 346 109

Note: Detailed metadata:http://metalinks.oecd.org/nav1/20150309/7297

DENMARK

Table 4. Population and employment (persons) and employment (hours worked) by industry
ISIC Rev. 4

		2006	2007	2008	2009	2010	2011	2012	2013
	POPULATION, THOUSAND PERSONS, NATIONAL CONCEPT								
1	Total population	5 437.0	5 460.0	5 493.0	5 523.0	5 547.0	5 570.0	5 591.0	5 613.0
2	Economically active population	..	..	..	..	..	..	..	..
3	Unemployed persons	..	..	..	..	..	..	..	..
4	Total employment	2 792.0	2 837.0	2 862.0	2 783.0	2 719.0	2 719.0	2 712.0	2 714.0
5	Employees	2 592.0	2 636.0	2 663.0	2 586.0	2 528.0	2 528.0	2 522.0	2 525.0
6	Self-employed	200.0	200.0	199.0	198.0	191.0	191.0	190.0	189.0
	TOTAL EMPLOYMENT, THOUSAND PERSONS, DOMESTIC CONCEPT								
7	Agriculture, forestry and fishing	77.0	76.0	76.0	74.0	72.0	70.0	72.0	73.0
8	Industry, including energy	376.0	386.0	390.0	346.0	317.0	317.0	313.0	309.0
9	Manufacturing	350.0	359.0	361.0	317.0	290.0	290.0	286.0	282.0
10	Construction	195.0	202.0	201.0	182.0	167.0	166.0	168.0	167.0
11	Distrib. trade, repairs; transp.; accommod., food serv. activ.	704.0	729.0	747.0	709.0	693.0	702.0	700.0	701.0
12	Information and communication	95.0	99.0	100.0	100.0	99.0	97.0	97.0	97.0
13	Financial and insurance activities	80.0	85.0	87.0	92.0	84.0	83.0	80.0	78.0
14	Real estate activities	41.0	42.0	44.0	43.0	44.0	45.0	46.0	46.0
15	Prof., scientif., techn. activ.; admin., support service activ.	249.0	268.0	269.0	258.0	252.0	258.0	264.0	271.0
16	Public admin.; compulsory s.s.; education; human health	854.0	846.0	848.0	872.0	880.0	866.0	856.0	854.0
17	Other service activities	143.0	145.0	147.0	148.0	150.0	152.0	154.0	153.0
18	**Total employment**	**2 814.0**	**2 877.0**	**2 910.0**	**2 823.0**	**2 758.0**	**2 756.0**	**2 748.0**	**2 749.0**
	EMPLOYEES, THOUSAND PERSONS, DOMESTIC CONCEPT								
19	Agriculture, forestry and fishing	36.0	36.0	37.0	36.0	37.0	37.0	38.0	39.0
20	Industry, including energy	367.0	377.0	382.0	338.0	309.0	309.0	306.0	301.0
21	Manufacturing	341.0	351.0	353.0	309.0	282.0	282.0	278.0	274.0
22	Construction	173.0	180.0	179.0	160.0	147.0	148.0	149.0	149.0
23	Distrib. trade, repairs; transp.; accommod., food serv. activ.	650.0	676.0	695.0	657.0	645.0	654.0	653.0	655.0
24	Information and communication	89.0	92.0	93.0	93.0	92.0	89.0	89.0	89.0
25	Financial and insurance activities	80.0	85.0	87.0	92.0	84.0	83.0	80.0	78.0
26	Real estate activities	34.0	35.0	36.0	35.0	36.0	37.0	37.0	37.0
27	Prof., scientif., techn. activ.; admin., support service activ.	218.0	237.0	238.0	226.0	220.0	225.0	231.0	238.0
28	Public admin.; compulsory s.s.; education; human health	839.0	831.0	833.0	856.0	863.0	849.0	839.0	837.0
29	Other service activities	127.0	129.0	131.0	132.0	134.0	136.0	137.0	137.0
30	**Total employees**	**2 615.0**	**2 677.0**	**2 711.0**	**2 626.0**	**2 567.0**	**2 565.0**	**2 559.0**	**2 559.0**
	SELF-EMPLOYED, THOUSAND PERSONS, DOMESTIC CONCEPT								
31	Agriculture, forestry and fishing	41.0	40.0	39.0	38.0	35.0	34.0	34.0	34.0
32	Industry, including energy	9.0	9.0	8.0	8.0	8.0	8.0	8.0	8.0
33	Manufacturing	9.0	8.0	8.0	8.0	8.0	8.0	7.0	7.0
34	Construction	21.0	22.0	22.0	22.0	20.0	19.0	18.0	18.0
35	Distrib. trade, repairs; transp.; accommod., food serv. activ.	54.0	53.0	52.0	52.0	48.0	48.0	47.0	46.0
36	Information and communication	6.0	7.0	7.0	7.0	7.0	8.0	8.0	8.0
37	Financial and insurance activities	0.0	0.0	0.0	0.0	0.0	0.0	0.0	0.0
38	Real estate activities	7.0	7.0	7.0	7.0	8.0	9.0	9.0	9.0
39	Prof., scientif., techn. activ.; admin., support service activ.	31.0	31.0	31.0	32.0	32.0	33.0	33.0	33.0
40	Public admin.; compulsory s.s.; education; human health	15.0	15.0	16.0	16.0	16.0	17.0	17.0	18.0
41	Other service activities	16.0	16.0	16.0	16.0	17.0	17.0	17.0	17.0
42	**Total self-employed**	**200.0**	**200.0**	**199.0**	**198.0**	**191.0**	**191.0**	**190.0**	**189.0**
	TOTAL EMPLOYMENT, MILLION HOURS, DOMESTIC CONCEPT								
43	Industry, including energy	599.5	604.5	607.1	540.6	493.9	504.9	495.1	486.3
44	Distrib. trade, repairs; transp.; accommod., food serv. activ.	983.6	998.9	1 019.2	958.5	925.5	956.5	938.4	935.7
45	Financial and insurance activities	123.2	125.6	128.8	137.7	126.1	124.9	120.4	116.8
46	Prof., scientif., techn. activ.; admin., support service activ.	384.0	398.0	405.9	388.2	383.3	394.3	396.4	404.6
47	Public admin.; compulsory s.s.; education; human health	1 170.8	1 159.0	1 169.1	1 210.0	1 211.9	1 205.4	1 195.0	1 190.0
48	**Total employment**	**4 160.5**	**4 187.5**	**4 218.8**	**4 083.1**	**3 960.2**	**4 010.4**	**3 964.9**	**3 948.4**
	EMPLOYEES, MILLION HOURS, DOMESTIC CONCEPT								
49	Industry, including energy	579.6	585.1	590.0	524.0	477.8	488.5	479.2	470.7
50	Distrib. trade, repairs; transp.; accommod., food serv. activ.	884.3	908.4	931.6	871.7	847.1	874.6	860.8	859.7
51	Financial and insurance activities	123.2	125.6	128.8	137.7	126.1	124.9	120.4	116.8
52	Prof., scientif., techn. activ.; admin., support service activ.	312.9	332.3	343.3	325.5	320.4	328.1	332.6	341.4
53	Public admin.; compulsory s.s.; education; human health	1 149.0	1 135.5	1 144.4	1 184.6	1 185.8	1 177.7	1 167.3	1 162.4
54	**Total employees**	**3 752.8**	**3 795.8**	**3 845.5**	**3 715.2**	**3 606.6**	**3 645.7**	**3 610.8**	**3 599.4**
	SELF-EMPLOYED, MILLION HOURS, DOMESTIC CONCEPT								
55	Industry, including energy	19.9	19.3	17.1	16.7	16.1	16.4	15.9	15.6
56	Distrib. trade, repairs; transp.; accommod., food serv. activ.	99.3	90.5	87.7	86.7	78.4	81.9	77.6	76.0
57	Financial and insurance activities	0.0	0.0	0.0	0.0	0.0	0.0	0.0	0.0
58	Prof., scientif., techn. activ.; admin., support service activ.	71.1	65.6	62.7	62.7	62.9	66.2	63.8	63.2
59	Public admin.; compulsory s.s.; education; human health	21.8	23.6	24.7	25.4	26.1	27.7	27.7	27.6
60	**Total self-employed**	**407.8**	**391.8**	**373.3**	**367.9**	**353.6**	**364.7**	**354.1**	**349.0**

Note: Detailed metadata: http://metalinks.oecd.org/nav1/20150309/a616

ESTONIA

Table 1. Gross domestic product, expenditure approach

Million EUR (2011 EEK euro)

		2006	2007	2008	2009	2010	2011	2012	2013
	AT CURRENT PRICES								
1	**Final consumption expenditure**	9 516	11 267	12 007	10 527	10 644	11 382	12 305	13 227
2	Household	7 232	8 490	8 727	7 346	7 480	8 054	8 759	9 373
3	NPISH's	155	180	203	206	209	234	255	274
4	Government	2 129	2 597	3 076	2 976	2 955	3 095	3 291	3 581
5	Individual	1 203	1 444	1 723	1 707	1 679	1 737	1 825	1 924
6	Collective	926	1 153	1 353	1 269	1 276	1 357	1 467	1 657
7	*of which:* Actual individual consumption	8 590	10 114	10 654	9 258	9 368	10 025	10 838	11 571
8	**Gross capital formation**	5 320	6 382	5 074	2 930	3 130	4 744	5 055	5 030
9	Gross fixed capital formation, total	4 968	5 942	5 151	3 215	3 125	4 226	4 759	5 118
10	Dwellings	907	991	704	440	392	460	535	624
11	Other buildings and structures	1 953	2 499	2 366	1 483	1 328	1 810	1 722	1 879
12	Transport equipment	720	892	499	224	287	535	590	496
13	Other machinery and equipment	..	..	..	..	..	..	..	..
14	Cultivated assets	8	15	22	22	19	23	14	25
15	Intangible fixed assets	186	239	301	287	303	367	347	346
16	Changes in inventories, acquisitions less disposals of valuables	352	441	-77	-285	5	519	296	-88
17	Changes in inventories	350	438	-80	-287	3	518	292	-89
18	Acquisitions less disposals of valuables	2	2	3	2	3	1	4	1
19	**External balance of goods and services**	-1 372	-1 442	-649	702	935	955	176	271
20	Exports of goods and services	8 585	10 267	11 033	8 601	11 049	14 424	15 590	16 132
21	Exports of goods	5 546	6 839	7 158	5 295	7 482	10 384	11 104	11 387
22	Exports of services	3 038	3 428	3 875	3 306	3 567	4 040	4 486	4 745
23	Imports of goods and services	9 956	11 709	11 682	7 900	10 113	13 469	15 414	15 861
24	Imports of goods	7 928	9 393	9 254	6 021	7 887	10 735	12 283	12 341
25	Imports of services	2 028	2 315	2 428	1 879	2 226	2 734	3 131	3 520
26	**Statistical discrepancy**	53	33	79	-21	0	-677	101	211
27	**Gross domestic product**	13 518	16 241	16 511	14 138	14 709	16 404	17 637	18 739
	AT CONSTANT PRICES, REFERENCE YEAR 2005								
28	**Final consumption expenditure**	8 954	9 710	9 445	8 295	8 191	8 375	8 764	9 074
29	Household	6 815	7 427	7 050	5 948	5 851	5 987	6 294	6 535
30	NPISH's	150	163	169	171	170	184	194	199
31	Government	1 989	2 120	2 216	2 144	2 136	2 171	2 242	2 306
32	Individual	1 144	1 205	1 253	1 246	1 239	1 246	1 271	1 268
33	Collective	846	914	962	898	897	925	970	1 034
34	*of which:* Actual individual consumption	8 109	8 795	8 476	7 384	7 281	7 436	7 778	8 021
35	**Gross capital formation**	4 886	5 405	4 304	2 515	2 686	4 015	4 201	3 981
36	Gross fixed capital formation, total	4 552	5 021	4 363	2 762	2 689	3 576	3 947	4 046
37	Dwellings	786	760	538	345	312	365	421	450
38	Other buildings and structures	1 690	1 905	1 825	1 179	1 077	1 435	1 338	1 313
39	Transport equipment	695	837	462	198	250	467	509	425
40	Other machinery and equipment	..	..	..	..	..	..	..	..
41	Cultivated assets	8	15	18	22	17	18	11	20
42	Intangible fixed assets	..	..	..	..	..	..	..	..
43	Changes in inventories, acquisitions less disposals of valuables	..	..	..	..	..	..	..	..
44	Changes in inventories	..	..	..	..	..	..	..	..
45	Acquisitions less disposals of valuables	..	..	..	..	..	..	..	..
46	**External balance of goods and services**	-2 087	-2 408	-1 174	783	1 299	1 392	481	318
47	Exports of goods and services	8 130	9 155	9 238	7 362	9 132	11 402	12 103	12 395
48	Exports of goods	5 315	6 198	6 123	4 659	6 283	8 396	8 922	9 160
49	Exports of services	2 815	2 965	3 116	2 690	2 871	3 057	3 236	3 294
50	Imports of goods and services	9 653	10 906	10 235	7 102	8 609	10 890	12 171	12 572
51	Imports of goods	7 689	8 752	8 135	5 487	6 761	8 704	9 730	9 862
52	Imports of services	1 964	2 155	2 099	1 613	1 851	2 195	2 451	2 717
53	**Statistical discrepancy (including chaining residual)**	680	708	125	-765	-1 079	-1 769	-873	-596
54	**Gross domestic product**	12 433	13 415	12 700	10 828	11 097	12 014	12 572	12 777

Note: Detailed metadata:http://metalinks.oecd.org/nav1/20150309/967a

ESTONIA

Table 2. Gross domestic product, output and income approach
ISIC Rev. 4

Million EUR (2011 EEK euro)

		2006	2007	2008	2009	2010	2011	2012	2013
	OUTPUT APPROACH AT CURRENT PRICES								
1	**Total gross value added at basic prices**	11 887	14 255	14 716	12 276	12 872	14 357	15 382	16 404
2	Agriculture, forestry and fishing	368	493	404	300	411	566	627	590
3	Industry, including energy	2 477	2 882	2 922	2 439	2 839	3 187	3 307	3 516
4	Manufacturing	1 958	2 271	2 278	1 735	2 020	2 369	2 483	2 601
5	Construction	1 166	1 514	1 419	869	763	1 004	1 148	1 232
6	Services	..	..	..	..	..	..	..	..
7	Distrib. trade, repairs; transp.; accommod., food serv. activ.	2 901	3 310	3 264	2 594	2 862	3 216	3 546	3 797
8	Information and communication	538	651	727	677	680	724	757	825
9	Financial and insurance activities	526	671	796	537	524	576	566	543
10	Real estate activities	1 155	1 362	1 425	1 301	1 262	1 395	1 503	1 668
11	Prof., scientif., techn. activ.; admin., support service activ.	932	1 144	1 231	1 118	1 156	1 233	1 333	1 386
12	Public admin.; compulsory s.s.; education; human health	1 505	1 855	2 178	2 145	2 082	2 142	2 236	2 453
13	Other service activities	319	375	349	296	293	313	361	393
14	FISIM (Financial Intermediation Services Indirectly Measured)	..	..	..	..	..	..	..	..
15	Gross value added at basic prices, excluding FISIM	11 887	14 255	14 716	12 276	12 872	14 357	15 382	16 404
16	**Taxes less subsidies on products**	1 631	1 986	1 795	1 862	1 837	2 047	2 255	2 335
17	Taxes on products	1 725	2 070	1 891	1 962	1 930	2 146	2 361	2 412
18	Subsidies on products	94	84	96	100	93	99	106	77
19	**Residual item**	0	0	0	0	0	0	0	0
20	**Gross domestic product at market prices**	13 518	16 241	16 511	14 138	14 709	16 404	17 637	18 739
	OUTPUT APPROACH AT CONSTANT PRICES (REF. YEAR 2005)								
21	**Total gross value added at basic prices**	10 970	11 792	11 419	9 672	10 043	10 889	11 384	11 616
22	Agriculture, forestry and fishing	344	398	401	400	441	513	598	574
23	Industry, including energy	2 321	2 458	2 326	1 888	2 186	2 448	2 495	2 579
24	Manufacturing	1 841	1 932	1 860	1 432	1 700	1 984	2 044	2 077
25	Construction	924	1 027	1 062	695	669	878	944	907
26	Services	..	..	..	..	..	..	..	..
27	Distrib. trade, repairs; transp.; accommod., food serv. activ.	2 767	2 926	2 539	2 028	2 169	2 436	2 625	2 689
28	Information and communication	521	599	653	599	583	636	688	790
29	Financial and insurance activities	505	583	635	484	440	416	420	403
30	Real estate activities	1 026	1 102	1 131	1 038	1 019	1 025	1 004	1 005
31	Prof., scientif., techn. activ.; admin., support service activ.	867	937	919	832	852	879	920	929
32	Public admin.; compulsory s.s.; education; human health	1 404	1 454	1 476	1 465	1 448	1 447	1 473	1 516
33	Other service activities	290	302	245	207	206	212	238	249
34	FISIM (Financial Intermediation Services Indirectly Measured)	..	..	..	..	..	..	..	..
35	Gross value added at basic prices, excluding FISIM	10 970	11 792	11 419	9 672	10 043	10 889	11 384	11 616
36	**Taxes less subsidies on products**	1 463	1 622	1 284	1 153	1 078	1 155	1 218	1 204
37	Taxes on products	1 540	1 709	1 364	1 234	1 153	1 233	1 298	1 270
38	Subsidies on products	77	87	83	84	78	81	82	64
39	**Residual item**	0	1	-2	3	-25	-31	-29	-42
40	**Gross domestic product at market prices**	12 433	13 415	12 700	10 828	11 097	12 014	12 572	12 777
	INCOME APPROACH								
41	**Compensation of employees**	5 940	7 397	8 238	7 153	6 957	7 458	8 048	8 708
42	Agriculture, forestry and fishing	139	166	189	154	159	175	202	223
43	Industry, including energy	1 343	1 593	1 710	1 415	1 441	1 567	1 721	1 881
44	Manufacturing	1 166	1 385	1 466	1 183	1 199	1 315	1 464	1 605
45	Construction	560	804	875	599	536	646	745	755
46	Distrib. trade, repairs; transp.; accommod., food serv. activ.	1 434	1 782	1 914	1 603	1 557	1 629	1 746	1 905
47	Information and communication	222	287	331	338	327	360	403	457
48	Financial and insurance activities	182	240	251	245	215	237	230	244
49	Real estate activities	98	109	129	122	108	115	127	138
50	Prof., scientif., techn. activ.; admin., support service activ.	536	663	762	667	690	754	824	856
51	Public admin.; compulsory s.s.; education; human health	1 250	1 542	1 831	1 786	1 709	1 761	1 825	2 011
52	Other service activities	176	211	247	224	215	216	226	238
53	**Wages and salaries**	4 510	5 606	6 223	5 332	5 183	5 576	6 029	6 528
54	Agriculture, forestry and fishing	106	126	144	117	121	133	153	169
55	Industry, including energy	1 018	1 207	1 292	1 067	1 086	1 184	1 301	1 424
56	Manufacturing	884	1 049	1 109	893	905	994	1 108	1 216
57	Construction	433	620	683	466	420	500	579	582
58	Distrib. trade, repairs; transp.; accommod., food serv. activ.	1 107	1 374	1 467	1 224	1 191	1 246	1 335	1 457
59	Information and communication	169	219	251	257	248	274	306	348
60	Financial and insurance activities	137	181	188	183	160	181	175	186
61	Real estate activities	75	83	98	92	82	88	97	105
62	Prof., scientif., techn. activ.; admin., support service activ.	413	509	583	510	529	577	631	656
63	Public admin.; compulsory s.s.; education; human health	919	1 129	1 329	1 247	1 185	1 230	1 281	1 421
64	Other service activities	133	159	187	169	162	163	171	181
65	**Gross operating surplus and mixed income**	5 953	6 891	6 519	5 161	6 027	7 017	7 456	7 836
66	**Taxes less subsidies on production and imports**	1 625	1 954	1 754	1 824	1 725	1 929	2 132	2 196
67	Taxes on production and imports	1 813	2 173	2 004	2 072	2 034	2 254	2 473	2 529
68	Subsidies on production and imports	188	219	250	248	309	325	341	333
69	**Residual item**	0	0	0	0	0	0	0	0
70	**Gross domestic product**	13 518	16 241	16 511	14 138	14 709	16 404	17 637	18 739

Note: Detailed metadata:http://metalinks.oecd.org/nav1/20150309/967a

ESTONIA

Table 3. Disposable income, saving and net lending / net borrowing

Million EUR (2011 EEK euro)

		2006	2007	2008	2009	2010	2011	2012	2013
	DISPOSABLE INCOME								
1	**Gross domestic product**	13 518	16 241	16 511	14 138	14 709	16 404	17 637	18 739
2	Net primary incomes from the rest of the world	-699	-1 113	-894	-432	-765	-847	-704	-462
3	Primary incomes receivable from the rest of the world	914	1 230	1 175	751	850	1 015	1 009	1 110
4	Primary incomes payable to the rest of the world	1 612	2 343	2 069	1 183	1 615	1 862	1 714	1 572
5	**Gross national income at market prices**	12 819	15 128	15 617	13 707	13 944	15 557	16 932	18 276
6	Consumption of fixed capital	1 707	2 058	2 277	2 383	2 391	2 464	2 634	2 901
7	**Net national income at market prices**	11 112	13 070	13 340	11 324	11 553	13 092	14 299	15 375
8	Net current transfers from the rest of the world	-34	22	69	88	125	127	110	41
9	Current transfers receivable from the rest of the world	231	275	314	321	387	424	431	427
10	Current transfers payable to the rest of the world	265	253	245	232	262	297	321	387
11	**Net national disposable income**	11 078	13 092	13 409	11 412	11 678	13 219	14 408	15 416
	SAVING AND NET LENDING / NET BORROWING								
12	**Net national disposable income**	11 078	13 092	13 409	11 412	11 678	13 219	14 408	15 416
13	Final consumption expenditures	9 516	11 267	12 007	10 527	10 644	11 382	12 305	13 227
14	Adj. for change in net equity of households in pension funds	0	0	0	0	0	0	0	0
15	**Saving, net**	1 562	1 825	1 402	885	1 035	1 837	2 103	2 189
16	Net capital transfers from the rest of the world	143	195	211	483	376	484	594	600
17	Capital transfers receivable from the rest of the world	146	199	215	485	382	489	599	606
18	Capital transfers payable to the rest of the world	3	3	4	2	6	5	5	6
19	Gross capital formation	5 320	6 382	5 074	2 930	3 130	4 745	5 055	5 030
20	Acquisitions less disposals of non-financial non-produced assets	146	5	4	0	-135	-189	-20	86
21	Consumption of fixed capital	1 707	2 058	2 277	2 383	2 391	2 464	2 634	2 901
22	**Net lending / net borrowing[1]**	-2 107	-2 343	-1 266	842	806	908	195	363
	REAL DISPOSABLE INCOME								
23	**Gross domestic product at constant prices, reference year 2005**	12 433	13 415	12 700	10 828	11 097	12 014	12 572	12 777
24	Trading gain or loss	177	495	582	589	566	538	545	605
25	**Real gross domestic income**	12 610	13 910	13 282	11 417	11 663	12 552	13 117	13 383
26	Net real primary incomes from the rest of the world	-652	-953	-719	-349	-607	-648	-524	-330
27	Real primary incomes receivable from the rest of the world	852	1 054	945	607	674	777	751	793
28	Real primary incomes payable to the rest of the world	1 504	2 007	1 664	955	1 281	1 425	1 275	1 123
29	**Real gross national income at market prices**	11 958	12 957	12 563	11 069	11 056	11 904	12 593	13 052
30	Net real current transfers from the rest of the world	-31	19	56	71	99	97	82	29
31	Real current transfers receivable from the rest of the world	216	236	252	259	307	325	320	305
32	Real current transfers payable to the rest of the world	247	217	197	188	207	227	239	276
33	**Real gross national disposable income**	11 927	12 976	12 618	11 140	11 155	12 001	12 675	13 081
34	Consumption of fixed capital at constant prices	1 649	1 930	2 170	2 303	2 324	2 383	2 540	2 693
35	**Real net national income at market prices**	10 366	11 194	10 731	9 144	9 160	10 018	10 635	10 980
36	**Real net national disposable income**	10 334	11 213	10 787	9 216	9 260	10 115	10 716	11 010

Note: Detailed metadata:http://metalinks.oecd.org/nav1/20150309/d6cb
1. Including a statistical discrepancy.

ESTONIA

Table 4. Population and employment (persons) and employment (hours worked) by industry
ISIC Rev. 4

		2006	2007	2008	2009	2010	2011	2012	2013
	POPULATION, THOUSAND PERSONS, NATIONAL CONCEPT								
1	Total population	1 350.7	1 342.9	1 338.4	1 335.7	1 333.3	1 329.7	1 325.2	1 320.2
2	Economically active population	..	..	..	..	..	..	..	..
3	Unemployed persons	..	..	..	..	..	..	..	..
4	Total employment	653.1	659.0	658.1	596.1	570.2	605.5	618.7	624.1
5	Employees	600.1	598.9	606.5	546.6	522.1	552.9	564.2	567.3
6	Self-employed	53.0	60.2	51.6	49.5	48.1	52.6	54.5	56.8
	TOTAL EMPLOYMENT, THOUSAND PERSONS, DOMESTIC CONCEPT								
7	Agriculture, forestry and fishing	30.8	29.9	25.0	22.5	22.8	25.7	26.5	24.9
8	Industry, including energy	150.8	145.3	148.5	126.6	121.8	135.0	129.7	128.6
9	Manufacturing	132.3	128.8	132.2	110.5	104.3	117.4	112.6	114.0
10	Construction	60.2	76.0	72.2	49.8	36.8	45.9	47.1	47.2
11	Distrib. trade, repairs; transp.; accommod., food serv. activ.	165.3	159.8	162.8	146.7	138.1	143.6	143.4	145.3
12	Information and communication	14.9	13.6	15.5	14.6	12.7	16.7	18.2	19.6
13	Financial and insurance activities	7.4	9.5	10.4	11.4	9.4	10.2	10.6	10.2
14	Real estate activities	10.1	9.8	10.4	9.0	10.2	10.7	10.8	11.6
15	Prof., scientif., techn. activ.; admin., support service activ.	33.4	35.6	37.7	37.2	39.0	40.1	42.8	47.6
16	Public admin.; compulsory s.s.; education; human health	136.7	130.4	130.2	133.7	131.5	132.2	139.0	137.6
17	Other service activities	32.6	33.5	29.4	25.1	25.8	23.9	25.4	28.3
18	**Total employment**	**642.2**	**643.4**	**642.1**	**576.6**	**548.1**	**584.0**	**593.5**	**600.9**
	EMPLOYEES, THOUSAND PERSONS, DOMESTIC CONCEPT								
19	Agriculture, forestry and fishing	21.8	18.8	16.4	16.3	16.3	17.3	19.6	18.9
20	Industry, including energy	145.4	139.3	144.4	122.0	117.1	130.8	125.4	123.5
21	Manufacturing	127.0	122.9	128.5	106.3	99.6	113.2	108.5	109.1
22	Construction	50.2	63.3	64.5	43.7	31.8	38.4	39.1	39.1
23	Distrib. trade, repairs; transp.; accommod., food serv. activ.	150.6	144.4	147.6	131.8	124.7	129.7	127.7	131.0
24	Information and communication	13.5	13.0	14.9	13.3	11.2	15.1	15.5	16.5
25	Financial and insurance activities	6.9	8.9	10.0	11.3	9.4	9.9	10.2	9.6
26	Real estate activities	9.8	8.8	9.0	7.7	8.4	9.0	10.0	10.5
27	Prof., scientif., techn. activ.; admin., support service activ.	28.9	30.8	31.9	30.4	32.0	33.2	35.1	38.4
28	Public admin.; compulsory s.s.; education; human health	134.8	128.9	128.5	131.6	129.2	129.9	136.4	134.9
29	Other service activities	27.5	27.3	23.8	19.8	20.9	19.4	20.7	22.2
30	**Total employees**	**589.4**	**583.5**	**591.0**	**527.9**	**501.0**	**532.7**	**539.7**	**544.6**
	SELF-EMPLOYED, THOUSAND PERSONS, DOMESTIC CONCEPT								
31	Agriculture, forestry and fishing	9.0	11.1	8.6	6.2	6.5	8.4	6.9	6.0
32	Industry, including energy	5.4	6.0	4.1	4.6	4.7	4.2	4.3	5.1
33	Manufacturing	5.3	5.9	3.7	4.2	4.7	4.2	4.1	4.9
34	Construction	10.0	12.7	7.7	6.1	5.0	7.5	8.0	8.1
35	Distrib. trade, repairs; transp.; accommod., food serv. activ.	14.7	15.4	15.2	14.9	13.4	13.9	15.7	14.3
36	Information and communication	..	..	..	..	..	..	..	..
37	Financial and insurance activities	..	..	..	..	..	..	..	..
38	Real estate activities	..	..	..	..	..	..	..	..
39	Prof., scientif., techn. activ.; admin., support service activ.	4.5	4.8	5.8	6.8	7.0	6.9	7.7	9.2
40	Public admin.; compulsory s.s.; education; human health	1.9	1.5	1.7	2.1	2.3	2.3	2.6	2.7
41	Other service activities	5.1	6.2	5.6	5.3	4.9	4.5	4.7	6.1
42	**Total self-employed**	**52.8**	**59.9**	**51.1**	**48.7**	**47.1**	**51.3**	**53.8**	**56.3**
	TOTAL EMPLOYMENT, MILLION HOURS, DOMESTIC CONCEPT								
43	Industry, including energy	304.4	291.5	293.6	227.7	232.4	263.3	249.7	243.7
44	Distrib. trade, repairs; transp.; accommod., food serv. activ.	342.4	330.6	329.9	279.0	270.2	286.3	279.6	280.3
45	Financial and insurance activities	15.2	18.6	19.8	21.1	17.7	20.7	19.7	18.9
46	Prof., scientif., techn. activ.; admin., support service activ.	66.7	69.8	72.2	65.5	70.9	74.1	79.6	86.6
47	Public admin.; compulsory s.s.; education; human health	250.4	243.6	241.7	237.6	233.4	238.0	247.4	247.1
48	**Total employment**	**1 285.0**	**1 285.8**	**1 263.5**	**1 056.4**	**1 027.5**	**1 120.6**	**1 119.2**	**1 121.2**
	EMPLOYEES, MILLION HOURS, DOMESTIC CONCEPT								
49	Industry, including energy	292.8	280.1	285.5	219.5	223.5	255.2	241.2	233.5
50	Distrib. trade, repairs; transp.; accommod., food serv. activ.	308.5	296.0	297.6	248.3	240.6	257.1	248.2	253.5
51	Financial and insurance activities	14.3	17.5	18.9	21.0	17.7	20.1	18.8	17.6
52	Prof., scientif., techn. activ.; admin., support service activ.	57.7	61.4	61.7	52.6	57.3	60.6	63.7	68.8
53	Public admin.; compulsory s.s.; education; human health	246.8	240.3	238.3	234.2	229.5	233.5	243.2	242.2
54	**Total employees**	**1 170.7**	**1 159.7**	**1 157.3**	**963.2**	**935.0**	**1 017.0**	**1 012.5**	**1 013.9**
	SELF-EMPLOYED, MILLION HOURS, DOMESTIC CONCEPT								
55	Industry, including energy	11.6	11.4	8.1	8.2	8.9	8.2	8.6	10.2
56	Distrib. trade, repairs; transp.; accommod., food serv. activ.	33.9	34.6	32.3	30.7	29.6	29.2	31.4	26.9
57	Financial and insurance activities	..	..	..	..	..	..	..	..
58	Prof., scientif., techn. activ.; admin., support service activ.	9.0	8.4	10.6	13.0	13.6	13.5	15.9	17.7
59	Public admin.; compulsory s.s.; education; human health	3.6	3.3	3.4	3.4	3.9	4.5	4.2	4.9
60	**Total self-employed**	**114.3**	**126.1**	**106.2**	**93.2**	**92.5**	**103.6**	**106.6**	**107.3**

Note: Detailed metadata: http://metalinks.oecd.org/nav1/20150309/6775

FINLAND

Table 1. Gross domestic product, expenditure approach

Million EUR (1999 FIM euro)

		2006	2007	2008	2009	2010	2011	2012	2013
	AT CURRENT PRICES								
1	**Final consumption expenditure**	**123 274**	**129 987**	**138 087**	**139 052**	**144 253**	**152 262**	**157 790**	**161 330**
2	Household	82 365	86 806	91 561	90 383	94 466	100 464	103 735	105 717
3	NPISH's	3 965	4 246	4 539	4 829	5 087	5 307	5 373	5 436
4	Government	36 944	38 935	41 987	43 840	44 700	46 491	48 682	50 177
5	Individual	24 410	25 634	27 730	28 929	29 662	31 229	32 872	33 579
6	Collective	12 534	13 301	14 257	14 911	15 038	15 262	15 810	16 598
7	*of which: Actual individual consumption*	110 740	116 686	123 830	124 141	129 215	137 000	141 980	144 732
8	**Gross capital formation**	**41 465**	**47 579**	**48 624**	**38 428**	**40 479**	**46 282**	**44 886**	**43 167**
9	Gross fixed capital formation, total	39 334	45 103	47 245	41 187	40 933	43 779	44 489	42 712
10	Dwellings	11 375	12 080	11 360	9 475	11 341	12 358	12 559	12 393
11	Other buildings and structures	10 725	13 596	15 339	12 721	11 563	12 507	12 175	11 688
12	Transport equipment	2 440	2 488	2 291	2 253	2 177	2 146	2 328	2 336
13	Other machinery and equipment	..	..	..	..	..	..	..	..
14	Cultivated assets	54	56	60	51	51	45	40	39
15	Intangible fixed assets	8 375	9 094	9 848	9 589	9 867	9 711	9 464	8 712
16	Changes in inventories, acquisitions less disposals of valuables	2 131	2 476	1 379	-2 759	-454	2 503	397	455
17	Changes in inventories	2 065	2 410	1 312	-2 826	-520	2 434	328	386
18	Acquisitions less disposals of valuables	66	66	67	67	66	69	69	69
19	**External balance of goods and services**	**7 179**	**8 989**	**7 059**	**3 640**	**2 368**	**-1 675**	**-2 883**	**-1 740**
20	Exports of goods and services	74 519	82 091	87 321	65 661	72 366	77 093	78 881	77 646
21	Exports of goods	60 105	64 853	65 350	45 627	51 470	55 655	56 561	55 725
22	Exports of services	14 414	17 238	21 971	20 034	20 896	21 438	22 320	21 921
23	Imports of goods and services	67 340	73 102	80 262	62 021	69 998	78 768	81 764	79 386
24	Imports of goods	52 025	56 112	58 482	41 791	49 221	57 269	57 272	55 738
25	Imports of services	15 315	16 990	21 780	20 230	20 777	21 499	24 492	23 648
26	**Statistical discrepancy**	696	29	-50	91	0	0	U	-762
27	**Gross domestic product**	**172 614**	**186 584**	**193 711**	**181 029**	**187 100**	**196 869**	**199 793**	**201 995**
	AT CONSTANT PRICES, REFERENCE YEAR 2005								
28	**Final consumption expenditure**	**120 947**	**124 384**	**126 824**	**125 036**	**127 616**	**130 147**	**130 650**	**130 361**
29	Household	81 362	84 159	85 981	83 272	85 856	88 494	88 827	88 306
30	NPISH's	3 849	4 034	4 081	4 336	4 439	4 451	4 432	4 391
31	Government	35 736	36 201	36 777	37 351	37 308	37 261	37 447	37 687
32	Individual	23 494	23 743	24 258	24 491	24 586	24 817	24 967	24 873
33	Collective	12 242	12 459	12 519	12 861	12 720	12 437	12 471	12 815
34	*of which: Actual individual consumption*	108 705	111 926	114 310	112 154	114 895	117 736	118 205	117 553
35	**Gross capital formation**	**40 414**	**44 487**	**43 688**	**34 715**	**37 274**	**41 441**	**38 695**	**36 699**
36	Gross fixed capital formation, total	38 233	42 046	42 162	36 872	37 276	38 804	37 947	35 950
37	Dwellings	10 953	10 914	9 760	8 402	10 423	10 977	10 593	10 306
38	Other buildings and structures	10 255	12 193	12 989	10 887	10 259	10 768	9 951	9 392
39	Transport equipment	2 419	2 453	2 270	2 216	2 125	2 071	2 177	2 168
40	Other machinery and equipment	..	..	..	..	..	..	..	..
41	Cultivated assets	59	60	60	51	51	43	40	38
42	Intangible fixed assets	8 153	8 625	8 819	8 292	8 376	8 017	7 591	6 877
43	Changes in inventories, acquisitions less disposals of valuables	..	..	..	..	..	..	..	..
44	Changes in inventories	2 117	2 380	1 416	-2 962	-462	2 069	284	305
45	Acquisitions less disposals of valuables	64	62	61	59	56	57	57	57
46	**External balance of goods and services**	**12 229**	**16 024**	**14 756**	**5 743**	**5 599**	**-991**	**-1 691**	**-109**
47	Exports of goods and services	72 878	79 484	84 718	67 699	71 882	73 309	74 218	73 677
48	Exports of goods	58 838	63 149	64 622	49 389	53 175	54 716	55 226	55 306
49	Exports of services	14 040	16 329	20 017	18 070	18 574	18 526	18 904	18 349
50	Imports of goods and services	63 791	68 511	73 941	61 479	65 475	69 426	70 559	69 425
51	Imports of goods	48 863	52 463	54 419	43 205	47 342	51 291	50 274	50 043
52	Imports of services	14 927	16 049	19 545	18 221	18 248	18 352	20 417	19 541
53	**Statistical discrepancy (including chaining residual)**	-2 536	-4 972	-4 050	739	719	5 012	5 451	3 865
54	**Gross domestic product**	**171 053**	**179 922**	**181 219**	**166 234**	**171 208**	**175 609**	**173 105**	**170 817**

Note: Detailed metadata:http://metalinks.oecd.org/nav1/20150309/3e27

FINLAND

Table 2. Gross domestic product, output and income approach
ISIC Rev. 4

Million EUR (1999 FIM euro)

		2006	2007	2008	2009	2010	2011	2012	2013
	OUTPUT APPROACH AT CURRENT PRICES								
1	Total gross value added at basic prices	150 475	163 654	170 386	158 348	163 620	170 454	172 417	173 741
2	Agriculture, forestry and fishing	3 460	4 391	4 198	4 028	4 468	4 649	4 713	5 008
3	Industry, including energy	42 378	46 329	45 596	35 893	38 495	38 340	35 286	35 278
4	Manufacturing	37 710	41 398	40 384	30 292	31 948	32 164	29 067	28 772
5	Construction	9 904	11 037	11 817	10 724	10 548	10 905	11 336	11 201
6	Services	..	..	..	..	..	..	..	..
7	Distrib. trade, repairs; transp.; accommod., food serv. activ.	24 548	26 502	28 139	25 898	26 394	28 260	29 350	29 167
8	Information and communication	7 139	7 931	8 215	8 039	8 168	8 593	8 961	8 992
9	Financial and insurance activities	4 260	4 859	4 649	4 563	4 234	4 565	4 635	4 324
10	Real estate activities	15 195	15 997	17 359	17 789	18 325	19 414	20 079	20 900
11	Prof., scientif., techn. activ.; admin., support service activ.	10 277	11 571	12 935	12 536	12 947	13 914	14 523	14 686
12	Public admin.; compulsory s.s.; education; human health	29 199	30 691	32 800	33 992	34 964	36 523	38 142	38 798
13	Other service activities	4 115	4 346	4 678	4 886	5 077	5 291	5 392	5 387
14	FISIM (Financial Intermediation Services Indirectly Measured)	..	..	..	..	..	..	..	..
15	Gross value added at basic prices, excluding FISIM	150 475	163 654	170 386	158 348	163 620	170 454	172 417	173 741
16	Taxes less subsidies on products	22 139	22 930	23 325	22 681	23 480	26 415	27 376	28 254
17	Taxes on products	22 837	23 635	24 071	23 334	24 176	27 123	28 111	29 022
18	Subsidies on products	698	705	746	653	696	708	735	768
19	Residual item	0	0	0	0	0	0	0	0
20	Gross domestic product at market prices	172 614	186 584	193 711	181 029	187 100	196 869	199 793	201 995
	OUTPUT APPROACH AT CONSTANT PRICES (REF. YEAR 2005)								
21	Total gross value added at basic prices	149 155	157 949	159 315	145 254	149 672	152 599	149 640	147 398
22	Agriculture, forestry and fishing	3 829	4 036	4 021	4 319	4 342	4 531	4 419	4 648
23	Industry, including energy	42 920	47 019	45 801	36 419	39 040	38 818	35 525	34 977
24	Manufacturing	38 932	42 858	41 738	32 042	34 502	34 463	30 517	30 058
25	Construction	9 540	9 887	9 632	8 870	9 744	9 857	9 332	9 087
26	Services	..	..	..	..	..	..	..	..
27	Distrib. trade, repairs; transp.; accommod., food serv. activ.	24 393	26 473	27 817	24 564	25 306	26 320	26 790	26 025
28	Information and communication	7 437	8 187	8 348	8 234	8 568	9 168	9 712	9 746
29	Financial and insurance activities	4 089	4 352	4 399	4 176	4 256	4 233	4 137	3 718
30	Real estate activities	14 969	15 337	16 123	15 756	15 585	16 224	16 165	16 103
31	Prof., scientif., techn. activ.; admin., support service activ.	9 854	10 513	10 956	10 218	10 308	10 821	10 949	10 808
32	Public admin.; compulsory s.s.; education; human health	28 126	28 121	28 119	27 918	27 874	27 874	27 694	27 490
33	Other service activities	3 999	4 128	4 179	4 240	4 321	4 406	4 301	4 169
34	FISIM (Financial Intermediation Services Indirectly Measured)	..	..	..	..	..	..	..	..
35	Gross value added at basic prices, excluding FISIM	149 155	157 949	159 315	145 254	149 672	152 599	149 640	147 398
36	Taxes less subsidies on products	21 898	21 976	21 908	20 989	21 544	23 021	23 454	23 406
37	Taxes on products	22 976	23 047	22 977	22 037	22 627	24 139	24 600	24 572
38	Subsidies on products	1 078	1 064	1 064	1 056	1 097	1 105	1 138	1 178
39	Residual item	0	-3	-5	-9	-8	-11	10	13
40	Gross domestic product at market prices	171 053	179 922	181 219	166 234	171 208	175 609	173 105	170 817
	INCOME APPROACH								
41	Compensation of employees	81 733	86 299	91 983	90 940	92 404	96 828	100 288	100 906
42	Agriculture, forestry and fishing	935	980	1 003	1 038	1 125	1 121	1 163	1 186
43	Industry, including energy	19 146	19 957	20 288	18 508	18 036	18 787	19 214	18 622
44	Manufacturing	17 779	18 612	18 908	17 052	16 561	17 216	17 543	16 936
45	Construction	5 912	6 557	7 391	6 892	7 179	7 616	7 820	7 861
46	Distrib. trade, repairs; transp.; accommod., food serv. activ.	14 966	15 918	17 145	16 992	16 837	17 716	18 411	18 701
47	Information and communication	4 167	4 281	4 654	4 647	4 714	4 982	5 149	5 252
48	Financial and insurance activities	2 353	2 388	2 510	2 595	2 628	2 768	2 830	2 861
49	Real estate activities	776	801	835	895	874	901	934	921
50	Prof., scientif., techn. activ.; admin., support service activ.	6 979	7 685	8 587	8 648	9 191	9 822	10 294	10 481
51	Public admin.; compulsory s.s.; education; human health	23 638	24 679	26 329	27 393	28 332	29 503	30 775	31 297
52	Other service activities	2 861	3 053	3 241	3 332	3 488	3 612	3 698	3 724
53	Wages and salaries	65 564	69 285	73 965	73 342	75 133	78 580	81 283	81 705
54	Agriculture, forestry and fishing	750	795	825	846	905	905	939	957
55	Industry, including energy	15 300	16 094	16 398	15 047	14 838	15 391	15 727	15 262
56	Manufacturing	14 205	15 028	15 275	13 868	13 623	14 102	14 361	13 875
57	Construction	4 872	5 376	6 017	5 610	5 913	6 253	6 425	6 465
58	Distrib. trade, repairs; transp.; accommod., food serv. activ.	12 223	12 982	14 020	13 874	13 972	14 650	15 178	15 365
59	Information and communication	3 402	3 505	3 806	3 803	3 897	4 099	4 232	4 332
60	Financial and insurance activities	1 945	1 955	2 049	2 115	2 175	2 295	2 321	2 355
61	Real estate activities	638	660	693	741	735	749	776	768
62	Prof., scientif., techn. activ.; admin., support service activ.	5 722	6 281	7 049	7 108	7 556	8 071	8 443	8 590
63	Public admin.; compulsory s.s.; education; human health	18 447	19 216	20 550	21 544	22 357	23 282	24 287	24 640
64	Other service activities	2 265	2 421	2 558	2 654	2 785	2 885	2 955	2 971
65	Gross operating surplus and mixed income	70 929	79 578	80 759	69 867	73 752	76 166	74 698	75 182
66	Taxes less subsidies on production and imports	19 952	20 707	20 969	20 222	20 944	23 875	24 807	25 907
67	Taxes on production and imports	23 016	23 825	24 267	23 531	24 378	27 371	28 320	29 391
68	Subsidies on production and imports	3 064	3 118	3 298	3 309	3 434	3 496	3 513	3 484
69	Residual item	0	0	0	0	0	0	0	0
70	Gross domestic product	172 614	186 584	193 711	181 029	187 100	196 869	199 793	201 995

Note: Detailed metadata:http://metalinks.oecd.org/nav1/20150309/3e27

FINLAND

Table 3. Disposable income, saving and net lending / net borrowing

Million EUR (1999 FIM euro)

		2006	2007	2008	2009	2010	2011	2012	2013
	DISPOSABLE INCOME								
1	Gross domestic product	172 614	186 584	193 711	181 029	187 100	196 869	199 793	201 995
2	Net primary incomes from the rest of the world	1 624	589	362	2 321	2 535	892	1 043	652
3	Primary incomes receivable from the rest of the world	15 946	18 850	17 726	12 330	15 005	15 284	15 358	14 279
4	Primary incomes payable to the rest of the world	14 322	18 261	17 364	10 009	12 470	14 392	14 315	13 627
5	Gross national income at market prices	174 238	187 173	194 073	183 350	189 635	197 761	200 836	202 647
6	Consumption of fixed capital	30 409	32 426	34 767	35 395	35 339	36 581	38 266	38 754
7	Net national income at market prices	143 829	154 747	159 306	147 955	154 296	161 180	162 570	163 893
8	Net current transfers from the rest of the world	-1 938	-1 926	-2 134	-2 273	-2 212	-2 099	-1 927	-2 698
9	Current transfers receivable from the rest of the world	838	934	916	890	1 001	1 415	1 643	1 192
10	Current transfers payable to the rest of the world	2 776	2 860	3 050	3 163	3 213	3 514	3 570	3 890
11	Net national disposable income	141 891	152 821	157 172	145 682	152 084	159 081	160 643	161 195
	SAVING AND NET LENDING / NET BORROWING								
12	Net national disposable income	141 891	152 821	157 172	145 682	152 084	159 081	160 643	161 195
13	Final consumption expenditures	123 274	129 987	138 087	139 052	144 253	152 262	157 790	161 330
14	Adj. for change in net equity of households in pension funds	0	0	0	0	0	0	0	0
15	Saving, net	18 617	22 834	19 085	6 630	7 831	6 819	2 853	-135
16	Net capital transfers from the rest of the world	158	142	154	144	173	196	201	219
17	Capital transfers receivable from the rest of the world	168	162	173	160	178	206	208	233
18	Capital transfers payable to the rest of the world	10	20	19	16	5	10	7	14
19	Gross capital formation	42 161	47 608	48 565	38 337	40 479	46 282	44 886	42 405
20	Acquisitions less disposals of non-financial non-produced assets	-11	0	-29	-18	-18	-12	-12	-12
21	Consumption of fixed capital	30 409	32 426	34 767	35 395	35 339	36 581	38 266	38 754
22	Net lending / net borrowing	7 034	7 794	5 470	3 850	2 882	-2 674	-3 554	-3 555
	REAL DISPOSABLE INCOME								
23	Gross domestic product at constant prices, reference year 2005	171 053	179 922	181 219	166 234	171 208	175 609	173 105	170 817
24	Trading gain or loss	-1 979	-2 459	-4 328	-3 440	-4 367	-5 739	-6 335	-5 900
25	Real gross domestic income	169 075	177 463	176 891	162 793	166 841	169 870	166 770	164 911
26	Net real primary incomes from the rest of the world	1 591	560	331	2 087	2 261	770	871	532
27	Real primary incomes receivable from the rest of the world	15 619	17 928	16 187	11 088	13 380	13 188	12 820	11 658
28	Real primary incomes payable to the rest of the world	14 028	17 368	15 856	9 001	11 120	12 418	11 949	11 125
29	Real gross national income at market prices	170 665	178 023	177 221	164 880	169 101	170 640	167 641	165 443
30	Net real current transfers from the rest of the world	-1 898	-1 832	-1 949	-2 044	-1 972	-1 811	-1 608	-2 203
31	Real current transfers receivable from the rest of the world	821	888	836	800	893	1 221	1 371	973
32	Real current transfers payable to the rest of the world	2 719	2 720	2 785	2 844	2 865	3 032	2 980	3 176
33	Real gross national disposable income	168 767	176 191	175 273	162 836	167 129	168 829	166 032	163 241
34	Consumption of fixed capital at constant prices	29 577	30 300	31 083	31 610	31 897	32 106	32 481	32 442
35	Real net national income at market prices	140 880	147 182	145 473	133 051	137 589	139 076	135 700	133 804
36	Real net national disposable income	138 982	145 350	143 524	131 007	135 616	137 265	134 091	131 601

Note: Detailed metadata:http://metalinks.oecd.org/nav1/20150309/f7b6

FINLAND

Table 4. Population and employment (persons) and employment (hours worked) by industry
ISIC Rev. 4

		2006	2007	2008	2009	2010	2011	2012	2013
	POPULATION, THOUSAND PERSONS, NATIONAL CONCEPT								
1	Total population	5 266.3	5 288.7	5 313.4	5 338.9	5 363.4	5 388.3	5 414.0	5 439.0
2	Economically active population	..	..	..	..	..	..	..	..
3	Unemployed persons	..	..	..	..	..	..	..	..
4	Total employment	2 454.6	2 506.9	2 562.7	2 501.0	2 483.8	2 515.5	2 537.6	2 499.6
5	Employees	2 174.7	2 222.2	2 271.4	2 202.0	2 188.7	2 214.0	2 231.4	2 200.2
6	Self-employed	279.9	284.7	291.3	299.0	295.1	301.5	306.2	299.4
	TOTAL EMPLOYMENT, THOUSAND PERSONS, DOMESTIC CONCEPT								
7	Agriculture, forestry and fishing	122.8	123.1	122.3	121.3	119.7	115.4	114.8	112.5
8	Industry, including energy	445.3	450.0	456.6	415.0	396.4	400.7	400.3	382.7
9	Manufacturing	415.7	420.5	426.1	383.0	364.8	368.8	367.6	350.3
10	Construction	181.1	191.7	199.0	186.5	188.6	193.6	193.0	188.8
11	Distrib. trade, repairs; transp.; accommod., food serv. activ.	534.9	547.3	550.8	537.5	525.4	529.4	537.8	527.0
12	Information and communication	94.3	93.2	95.8	93.7	93.5	94.6	95.9	96.1
13	Financial and insurance activities	44.0	44.6	46.5	46.3	46.6	47.4	47.0	45.7
14	Real estate activities	22.4	23.0	23.4	24.3	24.4	24.0	24.2	23.4
15	Prof., scientif., techn. activ.; admin., support service activ.	219.3	235.8	255.5	253.7	261.0	270.9	277.0	275.7
16	Public admin.; compulsory s.s.; education; human health	679.4	682.0	694.5	701.9	704.3	712.6	717.0	718.4
17	Other service activities	111.1	116.2	118.3	120.8	123.9	126.9	130.6	129.3
18	**Total employment**	**2 454.6**	**2 506.9**	**2 562.7**	**2 501.0**	**2 483.8**	**2 515.5**	**2 537.6**	**2 499.6**
	EMPLOYEES, THOUSAND PERSONS, DOMESTIC CONCEPT								
19	Agriculture, forestry and fishing	39.0	40.1	40.1	40.4	41.6	40.1	41.4	42.5
20	Industry, including energy	425.8	430.7	437.0	394.0	375.8	375.0	376.2	358.6
21	Manufacturing	397.4	402.4	407.8	363.2	345.4	344.5	344.8	328.0
22	Construction	151.8	161.5	167.7	153.8	156.1	160.4	159.6	155.6
23	Distrib. trade, repairs; transp.; accommod., food serv. activ.	468.6	479.6	482.1	466.9	455.3	458.5	466.5	459.7
24	Information and communication	86.7	86.8	89.1	86.3	85.8	87.3	88.4	88.6
25	Financial and insurance activities	42.9	43.4	45.3	45.1	45.2	45.9	45.5	44.1
26	Real estate activities	18.9	19.7	20.1	20.7	20.4	20.4	20.6	20.0
27	Prof., scientif., techn. activ.; admin., support service activ.	180.0	193.1	211.0	208.3	216.9	228.2	231.7	231.2
28	Public admin.; compulsory s.s.; education; human health	662.5	664.4	674.5	681.3	684.5	691.3	694.7	695.0
29	Other service activities	98.5	102.9	104.5	105.2	107.1	106.9	106.8	104.9
30	**Total employees**	**2 174.7**	**2 222.2**	**2 271.4**	**2 202.0**	**2 188.7**	**2 214.0**	**2 231.4**	**2 200.2**
	SELF-EMPLOYED, THOUSAND PERSONS, DOMESTIC CONCEPT								
31	Agriculture, forestry and fishing	83.8	83.0	82.2	80.9	78.1	75.3	73.4	70.0
32	Industry, including energy	19.5	19.3	19.6	21.0	20.6	25.7	24.1	24.1
33	Manufacturing	18.3	18.1	18.3	19.8	19.4	24.3	22.8	22.3
34	Construction	29.3	30.2	31.3	32.7	32.5	33.2	33.4	33.2
35	Distrib. trade, repairs; transp.; accommod., food serv. activ.	66.3	67.7	68.7	70.6	70.1	70.9	71.3	67.3
36	Information and communication	7.6	6.4	6.7	7.4	7.7	7.3	7.5	7.5
37	Financial and insurance activities	1.1	1.2	1.2	1.2	1.4	1.5	1.5	1.6
38	Real estate activities	3.5	3.3	3.3	3.6	4.0	3.6	3.6	3.4
39	Prof., scientif., techn. activ.; admin., support service activ.	39.3	42.7	44.5	45.4	44.1	42.7	45.3	44.5
40	Public admin.; compulsory s.s.; education; human health	16.9	17.6	20.0	20.6	19.8	21.3	22.3	23.4
41	Other service activities	12.6	13.3	13.8	15.6	16.8	20.0	23.8	24.4
42	**Total self-employed**	**279.9**	**284.7**	**291.3**	**299.0**	**295.1**	**301.5**	**306.2**	**299.4**
	TOTAL EMPLOYMENT, MILLION HOURS, DOMESTIC CONCEPT								
43	Industry, including energy	724.3	732.2	734.6	647.6	630.6	640.4	635.0	609.9
44	Distrib. trade, repairs; transp.; accommod., food serv. activ.	903.9	928.0	947.5	909.8	892.4	879.0	885.5	864.6
45	Financial and insurance activities	72.3	74.2	75.4	74.2	74.1	74.1	73.3	72.6
46	Prof., scientif., techn. activ.; admin., support service activ.	355.9	380.1	407.7	404.2	409.3	427.6	430.6	426.1
47	Public admin.; compulsory s.s.; education; human health	1 052.4	1 056.2	1 076.7	1 083.8	1 089.8	1 103.9	1 108.5	1 111.6
48	**Total employment**	**4 155.4**	**4 240.4**	**4 316.9**	**4 153.3**	**4 142.4**	**4 181.9**	**4 187.7**	**4 106.8**
	EMPLOYEES, MILLION HOURS, DOMESTIC CONCEPT								
49	Industry, including energy	684.7	692.2	695.2	602.4	588.3	596.6	590.8	567.5
50	Distrib. trade, repairs; transp.; accommod., food serv. activ.	755.6	775.1	788.9	750.3	732.9	740.6	744.5	733.2
51	Financial and insurance activities	70.4	72.2	73.4	72.2	71.8	71.7	70.9	70.0
52	Prof., scientif., techn. activ.; admin., support service activ.	284.6	305.1	328.9	321.5	335.3	349.0	352.2	350.4
53	Public admin.; compulsory s.s.; education; human health	1 022.3	1 025.0	1 040.5	1 047.6	1 054.7	1 063.2	1 067.5	1 067.1
54	**Total employees**	**3 483.1**	**3 561.4**	**3 636.5**	**3 472.0**	**3 473.5**	**3 518.5**	**3 522.6**	**3 470.6**
	SELF-EMPLOYED, MILLION HOURS, DOMESTIC CONCEPT								
55	Industry, including energy	39.6	40.0	39.4	45.2	42.3	43.8	44.2	42.4
56	Distrib. trade, repairs; transp.; accommod., food serv. activ.	148.3	152.9	158.6	159.5	159.5	138.4	141.0	131.4
57	Financial and insurance activities	1.9	2.0	2.0	2.0	2.3	2.4	2.4	2.6
58	Prof., scientif., techn. activ.; admin., support service activ.	71.3	75.0	78.8	82.7	74.0	78.6	78.4	75.7
59	Public admin.; compulsory s.s.; education; human health	30.1	31.2	36.2	36.2	35.1	40.7	41.0	44.5
60	**Total self-employed**	**672.3**	**679.0**	**680.4**	**681.3**	**668.9**	**663.4**	**665.1**	**636.2**

Note: Detailed metadata: http://metalinks.oecd.org/nav1/20150309/20ab

FRANCE

Table 1. Gross domestic product, expenditure approach

Million EUR (1999 FRF euro)

		2006	2007	2008	2009	2010	2011	2012	2013
	AT CURRENT PRICES								
1	**Final consumption expenditure**	1 439 283	1 501 661	1 550 046	1 553 540	1 598 200	1 634 071	1 657 350	1 679 776
2	Household	987 164	1 032 730	1 066 598	1 051 463	1 082 394	1 106 881	1 117 464	1 126 403
3	NPISH's	33 626	35 678	36 192	38 143	39 623	41 048	42 070	43 447
4	Government	418 493	433 253	447 256	463 934	476 183	486 142	497 816	509 926
5	Individual	268 228	279 149	288 857	298 600	307 824	313 816	320 501	328 582
6	Collective	150 265	154 104	158 399	165 334	168 359	172 326	177 315	181 344
7	*of which: Actual individual consumption*	1 289 018	1 347 557	1 391 647	1 388 206	1 429 841	1 461 745	1 480 035	1 498 432
8	**Gross capital formation**	429 468	469 126	480 759	413 100	437 892	477 972	474 853	465 233
9	Gross fixed capital formation, total	414 923	450 059	470 123	427 320	441 067	461 566	469 844	466 925
10	Dwellings	120 592	130 760	134 923	121 318	125 811	131 289	130 868	128 005
11	Other buildings and structures	114 396	126 385	132 962	124 133	122 627	130 792	133 054	132 378
12	Transport equipment	28 460	31 197	32 910	24 457	26 899	29 724	28 779	28 277
13	Other machinery and equipment	..	..	..	..	..	..	..	..
14	Cultivated assets	931	1 058	833	830	843	819	961	1 081
15	Intangible fixed assets	82 874	87 319	93 174	90 966	95 031	99 587	103 666	105 062
16	Changes in inventories, acquisitions less disposals of valuables	14 545	19 067	10 636	-14 220	-3 175	16 406	5 009	-1 692
17	Changes in inventories	13 528	18 024	9 719	-14 739	-3 856	15 729	4 290	-2 391
18	Acquisitions less disposals of valuables	1 018	1 042	917	519	681	677	719	699
19	**External balance of goods and services**	-15 485	-25 117	-34 955	-27 623	-37 611	-52 759	-41 144	-31 322
20	Exports of goods and services	503 641	527 829	546 588	466 753	520 469	572 553	587 320	597 818
21	Exports of goods	391 096	404 587	417 712	346 794	390 583	427 402	440 994	443 921
22	Exports of services	112 545	123 242	128 877	119 959	129 886	145 151	146 326	153 897
23	Imports of goods and services	519 126	552 946	581 543	494 376	558 080	625 312	628 464	629 140
24	Imports of goods	412 507	437 253	460 775	377 959	431 221	486 688	491 451	484 695
25	Imports of services	106 619	115 694	120 769	116 417	126 859	138 624	137 013	144 445
26	**Statistical discrepancy**	..	..	..	..	..	..	..	..
27	**Gross domestic product**	1 853 267	1 945 670	1 995 850	1 939 017	1 998 481	2 059 284	2 091 059	2 113 687
	AT CONSTANT PRICES, REFERENCE YEAR 2005								
28	**Final consumption expenditure**	1 409 869	1 442 246	1 451 543	1 463 844	1 488 311	1 497 863	1 501 475	1 512 558
29	Household	966 700	990 282	994 920	995 656	1 012 947	1 017 379	1 012 749	1 014 586
30	NPISH's	32 435	33 777	33 672	35 122	36 780	37 332	38 119	38 554
31	Government	410 733	418 172	422 954	433 155	438 668	443 208	450 604	459 407
32	Individual	263 184	269 110	272 762	278 484	283 960	287 922	292 987	299 254
33	Collective	147 549	149 061	150 189	154 671	154 703	155 284	157 620	160 171
34	*of which: Actual individual consumption*	1 262 319	1 293 179	1 301 349	1 309 212	1 333 668	1 342 646	1 343 884	1 352 386
35	**Gross capital formation**	411 706	436 900	436 261	377 373	390 062	417 304	407 468	400 307
36	Gross fixed capital formation, total	398 954	421 035	424 627	386 114	394 150	402 293	403 358	399 366
37	Dwellings	113 779	118 382	114 885	104 310	106 513	107 436	105 338	102 913
38	Other buildings and structures	108 697	115 313	114 299	106 334	103 143	105 997	105 424	104 246
39	Transport equipment	27 716	30 036	31 903	23 554	25 931	27 834	26 622	25 809
40	Other machinery and equipment	..	..	..	..	..	..	..	..
41	Cultivated assets	898	1 011	776	794	794	722	775	845
42	Intangible fixed assets	81 388	84 604	90 142	87 532	91 001	94 167	97 492	98 563
43	Changes in inventories, acquisitions less disposals of valuables	..	..	..	..	..	..	..	..
44	Changes in inventories	..	..	..	..	..	..	..	..
45	Acquisitions less disposals of valuables	..	..	..	..	..	..	..	..
46	**External balance of goods and services**	-7 480	-24 332	-29 992	-38 058	-40 651	-39 880	-25 158	-22 712
47	Exports of goods and services	493 585	507 557	509 390	451 998	492 751	526 648	532 294	543 890
48	Exports of goods	382 602	388 007	387 133	338 208	373 109	393 569	399 701	404 926
49	Exports of services	110 983	119 593	122 329	113 980	119 963	133 250	132 772	139 150
50	Imports of goods and services	501 099	529 888	536 692	486 268	529 374	562 660	555 397	564 869
51	Imports of goods	397 457	419 590	424 834	378 532	413 506	437 331	433 143	436 178
52	Imports of services	103 642	110 304	111 863	107 772	116 013	125 383	122 297	128 791
53	**Statistical discrepancy (including chaining residual)**	-34	2 087	2 716	2 643	3 576	4 296	2 083	1 093
54	**Gross domestic product**	1 814 062	1 856 901	1 860 527	1 805 803	1 841 298	1 879 583	1 885 868	1 891 246

Note: Detailed metadata:http://metalinks.oecd.org/nav1/20150309/478b

FRANCE

Table 2. Gross domestic product, output and income approach
ISIC Rev. 4

Million EUR (1999 FRF euro)

		2006	2007	2008	2009	2010	2011	2012	2013
	OUTPUT APPROACH AT CURRENT PRICES								
1	Total gross value added at basic prices	1 659 580	1 746 821	1 796 275	1 752 722	1 800 982	1 849 498	1 878 366	1 896 861
2	Agriculture, forestry and fishing	28 179	31 448	30 298	25 669	32 092	34 044	34 797	32 075
3	Industry, including energy	256 910	261 725	256 635	241 546	243 780	254 065	260 020	262 134
4	Manufacturing	212 495	221 488	217 208	201 691	202 620	210 379	214 645	215 095
5	Construction	95 779	106 204	114 750	109 755	109 247	112 731	114 761	113 877
6	Services	..	..	..	..	..	..	..	..
7	Distrib. trade, repairs; transp.; accommod., food serv. activ.	296 330	311 545	326 552	317 373	322 391	328 763	333 522	337 210
8	Information and communication	89 157	92 305	94 690	92 329	93 018	94 189	93 078	88 749
9	Financial and insurance activities	63 991	67 325	64 143	69 261	81 796	78 971	79 156	84 309
10	Real estate activities	214 820	229 808	239 045	229 279	230 483	235 771	239 227	242 482
11	Prof., scientif., techn. activ.; admin., support service activ.	209 126	223 788	233 441	218 484	227 712	239 052	240 165	242 269
12	Public admin.; compulsory s.s.; education; human health	354 926	369 966	383 448	395 784	405 702	416 899	426 938	436 118
13	Other service activities	50 362	52 706	53 272	53 240	54 761	55 014	56 703	57 638
14	FISIM (Financial Intermediation Services Indirectly Measured)	..	..	..	..	..	..	..	..
15	Gross value added at basic prices, excluding FISIM	1 659 580	1 746 821	1 796 275	1 752 722	1 800 982	1 849 498	1 878 366	1 896 861
16	Taxes less subsidies on products	193 687	198 849	199 575	186 295	197 499	209 786	212 693	216 826
17	Taxes on products	205 805	211 411	212 546	203 123	213 185	225 453	229 459	234 101
18	Subsidies on products	12 118	12 562	12 971	16 828	15 686	15 667	16 766	17 275
19	Residual item	..	..	..	..	..	..	..	..
20	Gross domestic product at market prices	1 853 267	1 945 670	1 995 850	1 939 017	1 998 481	2 059 284	2 091 059	2 113 687
	OUTPUT APPROACH AT CONSTANT PRICES (REF. YEAR 2005)								
21	Total gross value added at basic prices	1 630 250	1 670 694	1 678 151	1 632 826	1 661 578	1 696 672	1 706 887	1 712 203
22	Agriculture, forestry and fishing	29 868	29 625	30 925	32 876	31 770	33 008	30 290	29 873
23	Industry, including energy	259 508	264 457	254 933	239 522	244 152	250 834	253 018	252 099
24	Manufacturing	217 569	222 169	215 103	202 607	207 573	215 750	216 768	215 055
25	Construction	89 354	93 402	91 894	86 387	84 378	82 718	81 603	79 910
26	Services	..	..	..	..	..	..	..	..
27	Distrib. trade, repairs; transp.; accommod., food serv. activ.	295 276	304 639	309 220	292 413	300 100	309 563	309 141	308 955
28	Information and communication	93 078	97 650	100 936	96 736	100 441	106 670	110 178	110 185
29	Financial and insurance activities	59 131	63 530	64 314	68 481	68 772	73 237	74 711	75 948
30	Real estate activities	204 223	205 848	205 534	207 158	210 546	209 357	211 016	213 153
31	Prof., scientif., techn. activ.; admin., support service activ.	202 765	209 936	213 444	197 823	205 401	212 260	211 620	212 567
32	Public admin.; compulsory s.s.; education; human health	347 446	350 897	354 587	359 134	362 526	367 550	373 467	377 873
33	Other service activities	49 602	50 582	52 169	51 948	53 491	52 607	53 704	53 708
34	FISIM (Financial Intermediation Services Indirectly Measured)	..	..	..	..	..	..	..	..
35	Gross value added at basic prices, excluding FISIM	1 630 250	1 670 694	1 678 151	1 632 826	1 661 578	1 696 672	1 706 887	1 712 203
36	Taxes less subsidies on products	183 813	186 274	182 529	173 210	179 953	183 156	179 445	179 539
37	Taxes on products	202 037	205 030	201 429	191 644	198 895	201 933	198 332	198 556
38	Subsidies on products	18 226	18 910	19 338	19 135	19 628	19 305	19 588	19 761
39	Residual item	-1	-67	-153	-234	-232	-245	-464	-497
40	Gross domestic product at market prices	1 814 062	1 856 901	1 860 527	1 805 803	1 841 298	1 879 583	1 885 868	1 891 245
	INCOME APPROACH								
41	Compensation of employees	942 012	979 930	1 010 192	1 013 013	1 040 212	1 068 929	1 090 650	1 104 451
42	Agriculture, forestry and fishing	8 307	8 295	8 298	8 136	8 439	8 600	9 183	9 395
43	Industry, including energy	145 457	148 062	150 718	146 108	147 558	150 355	153 705	153 546
44	Manufacturing	129 840	131 889	133 920	128 695	129 494	131 740	134 311	133 987
45	Construction	59 400	63 510	66 902	67 327	67 353	68 719	69 476	69 012
46	Distrib. trade, repairs; transp.; accommod., food serv. activ.	191 202	198 601	204 933	204 527	210 438	214 948	218 808	223 301
47	Information and communication	45 804	47 590	50 042	49 344	50 967	52 387	54 082	54 956
48	Financial and insurance activities	41 990	43 566	43 183	45 709	46 578	47 309	48 413	48 891
49	Real estate activities	14 116	14 821	15 094	13 890	14 272	14 813	14 966	14 940
50	Prof., scientif., techn. activ.; admin., support service activ.	131 591	139 793	145 595	142 742	150 065	159 173	162 755	164 302
51	Public admin.; compulsory s.s.; education; human health	268 516	278 551	286 933	295 923	303 613	311 000	316 770	322 609
52	Other service activities	35 630	37 141	38 495	39 307	40 929	41 625	42 492	43 500
53	Wages and salaries	695 313	723 782	746 254	746 658	768 018	784 783	798 634	806 328
54	Agriculture, forestry and fishing	5 967	5 977	5 986	5 911	6 137	6 246	6 620	6 745
55	Industry, including energy	105 807	107 940	109 914	106 602	107 602	108 817	110 740	110 249
56	Manufacturing	95 712	97 437	99 071	95 416	95 936	96 828	98 504	97 987
57	Construction	47 141	50 495	53 296	53 780	54 243	55 060	55 726	55 234
58	Distrib. trade, repairs; transp.; accommod., food serv. activ.	146 706	152 731	157 931	157 197	162 090	164 190	166 967	170 149
59	Information and communication	33 783	35 195	37 102	36 545	38 009	38 721	39 937	40 518
60	Financial and insurance activities	29 991	31 199	30 658	32 299	33 015	33 450	34 057	34 316
61	Real estate activities	10 987	11 560	11 803	10 852	11 165	11 531	11 625	11 579
62	Prof., scientif., techn. activ.; admin., support service activ.	99 764	106 194	110 775	108 684	114 666	120 999	123 552	124 483
63	Public admin.; compulsory s.s.; education; human health	187 640	193 771	199 075	204 464	209 475	213 715	216 716	219 601
64	Other service activities	27 528	28 722	29 713	30 324	31 616	32 054	32 694	33 453
65	Gross operating surplus and mixed income	664 325	709 868	728 531	678 528	708 464	721 230	724 466	724 054
66	Taxes less subsidies on production and imports	246 930	255 872	257 127	247 476	249 805	269 125	275 943	285 182
67	Taxes on production and imports	281 581	292 005	295 410	290 999	295 146	312 820	321 264	330 290
68	Subsidies on production and imports	34 651	36 133	38 283	43 523	45 341	43 695	45 321	45 108
69	Residual item	..	..	..	..	..	..	..	..
70	Gross domestic product	1 853 267	1 945 670	1 995 850	1 939 017	1 998 481	2 059 284	2 091 059	2 113 687

Note: Detailed metadata: http://metalinks.oecd.org/nav1/20150309/478b

FRANCE

Table 3. Disposable income, saving and net lending / net borrowing

Million EUR (1999 FRF euro)

		2006	2007	2008	2009	2010	2011	2012	2013
	DISPOSABLE INCOME								
1	**Gross domestic product**	1 853 267	1 945 670	1 995 850	1 939 017	1 998 481	2 059 284	2 091 059	2 113 687
2	Net primary incomes from the rest of the world	37 274	40 493	42 612	34 630	40 794	47 419	32 676	36 685
3	Primary incomes receivable from the rest of the world	173 655	203 278	201 890	151 061	158 232	167 292	148 463	148 734
4	Primary incomes payable to the rest of the world	136 381	162 785	159 278	116 431	117 438	119 873	115 787	112 049
5	**Gross national income at market prices**	1 890 541	1 986 163	2 038 462	1 973 647	2 039 275	2 106 703	2 123 735	2 150 372
6	Consumption of fixed capital	304 454	321 936	342 055	345 930	354 182	367 245	377 086	382 524
7	**Net national income at market prices**	1 586 087	1 664 227	1 696 407	1 627 717	1 685 093	1 739 458	1 746 649	1 767 848
8	Net current transfers from the rest of the world	-33 116	-36 070	-35 226	-38 159	-38 115	-40 638	-44 054	-47 236
9	Current transfers receivable from the rest of the world	16 274	16 845	17 832	17 256	18 644	20 061	20 062	20 550
10	Current transfers payable to the rest of the world	49 390	52 915	53 058	55 415	56 759	60 699	64 116	67 786
11	**Net national disposable income**	1 552 971	1 628 157	1 661 180	1 589 558	1 646 978	1 698 820	1 702 595	1 720 612
	SAVING AND NET LENDING / NET BORROWING								
12	**Net national disposable income**	1 552 971	1 628 157	1 661 180	1 589 558	1 646 978	1 698 820	1 702 595	1 720 612
13	Final consumption expenditures	1 439 283	1 501 661	1 550 046	1 553 540	1 598 200	1 634 071	1 657 350	1 679 776
14	Adj. for change in net equity of households in pension funds	0	0	0	0	0	0	0	0
15	**Saving, net**	113 688	126 496	111 134	36 018	48 778	64 749	45 245	40 836
16	Net capital transfers from the rest of the world	775	665	388	318	115	-168	-3 380	74
17	Capital transfers receivable from the rest of the world	1 663	1 257	1 156	1 038	1 200	1 126	1 137	1 562
18	Capital transfers payable to the rest of the world	888	592	768	720	1 085	1 294	4 517	1 488
19	Gross capital formation	429 468	469 126	480 759	413 100	437 892	477 972	474 853	465 233
20	Acquisitions less disposals of non-financial non-produced assets	0	0	0	0	0	0	0	0
21	Consumption of fixed capital	304 454	321 936	342 055	345 930	354 182	367 245	377 086	382 524
22	**Net lending / net borrowing**	-10 551	-20 029	-27 182	-30 834	-34 817	-46 146	-55 902	-41 799
	REAL DISPOSABLE INCOME								
23	**Gross domestic product at constant prices, reference year 2005**	1 814 062	1 856 901	1 860 527	1 805 803	1 841 299	1 879 584	1 885 868	1 891 246
24	Trading gain or loss	-7 580	-1 443	-5 037	8 224	1 183	-12 607	-14 522	-7 514
25	**Real gross domestic income**	1 806 481	1 855 458	1 855 490	1 814 027	1 842 482	1 866 977	1 871 346	1 883 732
26	Net real primary incomes from the rest of the world	36 333	38 616	39 615	32 398	37 610	42 991	29 243	32 694
27	Real primary incomes receivable from the rest of the world	169 271	193 853	187 691	141 324	145 881	151 669	132 864	132 553
28	Real primary incomes payable to the rest of the world	132 938	155 238	148 076	108 926	108 271	108 679	103 621	99 859
29	**Real gross national income at market prices**	1 842 814	1 894 074	1 895 105	1 846 424	1 880 091	1 909 968	1 900 589	1 916 426
30	Net real current transfers from the rest of the world	-32 280	-34 398	-32 749	-35 699	-35 140	-36 843	-39 425	-42 097
31	Real current transfers receivable from the rest of the world	15 863	16 064	16 578	16 144	17 189	18 188	17 954	18 314
32	Real current transfers payable to the rest of the world	48 143	50 461	49 327	51 843	52 328	55 031	57 379	60 411
33	**Real gross national disposable income**	1 810 535	1 859 676	1 862 356	1 810 725	1 844 952	1 873 125	1 861 164	1 874 329
34	Consumption of fixed capital at constant prices	..	..	..	..	..	..	..	..
35	**Real net national income at market prices**	1 546 046	1 587 065	1 577 106	1 522 793	1 553 556	1 577 018	1 563 124	1 575 518
36	**Real net national disposable income**	1 513 767	1 552 667	1 544 357	1 487 094	1 518 416	1 540 175	1 523 699	1 533 421

Note: Detailed metadata:http://metalinks.oecd.org/nav1/20150309/b962

FRANCE

Table 4. Population and employment (persons) and employment (hours worked) by industry
ISIC Rev. 4

		2006	2007	2008	2009	2010	2011	2012	2013
	POPULATION, THOUSAND PERSONS, NATIONAL CONCEPT								
1	Total population	63 574.0	63 967.0	64 324.0	64 655.0	64 974.0	65 299.0	65 609.0	65 899.0
2	Economically active population	..	..	..	..	..	..	..	..
3	Unemployed persons	..	..	..	..	..	..	..	..
4	Total employment	27 051.0	27 504.0	27 437.0	26 977.0	27 225.0	27 471.0	27 470.0	27 421.0
5	Employees	24 675.0	25 106.0	25 019.0	24 550.0	24 748.0	24 918.0	24 921.0	24 778.0
6	Self-employed	2 376.0	2 398.0	2 418.0	2 427.0	2 477.0	2 552.0	2 550.0	2 644.0
	TOTAL EMPLOYMENT, THOUSAND PERSONS, DOMESTIC CONCEPT								
7	Agriculture, forestry and fishing	851.0	826.0	801.0	782.0	766.0	760.0	760.0	769.0
8	Industry, including energy	3 436.0	3 404.0	3 361.0	3 233.0	3 109.0	3 083.0	3 068.0	3 030.0
9	Manufacturing	3 146.0	3 113.0	3 075.0	2 933.0	2 803.0	2 776.0	2 758.0	2 718.0
10	Construction	1 751.0	1 834.0	1 886.0	1 891.0	1 863.0	1 856.0	1 851.0	1 825.0
11	Distrib. trade, repairs; transp.; accommod., food serv. activ.	6 022.0	6 103.0	6 144.0	6 101.0	6 168.0	6 223.0	6 270.0	6 247.0
12	Information and communication	761.0	783.0	800.0	790.0	785.0	791.0	800.0	802.0
13	Financial and insurance activities	749.0	766.0	762.0	768.0	764.0	776.0	785.0	787.0
14	Real estate activities	374.0	381.0	381.0	352.0	351.0	360.0	356.0	352.0
15	Prof., scientif., techn. activ.; admin., support service activ.	3 643.0	3 762.0	3 790.0	3 631.0	3 698.0	3 842.0	3 834.0	3 830.0
16	Public admin.; compulsory s.s.; education; human health	7 730.0	7 814.0	7 847.0	7 883.0	7 914.0	7 909.0	7 900.0	7 933.0
17	Other service activities	1 350.0	1 369.0	1 395.0	1 428.0	1 456.0	1 461.0	1 466.0	1 468.0
18	**Total employment**	**26 667.0**	**27 042.0**	**27 168.0**	**26 859.0**	**26 875.0**	**27 061.0**	**27 090.0**	**27 042.0**
	EMPLOYEES, THOUSAND PERSONS, DOMESTIC CONCEPT								
19	Agriculture, forestry and fishing	365.0	357.0	344.0	333.0	326.0	327.0	331.0	342.0
20	Industry, including energy	3 302.0	3 269.0	3 228.0	3 100.0	2 976.0	2 948.0	2 933.0	2 894.0
21	Manufacturing	3 017.0	2 983.0	2 946.0	2 805.0	2 674.0	2 647.0	2 628.0	2 587.0
22	Construction	1 487.0	1 556.0	1 601.0	1 605.0	1 571.0	1 556.0	1 549.0	1 521.0
23	Distrib. trade, repairs; transp.; accommod., food serv. activ.	5 419.0	5 491.0	5 521.0	5 479.0	5 530.0	5 552.0	5 582.0	5 551.0
24	Information and communication	721.0	743.0	759.0	749.0	743.0	747.0	754.0	756.0
25	Financial and insurance activities	723.0	739.0	736.0	742.0	737.0	747.0	755.0	757.0
26	Real estate activities	345.0	352.0	352.0	322.0	321.0	328.0	323.0	319.0
27	Prof., scientif., techn. activ.; admin., support service activ.	3 366.0	3 481.0	3 505.0	3 346.0	3 405.0	3 534.0	3 518.0	3 510.0
28	Public admin.; compulsory s.s.; education; human health	7 371.0	7 448.0	7 474.0	7 492.0	7 500.0	7 486.0	7 470.0	7 497.0
29	Other service activities	1 197.0	1 214.0	1 237.0	1 270.0	1 294.0	1 290.0	1 290.0	1 290.0
30	**Total employees**	**24 297.0**	**24 649.0**	**24 756.0**	**24 437.0**	**24 403.0**	**24 516.0**	**24 506.0**	**24 435.0**
	SELF-EMPLOYED, THOUSAND PERSONS, DOMESTIC CONCEPT								
31	Agriculture, forestry and fishing	486.0	469.0	458.0	449.0	440.0	434.0	428.0	427.0
32	Industry, including energy	134.0	135.0	133.0	133.0	133.0	134.0	135.0	136.0
33	Manufacturing	129.0	130.0	128.0	128.0	128.0	129.0	130.0	131.0
34	Construction	264.0	279.0	286.0	286.0	292.0	299.0	302.0	305.0
35	Distrib. trade, repairs; transp.; accommod., food serv. activ.	603.0	612.0	622.0	622.0	638.0	671.0	688.0	696.0
36	Information and communication	40.0	40.0	41.0	41.0	42.0	44.0	46.0	46.0
37	Financial and insurance activities	26.0	26.0	27.0	27.0	28.0	29.0	30.0	30.0
38	Real estate activities	29.0	29.0	30.0	30.0	30.0	32.0	33.0	33.0
39	Prof., scientif., techn. activ.; admin., support service activ.	276.0	281.0	285.0	285.0	293.0	308.0	316.0	320.0
40	Public admin.; compulsory s.s.; education; human health	359.0	366.0	373.0	391.0	414.0	423.0	431.0	436.0
41	Other service activities	153.0	156.0	158.0	158.0	162.0	171.0	176.0	178.0
42	**Total self-employed**	**2 370.0**	**2 393.0**	**2 412.0**	**2 422.0**	**2 472.0**	**2 545.0**	**2 584.0**	**2 607.0**
	TOTAL EMPLOYMENT, MILLION HOURS, DOMESTIC CONCEPT								
43	Industry, including energy	5 204.0	5 198.0	5 161.0	4 834.0	4 720.0	4 701.0	4 653.0	4 599.0
44	Distrib. trade, repairs; transp.; accommod., food serv. activ.	9 051.0	9 283.0	9 462.0	9 267.0	9 369.0	9 474.0	9 493.0	9 453.0
45	Financial and insurance activities	1 092.0	1 128.0	1 132.0	1 135.0	1 132.0	1 151.0	1 162.0	1 159.0
46	Prof., scientif., techn. activ.; admin., support service activ.	5 368.0	5 569.0	5 633.0	5 346.0	5 486.0	5 683.0	5 661.0	5 643.0
47	Public admin.; compulsory s.s.; education; human health	10 423.0	10 687.0	10 785.0	10 797.0	10 846.0	10 895.0	10 827.0	10 863.0
48	**Total employment**	**39 574.0**	**40 570.0**	**40 947.0**	**39 995.0**	**40 150.0**	**40 492.0**	**40 347.0**	**40 271.0**
	EMPLOYEES, MILLION HOURS, DOMESTIC CONCEPT								
49	Industry, including energy	4 883.0	4 883.0	4 843.0	4 525.0	4 409.0	4 387.0	4 341.0	4 288.0
50	Distrib. trade, repairs; transp.; accommod., food serv. activ.	7 664.0	7 858.0	7 975.0	7 808.0	7 884.0	7 928.0	7 933.0	7 880.0
51	Financial and insurance activities	1 040.0	1 074.0	1 079.0	1 082.0	1 080.0	1 095.0	1 105.0	1 102.0
52	Prof., scientif., techn. activ.; admin., support service activ.	4 782.0	4 962.0	5 032.0	4 762.0	4 889.0	5 069.0	5 035.0	5 011.0
53	Public admin.; compulsory s.s.; education; human health	9 751.0	9 995.0	10 092.0	10 075.0	10 086.0	10 112.0	10 041.0	10 069.0
54	**Total employees**	**34 053.0**	**34 961.0**	**35 344.0**	**34 476.0**	**34 549.0**	**34 786.0**	**34 631.0**	**34 507.0**
	SELF-EMPLOYED, MILLION HOURS, DOMESTIC CONCEPT								
55	Industry, including energy	321.0	315.0	318.0	309.0	311.0	314.0	312.0	311.0
56	Distrib. trade, repairs; transp.; accommod., food serv. activ.	1 387.0	1 425.0	1 487.0	1 459.0	1 485.0	1 547.0	1 560.0	1 573.0
57	Financial and insurance activities	52.0	53.0	53.0	53.0	52.0	56.0	57.0	57.0
58	Prof., scientif., techn. activ.; admin., support service activ.	586.0	606.0	601.0	584.0	596.0	613.0	626.0	632.0
59	Public admin.; compulsory s.s.; education; human health	672.0	692.0	693.0	722.0	760.0	783.0	787.0	794.0
60	**Total self-employed**	**5 521.0**	**5 610.0**	**5 603.0**	**5 519.0**	**5 601.0**	**5 707.0**	**5 715.0**	**5 765.0**

Note: Detailed metadata:http://metalinks.oecd.org/nav1/20150309/89a8

GERMANY

Table 1. Gross domestic product, expenditure approach

Million EUR (1999 DEM euro)

		2006	2007	2008	2009	2010	2011	2012	2013
	AT CURRENT PRICES								
1	**Final consumption expenditure**	**1 793 019**	**1 823 874**	**1 871 910**	**1 889 865**	**1 939 609**	**2 012 525**	**2 060 767**	**2 112 719**
2	Household	1 327 800	1 348 478	1 378 005	1 371 162	1 406 977	1 466 128	1 497 365	1 527 693
3	NPISH's	34 644	35 099	35 877	37 265	38 731	40 675	42 112	43 818
4	Government	430 575	440 297	458 028	481 438	493 901	505 722	521 290	541 208
5	Individual	267 966	277 189	288 322	305 083	315 181	323 964	332 258	347 525
6	Collective	162 609	163 108	169 706	176 355	178 720	181 758	189 032	193 683
7	*of which:* Actual individual consumption	1 630 410	1 660 766	1 702 204	1 713 510	1 760 889	1 830 767	1 871 735	1 919 036
8	**Gross capital formation**	**470 590**	**519 383**	**533 299**	**445 631**	**503 060**	**556 128**	**527 387**	**533 511**
9	Gross fixed capital formation, total	471 746	504 443	518 084	470 163	498 023	544 271	551 239	555 826
10	Dwellings	124 222	129 194	128 955	126 066	133 266	150 798	160 273	164 649
11	Other buildings and structures	89 520	96 324	102 779	100 725	103 856	113 936	113 580	114 514
12	Transport equipment	55 502	60 188	58 860	45 408	55 893	54 374	48 732	48 074
13	Other machinery and equipment	..	..	..	..	..	..	..	..
14	Cultivated assets	270	197	628	300	302	313	337	319
15	Intangible fixed assets	77 086	80 617	83 003	84 192	86 149	93 331	95 310	98 493
16	Changes in inventories, acquisitions less disposals of valuables	-1 156	14 940	15 215	-24 532	5 037	11 857	-23 852	-22 315
17	Changes in inventories	-2 216	13 963	14 231	-26 463	2 775	9 013	-26 636	-24 942
18	Acquisitions less disposals of valuables	1 060	977	984	1 931	2 262	2 844	2 784	2 627
19	**External balance of goods and services**	**126 591**	**166 853**	**152 811**	**121 164**	**133 551**	**130 447**	**161 746**	**163 250**
20	Exports of goods and services	985 670	1 080 787	1 113 188	929 779	1 089 649	1 209 385	1 262 872	1 280 127
21	Exports of goods	841 483	926 779	948 735	770 393	918 340	1 029 986	1 073 947	1 081 405
22	Exports of services	144 187	154 008	164 453	159 386	171 309	179 399	188 925	198 722
23	Imports of goods and services	859 079	913 934	960 377	808 615	956 098	1 078 938	1 101 126	1 116 877
24	Imports of goods	680 135	724 896	764 319	629 314	757 314	866 867	876 953	872 545
25	Imports of services	178 944	189 038	196 058	179 301	198 784	212 071	224 173	244 332
26	**Statistical discrepancy**	**0**	**0**	**0**	**0**	**0**	**0**	**0**	**0**
27	**Gross domestic product**	**2 390 200**	**2 510 110**	**2 558 020**	**2 456 660**	**2 576 220**	**2 699 100**	**2 749 900**	**2 809 480**
	AT CONSTANT PRICES, REFERENCE YEAR 2005								
28	**Final consumption expenditure**	**1 775 122**	**1 780 428**	**1 802 020**	**1 815 744**	**1 829 834**	**1 864 052**	**1 879 239**	**1 894 061**
29	Household	1 313 282	1 312 088	1 318 585	1 318 055	1 325 878	1 356 505	1 365 124	1 376 128
30	NPISH's	34 560	34 765	35 375	36 400	36 730	37 175	37 836	38 380
31	Government	427 365	433 726	448 317	461 693	467 679	470 813	476 658	480 119
32	Individual	263 984	270 562	281 034	290 208	294 987	298 763	301 978	304 279
33	Collective	163 407	163 079	167 186	171 397	172 570	171 880	174 538	175 659
34	*of which:* Actual individual consumption	1 611 752	1 617 554	1 635 123	1 644 571	1 657 499	1 692 307	1 704 738	1 718 661
35	**Gross capital formation**	**468 573**	**502 948**	**506 573**	**419 508**	**470 881**	**505 773**	**469 091**	**469 986**
36	Gross fixed capital formation, total	468 728	489 405	495 406	446 222	468 868	503 143	499 532	496 579
37	Dwellings	121 664	119 517	115 749	111 852	116 670	128 396	132 666	133 494
38	Other buildings and structures	87 601	89 243	91 815	88 693	90 236	95 839	93 033	92 076
39	Transport equipment	54 687	57 725	55 701	42 585	52 297	50 372	44 620	43 971
40	Other machinery and equipment	..	..	..	..	..	..	..	..
41	Cultivated assets	..	..	..	..	..	..	..	..
42	Intangible fixed assets	76 631	79 612	81 149	82 120	83 042	88 689	88 797	89 959
43	Changes in inventories, acquisitions less disposals of valuables	..	..	..	..	..	..	..	..
44	Changes in inventories	..	..	..	..	..	..	..	..
45	Acquisitions less disposals of valuables	1 028	922	906	1 737	1 992	2 442	2 359	2 191
46	**External balance of goods and services**	**139 975**	**180 901**	**181 515**	**109 598**	**140 505**	**160 410**	**195 461**	**181 826**
47	Exports of goods and services	974 978	1 065 766	1 086 462	931 451	1 066 833	1 152 286	1 184 718	1 203 387
48	Exports of goods	830 967	913 274	925 571	771 189	897 567	976 822	1 003 121	1 016 225
49	Exports of services	143 921	152 379	160 752	160 278	169 159	175 232	181 457	187 090
50	Imports of goods and services	835 750	887 892	907 804	820 654	926 142	992 361	992 176	1 023 201
51	Imports of goods	658 945	703 680	721 381	648 576	740 638	799 000	792 482	808 406
52	Imports of services	176 756	184 161	186 356	172 030	186 059	194 189	200 478	215 549
53	**Statistical discrepancy (including chaining residual)**	**-601**	**-3 287**	**-3 226**	**1 823**	**1 451**	**128**	**-3 903**	**-3 297**
54	**Gross domestic product**	**2 383 069**	**2 460 990**	**2 486 883**	**2 346 673**	**2 442 670**	**2 530 362**	**2 539 889**	**2 542 576**

Note: Detailed metadata:http://metalinks.oecd.org/nav1/20150309/0705

GERMANY

Table 2. Gross domestic product, output and income approach
ISIC Rev. 4

Million EUR (1999 DEM euro)

		2006	2007	2008	2009	2010	2011	2012	2013
	OUTPUT APPROACH AT CURRENT PRICES								
1	Total gross value added at basic prices	2 161 896	2 258 193	2 300 939	2 203 589	2 317 328	2 424 083	2 470 199	2 525 612
2	Agriculture, forestry and fishing	17 308	19 067	20 996	16 698	17 174	19 529	21 581	21 657
3	Industry, including energy	564 818	598 642	596 661	517 800	594 517	630 825	645 948	659 165
4	Manufacturing	496 640	525 844	513 924	435 451	509 575	551 314	558 745	561 285
5	Construction	83 402	87 799	91 842	92 000	100 567	107 437	111 984	116 493
6	Services	..	..	..	..	..	..	..	..
7	Distrib. trade, repairs; transp.; accommod., food serv. activ.	355 212	370 271	380 922	374 085	370 916	390 439	389 987	393 363
8	Information and communication	101 227	106 946	108 391	104 096	102 803	111 945	117 214	117 975
9	Financial and insurance activities	108 825	103 085	94 564	104 091	105 628	100 518	102 426	103 167
10	Real estate activities	244 198	260 450	271 700	267 112	269 008	281 722	277 475	281 341
11	Prof., scientif., techn. activ.; admin., support service activ.	230 177	247 913	255 402	232 170	245 239	254 353	260 456	270 299
12	Public admin.; compulsory s.s.; education; human health	364 972	370 526	383 543	400 165	414 707	427 906	441 751	458 389
13	Other service activities	91 757	93 494	96 918	95 372	96 769	99 409	101 377	103 763
14	FISIM (Financial Intermediation Services Indirectly Measured)	..	..	..	..	..	..	..	..
15	Gross value added at basic prices, excluding FISIM	2 161 896	2 258 193	2 300 939	2 203 589	2 317 328	2 424 083	2 470 199	2 525 612
16	Taxes less subsidies on products	228 304	251 917	257 081	253 071	258 892	275 017	279 701	283 868
17	Taxes on products	235 430	258 742	263 519	263 780	266 327	282 030	286 089	290 317
18	Subsidies on products	7 126	6 825	6 438	10 709	7 435	7 013	6 388	6 449
19	Residual item	0	0	0	0	0	0	0	0
20	Gross domestic product at market prices	2 390 200	2 510 110	2 558 020	2 456 660	2 576 220	2 699 100	2 749 900	2 809 480
	OUTPUT APPROACH AT CONSTANT PRICES (REF. YEAR 2005)								
21	Total gross value added at basic prices	2 157 355	2 240 569	2 266 310	2 126 954	2 219 045	2 298 043	2 308 472	2 310 913
22	Agriculture, forestry and fishing	15 312	19 146	22 929	22 214	16 900	14 555	16 632	16 312
23	Industry, including energy	558 836	584 802	576 278	488 219	564 480	596 995	605 575	606 817
24	Manufacturing	502 303	524 268	512 550	413 511	490 291	534 123	531 671	533 093
25	Construction	80 641	80 123	80 014	77 713	83 670	87 009	87 092	86 825
26	Services	..	..	..	..	..	..	..	..
27	Distrib. trade, repairs; transp.; accommod., food serv. activ.	370 120	379 681	382 169	359 991	355 407	369 481	361 022	361 022
28	Information and communication	104 558	118 418	125 771	124 313	124 637	138 322	145 601	147 283
29	Financial and insurance activities	109 919	112 647	111 938	104 794	107 437	108 253	110 445	108 801
30	Real estate activities	237 005	245 610	251 025	256 138	253 075	261 680	256 441	257 808
31	Prof., scientif., techn. activ.; admin., support service activ.	227 423	241 527	245 717	219 982	228 957	233 972	235 345	237 543
32	Public admin.; compulsory s.s.; education; human health	362 272	366 170	376 303	382 539	389 749	394 115	398 129	397 778
33	Other service activities	91 144	92 195	94 551	91 930	91 318	91 921	91 975	90 505
34	FISIM (Financial Intermediation Services Indirectly Measured)	..	..	..	..	..	..	..	..
35	Gross value added at basic prices, excluding FISIM	2 157 355	2 240 569	2 266 310	2 126 954	2 219 045	2 298 043	2 308 472	2 310 913
36	Taxes less subsidies on products	225 731	220 491	220 781	218 507	222 944	231 594	230 724	231 103
37	Taxes on products	232 929	227 682	228 023	225 683	227 159	235 178	233 929	234 292
38	Subsidies on products	7 202	7 187	7 258	7 191	4 901	4 470	4 178	4 175
39	Residual item	-17	-70	-209	1 212	682	726	692	559
40	Gross domestic product at market prices	2 383 069	2 460 990	2 486 883	2 346 673	2 442 670	2 530 362	2 539 889	2 542 576
	INCOME APPROACH								
41	Compensation of employees	1 165 287	1 197 070	1 241 273	1 245 663	1 281 963	1 336 659	1 387 626	1 426 227
42	Agriculture, forestry and fishing	5 621	5 821	5 925	6 048	6 095	6 599	6 867	7 179
43	Industry, including energy	332 769	344 143	354 599	339 502	348 877	366 299	379 241	392 682
44	Manufacturing	305 039	315 863	327 863	309 957	319 461	336 078	348 019	361 078
45	Construction	59 407	61 112	61 566	64 223	65 593	68 616	71 067	71 486
46	Distrib. trade, repairs; transp.; accommod., food serv. activ.	211 505	216 798	224 953	225 711	230 544	238 685	248 291	255 188
47	Information and communication	48 755	51 125	53 992	53 565	53 917	56 721	59 650	60 270
48	Financial and insurance activities	60 946	61 339	63 089	62 477	61 909	63 900	65 375	67 193
49	Real estate activities	10 859	10 847	10 894	10 764	10 907	11 316	11 756	11 734
50	Prof., scientif., techn. activ.; admin., support service activ.	101 078	108 417	117 215	115 705	124 654	135 112	143 959	146 150
51	Public admin.; compulsory s.s.; education; human health	286 901	289 079	299 335	316 343	327 257	335 688	345 365	356 862
52	Other service activities	47 446	48 389	49 705	51 325	52 210	53 723	56 055	57 483
53	Wages and salaries	938 592	968 900	1 007 446	1 008 327	1 037 105	1 085 549	1 129 454	1 163 291
54	Agriculture, forestry and fishing	4 642	4 832	4 940	5 038	5 076	5 490	5 722	5 986
55	Industry, including energy	266 823	277 167	289 510	274 261	282 101	299 985	313 054	322 772
56	Manufacturing	245 629	255 906	267 460	251 457	258 746	275 822	288 378	297 418
57	Construction	48 638	50 604	51 133	53 283	54 421	56 997	59 204	59 592
58	Distrib. trade, repairs; transp.; accommod., food serv. activ.	175 125	180 304	188 122	188 344	191 977	200 041	208 214	214 056
59	Information and communication	40 016	42 072	44 217	43 920	43 907	46 172	48 395	49 635
60	Financial and insurance activities	47 529	48 263	48 777	49 142	49 355	50 154	51 418	52 675
61	Real estate activities	8 983	9 037	9 136	8 870	9 013	9 385	9 636	9 877
62	Prof., scientif., techn. activ.; admin., support service activ.	82 622	89 372	95 054	94 691	101 476	109 460	115 675	119 690
63	Public admin.; compulsory s.s.; education; human health	224 841	226 926	234 988	247 973	256 394	263 164	271 482	281 028
64	Other service activities	39 373	40 323	41 569	42 805	43 385	44 701	46 654	47 980
65	Gross operating surplus and mixed income	1 007 814	1 069 744	1 068 675	970 275	1 047 289	1 096 500	1 087 199	1 104 556
66	Taxes less subsidies on production and imports	217 099	243 296	248 072	240 722	246 968	265 941	275 075	278 697
67	Taxes on production and imports	250 019	273 605	278 225	279 474	281 784	299 590	304 984	308 856
68	Subsidies on production and imports	32 920	30 309	30 153	38 752	34 816	33 649	29 909	30 159
69	Residual item	0	0	0	0	0	0	0	0
70	Gross domestic product	2 390 200	2 510 110	2 558 020	2 456 660	2 576 220	2 699 100	2 749 900	2 809 480

Note: Detailed metadata:http://metalinks.oecd.org/nav1/20150309/0705

GERMANY

Table 3. Disposable income, saving and net lending / net borrowing

Million EUR (1999 DEM euro)

		2006	2007	2008	2009	2010	2011	2012	2013
	DISPOSABLE INCOME								
1	Gross domestic product	2 390 200	2 510 110	2 558 020	2 456 660	2 576 220	2 699 100	2 749 900	2 809 480
2	Net primary incomes from the rest of the world	44 924	41 757	31 341	59 109	54 179	69 448	72 308	72 382
3	Primary incomes receivable from the rest of the world	211 515	248 730	201 254	186 671	202 919	219 115	213 743	205 952
4	Primary incomes payable to the rest of the world	166 591	206 973	169 913	127 562	148 740	149 667	141 435	133 570
5	Gross national income at market prices	2 435 124	2 551 867	2 589 361	2 515 769	2 630 399	2 768 548	2 822 208	2 881 862
6	Consumption of fixed capital	403 521	423 402	440 341	450 906	458 977	474 229	490 756	502 089
7	Net national income at market prices	2 031 603	2 128 465	2 149 020	2 064 863	2 171 422	2 294 319	2 331 452	2 379 773
8	Net current transfers from the rest of the world	-29 864	-32 148	-35 055	-32 130	-36 525	-33 202	-35 566	-41 558
9	Current transfers receivable from the rest of the world	36 978	38 029	37 127	33 828	41 020	50 270	51 475	52 563
10	Current transfers payable to the rest of the world	66 842	70 177	72 182	65 958	77 545	83 472	87 041	94 121
11	Net national disposable income	2 001 739	2 096 317	2 113 965	2 032 733	2 134 897	2 261 117	2 295 886	2 338 215
	SAVING AND NET LENDING / NET BORROWING								
12	Net national disposable income	2 001 739	2 096 317	2 113 965	2 032 733	2 134 897	2 261 117	2 295 886	2 338 215
13	Final consumption expenditures	1 793 019	1 823 874	1 871 910	1 889 865	1 939 609	2 012 525	2 060 767	2 112 719
14	Adj. for change in net equity of households in pension funds	0	0	0	0	0	0	0	0
15	Saving, net	208 720	272 443	242 055	142 868	195 288	248 592	235 119	225 496
16	Net capital transfers from the rest of the world	-463	107	-1 719	-1 886	-448	-2 947	-245	-269
17	Capital transfers receivable from the rest of the world	3 360	3 902	2 479	4 332	3 845	4 252	4 346	3 979
18	Capital transfers payable to the rest of the world	3 823	3 795	4 198	6 218	4 293	7 199	4 591	4 248
19	Gross capital formation	470 590	519 383	533 299	445 631	503 060	556 128	527 387	533 511
20	Acquisitions less disposals of non-financial non-produced assets	350	1 117	424	-32	-2 303	-1 137	-1 366	-2 339
21	Consumption of fixed capital	403 521	423 402	440 341	450 906	458 977	474 229	490 756	502 089
22	Net lending / net borrowing	140 838	175 452	146 954	146 289	153 060	164 883	199 609	196 144
	REAL DISPOSABLE INCOME								
23	Gross domestic product at constant prices, reference year 2005	2 383 069	2 460 990	2 486 883	2 346 673	2 442 670	2 530 362	2 539 889	2 542 576
24	Trading gain or loss	-13 878	-15 042	-31 635	3 382	-16 469	-40 286	-45 680	-33 500
25	Real gross domestic income	2 369 191	2 445 948	2 455 248	2 350 056	2 426 201	2 490 076	2 494 209	2 509 075
26	Net real primary incomes from the rest of the world	44 529	40 690	30 082	56 544	51 024	64 070	65 585	64 643
27	Real primary incomes receivable from the rest of the world	209 656	242 372	193 168	178 571	191 103	202 146	193 869	183 931
28	Real primary incomes payable to the rest of the world	165 127	201 683	163 086	122 027	140 079	138 076	128 284	119 288
29	Real gross national income at market prices	2 413 720	2 486 638	2 485 329	2 406 600	2 477 225	2 554 146	2 559 794	2 573 718
30	Net real current transfers from the rest of the world	-29 602	-31 326	-33 647	-30 736	-34 398	-30 631	-32 259	-37 114
31	Real current transfers receivable from the rest of the world	36 653	37 057	35 635	32 360	38 631	46 377	46 689	46 943
32	Real current transfers payable to the rest of the world	66 254	68 383	69 282	63 096	73 029	77 008	78 948	84 057
33	Real gross national disposable income	2 384 119	2 455 312	2 451 683	2 375 864	2 442 827	2 523 515	2 527 535	2 536 604
34	Consumption of fixed capital at constant prices	400 484	409 368	418 895	425 246	429 152	435 031	441 468	446 575
35	Real net national income at market prices	2 013 746	2 074 059	2 062 680	1 975 260	2 044 975	2 116 642	2 114 669	2 125 315
36	Real net national disposable income	1 984 145	2 042 733	2 029 033	1 944 524	2 010 577	2 086 012	2 082 410	2 088 201

Note: Detailed metadata:http://metalinks.oecd.org/nav1/20150309/a097

GERMANY

Table 4. Population and employment (persons) and employment (hours worked) by industry
ISIC Rev. 4

		2006	2007	2008	2009	2010	2011	2012	2013
	POPULATION, THOUSAND PERSONS, NATIONAL CONCEPT								
1	Total population	82 366.0	82 263.0	82 120.0	81 875.0	81 757.0	81 779.0	81 917.0	82 103.0
2	Economically active population[1]	..	..	..	..	..	..	..	..
3	Unemployed persons[1]	..	..	..	..	..	..	..	..
4	Total employment	39 559.0	40 259.0	40 805.0	40 845.0	40 983.0	41 522.0	41 979.0	42 226.0
5	Employees	35 076.0	35 732.0	36 302.0	36 360.0	36 496.0	36 976.0	37 435.0	37 769.0
6	Self-employed	4 483.0	4 527.0	4 503.0	4 485.0	4 487.0	4 546.0	4 544.0	4 457.0
	TOTAL EMPLOYMENT, THOUSAND PERSONS, DOMESTIC CONCEPT								
7	Agriculture, forestry and fishing	653.0	667.0	670.0	667.0	661.0	669.0	666.0	646.0
8	Industry, including energy	7 734.0	7 839.0	8 022.0	7 844.0	7 705.0	7 850.0	7 991.0	8 008.0
9	Manufacturing	7 167.0	7 274.0	7 458.0	7 277.0	7 138.0	7 279.0	7 422.0	7 440.0
10	Construction	2 273.0	2 312.0	2 300.0	2 312.0	2 331.0	2 376.0	2 410.0	2 430.0
11	Distrib. trade, repairs; transp.; accommod., food serv. activ.	9 262.0	9 380.0	9 471.0	9 481.0	9 476.0	9 620.0	9 717.0	9 789.0
12	Information and communication	1 170.0	1 189.0	1 207.0	1 189.0	1 162.0	1 177.0	1 198.0	1 204.0
13	Financial and insurance activities	1 255.0	1 231.0	1 219.0	1 225.0	1 214.0	1 201.0	1 198.0	1 198.0
14	Real estate activities	457.0	474.0	477.0	464.0	463.0	463.0	466.0	463.0
15	Prof., scientif., techn. activ.; admin., support service activ.	4 597.0	4 866.0	5 001.0	4 967.0	5 172.0	5 363.0	5 440.0	5 505.0
16	Public admin.; compulsory s.s.; education; human health	9 357.0	9 433.0	9 545.0	9 761.0	9 915.0	9 919.0	9 995.0	10 084.0
17	Other service activities	2 877.0	2 934.0	2 944.0	2 982.0	2 921.0	2 932.0	2 952.0	2 954.0
18	**Total employment**	**39 635.0**	**40 325.0**	**40 856.0**	**40 892.0**	**41 020.0**	**41 570.0**	**42 033.0**	**42 281.0**
	EMPLOYEES, THOUSAND PERSONS, DOMESTIC CONCEPT								
19	Agriculture, forestry and fishing	296.0	304.0	305.0	311.0	309.0	319.0	327.0	332.0
20	Industry, including energy	7 419.0	7 532.0	7 717.0	7 544.0	7 416.0	7 564.0	7 704.0	7 728.0
21	Manufacturing	6 861.0	6 975.0	7 161.0	6 985.0	6 857.0	7 001.0	7 143.0	7 168.0
22	Construction	1 804.0	1 833.0	1 821.0	1 828.0	1 843.0	1 875.0	1 899.0	1 912.0
23	Distrib. trade, repairs; transp.; accommod., food serv. activ.	8 064.0	8 191.0	8 299.0	8 346.0	8 355.0	8 509.0	8 615.0	8 711.0
24	Information and communication	1 018.0	1 040.0	1 059.0	1 046.0	1 018.0	1 030.0	1 045.0	1 059.0
25	Financial and insurance activities	1 090.0	1 071.0	1 064.0	1 069.0	1 061.0	1 050.0	1 049.0	1 048.0
26	Real estate activities	391.0	405.0	408.0	394.0	393.0	393.0	396.0	402.0
27	Prof., scientif., techn. activ.; admin., support service activ.	3 850.0	4 091.0	4 221.0	4 174.0	4 371.0	4 527.0	4 612.0	4 669.0
28	Public admin.; compulsory s.s.; education; human health	8 785.0	8 839.0	8 960.0	9 166.0	9 313.0	9 295.0	9 371.0	9 474.0
29	Other service activities	2 435.0	2 492.0	2 499.0	2 529.0	2 454.0	2 462.0	2 471.0	2 489.0
30	**Total employees**	**35 152.0**	**35 798.0**	**36 353.0**	**36 407.0**	**36 533.0**	**37 024.0**	**37 489.0**	**37 824.0**
	SELF-EMPLOYED, THOUSAND PERSONS, DOMESTIC CONCEPT								
31	Agriculture, forestry and fishing	357.0	363.0	365.0	356.0	352.0	350.0	339.0	314.0
32	Industry, including energy	315.0	307.0	305.0	300.0	289.0	286.0	287.0	280.0
33	Manufacturing	306.0	299.0	297.0	292.0	281.0	278.0	279.0	272.0
34	Construction	469.0	479.0	479.0	484.0	488.0	501.0	511.0	518.0
35	Distrib. trade, repairs; transp.; accommod., food serv. activ.	1 198.0	1 189.0	1 172.0	1 135.0	1 121.0	1 111.0	1 102.0	1 078.0
36	Information and communication	152.0	149.0	148.0	143.0	144.0	147.0	153.0	145.0
37	Financial and insurance activities	165.0	160.0	155.0	156.0	153.0	151.0	149.0	150.0
38	Real estate activities	66.0	69.0	69.0	70.0	70.0	70.0	70.0	61.0
39	Prof., scientif., techn. activ.; admin., support service activ.	747.0	775.0	780.0	793.0	801.0	836.0	828.0	836.0
40	Public admin.; compulsory s.s.; education; human health	572.0	594.0	585.0	595.0	602.0	624.0	624.0	610.0
41	Other service activities	442.0	442.0	445.0	453.0	467.0	470.0	481.0	465.0
42	**Total self-employed**	**4 483.0**	**4 527.0**	**4 503.0**	**4 485.0**	**4 487.0**	**4 546.0**	**4 544.0**	**4 457.0**
	TOTAL EMPLOYMENT, MILLION HOURS, DOMESTIC CONCEPT								
43	Industry, including energy	11 551.0	11 688.0	11 925.0	10 896.0	11 111.0	11 498.0	11 510.0	11 562.0
44	Distrib. trade, repairs; transp.; accommod., food serv. activ.	13 173.0	13 369.0	13 466.0	13 143.0	13 150.0	13 284.0	13 184.0	13 129.0
45	Financial and insurance activities	1 933.0	1 879.0	1 850.0	1 828.0	1 814.0	1 805.0	1 782.0	1 779.0
46	Prof., scientif., techn. activ.; admin., support service activ.	6 405.0	6 822.0	6 963.0	6 734.0	7 052.0	7 353.0	7 323.0	7 326.0
47	Public admin.; compulsory s.s.; education; human health	12 867.0	12 914.0	12 912.0	12 897.0	13 260.0	13 291.0	13 293.0	13 257.0
48	**Total employment**	**56 467.0**	**57 437.0**	**57 950.0**	**56 133.0**	**57 013.0**	**57 912.0**	**57 763.0**	**57 608.0**
	EMPLOYEES, MILLION HOURS, DOMESTIC CONCEPT								
49	Industry, including energy	10 876.0	11 031.0	11 267.0	10 243.0	10 476.0	10 879.0	10 891.0	10 965.0
50	Distrib. trade, repairs; transp.; accommod., food serv. activ.	10 485.0	10 708.0	10 827.0	10 575.0	10 630.0	10 806.0	10 778.0	10 795.0
51	Financial and insurance activities	1 571.0	1 531.0	1 510.0	1 487.0	1 480.0	1 479.0	1 469.0	1 468.0
52	Prof., scientif., techn. activ.; admin., support service activ.	4 877.0	5 262.0	5 388.0	5 139.0	5 441.0	5 680.0	5 705.0	5 710.0
53	Public admin.; compulsory s.s.; education; human health	11 876.0	11 898.0	11 908.0	11 874.0	12 228.0	12 226.0	12 249.0	12 247.0
54	**Total employees**	**47 234.0**	**48 199.0**	**48 698.0**	**46 937.0**	**47 846.0**	**48 701.0**	**48 736.0**	**48 833.0**
	SELF-EMPLOYED, MILLION HOURS, DOMESTIC CONCEPT								
55	Industry, including energy	675.0	656.0	658.0	652.0	635.0	620.0	619.0	597.0
56	Distrib. trade, repairs; transp.; accommod., food serv. activ.	2 688.0	2 661.0	2 639.0	2 568.0	2 520.0	2 478.0	2 407.0	2 334.0
57	Financial and insurance activities	362.0	348.0	340.0	341.0	334.0	326.0	313.0	311.0
58	Prof., scientif., techn. activ.; admin., support service activ.	1 528.0	1 560.0	1 575.0	1 595.0	1 611.0	1 673.0	1 619.0	1 616.0
59	Public admin.; compulsory s.s.; education; human health	991.0	1 016.0	1 004.0	1 023.0	1 032.0	1 065.0	1 044.0	1 010.0
60	**Total self-employed**	**9 234.0**	**9 238.0**	**9 252.0**	**9 196.0**	**9 167.0**	**9 211.0**	**9 026.0**	**8 775.0**

Note: Detailed metadata:http://metalinks.oecd.org/nav1/20150309/a111
1. Since May 2007, the source of unemployment data is the labour force survey. Data have been recalculated over the whole period and thus they appear different from the results published earlier.

GREECE

Table 1. Gross domestic product, expenditure approach

Million EUR (2001 GRD euro)

		2006	2007	2008	2009	2010	2011	2012	2013
	AT CURRENT PRICES								
1	**Final consumption expenditure**	185 673	199 816	213 692	218 547	207 340	189 149	175 791	166 381
2	Household	139 619	149 987	161 222	160 460	154 146	140 658	130 197	125 448
3	NPISH's	3 626	3 383	3 420	4 080	4 294	4 406	4 505	4 460
4	Government	42 429	46 447	49 050	54 007	48 900	44 085	41 089	36 472
5	Individual	20 755	22 876	24 585	26 041	24 976	22 484	19 910	17 394
6	Collective	21 674	23 571	24 465	27 966	23 924	21 601	21 179	19 078
7	*of which:* Actual individual consumption	163 999	176 245	189 227	190 581	183 416	167 548	154 612	147 303
8	**Gross capital formation**	55 144	61 943	59 837	43 478	38 271	32 833	27 120	21 466
9	Gross fixed capital formation, total	50 265	59 947	57 445	49 685	39 057	31 997	22 744	20 452
10	Dwellings	21 955	25 222	19 583	15 538	11 242	9 446	5 920	3 954
11	Other buildings and structures	7 946	8 491	10 373	10 827	8 745	7 235	5 757	5 738
12	Transport equipment	8 136	11 577	10 866	9 242	7 644	5 306	2 277	2 692
13	Other machinery and equipment	..	..	..	..	..	..	..	..
14	Cultivated assets	106	86	130	129	76	105	48	71
15	Intangible fixed assets	3 441	4 244	3 964	3 551	3 798	3 516	2 746	2 748
16	Changes in inventories, acquisitions less disposals of valuables	4 879	1 997	2 392	-6 207	-786	836	4 377	1 014
17	Changes in inventories	4 879	1 997	2 392	-6 207	-786	836	4 377	1 014
18	Acquisitions less disposals of valuables	..	..	..	..	..	..	..	..
19	**External balance of goods and services**	-22 986	-28 929	-31 433	-24 594	-19 400	-14 230	-8 708	-5 408
20	Exports of goods and services	46 150	52 422	56 568	45 147	49 984	52 880	54 838	55 147
21	Exports of goods	20 448	23 391	24 701	20 287	23 459	26 826	29 896	30 026
22	Exports of services	25 702	29 031	31 867	24 860	26 525	26 054	24 942	25 122
23	Imports of goods and services	69 136	81 351	88 001	69 742	69 384	67 110	63 546	60 555
24	Imports of goods	56 167	66 521	70 846	55 376	53 675	52 934	51 021	49 413
25	Imports of services	12 969	14 829	17 156	14 005	15 709	14 177	12 525	11 142
26	Statistical discrepancy	..	..	..	..	..	..	..	..
27	**Gross domestic product**	217 831	232 831	242 096	237 431	226 210	207 752	194 204	182 438
	AT CONSTANT PRICES, REFERENCE YEAR 2005								
28	**Final consumption expenditure**	180 090	187 154	190 490	189 707	177 484	160 337	148 854	144 350
29	Household	135 090	140 366	144 725	142 672	132 209	117 812	108 281	106 069
30	NPISH's	3 514	3 185	3 092	3 644	3 664	3 638	3 666	3 664
31	Government	41 484	43 606	42 669	43 364	41 488	38 759	36 825	34 444
32	Individual	20 293	21 477	21 387	20 910	21 191	19 769	17 844	16 427
33	Collective	21 193	22 130	21 283	22 455	20 298	18 992	18 982	18 018
34	*of which:* Actual individual consumption	158 898	165 027	169 206	167 214	157 217	141 366	129 948	126 380
35	**Gross capital formation**	52 876	58 614	54 499	39 386	35 063	29 297	23 200	20 342
36	Gross fixed capital formation, total	48 283	56 866	53 092	46 085	36 440	30 304	21 618	20 625
37	Dwellings	20 500	23 359	17 804	14 458	10 661	9 083	6 079	4 401
38	Other buildings and structures	7 679	7 936	9 380	9 833	8 181	7 162	5 371	5 146
39	Transport equipment	8 119	11 545	10 488	8 803	7 139	5 004	2 157	2 533
40	Other machinery and equipment	..	..	..	..	..	..	..	..
41	Cultivated assets	94	83	116	111	65	92	69	100
42	Intangible fixed assets	3 350	4 063	3 619	3 192	3 365	3 025	2 339	3 337
43	Changes in inventories, acquisitions less disposals of valuables	..	..	..	..	..	..	..	..
44	Changes in inventories	4 594	1 815	1 478	-4 090	-383	-245	-930	-442
45	Acquisitions less disposals of valuables	..	..	..	..	..	..	..	..
46	**External balance of goods and services**	-22 231	-27 611	-27 847	-21 794	-16 551	-11 199	-5 907	-4 400
47	Exports of goods and services	44 689	49 423	51 153	41 707	43 638	43 638	44 140	45 088
48	Exports of goods	19 689	21 978	21 992	19 106	20 479	21 488	22 882	23 450
49	Exports of services	25 000	27 444	29 162	22 570	23 144	22 135	21 174	21 542
50	Imports of goods and services	66 919	77 036	79 006	63 494	60 010	54 585	49 610	48 794
51	Imports of goods	54 307	62 982	63 297	50 361	46 061	42 304	38 869	39 035
52	Imports of services	12 613	14 053	15 708	13 145	13 970	12 285	10 709	9 631
53	Statistical discrepancy (including chaining residual)	0	32	77	374	361	517	1 043	1 355
54	**Gross domestic product**	210 734	218 189	217 219	207 673	196 357	178 952	167 190	161 647

Note: Detailed metadata:http://metalinks.oecd.org/nav1/20150309/2482

GREECE

Table 2. Gross domestic product, output and income approach
ISIC Rev. 4

Million EUR (2001 GRD euro)

		2006	2007	2008	2009	2010	2011	2012	2013
	OUTPUT APPROACH AT CURRENT PRICES								
1	Total gross value added at basic prices	193 031	205 393	213 933	212 216	199 645	182 302	171 216	160 544
2	Agriculture, forestry and fishing	7 038	7 078	6 624	6 647	6 501	6 367	6 326	6 106
3	Industry, including energy	25 939	26 901	27 438	26 460	21 683	19 805	19 249	18 623
4	Manufacturing	18 239	18 926	19 428	18 191	15 453	14 205	13 953	13 622
5	Construction	16 984	14 024	12 095	9 483	8 699	6 274	4 428	3 518
6	Services	..	..	..	..	..	..	..	..
7	Distrib. trade, repairs; transp.; accommod., food serv. activ.	47 782	52 120	55 513	51 554	48 347	42 511	40 593	39 198
8	Information and communication	7 836	8 163	8 131	8 391	7 286	6 619	5 951	6 007
9	Financial and insurance activities	9 093	9 201	9 402	9 819	9 347	8 762	8 293	7 596
10	Real estate activities	21 211	25 871	29 343	30 497	36 389	34 967	33 413	31 361
11	Prof., scientif., techn. activ.; admin., support service activ.	11 972	13 348	13 571	13 503	10 679	9 393	8 408	7 747
12	Public admin.; compulsory s.s.; education; human health	36 315	39 354	42 485	45 498	42 435	40 339	37 003	33 147
13	Other service activities	8 860	9 333	9 330	10 364	8 279	7 264	7 550	7 241
14	FISIM (Financial Intermediation Services Indirectly Measured)	..	..	..	..	..	..	..	..
15	Gross value added at basic prices, excluding FISIM	193 031	205 393	213 933	212 216	199 645	182 302	171 216	160 544
16	Taxes less subsidies on products	24 800	27 438	28 164	25 215	26 564	25 449	22 988	21 894
17	Taxes on products	25 548	28 111	28 632	25 663	26 912	25 809	23 333	22 237
18	Subsidies on products	748	673	468	448	348	360	345	343
19	Residual item	..	..	..	..	..	..	..	..
20	Gross domestic product at market prices	217 831	232 831	242 096	237 431	226 210	207 752	194 204	182 438
	OUTPUT APPROACH AT CONSTANT PRICES (REF. YEAR 2005)								
21	Total gross value added at basic prices	186 886	192 461	191 883	185 117	174 563	159 236	150 168	145 596
22	Agriculture, forestry and fishing	7 430	6 431	6 376	6 846	7 177	6 726	6 653	6 143
23	Industry, including energy	24 385	24 811	22 572	22 917	18 230	16 346	14 985	13 968
24	Manufacturing	16 919	17 382	16 016	16 255	13 209	11 622	10 898	10 510
25	Construction	16 103	13 585	11 948	9 631	9 510	7 560	5 604	4 545
26	Services	..	..	..	..	..	..	..	..
27	Distrib. trade, repairs; transp.; accommod., food serv. activ.	46 246	48 371	49 387	44 854	41 602	36 112	34 358	33 569
28	Information and communication	7 914	8 098	8 221	8 141	6 915	6 304	5 833	7 095
29	Financial and insurance activities	8 765	9 393	10 275	10 541	9 377	8 158	7 582	7 119
30	Real estate activities	20 508	23 939	26 106	26 163	30 453	29 371	28 682	28 898
31	Prof., scientif., techn. activ.; admin., support service activ.	11 576	12 351	12 297	11 696	9 226	8 230	7 504	6 849
32	Public admin.; compulsory s.s.; education; human health	35 331	36 697	36 199	35 040	34 566	33 550	31 394	29 729
33	Other service activities	8 628	8 747	8 493	9 209	7 133	6 128	6 449	6 456
34	FISIM (Financial Intermediation Services Indirectly Measured)	..	..	..	..	..	..	..	..
35	Gross value added at basic prices, excluding FISIM	186 886	192 461	191 883	185 117	174 563	159 236	150 168	145 596
36	Taxes less subsidies on products	23 848	25 721	25 330	22 545	21 795	19 727	17 192	16 274
37	Taxes on products	24 676	26 396	25 855	23 051	22 201	20 138	17 574	16 646
38	Subsidies on products	828	644	492	483	367	386	371	367
39	Residual item	0	7	6	10	0	-10	-168	-221
40	Gross domestic product at market prices	210 734	218 189	217 219	207 673	196 358	178 953	167 192	161 649
	INCOME APPROACH								
41	Compensation of employees	72 756	78 200	82 393	84 433	81 035	73 466	66 371	59 306
42	Agriculture, forestry and fishing	1 216	1 228	1 124	970	883	766	661	573
43	Industry, including energy	11 261	12 006	11 905	11 541	11 183	10 124	8 845	7 954
44	Manufacturing	8 425	9 005	9 133	8 925	8 719	7 834	6 945	6 195
45	Construction	4 189	4 548	4 666	4 175	3 601	2 689	2 023	1 691
46	Distrib. trade, repairs; transp.; accommod., food serv. activ.	16 448	18 292	19 535	19 563	19 807	18 239	15 908	13 784
47	Information and communication	2 821	2 743	2 816	2 756	3 130	2 767	2 445	2 265
48	Financial and insurance activities	4 848	5 436	5 665	5 833	5 264	4 889	4 207	3 959
49	Real estate activities	84	87	115	118	129	76	75	60
50	Prof., scientif., techn. activ.; admin., support service activ.	4 263	4 094	4 246	4 197	4 030	3 660	3 484	2 993
51	Public admin.; compulsory s.s.; education; human health	24 014	25 833	28 384	30 666	28 096	26 059	24 202	21 930
52	Other service activities	3 611	3 934	3 938	4 614	4 913	4 197	4 523	4 097
53	Wages and salaries	57 532	61 142	63 850	66 684	62 808	56 759	50 282	44 943
54	Agriculture, forestry and fishing	1 125	1 130	1 003	896	752	645	550	472
55	Industry, including energy	9 113	9 635	9 629	9 676	9 133	8 335	7 264	6 585
56	Manufacturing	6 773	7 175	7 238	7 383	7 002	6 370	5 627	5 045
57	Construction	3 118	3 333	3 419	3 243	2 699	2 058	1 540	1 298
58	Distrib. trade, repairs; transp.; accommod., food serv. activ.	12 921	14 218	15 070	15 630	15 402	14 290	12 428	10 872
59	Information and communication	2 155	2 150	2 039	2 095	2 220	2 037	1 814	1 582
60	Financial and insurance activities	3 333	3 723	3 934	4 053	3 651	3 323	2 989	2 744
61	Real estate activities	70	72	95	98	106	62	61	51
62	Prof., scientif., techn. activ.; admin., support service activ.	3 361	3 137	3 231	3 290	3 044	2 878	2 741	2 399
63	Public admin.; compulsory s.s.; education; human health	19 332	20 458	22 106	23 826	21 702	19 508	17 044	15 466
64	Other service activities	3 004	3 285	3 323	3 878	4 097	3 623	3 850	3 475
65	Gross operating surplus and mixed income	121 355	128 835	133 143	129 547	120 553	110 750	106 205	102 202
66	Taxes less subsidies on production and imports	23 720	25 796	26 560	23 450	24 621	23 536	21 628	20 931
67	Taxes on production and imports	26 728	29 352	30 030	27 125	27 891	27 551	25 044	24 115
68	Subsidies on production and imports	3 008	3 556	3 470	3 675	3 270	4 014	3 416	3 185
69	Residual item	..	..	..	..	..	..	..	..
70	Gross domestic product	217 831	232 831	242 096	237 431	226 210	207 752	194 204	182 438

Note: Detailed metadata:http://metalinks.oecd.org/nav1/20150309/fd44

GREECE

Table 3. Disposable income, saving and net lending / net borrowing

Million EUR (2001 GRD euro)

		2006	2007	2008	2009	2010	2011	2012	2013
	DISPOSABLE INCOME								
1	Gross domestic product	217 831	232 831	242 096	237 431	226 210	207 752	194 203	182 442
2	Net primary incomes from the rest of the world	-4 344	-6 247	-7 662	-5 550	-4 639	-5 610	1 227	-60
3	Primary incomes receivable from the rest of the world	6 421	7 859	8 863	7 840	7 117	6 253	6 639	6 244
4	Primary incomes payable to the rest of the world	10 765	14 106	16 525	13 390	11 756	11 863	5 412	6 304
5	Gross national income at market prices	213 487	226 584	234 434	231 881	221 571	202 142	195 430	182 382
6	Consumption of fixed capital	29 494	31 759	34 673	36 715	37 454	37 426	37 027	34 469
7	Net national income at market prices	183 992	194 825	199 761	195 166	184 116	164 716	158 403	147 913
8	Net current transfers from the rest of the world	-339	-1 745	-843	-1 375	-1 816	-1 853	-992	1 272
9	Current transfers receivable from the rest of the world	2 768	2 584	3 143	2 516	2 081	1 683	1 943	4 244
10	Current transfers payable to the rest of the world	3 107	4 329	3 985	3 891	3 897	3 536	2 935	2 973
11	Net national disposable income	183 654	193 081	198 918	193 791	182 300	162 863	157 411	149 184
	SAVING AND NET LENDING / NET BORROWING								
12	Net national disposable income	183 654	193 081	198 918	193 791	182 300	162 863	157 411	149 184
13	Final consumption expenditures	185 674	199 816	213 692	218 545	207 339	189 150	175 793	166 380
14	Adj. for change in net equity of households in pension funds	..	..	..	..	..	..	..	..
15	Saving, net	-2 020	-6 736	-14 774	-24 754	-25 039	-26 287	-18 382	-17 196
16	Net capital transfers from the rest of the world	4 596	4 981	3 813	2 269	3 907	4 038	3 549	4 984
17	Capital transfers receivable from the rest of the world	4 804	5 281	4 122	2 545	4 143	4 231	3 706	5 126
18	Capital transfers payable to the rest of the world	208	300	309	276	236	193	157	142
19	Gross capital formation	55 144	61 943	59 837	43 478	38 270	32 833	27 120	21 466
20	Acquisitions less disposals of non-financial non-produced assets	0	-22	-181	-86	-12	-9	50	170
21	Consumption of fixed capital	29 494	31 759	34 673	36 715	37 454	37 426	37 027	34 469
22	Net lending / net borrowing	-23 073	-31 917	-35 944	-29 162	-21 936	-17 647	-4 976	622
	REAL DISPOSABLE INCOME								
23	Gross domestic product at constant prices, reference year 2005	212 679 e	220 203 e	219 224 e	209 589 e	198 169 e	180 604 e	168 734 e	163 139 e
24	Trading gain or loss	-314 e	132 e	-639 e	-98 e	-561 e	-1 324 e	-2 224 e	-1 382 e
25	Real gross domestic income	212 366 e	220 335 e	218 585 e	209 491 e	197 608 e	179 280 e	166 509 e	161 757 e
26	Net real primary incomes from the rest of the world	-4 235 e	-5 912 e	-6 918 e	-4 897 e	-4 053 e	-4 841 e	1 052 e	-53 e
27	Real primary incomes receivable from the rest of the world	6 260 e	7 437 e	8 002 e	6 918 e	6 217 e	5 396 e	5 692 e	5 536 e
28	Real primary incomes payable to the rest of the world	10 495 e	13 349 e	14 921 e	11 815 e	10 270 e	10 237 e	4 640 e	5 589 e
29	Real gross national income at market prices	208 131 e	214 423 e	211 667 e	204 594 e	193 555 e	174 438 e	167 561 e	161 704 e
30	Net real current transfers from the rest of the world	-330 e	-1 651 e	-761 e	-1 213 e	-1 587 e	-1 599 e	-850 e	1 127 e
31	Real current transfers receivable from the rest of the world	2 699 e	2 445 e	2 838 e	2 220 e	1 818 e	1 452 e	1 666 e	3 763 e
32	Real current transfers payable to the rest of the world	3 029 e	4 096 e	3 598 e	3 433 e	3 404 e	3 051 e	2 517 e	2 636 e
33	Real gross national disposable income	207 800 e	212 772 e	210 906 e	203 381 e	191 968 e	172 839 e	166 710 e	162 831 e
34	Consumption of fixed capital at constant prices	28 731 e	30 238 e	31 952 e	33 199 e	33 718 e	33 568 e	32 819 e	31 355 e
35	Real net national income at market prices	177 994 e	182 948 e	178 972 e	170 873 e	159 597 e	141 046 e	134 767 e	130 132 e
36	Real net national disposable income	177 666 e	181 310 e	178 217 e	169 669 e	158 023 e	139 460 e	133 924 e	131 251 e

Note: Detailed metadata:http://metalinks.oecd.org/nav1/20150309/fd9d

GREECE

Table 4. Population and employment (persons) and employment (hours worked) by industry
ISIC Rev. 4

		2006	2007	2008	2009	2010	2011	2012	2013
	POPULATION, THOUSAND PERSONS, NATIONAL CONCEPT								
1	Total population	11 127.9	11 163.0	11 186.5	11 187.1	11 153.5	11 123.3	11 092.8	11 062.5
2	Economically active population	..	..	..	..	..	..	..	..
3	Unemployed persons	..	..	..	..	..	..	..	..
4	Total employment	4 731.3	4 795.1	4 856.4	4 829.0	4 699.1	4 374.5	4 032.1	3 877.5
5	Employees	3 069.9	3 151.2	3 214.8	3 190.8	3 143.5	2 916.0	2 687.6	2 585.1
6	Self-employed	1 661.5	1 643.9	1 641.5	1 638.2	1 555.6	1 458.5	1 344.4	1 292.4
	TOTAL EMPLOYMENT, THOUSAND PERSONS, DOMESTIC CONCEPT								
7	Agriculture, forestry and fishing	542.5	531.6	529.4	543.0	535.0	498.4	489.8	488.5
8	Industry, including energy	542.6	540.6	557.8	538.5	491.2	451.9	413.5	392.1
9	Manufacturing	476.2	474.1	494.6	475.6	428.1	391.1	356.3	335.8
10	Construction	365.1	389.1	386.3	368.8	313.9	241.4	200.9	167.7
11	Distrib. trade, repairs; transp.; accommod., food serv. activ.	1 491.9	1 507.1	1 532.2	1 527.4	1 491.2	1 405.4	1 257.6	1 215.2
12	Information and communication	88.6	88.8	90.0	87.1	89.0	84.8	80.7	79.1
13	Financial and insurance activities	112.4	110.9	111.9	107.4	101.6	99.2	93.2	90.0
14	Real estate activities	6.4	6.7	9.7	9.7	11.2	10.0	10.4	8.0
15	Prof., scientif., techn. activ.; admin., support service activ.	321.5	328.9	344.1	348.1	341.5	322.8	309.9	291.8
16	Public admin.; compulsory s.s.; education; human health	965.9	990.2	982.5	977.6	983.4	942.6	887.7	863.9
17	Other service activities	294.5	301.0	312.4	321.4	341.2	318.0	288.6	281.3
18	**Total employment**	4 731.3	4 795.1	4 856.4	4 829.0	4 699.1	4 374.5	4 032.1	3 877.5
	EMPLOYEES, THOUSAND PERSONS, DOMESTIC CONCEPT								
19	Agriculture, forestry and fishing	82.4	81.1	80.7	82.8	105.9	97.3	95.0	94.5
20	Industry, including energy	415.2	413.9	434.3	419.0	389.6	358.2	336.9	321.4
21	Manufacturing	351.3	350.1	373.5	359.0	329.6	300.3	282.4	267.8
22	Construction	244.1	262.0	261.1	247.8	196.7	141.1	116.5	97.2
23	Distrib. trade, repairs; transp.; accommod., food serv. activ.	841.2	873.2	906.5	908.1	913.5	859.4	765.1	740.1
24	Information and communication	76.9	77.2	76.9	74.1	76.3	70.9	67.9	66.6
25	Financial and insurance activities	99.9	100.3	101.3	96.4	90.5	87.3	80.8	78.0
26	Real estate activities	3.9	4.1	5.5	5.3	5.7	3.6	3.7	3.0
27	Prof., scientif., techn. activ.; admin., support service activ.	182.5	189.4	192.8	196.7	177.5	168.3	162.8	154.3
28	Public admin.; compulsory s.s.; education; human health	902.6	923.6	920.2	913.8	916.5	877.7	830.5	806.1
29	Other service activities	221.2	226.4	235.6	246.7	271.2	252.2	228.3	223.8
30	**Total employees**	3 069.9	3 151.2	3 214.8	3 190.8	3 143.5	2 916.0	2 687.6	2 585.1
	SELF-EMPLOYED, THOUSAND PERSONS, DOMESTIC CONCEPT								
31	Agriculture, forestry and fishing	460.0	450.5	448.8	460.1	429.1	401.1	394.8	394.0
32	Industry, including energy	127.4	126.7	123.5	119.5	101.6	93.7	76.5	70.7
33	Manufacturing	125.0	124.0	121.1	116.6	98.5	90.9	73.9	68.0
34	Construction	121.0	127.1	125.2	121.1	117.2	100.3	84.4	70.5
35	Distrib. trade, repairs; transp.; accommod., food serv. activ.	650.7	633.9	625.6	619.2	577.7	546.0	492.3	475.1
36	Information and communication	11.7	11.6	13.2	13.0	12.7	14.0	12.8	12.4
37	Financial and insurance activities	12.5	10.6	10.6	11.0	11.1	11.9	12.4	12.0
38	Real estate activities	2.5	2.6	4.2	4.4	5.5	6.4	6.6	5.0
39	Prof., scientif., techn. activ.; admin., support service activ.	139.0	139.6	151.3	151.4	163.9	154.5	147.1	137.5
40	Public admin.; compulsory s.s.; education; human health	63.3	66.6	62.3	63.8	66.9	64.9	57.2	57.8
41	Other service activities	73.3	74.7	76.9	74.7	70.0	65.8	60.2	57.5
42	**Total self-employed**	1 661.5	1 643.9	1 641.5	1 638.2	1 555.6	1 458.5	1 344.4	1 292.4
	TOTAL EMPLOYMENT, MILLION HOURS, DOMESTIC CONCEPT								
43	Industry, including energy	1 164.5	1 180.9	1 193.7	1 139.3	1 033.2	1 007.1	867.3	813.6
44	Distrib. trade, repairs; transp.; accommod., food serv. activ.	3 422.8	3 438.0	3 514.9	3 437.0	3 291.3	3 407.9	2 886.1	2 800.7
45	Financial and insurance activities	229.5	230.7	230.0	225.3	207.0	205.4	194.8	181.5
46	Prof., scientif., techn. activ.; admin., support service activ.	695.6	710.3	732.4	728.7	718.1	711.1	665.0	615.3
47	Public admin.; compulsory s.s.; education; human health	1 789.3	1 814.7	1 816.0	1 797.1	1 669.0	1 630.8	1 543.8	1 517.9
48	**Total employment**	10 055.7	10 122.3	10 228.8	10 050.2	9 489.3	9 320.2	8 296.2	7 986.6
	EMPLOYEES, MILLION HOURS, DOMESTIC CONCEPT								
49	Industry, including energy	871.5	884.3	906.8	872.0	791.3	797.6	689.5	648.6
50	Distrib. trade, repairs; transp.; accommod., food serv. activ.	1 841.7	1 918.3	1 990.0	1 957.6	1 899.0	2 056.2	1 604.5	1 556.1
51	Financial and insurance activities	200.4	207.3	206.7	200.8	180.7	178.4	166.3	154.0
52	Prof., scientif., techn. activ.; admin., support service activ.	375.0	390.2	392.5	380.5	350.8	367.5	335.3	312.0
53	Public admin.; compulsory s.s.; education; human health	1 678.1	1 701.4	1 702.2	1 690.9	1 580.2	1 543.6	1 464.4	1 438.3
54	**Total employees**	6 303.1	6 480.3	6 592.1	6 491.4	6 109.4	6 133.4	5 262.7	5 036.0
	SELF-EMPLOYED, MILLION HOURS, DOMESTIC CONCEPT								
55	Industry, including energy	293.0	296.7	286.9	267.4	241.9	209.4	177.9	165.0
56	Distrib. trade, repairs; transp.; accommod., food serv. activ.	1 581.1	1 519.7	1 524.9	1 479.4	1 392.2	1 351.7	1 281.6	1 244.6
57	Financial and insurance activities	29.1	23.3	23.3	24.5	26.3	27.0	28.5	27.5
58	Prof., scientif., techn. activ.; admin., support service activ.	320.5	320.0	339.9	348.3	367.3	343.6	329.7	303.3
59	Public admin.; compulsory s.s.; education; human health	111.2	113.3	113.9	106.2	88.8	87.2	79.4	79.6
60	**Total self-employed**	3 752.6	3 642.1	3 636.6	3 558.8	3 380.0	3 186.8	3 033.5	2 950.5

Note: Detailed metadata:http://metalinks.oecd.org/nav1/20150309/b4bd

HUNGARY

Table 1. Gross domestic product, expenditure approach

Million HUF

		2006	2007	2008	2009	2010	2011	2012	2013
	AT CURRENT PRICES								
1	**Final consumption expenditure**	18 128 276	19 122 116	20 201 821	19 804 723	19 940 359	20 575 180	21 107 018	21 663 062
2	Household	12 429 077	13 400 449	14 002 103	13 573 746	13 678 934	14 292 459	14 880 413	15 254 441
3	NPISH's	362 949	387 754	395 587	407 835	414 970	443 958	473 421	470 782
4	Government	5 336 250	5 333 913	5 804 131	5 823 142	5 846 455	5 838 763	5 753 184	5 937 839
5	Individual	2 889 907	2 818 799	3 033 503	3 018 090	2 996 397	2 990 745	2 941 473	2 969 099
6	Collective	2 446 343	2 515 114	2 770 628	2 805 052	2 850 058	2 848 018	2 811 711	2 968 740
7	*of which:* Actual individual consumption	15 681 933	16 607 002	17 431 193	16 999 671	17 090 301	17 727 162	18 295 307	18 694 322
8	**Gross capital formation**	6 172 626	6 151 914	6 652 016	5 306 978	5 561 084	5 732 677	5 483 956	5 916 801
9	Gross fixed capital formation, total	5 671 291	6 027 426	6 276 502	5 981 490	5 491 861	5 551 673	5 458 438	5 949 248
10	Dwellings	902 021	1 022 974	1 109 294	1 094 294	842 035	627 821	581 239	405 099
11	Other buildings and structures	1 964 624	1 925 688	2 080 916	2 011 321	1 891 921	1 958 614	1 870 654	2 176 078
12	Transport equipment	523 152	550 539	581 262	459 878	434 277	453 424	509 521	666 815
13	Other machinery and equipment	..	..	..	..	..	..	..	..
14	Cultivated assets	37 659	39 599	44 940	47 916	51 356	54 254	50 383	59 127
15	Intangible fixed assets	503 080	593 839	640 357	741 315	690 159	704 050	633 536	745 327
16	Changes in inventories, acquisitions less disposals of valuables	501 335	124 488	375 514	-674 512	69 223	181 004	25 518	-32 447
17	Changes in inventories	501 335	124 488	375 514	-674 512	69 223	181 004	25 518	-32 447
18	Acquisitions less disposals of valuables								
19	**External balance of goods and services**	-266 275	172 860	95 479	1 063 185	1 444 587	1 727 176	1 957 826	2 266 396
20	Exports of goods and services	17 936 449	20 004 079	21 547 484	19 647 453	22 263 733	24 540 067	24 956 176	26 491 867
21	Exports of goods	15 002 651	16 782 800	18 034 545	15 909 028	18 205 575	20 042 133	20 309 944	21 484 421
22	Exports of services	2 933 798	3 221 279	3 512 939	3 738 425	4 058 158	4 497 934	4 646 232	5 007 446
23	Imports of goods and services	18 202 724	19 831 219	21 452 005	18 584 268	20 819 146	22 812 891	22 998 350	24 225 471
24	Imports of goods	15 633 776	16 912 691	18 273 758	15 189 792	17 511 625	19 248 178	19 455 417	20 438 155
25	Imports of services	2 568 948	2 918 528	3 178 247	3 394 476	3 307 521	3 564 713	3 542 933	3 787 316
26	**Statistical discrepancy**	..	..	..	..	..	..	..	..
27	**Gross domestic product**	24 034 627	25 446 890	26 949 316	26 174 886	26 946 030	28 035 033	28 548 800	29 846 259
	AT CONSTANT PRICES, REFERENCE YEAR 2005								
28	**Final consumption expenditure**	17 424 835	17 214 844	17 225 021	16 473 138	16 125 075	16 220 922	15 938 106	16 068 436
29	Household	12 040 393	12 166 651	12 041 279	11 214 500	10 899 198	10 990 176	10 770 373	10 778 702
30	NPISH's	338 688	343 930	328 112	327 337	323 787	326 269	329 008	311 627
31	Government	5 045 754	4 710 629	4 858 311	4 925 715	4 898 308	4 899 283	4 834 997	4 991 397
32	Individual	2 770 798	2 549 245	2 630 089	2 622 744	2 548 124	2 557 266	2 492 054	2 529 472
33	Collective	2 274 956	2 160 255	2 227 105	2 298 643	2 342 458	2 334 579	2 334 294	2 452 129
34	*of which:* Actual individual consumption	15 149 879	15 057 980	14 997 659	14 162 374	13 769 215	13 872 432	13 591 975	13 614 756
35	**Gross capital formation**	5 813 277	5 796 422	5 821 587	4 433 557	4 672 778	4 533 194	4 186 791	4 300 688
36	Gross fixed capital formation, total	5 380 103	5 611 742	5 671 057	5 203 659	4 708 362	4 604 931	4 411 524	4 639 797
37	Dwellings	841 962	897 377	952 832	920 348	693 448	503 388	453 767	318 531
38	Other buildings and structures	1 822 754	1 684 112	1 683 626	1 564 650	1 445 796	1 457 422	1 354 599	1 513 171
39	Transport equipment	501 503	528 791	536 526	405 399	374 443	371 838	420 707	510 523
40	Other machinery and equipment	..	..	..	..	..	..	..	..
41	Cultivated assets	34 879	34 513	36 812	35 580	36 425	37 018	33 525	38 757
42	Intangible fixed assets	477 335	562 975	600 811	637 980	582 051	540 686	460 135	546 768
43	Changes in inventories, acquisitions less disposals of valuables	..	..	..	..	..	..	..	..
44	Changes in inventories	..	..	..	..	..	..	..	..
45	Acquisitions less disposals of valuables	..	..	..	..	..	..	..	..
46	**External balance of goods and services**	-21 835	347 591	539 929	1 156 201	1 491 286	1 993 453	2 321 713	2 456 823
47	Exports of goods and services	16 858 697	19 575 263	20 926 663	18 539 538	20 638 571	21 993 155	21 670 545	22 939 751
48	Exports of goods	14 100 236	16 516 553	17 677 729	15 140 062	17 052 761	18 173 305	17 871 737	18 858 112
49	Exports of services	2 758 461	3 058 651	3 249 608	3 370 737	3 564 254	3 796 960	3 773 838	4 050 564
50	Imports of goods and services	16 880 532	19 227 672	20 386 734	17 383 337	19 147 285	19 999 702	19 348 832	20 482 928
51	Imports of goods	14 490 018	16 397 417	17 354 624	14 252 683	16 154 226	16 909 846	16 386 426	17 316 541
52	Imports of services	2 390 514	2 830 684	3 032 576	3 133 614	3 003 674	3 101 511	2 973 939	3 178 495
53	**Statistical discrepancy (including chaining residual)**	0	-23 880	-46 543	-65 014	-117 668	-175 547	-208 190	-248 354
54	**Gross domestic product**	23 216 277	23 334 977	23 539 994	21 997 882	22 171 471	22 572 022	22 238 420	22 577 593

Note: Detailed metadata: http://metalinks.oecd.org/nav1/20150309/8b67

HUNGARY

Table 2. Gross domestic product, output and income approach
ISIC Rev. 4

Million HUF

		2006	2007	2008	2009	2010	2011	2012	2013
	OUTPUT APPROACH AT CURRENT PRICES								
1	Total gross value added at basic prices	20 841 569	21 848 305	23 049 778	22 209 277	22 775 460	23 788 580	23 958 994	25 127 246
2	Agriculture, forestry and fishing	850 771	874 386	914 356	782 864	809 176	1 106 256	1 088 116	1 098 836
3	Industry, including energy	5 448 889	5 756 628	5 850 432	5 542 495	5 983 023	6 201 877	6 383 904	6 599 138
4	Manufacturing	4 758 482	4 882 751	4 954 959	4 527 207	4 994 272	5 261 245	5 419 407	5 719 394
5	Construction	1 071 911	1 053 732	1 112 424	1 062 735	940 680	955 743	906 723	994 018
6	Services	..	..	..	..	..	..	..	..
7	Distrib. trade, repairs; transp.; accommod., food serv. activ.	3 741 645	4 065 954	4 329 555	3 918 941	4 026 044	4 307 852	4 250 759	4 673 920
8	Information and communication	1 072 346	1 178 103	1 237 862	1 251 462	1 213 487	1 225 312	1 263 722	1 316 749
9	Financial and insurance activities	980 020	951 649	951 089	1 053 617	1 071 170	1 076 199	1 031 211	980 856
10	Real estate activities	1 638 957	1 763 912	1 901 332	1 981 174	2 012 182	2 081 681	2 120 501	2 198 735
11	Prof., scientif., techn. activ.; admin., support service activ.	1 708 648	1 745 164	1 948 264	1 927 876	2 002 496	2 102 059	2 103 333	2 217 125
12	Public admin.; compulsory s.s.; education; human health	3 750 234	3 834 612	4 118 513	4 040 978	4 055 093	4 056 028	4 141 315	4 335 749
13	Other service activities	578 148	624 165	685 951	647 135	662 109	675 573	669 410	712 120
14	FISIM (Financial Intermediation Services Indirectly Measured)	..	..	..	..	..	..	..	..
15	Gross value added at basic prices, excluding FISIM	20 841 569	21 848 305	23 049 778	22 209 277	22 775 460	23 788 580	23 958 994	25 127 246
16	Taxes less subsidies on products	3 193 058	3 598 585	3 899 538	3 965 609	4 170 570	4 246 453	4 589 806	4 719 013
17	Taxes on products	3 473 365	3 857 144	4 029 096	4 093 905	4 344 256	4 464 378	4 846 118	4 997 519
18	Subsidies on products	280 307	258 559	129 558	128 296	173 686	217 925	256 312	278 506
19	Residual item	0	0	0	0	0	0	0	0
20	Gross domestic product at market prices	24 034 627	25 446 890	26 949 316	26 174 886	26 946 030	28 035 033	28 548 800	29 846 259
	OUTPUT APPROACH AT CONSTANT PRICES (REF. YEAR 2005)								
21	Total gross value added at basic prices	19 976 632	20 062 401	20 205 012	18 873 786	19 033 973	19 413 524	19 114 409	19 516 088
22	Agriculture, forestry and fishing	776 938	608 813	946 217	837 472	648 691	739 521	572 632	659 010
23	Industry, including energy	5 276 093	5 668 697	5 412 111	4 667 294	5 068 538	5 068 361	5 008 268	4 832 995
24	Manufacturing	4 541 605	4 890 723	4 721 152	3 895 157	4 334 538	4 359 814	4 349 871	4 159 387
25	Construction	1 020 348	958 386	865 032	832 865	749 761	771 912	727 119	775 286
26	Services	..	..	..	..	..	..	..	..
27	Distrib. trade, repairs; transp.; accommod., food serv. activ.	3 596 977	3 660 283	3 595 562	3 084 274	3 078 101	3 142 229	3 122 505	3 273 577
28	Information and communication	1 034 813	1 099 407	1 118 611	1 189 015	1 183 371	1 223 215	1 271 027	1 284 086
29	Financial and insurance activities	882 033	828 632	823 007	839 577	806 081	775 903	753 479	711 238
30	Real estate activities	1 626 681	1 628 055	1 639 645	1 686 141	1 667 911	1 720 902	1 689 050	1 699 293
31	Prof., scientif., techn. activ.; admin., support service activ.	1 632 422	1 623 345	1 667 303	1 616 561	1 636 793	1 692 881	1 704 244	1 777 361
32	Public admin.; compulsory s.s.; education; human health	3 582 547	3 446 581	3 461 306	3 454 166	3 490 517	3 556 349	3 618 703	3 811 366
33	Other service activities	547 780	557 451	571 299	542 491	546 771	563 957	542 638	557 459
34	FISIM (Financial Intermediation Services Indirectly Measured)	..	..	..	..	..	..	..	..
35	Gross value added at basic prices, excluding FISIM	19 976 632	20 062 401	20 205 012	18 873 786	19 033 973	19 413 524	19 114 409	19 516 088
36	Taxes less subsidies on products	3 239 645	3 273 533	3 335 634	3 124 521	3 138 746	3 163 318	3 127 697	3 081 312
37	Taxes on products	3 457 642	3 483 116	3 545 676	3 318 294	3 364 638	3 424 016	3 401 444	3 361 073
38	Subsidies on products	217 997	211 922	212 751	193 732	252 809	316 878	343 614	357 759
39	Residual item	0	-957	-652	-425	-1 248	-4 820	-3 686	-19 807
40	Gross domestic product at market prices	23 216 277	23 334 977	23 539 994	21 997 882	22 171 471	22 572 022	22 238 420	22 577 593
	INCOME APPROACH								
41	Compensation of employees	10 924 308	11 692 536	12 340 855	11 896 491	11 989 290	12 426 951	12 656 417	13 093 285
42	Agriculture, forestry and fishing	234 534	251 096	265 314	255 866	258 298	287 046	311 887	325 292
43	Industry, including energy	2 516 015	2 736 746	2 868 765	2 657 863	2 730 361	2 934 399	3 014 646	3 079 123
44	Manufacturing	2 171 827	2 379 435	2 501 177	2 286 527	2 336 692	2 539 682	2 614 938	2 677 738
45	Construction	556 871	563 782	569 732	548 475	515 576	537 032	534 162	537 345
46	Distrib. trade, repairs; transp.; accommod., food serv. activ.	2 357 752	2 552 543	2 724 347	2 644 550	2 645 563	2 797 522	2 823 570	2 905 087
47	Information and communication	451 083	515 309	536 556	553 809	548 576	564 296	595 074	636 203
48	Financial and insurance activities	445 927	515 453	544 743	537 393	550 281	512 844	532 265	555 644
49	Real estate activities	195 477	230 830	242 946	230 016	240 674	242 291	229 280	230 807
50	Prof., scientif., techn. activ.; admin., support service activ.	896 498	987 746	1 078 900	1 076 651	1 152 696	1 221 160	1 261 211	1 292 377
51	Public admin.; compulsory s.s.; education; human health	2 912 906	2 954 737	3 114 367	3 001 543	2 957 149	2 926 920	2 951 733	3 118 332
52	Other service activities	357 245	384 294	395 185	390 325	390 116	403 441	402 589	413 075
53	Wages and salaries	8 521 061	9 100 093	9 563 993	9 348 480	9 743 660	10 074 156	10 341 828	10 727 122
54	Agriculture, forestry and fishing	186 093	198 400	210 164	208 750	216 169	240 834	263 452	275 577
55	Industry, including energy	1 919 874	2 091 533	2 177 810	2 064 665	2 200 394	2 345 416	2 411 064	2 470 731
56	Manufacturing	1 673 809	1 833 846	1 911 381	1 789 571	1 898 672	2 044 344	2 108 503	2 162 599
57	Construction	465 841	461 977	461 058	450 498	439 404	458 735	457 490	462 662
58	Distrib. trade, repairs; transp.; accommod., food serv. activ.	1 888 313	2 033 181	2 159 003	2 117 819	2 197 105	2 315 455	2 344 933	2 418 669
59	Information and communication	351 813	401 964	417 662	437 305	454 145	464 748	485 375	518 356
60	Financial and insurance activities	324 145	377 818	409 253	398 782	424 183	404 044	416 710	436 185
61	Real estate activities	166 149	197 923	208 555	198 798	216 129	217 705	206 132	207 802
62	Prof., scientif., techn. activ.; admin., support service activ.	740 977	807 095	876 094	886 128	974 603	1 025 443	1 064 507	1 091 465
63	Public admin.; compulsory s.s.; education; human health	2 188 092	2 217 678	2 324 685	2 263 707	2 288 831	2 261 077	2 352 864	2 494 473
64	Other service activities	289 764	312 524	319 709	322 028	332 697	340 699	339 301	351 202
65	Gross operating surplus and mixed income	10 032 996	10 255 538	10 886 516	10 519 007	10 788 510	11 437 049	11 337 936	12 029 127
66	Taxes less subsidies on production and imports	3 077 323	3 498 816	3 721 945	3 759 388	4 168 230	4 171 033	4 554 447	4 723 847
67	Taxes on production and imports	3 634 509	4 070 120	4 256 385	4 341 368	4 771 930	4 918 500	5 360 822	5 577 426
68	Subsidies on production and imports	557 186	571 304	534 440	581 980	603 700	747 467	806 375	853 579
69	Residual item	0	0	0	0	0	0	0	0
70	Gross domestic product	24 034 627	25 446 890	26 949 316	26 174 886	26 946 030	28 035 033	28 548 800	29 846 259

Note: Detailed metadata:http://metalinks.oecd.org/nav1/20150309/8b67

HUNGARY

Table 3. Disposable income, saving and net lending / net borrowing

Million HUF

		2006	2007	2008	2009	2010	2011	2012	2013
	DISPOSABLE INCOME								
1	Gross domestic product	24 034 627	25 446 890	26 949 316	26 174 886	26 946 030	28 035 033	28 548 800	29 846 259
2	Net primary incomes from the rest of the world	-1 206 838	-1 662 524	-1 656 757	-1 193 575	-1 257 693	-1 344 981	-1 217 225	-865 632
3	Primary incomes receivable from the rest of the world	2 041 992	2 648 977	3 111 465	3 791 201	4 012 565	3 267 480	3 676 668	3 544 997
4	Primary incomes payable to the rest of the world	3 248 830	4 311 501	4 768 222	4 984 776	5 270 258	4 612 461	4 893 893	4 410 629
5	Gross national income at market prices	22 827 789	23 784 366	25 292 559	24 981 311	25 688 337	26 690 052	27 331 575	28 980 627
6	Consumption of fixed capital	3 838 790	4 086 575	4 360 878	4 675 363	4 875 075	5 044 943	5 241 497	5 317 760
7	Net national income at market prices	18 988 999	19 697 791	20 931 681	20 305 948	20 813 262	21 645 109	22 090 078	23 662 867
8	Net current transfers from the rest of the world	-300 645	-344 836	-294 105	-82 165	-114 344	-159 115	-249 011	-151 066
9	Current transfers receivable from the rest of the world	375 120	387 286	256 689	392 837	408 273	422 643	472 211	636 502
10	Current transfers payable to the rest of the world	675 765	732 122	550 794	475 002	522 617	581 758	721 222	787 568
11	Net national disposable income	18 688 354	19 352 955	20 637 576	20 223 783	20 698 918	21 485 994	21 841 067	23 511 801
	SAVING AND NET LENDING / NET BORROWING								
12	Net national disposable income	18 688 354	19 352 955	20 637 576	20 223 783	20 698 918	21 485 994	21 841 067	23 511 801
13	Final consumption expenditures	18 128 276	19 122 116	20 201 821	19 804 723	19 940 359	20 575 180	21 107 018	21 663 062
14	Adj. for change in net equity of households in pension funds	0	0	0	0	0	0	0	0
15	Saving, net	560 078	230 839	435 755	419 060	758 559	910 814	734 049	1 848 739
16	Net capital transfers from the rest of the world	166 394	203 456	234 071	455 286	558 385	670 409	718 646	1 065 858
17	Capital transfers receivable from the rest of the world	259 497	224 393	240 340	479 743	622 796	687 850	773 656	1 129 461
18	Capital transfers payable to the rest of the world	93 103	20 937	6 269	24 457	64 411	17 441	55 010	63 603
19	Gross capital formation	6 172 626	6 151 914	6 652 016	5 306 978	5 561 084	5 732 677	5 483 956	5 916 801
20	Acquisitions less disposals of non-financial non-produced assets	-4 148	20 695	-71 087	-4 050	58 808	7 793	-10 492	-14 499
21	Consumption of fixed capital	3 838 790	4 086 575	4 360 878	4 675 363	4 875 075	5 044 943	5 241 497	5 317 760
22	Net lending / net borrowing	-1 603 216	-1 651 739	-1 550 225	246 781	572 127	885 696	1 220 728	2 330 055
	REAL DISPOSABLE INCOME								
23	Gross domestic product at constant prices, reference year 2005	23 216 277	23 334 977	23 539 994	21 997 882	22 171 471	22 572 022	22 238 420	22 577 593
24	Trading gain or loss	-232 795	-165 503	-411 357	-183 078	-173 537	-428 017	-604 399	-507 438
25	Real gross domestic income	22 983 482	23 169 474	23 128 637	21 814 804	21 997 934	22 144 005	21 634 021	22 070 155
26	Net real primary incomes from the rest of the world	-1 154 057	-1 513 733	-1 421 874	-994 755	-1 026 743	-1 062 359	-922 402	-640 101
27	Real primary incomes receivable from the rest of the world	1 952 686	2 411 902	2 670 344	3 159 682	3 275 738	2 580 881	2 786 146	2 621 388
28	Real primary incomes payable to the rest of the world	3 106 744	3 925 635	4 092 218	4 154 437	4 302 481	3 643 240	3 708 548	3 261 490
29	Real gross national income at market prices	21 829 425	21 655 741	21 706 763	20 820 049	20 971 191	21 081 646	20 711 619	21 430 053
30	Net real current transfers from the rest of the world	-287 496	-313 974	-252 409	-68 478	-93 347	-125 680	-188 698	-111 707
31	Real current transfers receivable from the rest of the world	358 714	352 625	220 297	327 400	333 302	333 833	357 837	470 669
32	Real current transfers payable to the rest of the world	646 211	666 599	472 706	395 879	426 649	459 513	546 535	582 376
33	Real gross national disposable income	21 541 929	21 341 766	21 454 354	20 751 570	20 877 844	20 955 966	20 522 921	21 318 346
34	Consumption of fixed capital at constant prices	3 644 312	3 775 407	3 929 484	4 092 311	4 207 826	4 281 460	4 352 103	..
35	Real net national income at market prices	18 158 523	17 934 901	17 964 139	16 923 484	16 991 325	17 096 802	16 739 660	17 497 775
36	Real net national disposable income	17 871 026	17 620 927	17 711 730	16 855 006	16 897 978	16 971 122	16 550 962	17 386 068

Note: Detailed metadata:http://metalinks.oecd.org/nav1/20150309/78e8

HUNGARY

Table 4. Population and employment (persons) and employment (hours worked) by industry
ISIC Rev. 4

		2006	2007	2008	2009	2010	2011	2012	2013
	POPULATION, THOUSAND PERSONS, NATIONAL CONCEPT								
1	Total population	10 071.4	10 055.8	10 038.2	10 022.7	10 000.0	9 971.7	9 920.4	9 893.1
2	Economically active population	..	..	..	..	..	..	..	..
3	Unemployed persons	..	..	..	..	..	..	..	..
4	Total employment	3 930.1	3 926.2	3 879.4	3 781.9	3 781.2	3 811.9	3 877.9	3 938.5
5	Employees	3 562.9	3 567.4	3 530.0	3 443.7	3 460.5	3 455.1	3 572.7	3 661.8
6	Self-employed	367.2	358.8	349.4	338.2	320.8	356.8	305.1	276.6
	TOTAL EMPLOYMENT, THOUSAND PERSONS, DOMESTIC CONCEPT								
7	Agriculture, forestry and fishing	336.6	315.8	293.7	285.2	287.3	277.5	296.4	289.1
8	Industry, including energy	992.3	991.7	978.1	923.2	912.6	938.2	910.5	852.8
9	Manufacturing	887.1	891.8	884.8	828.0	815.3	842.6	819.1	767.7
10	Construction	307.6	315.5	308.9	292.3	271.8	264.9	262.7	263.4
11	Distrib. trade, repairs; transp.; accommod., food serv. activ.	1 007.8	1 019.1	998.0	977.1	997.5	991.6	1 001.4	994.7
12	Information and communication	99.1	98.4	101.2	93.0	97.9	103.3	105.2	110.8
13	Financial and insurance activities	88.9	90.3	96.9	96.8	94.9	94.8	93.1	94.5
14	Real estate activities	66.5	67.7	75.2	71.7	68.3	65.6	60.9	63.5
15	Prof., scientif., techn. activ.; admin., support service activ.	257.4	268.0	295.1	287.9	285.8	300.6	308.7	352.5
16	Public admin.; compulsory s.s.; education; human health	868.3	868.8	829.8	852.3	878.9	853.0	861.8	909.7
17	Other service activities	167.8	186.9	169.7	167.4	160.4	164.9	158.2	160.8
18	**Total employment**	**4 192.2**	**4 222.1**	**4 146.6**	**4 046.9**	**4 055.5**	**4 054.2**	**4 058.9**	**4 091.8**
	EMPLOYEES, THOUSAND PERSONS, DOMESTIC CONCEPT								
19	Agriculture, forestry and fishing	134.7	134.9	124.0	124.5	122.3	120.6	125.8	120.5
20	Industry, including energy	955.0	960.4	949.0	895.4	885.1	911.0	884.5	833.0
21	Manufacturing	851.2	861.6	856.6	800.9	788.7	816.4	793.9	748.4
22	Construction	258.8	263.1	261.3	247.3	228.3	219.7	219.6	229.8
23	Distrib. trade, repairs; transp.; accommod., food serv. activ.	889.8	903.5	887.1	872.6	896.0	892.0	906.0	913.1
24	Information and communication	91.0	91.8	93.5	86.0	91.0	96.3	98.5	103.9
25	Financial and insurance activities	77.2	78.8	83.1	82.3	80.4	79.4	78.7	80.8
26	Real estate activities	63.3	64.8	73.2	69.5	66.6	63.9	59.4	62.0
27	Prof., scientif., techn. activ.; admin., support service activ.	227.9	238.4	255.5	258.6	260.9	276.7	285.9	324.5
28	Public admin.; compulsory s.s.; education; human health	854.3	856.0	815.4	837.9	864.7	838.3	847.1	898.8
29	Other service activities	129.4	141.3	131.8	124.8	121.0	126.2	120.0	128.7
30	**Total employees**	**3 681.3**	**3 733.1**	**3 674.0**	**3 598.9**	**3 616.3**	**3 624.2**	**3 625.4**	**3 695.1**
	SELF-EMPLOYED, THOUSAND PERSONS, DOMESTIC CONCEPT								
31	Agriculture, forestry and fishing	201.9	180.9	169.7	160.7	165.0	156.9	170.6	168.6
32	Industry, including energy	37.3	31.4	29.1	27.9	27.6	27.2	26.1	19.8
33	Manufacturing	36.0	30.3	28.2	27.1	26.6	26.2	25.2	19.3
34	Construction	48.8	52.3	47.6	45.0	43.5	45.1	43.0	33.6
35	Distrib. trade, repairs; transp.; accommod., food serv. activ.	118.0	115.6	110.9	104.5	101.6	99.5	95.4	81.6
36	Information and communication	8.1	6.6	7.7	6.9	7.0	7.0	6.7	6.9
37	Financial and insurance activities	11.7	11.5	13.8	14.5	14.5	15.4	14.4	13.7
38	Real estate activities	3.1	2.8	2.0	2.2	1.7	1.6	1.5	1.5
39	Prof., scientif., techn. activ.; admin., support service activ.	29.6	29.5	39.6	29.3	24.9	23.9	22.8	28.0
40	Public admin.; compulsory s.s.; education; human health	13.9	12.8	14.4	14.4	14.2	14.7	14.7	10.9
41	Other service activities	38.4	45.6	38.0	42.6	39.3	38.7	38.2	32.1
42	**Total self-employed**	**510.9**	**489.1**	**472.6**	**448.0**	**439.1**	**430.0**	**433.4**	**396.7**
	TOTAL EMPLOYMENT, MILLION HOURS, DOMESTIC CONCEPT								
43	Industry, including energy	1 948.0	1 940.9	1 874.6	1 783.1	1 774.1	1 858.6	1 755.8	1 595.9
44	Distrib. trade, repairs; transp.; accommod., food serv. activ.	2 099.7	2 115.8	2 085.6	2 029.5	2 035.9	2 053.1	1 965.7	1 944.0
45	Financial and insurance activities	179.2	185.2	194.3	194.3	190.9	202.2	176.3	182.4
46	Prof., scientif., techn. activ.; admin., support service activ.	467.8	483.1	579.4	556.7	552.5	605.5	593.8	669.4
47	Public admin.; compulsory s.s.; education; human health	1 678.5	1 676.6	1 592.7	1 613.0	1 683.2	1 630.9	1 495.3	1 608.8
48	**Total employment**	**8 315.2**	**8 353.2**	**8 200.3**	**7 937.3**	**7 934.4**	**8 002.9**	**7 666.8**	**7 692.5**
	EMPLOYEES, MILLION HOURS, DOMESTIC CONCEPT								
49	Industry, including energy	1 863.4	1 870.1	1 811.0	1 727.3	1 715.6	1 803.4	1 704.9	1 554.6
50	Distrib. trade, repairs; transp.; accommod., food serv. activ.	1 834.0	1 855.2	1 837.0	1 791.8	1 827.4	1 840.2	1 769.1	1 774.5
51	Financial and insurance activities	153.3	161.9	165.2	165.1	159.4	169.4	149.7	156.5
52	Prof., scientif., techn. activ.; admin., support service activ.	413.8	431.6	514.9	505.3	506.7	557.0	549.9	615.8
53	Public admin.; compulsory s.s.; education; human health	1 651.4	1 652.3	1 562.7	1 585.1	1 653.5	1 603.6	1 469.3	1 589.2
54	**Total employees**	**7 264.0**	**7 349.9**	**7 247.2**	**7 045.5**	**7 077.5**	**7 163.6**	**6 834.5**	**6 933.6**
	SELF-EMPLOYED, MILLION HOURS, DOMESTIC CONCEPT								
55	Industry, including energy	84.6	70.8	63.7	55.7	58.5	55.2	50.9	41.3
56	Distrib. trade, repairs; transp.; accommod., food serv. activ.	265.7	260.6	248.6	237.7	208.5	212.9	196.6	169.5
57	Financial and insurance activities	25.9	23.3	29.1	29.2	31.5	32.8	26.7	25.9
58	Prof., scientif., techn. activ.; admin., support service activ.	54.0	51.5	64.6	51.3	45.7	48.5	43.9	53.5
59	Public admin.; compulsory s.s.; education; human health	27.1	24.3	30.0	27.9	29.7	27.4	25.9	19.6
60	**Total self-employed**	**1 051.1**	**1 003.3**	**953.1**	**891.9**	**856.9**	**839.3**	**832.3**	**758.9**

Note: Detailed metadata:http://metalinks.oecd.org/nav1/20150309/d640

ICELAND

Table 1. Gross domestic product, expenditure approach

Million ISK

		2006	2007	2008	2009	2010	2011	2012	2013
	AT CURRENT PRICES								
1	**Final consumption expenditure**	**971 848**	**1 086 079**	**1 179 430**	**1 206 225**	**1 225 738**	**1 294 105**	**1 379 691**	**1 442 234**
2	Household	665 994	744 901	784 456	779 870	796 075	845 926	911 727	949 306
3	NPISH's	23 586	26 774	30 408	31 758	31 322	32 762	34 844	37 193
4	Government	282 268	314 404	364 567	394 597	398 341	415 417	433 120	455 735
5	Individual	189 657	211 947	244 931	260 919	259 470	268 817	277 744	292 246
6	Collective	92 612	102 457	119 636	133 678	138 871	146 600	155 376	163 489
7	*of which:* Actual individual consumption	879 237	983 622	1 059 794	1 072 547	1 086 867	1 147 505	1 224 315	1 278 745
8	**Gross capital formation**	**432 628**	**407 824**	**400 834**	**238 099**	**225 844**	**266 249**	**282 829**	**274 737**
9	Gross fixed capital formation, total	428 701	401 875	393 252	240 382	228 455	263 693	283 456	282 749
10	Dwellings	74 480	90 600	80 903	40 110	35 542	39 966	44 880	50 826
11	Other buildings and structures	199 008	192 501	198 604	115 170	95 232	83 395	78 100	87 275
12	Transport equipment	45 238	1 287	178	-742	9 187	24 069	43 234	25 591
13	Other machinery and equipment	..	..	..	..	..	..	..	..
14	Cultivated assets	3 073	3 063	3 596	3 588	3 763	3 973	3 868	3 963
15	Intangible fixed assets	29 993	32 494	34 114	35 887	33 631	35 407	36 847	38 817
16	Changes in inventories, acquisitions less disposals of valuables	3 927	5 949	7 581	-2 282	-2 611	2 556	-627	-8 012
17	Changes in inventories	3 927	5 949	7 581	-2 282	-2 611	2 556	-627	-8 012
18	Acquisitions less disposals of valuables	..	..	..	..	..	..	..	..
19	**External balance of goods and services**	**-204 326**	**-120 132**	**-32 446**	**141 196**	**169 471**	**140 204**	**111 480**	**156 042**
20	Exports of goods and services	372 959	458 422	637 902	787 875	867 765	954 414	1 006 139	1 043 741
21	Exports of goods	217 815	262 902	402 552	459 377	482 954	562 698	576 340	561 037
22	Exports of services	155 143	195 519	235 350	328 497	384 810	391 716	429 800	482 704
23	Imports of goods and services	577 284	578 554	670 349	646 679	698 293	814 210	894 659	887 699
24	Imports of goods	406 748	396 160	468 373	403 696	437 812	525 795	563 980	552 821
25	Imports of services	170 536	182 393	201 976	242 983	260 481	288 415	330 679	334 878
26	**Statistical discrepancy**	**0**	**0**	**0**	**0**	**0**	**0**	**0**	**0**
27	**Gross domestic product**	**1 200 151**	**1 373 771**	**1 547 817**	**1 585 520**	**1 621 053**	**1 700 558**	**1 774 001**	**1 873 013**
	AT CONSTANT PRICES, REFERENCE YEAR 2005								
28	**Final consumption expenditure**	**898 400**	**954 902**	**921 175**	**853 129**	**843 598**	**858 723**	**867 008**	**873 895**
29	Household	617 427	661 359	613 153	550 407	549 961	564 429	576 348	580 818
30	NPISH's	21 309	22 265	23 298	22 901	22 214	22 269	22 002	22 178
31	Government	259 664	271 324	284 003	279 073	270 664	271 313	268 058	270 292
32	Individual	..	..	..	..	..	..	..	..
33	Collective	..	..	..	..	..	..	..	..
34	*of which:* Actual individual consumption	812 788	864 820	827 735	758 582	748 022	761 444	769 369	774 832
35	**Gross capital formation**	**387 838**	**345 859**	**281 574**	**144 607**	**132 353**	**147 867**	**154 232**	**150 936**
36	Gross fixed capital formation, total	384 550	341 346	276 807	144 814	132 431	147 842	154 222	150 768
37	Dwellings	68 089	77 066	60 220	26 693	21 893	23 067	24 662	27 325
38	Other buildings and structures	181 366	163 207	141 151	71 038	55 804	46 757	41 663	45 239
39	Transport equipment	38 682	685	21	-71	871	2 244	4 413	2 601
40	Other machinery and equipment	..	..	..	..	..	..	..	..
41	Cultivated assets	2 757	2 577	2 625	2 430	2 470	2 351	2 151	2 156
42	Intangible fixed assets	27 631	28 069	26 237	25 292	22 626	22 644	22 095	22 253
43	Changes in inventories, acquisitions less disposals of valuables	..	..	..	..	..	..	..	..
44	Changes in inventories	..	..	..	..	..	..	..	..
45	Acquisitions less disposals of valuables	..	..	..	..	..	..	..	..
46	**External balance of goods and services**	**-183 457**	**-99 040**	**8 325**	**126 061**	**120 790**	**114 634**	**115 711**	**146 469**
47	Exports of goods and services	306 540	379 502	390 023	422 249	429 844	444 566	461 689	493 765
48	Exports of goods	172 191	202 383	226 363	246 749	227 109	242 502	250 841	260 194
49	Exports of services	134 350	178 148	161 345	172 625	199 287	197 727	206 515	229 776
50	Imports of goods and services	489 997	478 542	381 698	296 188	309 054	329 932	345 978	347 296
51	Imports of goods	342 347	322 772	261 901	189 305	194 671	207 913	212 713	212 134
52	Imports of services	147 650	156 102	119 837	107 765	115 148	122 836	134 531	136 543
53	**Statistical discrepancy (including chaining residual)**	**1**	**8 279**	**12 829**	**37 108**	**30 094**	**29 641**	**27 106**	**33 026**
54	**Gross domestic product**	**1 102 782**	**1 210 000**	**1 223 903**	**1 160 905**	**1 126 835**	**1 150 865**	**1 164 057**	**1 204 326**

Note: Detailed metadata: http://metalinks.oecd.org/nav1/20150309/0c03

ICELAND

Table 2. Gross domestic product, output and income approach
ISIC Rev. 4

Million ISK

		2006	2007	2008	2009	2010	2011	2012	2013
	OUTPUT APPROACH AT CURRENT PRICES								
1	Total gross value added at basic prices[1]	993 032	1 152 512	1 342 739	1 402 778	1 427 855	1 497 276	1 550 521	..
2	Agriculture, forestry and fishing	59 499	60 792	71 113	94 357	106 071	115 834	119 785	..
3	Industry, including energy	158 815	166 661	241 925	254 305	285 380	314 092	305 462	..
4	Manufacturing	112 573	118 236	174 876	182 453	203 241	220 828	208 990	..
5	Construction	114 947	127 482	118 398	68 507	62 159	65 105	73 922	..
6	Services								
7	Distrib. trade, repairs; transp.; accommod., food serv. activ.	158 049	199 365	206 799	228 592	227 460	255 745	264 995	..
8	Information and communication	54 769	47 253	50 984	54 713	52 632	63 890	64 137	..
9	Financial and insurance activities	97 064	141 880	161 708	171 618	167 283	145 219	151 174	..
10	Real estate activities	71 997	88 720	97 051	115 119	108 029	100 906	108 785	..
11	Prof., scientif., techn. activ.; admin., support service activ.	60 002	79 424	95 538	98 040	97 607	104 925	109 638	..
12	Public admin.; compulsory s.s.; education; human health	196 768	207 896	262 314	276 702	274 582	285 104	304 554	..
13	Other service activities	21 122	33 040	36 908	40 824	46 652	46 457	48 070	..
14	FISIM (Financial Intermediation Services Indirectly Measured)								
15	Gross value added at basic prices, excluding FISIM[1]	993 032	1 152 512	1 342 739	1 402 778	1 427 855	1 497 276	1 550 521	..
16	Taxes less subsidies on products	..	..	..	..	..	..	..	..
17	Taxes on products	..	..	..	..	..	..	..	..
18	Subsidies on products	..	..	..	..	..	..	..	..
19	Residual item	..	..	..	..	..	..	..	..
20	Gross domestic product at market prices	1 200 151	1 373 771	1 547 817	1 585 520	1 621 053	1 700 558	1 774 001	1 873 013
	OUTPUT APPROACH AT CONSTANT PRICES (REF. YEAR 2005)								
21	Total gross value added at basic prices[1]	947 166	1 033 662	1 054 269	980 691	967 450	981 541	992 167	..
22	Agriculture, forestry and fishing	50 047	49 340	49 339	50 915	46 643	48 442	50 270	..
23	Industry, including energy	136 826	141 004	157 019	155 813	156 868	161 750	165 460	..
24	Manufacturing	99 131	103 890	111 094	109 502	111 192	116 464	119 161	..
25	Construction	109 025	116 019	97 010	58 072	51 299	49 869	49 940	..
26	Services								
27	Distrib. trade, repairs; transp.; accommod., food serv. activ.	155 412	173 065	170 855	155 473	150 681	156 737	163 092	..
28	Information and communication	52 840	58 225	53 866	51 764	49 780	52 844	53 693	..
29	Financial and insurance activities	106 081	168 422	194 141	183 673	176 402	175 019	177 016	..
30	Real estate activities	70 012	76 139	77 802	76 537	87 206	86 320	82 246	..
31	Prof., scientif., techn. activ.; admin., support service activ.	61 365	68 974	66 815	57 499	55 404	56 562	56 381	..
32	Public admin.; compulsory s.s.; education; human health	183 535	168 476	176 349	174 949	169 677	170 084	168 043	..
33	Other service activities	22 024	23 202	23 332	22 835	25 923	24 324	24 651	..
34	FISIM (Financial Intermediation Services Indirectly Measured)								
35	Gross value added at basic prices, excluding FISIM[1]	947 166	1 033 662	1 054 269	980 691	967 450	981 541	992 167	..
36	Taxes less subsidies on products	..	..	..	..	..	..	..	..
37	Taxes on products	..	..	..	..	..	..	..	..
38	Subsidies on products	..	..	..	..	..	..	..	..
39	Residual item	..	..	..	..	..	..	..	..
40	Gross domestic product at market prices	1 102 782	1 210 000	1 223 903	1 160 905	1 126 835	1 150 865	1 164 057	1 204 326
	INCOME APPROACH								
41	Compensation of employees	681 911	773 431	829 930	754 794	786 726	850 295	913 257	979 012
42	Agriculture, forestry and fishing	34 880	37 382	41 439	48 023	56 841	64 472	66 345	..
43	Industry, including energy	99 099	106 664	112 477	108 618	114 180	131 369	142 649	..
44	Manufacturing	79 581	91 325	94 681	91 856	96 686	112 272	122 787	..
45	Construction	74 471	84 037	75 796	43 511	39 537	40 055	42 493	..
46	Distrib. trade, repairs; transp.; accommod., food serv. activ.	133 150	160 230	170 256	150 451	167 828	185 551	197 176	..
47	Information and communication	39 934	37 331	39 299	39 876	41 984	45 823	48 747	..
48	Financial and insurance activities	55 775	69 778	70 842	56 776	48 751	47 135	51 733	..
49	Real estate activities	4 437	6 154	5 362	3 888	3 965	4 755	5 453	..
50	Prof., scientif., techn. activ.; admin., support service activ.	50 211	61 435	65 570	57 142	57 851	65 298	73 323	..
51	Public admin.; compulsory s.s.; education; human health	171 991	185 676	221 806	218 819	222 046	233 198	250 692	..
52	Other service activities	17 964	24 744	27 083	27 688	33 742	32 637	34 647	..
53	Wages and salaries	..	..	..	..	..	..	..	..
54	Agriculture, forestry and fishing	..	..	..	..	..	..	..	..
55	Industry, including energy	..	..	..	..	..	..	..	..
56	Manufacturing	..	..	..	..	..	..	..	..
57	Construction	..	..	..	..	..	..	..	..
58	Distrib. trade, repairs; transp.; accommod., food serv. activ.	..	..	..	..	..	..	..	..
59	Information and communication	..	..	..	..	..	..	..	..
60	Financial and insurance activities	..	..	..	..	..	..	..	..
61	Real estate activities	..	..	..	..	..	..	..	..
62	Prof., scientif., techn. activ.; admin., support service activ.	..	..	..	..	..	..	..	..
63	Public admin.; compulsory s.s.; education; human health	..	..	..	..	..	..	..	..
64	Other service activities	..	..	..	..	..	..	..	..
65	Gross operating surplus and mixed income	311 122	379 081	512 809	647 984	641 129	646 982	637 264	658 573
66	Taxes less subsidies on production and imports	207 118	221 260	205 079	182 742	193 198	203 281	223 480	235 428
67	Taxes on production and imports	227 375	244 576	232 405	210 747	220 687	232 282	253 739	266 159
68	Subsidies on production and imports	20 257	23 316	27 326	28 005	27 489	29 001	30 258	30 731
69	Residual item	0	0	0	0	0	0	0	0
70	Gross domestic product	1 200 151	1 373 771	1 547 817	1 585 520	1 621 053	1 700 558	1 774 001	1 873 013

Note: Detailed metadata:http://metalinks.oecd.org/nav1/20150309/0c03
1. Gross value added by industry and total is at factor cost, not at basic prices.

ICELAND

Table 3. Disposable income, saving and net lending / net borrowing

Million ISK

		2006	2007	2008	2009	2010	2011	2012	2013
	DISPOSABLE INCOME								
1	**Gross domestic product**	1 200 151	1 373 771	1 547 817	1 585 520	1 621 053	1 700 558	1 774 001	1 873 013
2	Net primary incomes from the rest of the world	..	..	..	..	..	..	..	..
3	Primary incomes receivable from the rest of the world	..	..	..	..	..	..	..	..
4	Primary incomes payable to the rest of the world	..	..	..	..	..	..	..	..
5	**Gross national income at market prices**	1 125 510	1 305 381	1 230 959	1 295 485	1 358 380	1 484 826	1 602 301	1 838 435
6	Consumption of fixed capital	162 462	190 088	251 275	296 422	291 297	290 037	303 131	308 205
7	**Net national income at market prices**	963 048	1 115 294	979 684	999 063	1 067 083	1 194 789	1 299 170	1 530 230
8	Net current transfers from the rest of the world	..	..	..	..	..	..	..	..
9	Current transfers receivable from the rest of the world	..	..	..	..	..	..	..	..
10	Current transfers payable to the rest of the world	..	..	..	..	..	..	..	..
11	**Net national disposable income**	..	..	..	..	..	..	..	..
	SAVING AND NET LENDING / NET BORROWING								
12	**Net national disposable income**	..	..	..	..	..	..	..	..
13	Final consumption expenditures	971 848	1 086 079	1 179 430	1 206 225	1 225 738	1 294 105	1 379 691	1 442 234
14	Adj. for change in net equity of households in pension funds	..	..	..	..	..	..	..	..
15	**Saving, net**	..	..	..	..	..	..	..	..
16	Net capital transfers from the rest of the world	..	..	..	..	..	..	..	..
17	Capital transfers receivable from the rest of the world	..	..	..	..	..	..	..	..
18	Capital transfers payable to the rest of the world	..	..	..	..	..	..	..	..
19	Gross capital formation	432 628	407 824	400 834	238 099	225 844	266 249	282 829	274 737
20	Acquisitions less disposals of non-financial non-produced assets	..	..	..	..	..	..	..	..
21	Consumption of fixed capital	..	..	..	..	..	..	..	..
22	**Net lending / net borrowing**	..	..	..	..	..	..	..	..
	REAL DISPOSABLE INCOME								
23	**Gross domestic product at constant prices, reference year 2005**	1 102 782	1 210 000	1 223 903	1 160 905	1 126 835	1 150 865	1 164 057	1 204 326
24	Trading gain or loss	..	..	..	..	..	..	..	..
25	**Real gross domestic income**	..	..	..	..	..	..	..	..
26	Net real primary incomes from the rest of the world	..	..	..	..	..	..	..	..
27	Real primary incomes receivable from the rest of the world	..	..	..	..	..	..	..	..
28	Real primary incomes payable to the rest of the world	..	..	..	..	..	..	..	..
29	**Real gross national income at market prices**	..	..	..	..	..	..	..	..
30	Net real current transfers from the rest of the world	..	..	..	..	..	..	..	..
31	Real current transfers receivable from the rest of the world	..	..	..	..	..	..	..	..
32	Real current transfers payable to the rest of the world	..	..	..	..	..	..	..	..
33	**Real gross national disposable income**	..	..	..	..	..	..	..	..
34	Consumption of fixed capital at constant prices	..	..	..	..	..	..	..	..
35	**Real net national income at market prices**	..	..	..	..	..	..	..	..
36	**Real net national disposable income**	..	..	..	..	..	..	..	..

Note: Detailed metadata:http://metalinks.oecd.org/nav1/20150309/f7d8

ICELAND

Table 4. Population and employment (persons) and employment (hours worked) by industry
ISIC Rev. 4

		2006	2007	2008	2009	2010	2011	2012	2013
	POPULATION, THOUSAND PERSONS, NATIONAL CONCEPT								
1	**Total population**	304.3	311.4	319.4	319.3	318.0	319.0	320.7	323.8
2	Economically active population	..	..	..	..	..	..	..	..
3	Unemployed persons	..	..	..	..	..	..	..	..
4	Total employment	169.8	177.5	179.1	168.0	167.4	167.4	169.3	174.9
5	Employees	..	..	..	..	..	..	..	..
6	Self-employed	..	..	..	..	..	..	..	..
	TOTAL EMPLOYMENT, THOUSAND PERSONS, DOMESTIC CONCEPT								
7	Agriculture, forestry and fishing	..	..	..	..	..	..	..	..
8	Industry, including energy	..	..	..	..	..	..	..	..
9	Manufacturing	..	..	..	..	..	..	..	..
10	Construction	..	..	..	..	..	..	..	..
11	Distrib. trade, repairs; transp.; accommod., food serv. activ.	..	..	..	..	..	..	..	..
12	Information and communication	..	..	..	..	..	..	..	..
13	Financial and insurance activities	..	..	..	..	..	..	..	..
14	Real estate activities	..	..	..	..	..	..	..	..
15	Prof., scientif., techn. activ.; admin., support service activ.	..	..	..	..	..	..	..	..
16	Public admin.; compulsory s.s.; education; human health	..	..	..	..	..	..	..	..
17	Other service activities	..	..	..	..	..	..	..	..
18	**Total employment**	..	..	..	..	..	..	..	..
	EMPLOYEES, THOUSAND PERSONS, DOMESTIC CONCEPT								
19	Agriculture, forestry and fishing	..	..	..	..	..	..	..	..
20	Industry, including energy	..	..	..	..	..	..	..	..
21	Manufacturing	..	..	..	..	..	..	..	..
22	Construction	..	..	..	..	..	..	..	..
23	Distrib. trade, repairs; transp.; accommod., food serv. activ.	..	..	..	..	..	..	..	..
24	Information and communication	..	..	..	..	..	..	..	..
25	Financial and insurance activities	..	..	..	..	..	..	..	..
26	Real estate activities	..	..	..	..	..	..	..	..
27	Prof., scientif., techn. activ.; admin., support service activ.	..	..	..	..	..	..	..	..
28	Public admin.; compulsory s.s.; education; human health	..	..	..	..	..	..	..	..
29	Other service activities	..	..	..	..	..	..	..	..
30	**Total employees**	..	..	..	..	..	..	..	..
	SELF-EMPLOYED, THOUSAND PERSONS, DOMESTIC CONCEPT								
31	Agriculture, forestry and fishing	..	..	..	..	..	..	..	..
32	Industry, including energy	..	..	..	..	..	..	..	..
33	Manufacturing	..	..	..	..	..	..	..	..
34	Construction	..	..	..	..	..	..	..	..
35	Distrib. trade, repairs; transp.; accommod., food serv. activ.	..	..	..	..	..	..	..	..
36	Information and communication	..	..	..	..	..	..	..	..
37	Financial and insurance activities	..	..	..	..	..	..	..	..
38	Real estate activities	..	..	..	..	..	..	..	..
39	Prof., scientif., techn. activ.; admin., support service activ.	..	..	..	..	..	..	..	..
40	Public admin.; compulsory s.s.; education; human health	..	..	..	..	..	..	..	..
41	Other service activities	..	..	..	..	..	..	..	..
42	**Total self-employed**	..	..	..	..	..	..	..	..
	TOTAL EMPLOYMENT, MILLION HOURS, DOMESTIC CONCEPT								
43	Industry, including energy	..	..	..	..	..	..	..	..
44	Distrib. trade, repairs; transp.; accommod., food serv. activ.	..	..	..	..	..	..	..	..
45	Financial and insurance activities	..	..	..	..	..	..	..	..
46	Prof., scientif., techn. activ.; admin., support service activ.	..	..	..	..	..	..	..	..
47	Public admin.; compulsory s.s.; education; human health	..	..	..	..	..	..	..	..
48	**Total employment**	..	..	..	..	..	..	..	..
	EMPLOYEES, MILLION HOURS, DOMESTIC CONCEPT								
49	Industry, including energy	..	..	..	..	..	..	..	..
50	Distrib. trade, repairs; transp.; accommod., food serv. activ.	..	..	..	..	..	..	..	..
51	Financial and insurance activities	..	..	..	..	..	..	..	..
52	Prof., scientif., techn. activ.; admin., support service activ.	..	..	..	..	..	..	..	..
53	Public admin.; compulsory s.s.; education; human health	..	..	..	..	..	..	..	..
54	**Total employees**	..	..	..	..	..	..	..	..
	SELF-EMPLOYED, MILLION HOURS, DOMESTIC CONCEPT								
55	Industry, including energy	..	..	..	..	..	..	..	..
56	Distrib. trade, repairs; transp.; accommod., food serv. activ.	..	..	..	..	..	..	..	..
57	Financial and insurance activities	..	..	..	..	..	..	..	..
58	Prof., scientif., techn. activ.; admin., support service activ.	..	..	..	..	..	..	..	..
59	Public admin.; compulsory s.s.; education; human health	..	..	..	..	..	..	..	..
60	**Total self-employed**	..	..	..	..	..	..	..	..

Note: Detailed metadata: http://metalinks.oecd.org/nav1/20150309/304e

IRELAND

Table 1. Gross domestic product, expenditure approach

Million EUR (1999 IEP euro)

		2006	2007	2008	2009	2010	2011	2012	2013
	AT CURRENT PRICES								
1	**Final consumption expenditure**	**111 138**	**122 395**	**125 486**	**113 215**	**108 884**	**109 080**	**108 389**	**109 290**
2	Household	79 985	87 806	88 857	77 650	76 200	76 711	75 946	76 990
3	NPISH's	1 447	1 662	1 797	1 789	1 786	1 789	1 784	1 750
4	Government	29 706	32 926	34 832	33 776	30 897	30 581	30 659	30 550
5	Individual	18 941	20 968	21 800	22 429	21 319	21 022	20 875	20 906
6	Collective	10 764	11 958	13 032	11 347	9 578	9 559	9 784	9 644
7	*of which:* Actual individual consumption	100 373	110 437	112 454	101 868	99 305	99 521	98 605	99 646
8	**Gross capital formation**	**55 194**	**55 353**	**44 891**	**31 592**	**25 540**	**25 621**	**27 211**	**27 378**
9	Gross fixed capital formation, total	53 518	54 287	45 219	33 049	26 050	24 864	27 013	26 527
10	Dwellings	24 959	21 892	15 455	7 926	5 037	4 035	3 226	3 496
11	Other buildings and structures	13 170	14 833	13 731	9 149	6 184	5 324	6 139	7 501
12	Transport equipment	4 571	5 690	4 750	4 621	3 874	3 205	3 549	2 223
13	Other machinery and equipment	..	..	..	..	..	..	..	..
14	Cultivated assets	-58	-28	2	-44	-55	19	83	-20
15	Intangible fixed assets	6 412	7 112	6 978	8 392	8 258	8 803	10 808	8 758
16	Changes in inventories, acquisitions less disposals of valuables	1 676	1 066	-328	-1 457	-509	756	199	851
17	Changes in inventories	1 677	1 053	-332	-1 446	-514	761	204	857
18	Acquisitions less disposals of valuables	-1	13	5	-11	5	-4	-6	-6
19	**External balance of goods and services**	**17 132**	**17 415**	**16 304**	**24 808**	**28 788**	**34 688**	**35 427**	**36 362**
20	Exports of goods and services	140 708	152 415	150 180	146 363	157 811	167 086	182 506	184 056
21	Exports of goods	87 915	92 895	88 405	85 040	89 733	91 647	96 976	91 763
22	Exports of services	52 793	59 520	61 775	61 323	68 078	75 439	85 530	92 293
23	Imports of goods and services	123 576	135 000	133 876	121 555	129 023	132 398	147 079	147 694
24	Imports of goods	59 150	64 268	57 227	45 178	46 856	48 326	54 671	55 580
25	Imports of services	64 426	70 732	76 649	76 377	82 167	84 072	92 508	92 114
26	**Statistical discrepancy**	**295**	**1 585**	**189**	**-1 501**	**1 719**	**1 654**	**1 728**	**1 761**
27	**Gross domestic product**	**183 759**	**196 749**	**186 870**	**168 114**	**164 931**	**171 042**	**172 755**	**174 791**
	AT CONSTANT PRICES, REFERENCE YEAR 2005								
28	**Final consumption expenditure**	**107 795**	**114 999**	**115 196**	**109 542**	**108 266**	**106 752**	**105 262**	**104 951**
29	Household	78 080	83 235	83 007	78 087	78 366	77 550	76 533	76 329
30	NPISH's	1 400	1 544	1 598	1 583	1 596	1 563	1 452	1 366
31	Government	28 353	30 267	30 621	29 834	28 406	27 769	27 418	27 408
32	Individual	16 489	15 960	14 447	13 582	11 858	10 230	8 837	7 791
33	Collective	11 900	14 748	17 807	18 586	20 490	25 389	32 143	40 227
34	*of which:* Actual individual consumption	94 170	97 385	94 400	88 854	85 842	82 101	78 573	76 357
35	**Gross capital formation**	**52 494**	**53 250**	**47 025**	**36 106**	**30 327**	**31 017**	**31 914**	**31 826**
36	Gross fixed capital formation, total	50 479	52 810	47 984	38 911	32 044	31 328	32 971	32 053
37	Dwellings	23 033	21 198	17 814	11 162	7 486	6 101	4 861	5 121
38	Other buildings and structures	12 434	13 805	13 864	10 441	7 673	6 733	7 613	9 043
39	Transport equipment	4 547	5 638	4 697	4 513	3 850	3 225	3 520	2 180
40	Other machinery and equipment	..	..	..	..	..	..	..	..
41	Cultivated assets	-54	-27	1	-22	-27	8	32	-8
42	Intangible fixed assets	6 302	6 606	6 123	7 426	7 395	8 149	9 534	7 687
43	Changes in inventories, acquisitions less disposals of valuables	..	..	..	..	..	..	..	..
44	Changes in inventories	1 654	982	-203	-876	-322	472	131	566
45	Acquisitions less disposals of valuables	-1	22	7	-14	6	-5	-7	-7
46	**External balance of goods and services**	**16 025**	**19 436**	**23 431**	**35 121**	**44 275**	**60 606**	**58 413**	**60 238**
47	Exports of goods and services	139 452	151 763	150 399	144 400	153 310	161 717	169 303	171 213
48	Exports of goods	88 064	95 664	94 181	89 481	93 404	96 258	97 261	93 283
49	Exports of services	50 721	55 340	55 347	53 903	58 521	63 565	69 388	74 276
50	Imports of goods and services	121 491	131 170	127 806	116 093	119 595	118 868	127 082	127 905
51	Imports of goods	57 586	62 741	54 593	45 228	44 748	43 686	46 753	48 499
52	Imports of services	63 929	68 446	73 338	71 052	75 070	75 417	80 579	79 635
53	**Statistical discrepancy (including chaining residual)**	**2 092**	**-480**	**-3 333**	**-10 063**	**-12 634**	**-23 421**	**-21 182**	**-22 306**
54	**Gross domestic product**	**178 406**	**187 205**	**182 320**	**170 705**	**170 234**	**174 955**	**174 407**	**174 710**

Note: Detailed metadata:http://metalinks.oecd.org/nav1/20150309/38ab

IRELAND

Table 2. Gross domestic product, output and income approach
ISIC Rev. 4

Million EUR (1999 IEP euro)

		2006	2007	2008	2009	2010	2011	2012	2013
	OUTPUT APPROACH AT CURRENT PRICES								
1	Total gross value added at basic prices	161 711	175 489	167 753	151 365	151 454	157 845	159 209	160 553
2	Agriculture, forestry and fishing	1 962	2 373	1 918	1 299	1 917	2 453	2 388	2 501
3	Industry, including energy	36 083	39 475	36 860	38 391	37 314	41 027	40 256	35 899
4	Manufacturing	32 342	34 981	32 521	34 087	33 227	36 658	35 445	31 204
5	Construction	17 224	16 017	11 400	4 204	2 626	2 391	2 766	2 791
6	Services	..	..	..	..	..	..	..	..
7	Distrib. trade, repairs; transp.; accommod., food serv. activ.	26 915	28 685	27 011	24 899	24 716	23 975	24 497	24 833
8	Information and communication	10 206	11 809	13 190	12 868	14 977	16 076	17 081	19 706
9	Financial and insurance activities	16 181	17 903	16 405	15 184	15 584	14 870	15 253	15 617
10	Real estate activities	10 886	12 686	13 180	8 307	8 845	10 554	10 211	11 068
11	Prof., scientif., techn. activ.; admin., support service activ.	13 810	15 442	14 619	13 280	14 468	15 423	15 803	16 540
12	Public admin.; compulsory s.s.; education; human health	25 178	27 598	29 743	29 666	27 777	27 566	27 494	28 134
13	Other service activities	3 266	3 502	3 425	3 268	3 230	3 510	3 459	3 464
14	FISIM (Financial Intermediation Services Indirectly Measured)	..	..	..	..	..	..	..	..
15	Gross value added at basic prices, excluding FISIM	161 711	175 489	167 753	151 365	151 454	157 845	159 209	160 553
16	Taxes less subsidies on products	22 342	22 844	19 307	15 248	15 194	14 851	15 273	16 000
17	Taxes on products	23 409	24 033	20 583	16 497	16 304	15 939	16 334	16 968
18	Subsidies on products	1 067	1 188	1 276	1 249	1 111	1 088	1 061	968
19	Residual item	-295	-1 585	-189	1 501	-1 719	-1 654	-1 728	-1 761
20	Gross domestic product at market prices	183 759	196 749	186 870	168 114	164 928	171 042	172 755	174 791
	OUTPUT APPROACH AT CONSTANT PRICES (REF. YEAR 2005)								
21	Total gross value added at basic prices	156 915	163 619	160 846	151 774	152 113	153 182	154 366	153 630
22	Agriculture, forestry and fishing	1 019	1 039	1 029	840	800	778	781	887
23	Industry, including energy	35 998	35 098	32 880	31 030	32 251	33 407	32 747	31 975
24	Manufacturing	33 082	32 342	30 215	28 860	30 366	31 990	31 569	30 964
25	Construction	15 229	15 374	14 491	10 543	7 785	6 681	6 287	7 027
26	Services	..	..	..	..	..	..	..	..
27	Distrib. trade, repairs; transp.; accommod., food serv. activ.	24 923	26 757	24 682	21 466	20 342	19 209	18 159	17 510
28	Information and communication	11 744	13 970	15 398	16 755	18 303	19 803	21 974	20 365
29	Financial and insurance activities	17 102	19 143	20 322	19 631	18 703	18 452	20 161	20 970
30	Real estate activities	10 544	10 876	10 785	10 584	10 445	10 843	11 492	12 246
31	Prof., scientif., techn. activ.; admin., support service activ.	13 679	14 226	14 596	14 560	15 823	16 546	17 065	17 398
32	Public admin.; compulsory s.s.; education; human health	23 967	25 034	25 247	24 874	24 778	24 352	23 693	23 751
33	Other service activities	2 711	2 498	2 392	2 186	2 114	2 107	2 086	2 091
34	FISIM (Financial Intermediation Services Indirectly Measured)	..	..	..	..	..	..	..	..
35	Gross value added at basic prices, excluding FISIM	156 915	163 619	160 846	151 774	152 113	153 182	154 366	153 630
36	Taxes less subsidies on products	21 488	21 891	18 915	15 009	14 785	14 381	14 189	14 789
37	Taxes on products	22 658	23 091	20 107	16 165	15 891	15 479	15 269	15 782
38	Subsidies on products	1 136	1 166	1 178	1 166	1 112	1 106	1 088	988
39	Residual item	3	1 695	2 559	3 922	3 336	7 391	5 852	6 291
40	Gross domestic product at market prices	178 406	187 205	182 320	170 705	170 234	174 955	174 407	174 710
	INCOME APPROACH								
41	Compensation of employees	72 554	79 554	82 649	75 253	70 039	70 076	70 136	72 484
42	Agriculture, forestry and fishing	592	602	568	573	602	614	620	631
43	Industry, including energy	11 242	11 845	11 869	10 612	10 025	9 943	9 845	10 014
44	Manufacturing	9 727	10 331	10 235	8 895	8 536	8 451	8 355	8 494
45	Construction	10 020	10 747	9 118	5 693	4 166	3 700	3 438	3 388
46	Distrib. trade, repairs; transp.; accommod., food serv. activ.	13 275	15 172	16 570	14 879	14 237	14 073	14 123	14 688
47	Information and communication	3 325	3 455	3 930	4 042	4 196	4 611	5 031	5 247
48	Financial and insurance activities	5 511	6 226	6 530	6 324	6 064	5 966	5 899	6 040
49	Real estate activities	310	359	346	262	245	236	294	231
50	Prof., scientif., techn. activ.; admin., support service activ.	5 629	6 429	6 758	6 093	5 627	5 998	6 183	6 715
51	Public admin.; compulsory s.s.; education; human health	20 554	22 532	24 542	24 415	22 716	22 698	22 529	23 367
52	Other service activities	2 096	2 189	2 417	2 359	2 162	2 239	2 175	2 162
53	Wages and salaries	67 474	73 758	76 753	69 955	64 976	64 711	65 128	67 158
54	Agriculture, forestry and fishing	543	552	521	525	551	563	568	579
55	Industry, including energy	10 476	11 021	11 040	9 886	9 327	9 256	9 178	9 373
56	Manufacturing	9 031	9 586	9 487	8 249	7 919	7 852	7 773	7 935
57	Construction	9 172	9 836	8 351	5 215	3 816	3 388	3 149	3 101
58	Distrib. trade, repairs; transp.; accommod., food serv. activ.	12 204	13 932	15 200	13 677	13 100	12 934	13 024	13 554
59	Information and communication	3 082	3 189	3 633	3 729	3 856	4 204	4 627	4 786
60	Financial and insurance activities	5 098	5 703	6 030	5 841	5 576	5 426	5 432	5 524
61	Real estate activities	284	328	319	241	225	214	270	211
62	Prof., scientif., techn. activ.; admin., support service activ.	5 165	5 861	6 192	5 597	5 153	5 446	5 679	6 124
63	Public admin.; compulsory s.s.; education; human health	19 574	21 374	23 284	23 110	21 426	21 289	21 246	21 970
64	Other service activities	1 875	1 962	2 183	2 136	1 947	1 990	1 955	1 937
65	Gross operating surplus and mixed income	89 971	96 620	85 767	76 627	81 703	88 066	89 097	87 762
66	Taxes less subsidies on production and imports	21 528	22 159	18 643	14 732	14 905	14 554	15 249	16 307
67	Taxes on production and imports	24 940	25 685	22 362	18 341	18 189	17 838	18 429	19 266
68	Subsidies on production and imports	3 411	3 526	3 719	3 608	3 283	3 284	3 181	2 958
69	Residual item	-295	-1 585	-189	1 501	-1 719	-1 654	-1 728	-1 761
70	Gross domestic product	183 759	196 749	186 870	168 114	164 928	171 042	172 755	174 791

Note: Detailed metadata: http://metalinks.oecd.org/nav1/20150309/38ab

IRELAND

Table 3. Disposable income, saving and net lending / net borrowing

Million EUR (1999 IEP euro)

		2006	2007	2008	2009	2010	2011	2012	2013
	DISPOSABLE INCOME								
1	Gross domestic product	183 759	196 749	186 870	168 114	164 931	171 042	172 755	174 791
2	Net primary incomes from the rest of the world	..	..	..	..	..	..	..	..
3	Primary incomes receivable from the rest of the world	..	..	..	..	..	..	..	..
4	Primary incomes payable to the rest of the world	..	..	..	..	..	..	..	..
5	Gross national income at market prices	160 554	169 699	161 409	139 746	138 673	139 093	142 619	148 709
6	Consumption of fixed capital	24 715	25 271	23 894	22 247	21 835	21 830	23 048	23 658
7	Net national income at market prices	135 839	144 428	137 515	117 499	116 838	117 263	119 571	125 051
8	Net current transfers from the rest of the world	..	..	..	..	..	..	..	..
9	Current transfers receivable from the rest of the world	..	..	..	..	..	..	..	..
10	Current transfers payable to the rest of the world	..	..	..	..	..	..	..	..
11	Net national disposable income	..	..	..	..	..	..	..	..
	SAVING AND NET LENDING / NET BORROWING								
12	Net national disposable income	..	..	..	..	..	..	..	..
13	Final consumption expenditures	111 138	122 395	125 486	113 215	108 884	109 080	108 389	109 290
14	Adj. for change in net equity of households in pension funds	..	..	..	..	..	..	..	..
15	Saving, net	..	..	..	..	..	..	..	..
16	Net capital transfers from the rest of the world	..	..	..	..	..	..	..	..
17	Capital transfers receivable from the rest of the world	..	..	..	..	..	..	..	..
18	Capital transfers payable to the rest of the world	..	..	..	..	..	..	..	..
19	Gross capital formation	55 194	55 353	44 891	31 592	25 540	25 621	27 211	27 378
20	Acquisitions less disposals of non-financial non-produced assets	..	..	..	..	..	..	..	..
21	Consumption of fixed capital	..	..	..	..	..	..	..	..
22	Net lending / net borrowing	..	..	..	..	..	..	..	..
	REAL DISPOSABLE INCOME								
23	Gross domestic product at constant prices, reference year 2005	178 406	187 205	182 320	170 705	170 204	174 955	174 407	174 710
24	Trading gain or loss	..	..	..	..	..	..	..	..
25	Real gross domestic income	..	..	..	..	..	..	..	..
26	Net real primary incomes from the rest of the world	..	..	..	..	..	..	..	..
27	Real primary incomes receivable from the rest of the world	..	..	..	..	..	..	..	..
28	Real primary incomes payable to the rest of the world	..	..	..	..	..	..	..	..
29	Real gross national income at market prices	..	..	..	..	..	..	..	..
30	Net real current transfers from the rest of the world	..	..	..	..	..	..	..	..
31	Real current transfers receivable from the rest of the world	..	..	..	..	..	..	..	..
32	Real current transfers payable to the rest of the world	..	..	..	..	..	..	..	..
33	Real gross national disposable income	..	..	..	..	..	..	..	..
34	Consumption of fixed capital at constant prices	..	..	..	..	..	..	..	..
35	Real net national income at market prices	130 963	136 720	131 101	119 079	121 878	121 263	122 180	126 412
36	Real net national disposable income	..	..	..	..	..	..	..	..

Note: Detailed metadata:http://metalinks.oecd.org/nav1/20150309/a19a

IRELAND

Table 4. Population and employment (persons) and employment (hours worked) by industry
ISIC Rev. 4

		2006	2007	2008	2009	2010	2011	2012	2013
	POPULATION, THOUSAND PERSONS, NATIONAL CONCEPT								
1	Total population	4 269.8	4 400.2	4 496.0	4 539.1	4 559.8	4 577.2	4 590.2	4 601.8
2	Economically active population	..	..	..	..	..	..	..	..
3	Unemployed persons	..	..	..	..	..	..	..	..
4	Total employment	2 053.0	2 142.7	2 129.3	1 962.3	1 882.7	1 849.4	1 838.5	1 881.9
5	Employees	1 718.8	1 780.3	1 757.5	1 616.9	1 564.3	1 546.1	1 535.9	1 556.0
6	Self-employed	334.2	362.5	371.8	345.5	318.4	303.4	302.6	326.0
	TOTAL EMPLOYMENT, THOUSAND PERSONS, DOMESTIC CONCEPT								
7	Agriculture, forestry and fishing	111.2	111.3	115.8	96.7	85.5	83.1	85.9	107.0
8	Industry, including energy	298.8	300.9	290.6	261.8	247.7	242.3	235.8	242.0
9	Manufacturing	264.2	264.8	254.5	230.2	216.5	214.1	210.4	214.4
10	Construction	261.4	271.9	240.9	159.3	121.9	108.4	102.3	102.4
11	Distrib. trade, repairs; transp.; accommod., food serv. activ.	506.0	539.4	537.6	509.2	501.1	488.0	484.2	493.9
12	Information and communication	69.1	69.5	72.0	74.8	75.7	76.9	80.7	81.0
13	Financial and insurance activities	87.8	93.1	96.8	99.4	93.5	93.1	91.6	91.3
14	Real estate activities	9.5	11.1	11.0	9.6	9.4	9.6	10.3	8.6
15	Prof., scientif., techn. activ.; admin., support service activ.	176.7	193.1	192.1	172.4	163.8	168.2	165.6	172.3
16	Public admin.; compulsory s.s.; education; human health	437.2	455.6	470.7	481.4	488.7	482.2	482.2	482.9
17	Other service activities	95.3	96.9	101.6	97.7	95.6	97.6	99.8	100.5
18	**Total employment**	**2 053.0**	**2 142.7**	**2 129.3**	**1 962.3**	**1 882.7**	**1 849.4**	**1 838.5**	**1 881.9**
	EMPLOYEES, THOUSAND PERSONS, DOMESTIC CONCEPT								
19	Agriculture, forestry and fishing	23.5	20.6	21.4	16.5	16.8	18.3	17.9	23.8
20	Industry, including energy	275.4	275.4	263.7	234.9	226.2	223.0	215.4	220.9
21	Manufacturing	242.8	242.0	230.4	205.8	196.8	196.8	192.6	195.5
22	Construction	195.4	198.4	165.3	100.4	73.7	68.4	63.4	61.9
23	Distrib. trade, repairs; transp.; accommod., food serv. activ.	431.1	459.6	458.9	430.0	422.3	411.3	412.3	422.2
24	Information and communication	61.7	61.0	63.5	65.9	65.5	64.8	69.4	68.9
25	Financial and insurance activities	83.9	88.8	92.8	95.3	89.2	88.7	87.4	86.6
26	Real estate activities	6.9	7.9	7.7	6.3	6.3	5.7	6.7	5.7
27	Prof., scientif., techn. activ.; admin., support service activ.	143.5	155.0	152.1	132.1	125.4	128.8	125.9	129.8
28	Public admin.; compulsory s.s.; education; human health	420.8	437.9	452.6	459.9	466.3	461.2	459.6	460.2
29	Other service activities	76.5	75.8	79.3	75.5	72.6	75.9	77.9	75.9
30	**Total employees**	**1 718.8**	**1 780.3**	**1 757.5**	**1 616.9**	**1 564.3**	**1 546.1**	**1 535.9**	**1 556.0**
	SELF-EMPLOYED, THOUSAND PERSONS, DOMESTIC CONCEPT								
31	Agriculture, forestry and fishing	87.7	90.7	94.4	80.1	68.7	64.8	68.0	83.1
32	Industry, including energy	23.4	25.5	26.9	26.8	21.5	19.3	20.4	21.1
33	Manufacturing	21.5	22.8	24.2	24.4	19.7	17.3	17.8	18.9
34	Construction	65.9	73.4	75.6	59.0	48.2	40.0	38.9	40.5
35	Distrib. trade, repairs; transp.; accommod., food serv. activ.	74.9	79.8	78.7	79.2	78.8	76.7	71.9	71.7
36	Information and communication	7.4	8.5	8.5	8.8	10.2	12.1	11.3	12.1
37	Financial and insurance activities	4.0	4.4	4.0	4.1	4.3	4.4	4.2	4.7
38	Real estate activities	2.5	3.3	3.3	3.4	3.1	3.9	3.7	2.9
39	Prof., scientif., techn. activ.; admin., support service activ.	33.2	38.0	40.0	40.3	38.3	39.4	39.7	42.5
40	Public admin.; compulsory s.s.; education; human health	16.3	17.7	18.1	21.5	22.4	21.0	22.7	22.8
41	Other service activities	18.8	21.2	22.3	22.2	22.9	21.7	21.9	24.6
42	**Total self-employed**	**334.2**	**362.5**	**371.8**	**345.5**	**318.4**	**303.4**	**302.6**	**326.0**
	TOTAL EMPLOYMENT, MILLION HOURS, DOMESTIC CONCEPT								
43	Industry, including energy	589.3	596.6	571.9	515.1	478.9	472.2	458.4	470.0
44	Distrib. trade, repairs; transp.; accommod., food serv. activ.	926.8	978.7	964.7	892.4	872.5	848.4	845.1	859.8
45	Financial and insurance activities	167.4	176.6	182.3	187.2	178.7	178.3	175.2	175.6
46	Prof., scientif., techn. activ.; admin., support service activ.	349.1	377.8	375.2	333.1	321.6	326.5	327.9	343.1
47	Public admin.; compulsory s.s.; education; human health	733.7	760.4	782.2	796.7	810.1	796.6	803.3	808.4
48	**Total employment**	**3 857.2**	**3 996.1**	**3 926.1**	**3 555.3**	**3 391.3**	**3 331.0**	**3 319.5**	**3 415.7**
	EMPLOYEES, MILLION HOURS, DOMESTIC CONCEPT								
49	Industry, including energy	539.5	542.2	515.6	461.1	435.3	432.8	416.2	427.0
50	Distrib. trade, repairs; transp.; accommod., food serv. activ.	763.4	807.8	799.6	726.5	706.8	687.9	696.1	709.8
51	Financial and insurance activities	159.1	167.5	174.6	179.4	170.6	168.9	166.7	166.3
52	Prof., scientif., techn. activ.; admin., support service activ.	279.6	298.5	293.9	253.7	244.7	248.1	252.7	261.0
53	Public admin.; compulsory s.s.; education; human health	706.2	731.7	753.7	761.5	774.7	764.2	767.7	772.2
54	**Total employees**	**3 136.4**	**3 224.1**	**3 154.2**	**2 855.5**	**2 748.2**	**2 720.0**	**2 717.2**	**2 762.1**
	SELF-EMPLOYED, MILLION HOURS, DOMESTIC CONCEPT								
55	Industry, including energy	49.8	54.4	56.3	54.0	43.6	39.4	42.3	43.0
56	Distrib. trade, repairs; transp.; accommod., food serv. activ.	163.4	171.0	165.1	165.9	165.7	160.5	149.0	150.0
57	Financial and insurance activities	8.3	9.1	7.7	7.8	8.1	9.4	8.6	9.4
58	Prof., scientif., techn. activ.; admin., support service activ.	69.5	79.3	81.3	79.5	77.0	78.4	75.1	82.2
59	Public admin.; compulsory s.s.; education; human health	27.5	28.6	28.5	35.1	35.3	32.3	35.7	36.2
60	**Total self-employed**	**720.8**	**772.0**	**771.9**	**699.8**	**643.2**	**611.0**	**602.3**	**653.6**

Note: Detailed metadata: http://metalinks.oecd.org/nav1/20150309/4298

ISRAEL

Table 1. Gross domestic product, expenditure approach

Million ILS

		2006	2007	2008	2009	2010	2011	2012	2013
	AT CURRENT PRICES								
1	**Final consumption expenditure**	545 192	583 712	623 386	647 648	697 447	740 378	783 556	829 113
2	Household	374 039	407 042	436 079	452 119	489 431	519 220	546 163	577 084
3	NPISH's	9 913	10 533	11 677	12 146	12 494	13 996	15 043	16 084
4	Government	161 241	166 137	175 631	183 384	195 523	207 162	222 350	235 945
5	Individual	75 120	79 368	85 571	90 589	98 275	105 195	114 233	123 763
6	Collective	86 121	86 770	90 060	92 795	97 247	101 967	108 117	112 182
7	*of which:* Actual individual consumption	459 072	496 943	533 327	554 854	600 200	638 411	675 439	716 931
8	**Gross capital formation**	132 466	148 640	148 980	141 226	155 444	188 776	206 465	205 579
9	Gross fixed capital formation, total	126 079	141 923	147 201	146 183	158 957	185 933	201 066	204 245
10	Dwellings	31 633	33 400	38 289	41 494	48 131	56 178	63 250	66 024
11	Other buildings and structures	24 707	26 819	28 196	27 357	30 475	35 454	39 016	43 210
12	Transport equipment	11 869	16 946	13 035	13 675	16 370	15 410	13 807	15 705
13	Other machinery and equipment	..	..	..	..	..	..	..	..
14	Cultivated assets	246	254	244	482	493	464	525	387
15	Intangible fixed assets	24 267	27 945	29 432	31 478	31 795	33 967	39 301	40 301
16	Changes in inventories, acquisitions less disposals of valuables	..	..	..	..	..	..	..	..
17	Changes in inventories	6 387	6 717	1 779	-4 956	-3 513	2 843	5 398	1 335
18	Acquisitions less disposals of valuables	..	..	..	..	..	..	..	..
19	**External balance of goods and services**	654	-6 556	-4 820	23 061	17 952	-4 536	1 741	14 415
20	Exports of goods and services	278 392	295 902	296 464	271 972	305 179	327 881	359 459	345 418
21	Exports of goods	193 624	208 133	206 677	183 430	210 572	229 799	239 197	223 734
22	Exports of services	84 768	87 769	89 787	88 542	94 607	98 082	120 262	121 684
23	Imports of goods and services	277 738	302 458	301 284	248 911	287 227	332 417	357 710	331 003
24	Imports of goods	210 659	229 713	230 108	180 469	217 492	258 926	276 574	257 955
25	Imports of services	67 079	72 745	71 176	68 442	69 735	73 491	81 144	73 048
26	**Statistical discrepancy**	..	..	..	..	..	..	..	..
27	**Gross domestic product**	678 312	725 796	767 547	811 936	870 843	924 618	991 762	1 049 108
	AT CONSTANT PRICES, REFERENCE YEAR 2005								
28	**Final consumption expenditure**	531 609	563 761	573 343	587 223	611 148	628 604	648 874	670 827
29	Household	364 540	391 861	397 156	406 091	424 818	436 899	450 343	465 373
30	NPISH's	9 321	10 290	10 839	10 955	11 249	11 946	12 274	12 671
31	Government	157 748	161 573	165 326	170 180	175 015	179 695	186 213	192 741
32	Individual	73 078	76 289	78 360	81 934	84 657	87 719	91 160	93 953
33	Collective	84 669	85 268	86 943	88 154	90 243	91 797	94 847	98 614
34	*of which:* Actual individual consumption	446 939	478 448	486 359	498 978	520 730	536 561	553 779	571 993
35	**Gross capital formation**	135 891	147 167	150 908	144 030	161 195	189 573	198 517	198 325
36	Gross fixed capital formation, total	124 675	137 770	144 927	141 218	155 631	178 242	184 013	186 044
37	Dwellings	30 013	30 651	33 783	36 499	41 251	46 242	50 205	50 791
38	Other buildings and structures	23 317	24 320	24 137	23 408	25 262	28 089	29 648	32 062
39	Transport equipment	12 308	18 123	16 091	15 237	19 932	18 734	15 765	19 447
40	Other machinery and equipment	..	..	..	..	..	..	..	..
41	Cultivated assets	236	242	211	419	421	368	394	284
42	Intangible fixed assets	..	..	..	..	..	..	..	..
43	Changes in inventories, acquisitions less disposals of valuables	..	..	..	..	..	..	..	..
44	Changes in inventories	11 216	7 263	3 376	-2 357	-1 449	313	631	348
45	Acquisitions less disposals of valuables	..	..	..	..	..	..	..	..
46	**External balance of goods and services**	652	47	5 509	7 507	8 638	3 446	1 159	3 753
47	Exports of goods and services	272 260	300 529	319 667	281 592	323 999	345 186	348 436	353 727
48	Exports of goods	188 914	208 960	216 154	190 708	221 346	237 474	228 033	225 269
49	Exports of services	83 346	91 566	103 749	91 060	102 876	107 892	121 338	129 772
50	Imports of goods and services	269 365	298 810	305 858	263 602	303 299	335 767	344 017	343 588
51	Imports of goods	204 009	224 567	226 281	193 067	228 860	256 920	262 807	265 081
52	Imports of services	65 356	74 253	79 746	70 952	75 128	79 524	81 943	79 075
53	**Statistical discrepancy (including chaining residual)**	2 243	1 435	7 590	12 629	13 617	6 276	4 151	7 494
54	**Gross domestic product**	670 395	712 409	737 349	751 390	794 598	827 899	852 701	880 400

Note: Detailed metadata:http://metalinks.oecd.org/nav1/20150309/8bd1
Information on data for Israel: http://dx.doi.org/10.1787/888932315602

ISRAEL

Table 2. Gross domestic product, output and income approach
ISIC Rev. 4

Million ILS

		2006	2007	2008	2009	2010	2011	2012	2013
	OUTPUT APPROACH AT CURRENT PRICES								
1	**Total gross value added at basic prices**	606 367	647 393	685 221	726 362	775 003	822 867	887 170	935 185
2	Agriculture, forestry and fishing	10 478	10 714	11 705	14 374	13 277	14 423	13 344	13 131
3	Industry, including energy	116 042	124 822	125 960	128 928	134 567	144 277	157 451	170 748
4	Manufacturing	102 289	111 691	112 116	112 563	117 826	130 845	144 586	148 577
5	Construction	27 528	29 651	32 870	34 105	38 828	44 398	49 786	51 985
6	Services	..	..	..	..	..	..	..	..
7	Distrib. trade, repairs; transp.; accommod., food serv. activ.	82 927	92 391	95 873	92 174	104 807	105 734	120 256	121 875
8	Information and communication	48 483	55 768	66 572	68 401	70 803	69 895	83 065	80 869
9	Financial and insurance activities	32 769	35 685	38 183	41 126	42 380	39 477	40 802	48 195
10	Real estate activities	77 126	86 428	91 994	99 797	115 411	123 043	129 186	136 571
11	Prof., scientif., techn. activ.; admin., support service activ.	71 456	68 860	70 238	83 735	82 862	97 708	98 041	104 812
12	Public admin.; compulsory s.s.; education; human health	117 074	120 278	127 801	136 045	144 425	155 718	166 573	176 613
13	Other service activities	22 485	22 797	24 025	27 678	27 642	28 194	28 665	30 384
14	FISIM (Financial Intermediation Services Indirectly Measured)	..	..	..	..	..	..	..	..
15	**Gross value added at basic prices, excluding FISIM**	606 367	647 393	685 221	726 362	775 003	822 867	887 170	935 185
16	**Taxes less subsidies on products**	71 945	78 403	82 324	85 574	95 844	101 753	104 589	113 917
17	Taxes on products	74 390	81 109	84 642	87 834	98 093	104 407	107 156	116 342
18	Subsidies on products	2 445	2 706	2 319	2 260	2 249	2 654	2 567	2 424
19	**Residual item**	..	..	..	..	..	..	..	..
20	**Gross domestic product at market prices**	678 312	725 796	767 545	811 936	870 847	924 620	991 759	1 049 102
	OUTPUT APPROACH AT CONSTANT PRICES (REF. YEAR 2005)								
21	**Total gross value added at basic prices**	594 387	630 110	649 920	662 612	698 616	726 918	749 948	774 291
22	Agriculture, forestry and fishing	10 032	9 839	9 835	11 410	10 298	11 463	12 794	11 706
23	Industry, including energy	114 783	122 934	126 500	124 631	139 058	136 730	135 400	145 634
24	Manufacturing	101 442	108 696	111 573	106 762	119 421	119 361	122 950	126 821
25	Construction	25 985	26 978	28 831	29 802	33 155	37 008	39 510	40 020
26	Services	..	..	..	..	..	..	..	..
27	Distrib. trade, repairs; transp.; accommod., food serv. activ.	81 323	87 819	91 427	89 761	97 021	99 353	101 847	100 848
28	Information and communication	49 956	56 109	64 301	66 619	68 078	64 889	69 508	75 596
29	Financial and insurance activities	34 494	36 412	33 862	35 063	35 728	34 354	34 160	35 077
30	Real estate activities	72 788	76 406	77 567	78 495	82 498	84 787	86 583	89 792
31	Prof., scientif., techn. activ.; admin., support service activ.	70 332	74 326	74 149	77 585	84 985	108 048	119 304	124 101
32	Public admin.; compulsory s.s.; education; human health	114 334	118 346	122 414	125 982	125 533	127 254	127 446	129 224
33	Other service activities	21 912	23 451	24 272	26 173	27 196	29 549	30 742	31 090
34	FISIM (Financial Intermediation Services Indirectly Measured)	..	..	..	..	..	..	..	..
35	**Gross value added at basic prices, excluding FISIM**	594 387	630 110	649 920	662 612	698 616	726 918	749 948	774 291
36	**Taxes less subsidies on products**	73 240	78 275	81 239	82 436	88 055	92 031	94 661	97 906
37	Taxes on products	75 591	80 787	83 847	85 082	90 881	94 985	97 700	101 048
38	Subsidies on products	2 351	2 512	2 608	2 646	2 826	2 954	3 038	3 143
39	**Residual item**	-20	-31	-41	-35	-56	-65	-63	-68
40	**Gross domestic product at market prices**	667 607	708 354	731 118	745 013	786 615	818 884	844 547	872 129
	INCOME APPROACH								
41	**Compensation of employees**	322 442	345 908	369 173	373 273	398 976	428 105	452 593	..
42	Agriculture, forestry and fishing	4 848	5 213	5 444	5 543	5 796	6 304	6 548	..
43	Industry, including energy	61 090	65 334	68 238	67 701	71 492	75 815	77 956	..
44	Manufacturing	54 578	58 936	61 628	60 857	64 163	68 029	69 619	..
45	Construction	14 671	15 930	16 753	16 961	18 422	21 069	22 372	..
46	Distrib. trade, repairs; transp.; accommod., food serv. activ.	54 821	60 562	65 245	65 236	70 767	76 113	79 207	..
47	Information and communication	26 572	28 111	30 671	31 739	33 260	36 077	39 093	..
48	Financial and insurance activities	18 169	19 221	20 923	19 852	21 965	23 042	23 492	..
49	Real estate activities	2 123	2 190	2 404	2 371	2 707	3 013	3 572	..
50	Prof., scientif., techn. activ.; admin., support service activ.	38 052	42 612	45 116	43 272	46 575	49 278	53 355	..
51	Public admin.; compulsory s.s.; education; human health	84 987	88 258	94 967	99 658	106 435	113 470	121 314	..
52	Other service activities	17 108	18 479	19 410	20 939	21 557	23 925	25 684	..
53	**Wages and salaries**	256 518	278 430	296 787	300 567	319 674	343 882	363 565	..
54	Agriculture, forestry and fishing	3 800	4 098	4 291	4 349	4 538	4 944	5 285	..
55	Industry, including energy	50 365	54 729	56 047	55 588	58 733	62 366	64 483	..
56	Manufacturing	45 565	50 009	51 098	50 420	53 202	56 477	58 352	..
57	Construction	12 900	13 994	14 746	14 984	16 269	18 629	20 239	..
58	Distrib. trade, repairs; transp.; accommod., food serv. activ.	44 967	49 101	52 810	53 730	55 327	59 673	62 209	..
59	Information and communication	20 626	21 671	23 980	24 797	25 853	28 206	29 510	..
60	Financial and insurance activities	15 270	16 575	18 393	17 777	19 759	20 790	21 388	..
61	Real estate activities	1 785	1 888	2 114	2 124	2 436	2 718	2 978	..
62	Prof., scientif., techn. activ.; admin., support service activ.	31 983	36 746	39 660	38 749	41 898	44 463	47 749	..
63	Public admin.; compulsory s.s.; education; human health	66 856	71 090	75 770	79 234	85 105	91 331	98 534	..
64	Other service activities	7 967	8 536	8 978	9 235	9 757	10 761	11 189	..
65	**Gross operating surplus and mixed income**	254 039	267 139	286 404	322 671	341 175	362 188	403 451	..
66	**Taxes less subsidies on production and imports**	96 280	105 738	109 121	113 286	126 079	133 607	137 321	..
67	Taxes on production and imports	103 268	111 430	114 794	119 476	131 763	139 905	144 209	..
68	Subsidies on production and imports	6 988	5 692	5 673	6 190	5 685	6 298	6 888	..
69	**Residual item**	..	..	..	..	..	..	..	..
70	**Gross domestic product**	672 762	718 786	764 697	809 230	866 231	923 900	993 365	..

Note: Detailed metadata: http://metalinks.oecd.org/nav1/20150309/8bd1
Information on data for Israel: http://dx.doi.org/10.1787/888932315602

ISRAEL

Table 3. Disposable income, saving and net lending / net borrowing

Million ILS

		2006	2007	2008	2009	2010	2011	2012	2013
	DISPOSABLE INCOME								
1	Gross domestic product	678 312	725 796	767 547	811 936	870 843	924 618	991 762	1 049 108
2	Net primary incomes from the rest of the world	-3 186	-802	-14 394	-20 010	-19 214	-12 735	-25 082	-22 835
3	Primary incomes receivable from the rest of the world	37 421	44 822	26 298	22 384	23 375	27 838	29 192	29 268
4	Primary incomes payable to the rest of the world	40 607	45 624	40 692	42 394	42 589	40 573	54 274	52 103
5	Gross national income at market prices	675 126	724 994	753 153	791 926	851 629	911 883	966 680	1 026 273
6	Consumption of fixed capital	101 524	107 622	109 099	115 111	116 365	122 828	132 625	136 207
7	Net national income at market prices	573 603	617 373	644 054	676 815	735 264	789 055	834 054	890 065
8	Net current transfers from the rest of the world	33 234	30 117	30 338	28 297	30 730	31 423	31 504	32 703
9	Current transfers receivable from the rest of the world	38 383	35 620	34 037	34 038	36 329	36 274	36 835	37 846
10	Current transfers payable to the rest of the world	5 150	5 503	3 699	5 741	5 599	4 851	5 330	5 143
11	Net national disposable income	606 837	647 490	674 392	705 112	765 994	820 478	865 559	922 768
	SAVING AND NET LENDING / NET BORROWING								
12	Net national disposable income	606 837	647 490	674 392	705 112	765 994	820 478	865 559	922 768
13	Final consumption expenditures	545 192	583 712	623 386	647 648	697 447	740 378	783 556	829 113
14	Adj. for change in net equity of households in pension funds	..	..	..	..	..	..	..	..
15	Saving, net	61 644	63 777	51 005	57 463	68 547	80 100	82 002	93 655
16	Net capital transfers from the rest of the world	3 501	3 375	4 072	3 553	3 661	4 422	2 589	5 842
17	Capital transfers receivable from the rest of the world	3 501	3 375	4 072	3 553	3 661	4 422	2 589	5 842
18	Capital transfers payable to the rest of the world	0	0	0	0	0	0	0	0
19	Gross capital formation	132 466	148 640	148 980	141 226	155 444	188 776	206 465	205 579
20	Acquisitions less disposals of non-financial non-produced assets	..	..	..	..	..	..	..	..
21	Consumption of fixed capital	101 524	107 622	109 099	115 111	116 365	122 828	132 625	136 207
22	Net lending / net borrowing	34 203	26 134	15 196	34 901	33 129	18 574	10 752	30 125
	REAL DISPOSABLE INCOME								
23	Gross domestic product at constant prices, reference year 2005	670 395	712 400	737 349	751 390	794 598	827 899	852 701	880 400
24	Trading gain or loss	-4 041	-10 747	-23 427	-5 795	-14 072	-27 386	-20 613	-19 183
25	Real gross domestic income	666 354	701 663	713 923	745 594	780 527	800 513	832 088	861 217
26	Net real primary incomes from the rest of the world	-3 136	-778	-13 478	-18 555	-17 373	-11 156	-21 349	-19 093
27	Real primary incomes receivable from the rest of the world	36 835	43 457	24 624	20 757	21 136	24 386	24 847	24 472
28	Real primary incomes payable to the rest of the world	39 971	44 235	38 102	39 312	38 509	35 542	46 195	43 565
29	Real gross national income at market prices	663 218	700 880	700 476	727 102	763 199	789 345	810 843	842 186
30	Net real current transfers from the rest of the world	32 713	29 200	28 407	26 240	27 786	27 527	26 815	27 344
31	Real current transfers receivable from the rest of the world	37 782	34 535	31 871	31 564	32 849	31 776	31 352	31 644
32	Real current transfers payable to the rest of the world	5 069	5 335	3 464	5 323	5 063	4 249	4 537	4 300
33	Real gross national disposable income	695 931	730 090	728 896	753 376	791 019	816 916	837 720	869 602
34	Consumption of fixed capital at constant prices	101 129	104 791	108 765	111 678	114 843	118 666	122 130	125 325
35	Real net national income at market prices	562 089	596 055	591 712	615 329	648 106	670 408	688 463	716 444
36	Real net national disposable income	594 803	625 279	620 145	641 655	675 980	698 055	715 442	743 976

Note: Detailed metadata:http://metalinks.oecd.org/nav1/20150309/d71c
Information on data for Israel: http://dx.doi.org/10.1787/888932315602

ISRAEL

Table 4. Population and employment (persons) and employment (hours worked) by industry
ISIC Rev. 4

		2006	2007	2008	2009	2010	2011	2012	2013
	POPULATION, THOUSAND PERSONS, NATIONAL CONCEPT								
1	Total population	7 088.4	7 218.5	7 351.1	7 482.1	7 620.8	7 763.1	7 905.7	8 056.0
2	Economically active population	3 008.1	3 095.1	3 146.8	3 255.7	3 326.3	3 416.7	3 606.0	3 677.8
3	Unemployed persons	236.5	210.3	178.4	229.6	205.6	196.6	247.1	228.3
4	Total employment	2 771.5	2 884.8	2 968.4	3 026.0	3 120.7	3 220.0	3 359.0	3 449.5
5	Employees	2 428.8	2 540.3	2 613.4	2 661.2	2 743.4	2 834.3	2 932.6	3 015.1
6	Self-employed	342.8	344.5	354.9	364.8	377.3	385.7	426.4	434.4
	TOTAL EMPLOYMENT, THOUSAND PERSONS, DOMESTIC CONCEPT								
7	Agriculture, forestry and fishing	65.3	67.1	71.5	67.4	64.6	62.4	69.6	75.9
8	Industry, including energy	395.7	410.1	423.4	416.1	421.6	428.5	428.0	430.8
9	Manufacturing	367.5	384.7	393.7	387.0	388.4	395.4	398.8	398.4
10	Construction	187.7	208.8	216.6	212.4	228.9	231.0	236.4	257.4
11	Distrib. trade, repairs; transp.; accommod., food serv. activ.	606.7	634.1	672.8	664.3	690.6	711.2	744.3	758.0
12	Information and communication	146.8	148.2	151.2	160.9	163.3	170.8	166.9	170.7
13	Financial and insurance activities	89.8	96.9	102.9	112.4	118.6	120.0	117.4	121.9
14	Real estate activities	18.5	17.1	19.0	22.7	22.8	23.4	25.5	29.0
15	Prof., scientif., techn. activ.; admin., support service activ.	333.8	361.1	371.1	395.1	408.8	405.4	419.3	435.4
16	Public admin.; compulsory s.s.; education; human health	929.6	955.8	974.9	995.1	1 022.6	1 074.0	1 143.6	1 169.0
17	Other service activities	229.8	233.1	241.2	264.5	270.0	287.1	304.2	305.1
18	**Total employment**	3 003.7	3 132.3	3 244.8	3 310.9	3 411.9	3 513.8	3 655.2	3 753.4
	EMPLOYEES, THOUSAND PERSONS, DOMESTIC CONCEPT								
19	Agriculture, forestry and fishing	47.0	52.0	53.1	52.6	50.2	48.8	53.1	57.8
20	Industry, including energy	380.2	389.6	397.7	377.8	387.8	411.7	409.7	412.8
21	Manufacturing	352.5	364.6	368.2	348.9	355.0	379.1	381.3	381.7
22	Construction	158.5	179.7	183.9	178.4	193.4	195.0	199.3	218.3
23	Distrib. trade, repairs; transp.; accommod., food serv. activ.	499.9	529.4	569.7	572.2	592.5	609.5	633.9	651.5
24	Information and communication	135.7	135.0	139.6	150.4	151.4	156.3	152.1	155.8
25	Financial and insurance activities	81.9	88.3	95.9	105.8	110.1	111.2	109.6	111.5
26	Real estate activities	12.6	12.0	13.1	14.5	15.7	14.2	15.2	17.7
27	Prof., scientif., techn. activ.; admin., support service activ.	271.0	295.3	307.6	319.8	331.4	327.5	335.9	347.7
28	Public admin.; compulsory s.s.; education; human health	882.8	912.6	925.6	950.0	976.3	1 020.1	1 074.5	1 098.8
29	Other service activities	189.8	192.2	201.8	222.8	223.8	231.8	243.5	244.6
30	**Total employees**	2 659.5	2 786.2	2 888.1	2 944.4	3 032.8	3 126.1	3 226.9	3 316.5
	SELF-EMPLOYED, THOUSAND PERSONS, DOMESTIC CONCEPT								
31	Agriculture, forestry and fishing	18.3	15.1	18.4	14.7	14.3	13.6	16.4	18.1
32	Industry, including energy	15.4	20.5	25.7	38.3	33.9	16.8	18.3	18.1
33	Manufacturing	15.0	20.2	25.4	38.1	33.3	16.3	17.4	16.7
34	Construction	29.1	29.0	32.7	34.0	35.5	36.1	37.1	39.1
35	Distrib. trade, repairs; transp.; accommod., food serv. activ.	106.8	104.7	103.1	92.1	98.0	101.7	110.4	106.5
36	Information and communication	11.1	13.2	11.6	10.5	11.9	14.5	14.8	14.9
37	Financial and insurance activities	7.9	8.6	7.1	6.6	8.5	8.8	7.9	10.4
38	Real estate activities	5.8	5.1	5.9	8.1	7.1	9.2	10.2	11.3
39	Prof., scientif., techn. activ.; admin., support service activ.	62.8	65.8	63.6	75.4	77.4	77.9	83.4	87.8
40	Public admin.; compulsory s.s.; education; human health	46.9	43.3	49.2	45.1	46.3	53.9	69.2	70.2
41	Other service activities	40.0	40.9	39.4	41.7	46.2	55.4	60.8	60.4
42	**Total self-employed**	344.2	346.1	356.7	366.5	379.1	387.7	428.3	436.8
	TOTAL EMPLOYMENT, MILLION HOURS, DOMESTIC CONCEPT								
43	Industry, including energy	813.0	844.2	862.2	835.3	845.9	855.4	850.1	844.1
44	Distrib. trade, repairs; transp.; accommod., food serv. activ.	1 244.5	1 312.1	1 375.6	1 354.8	1 404.5	1 431.9	1 467.1	1 481.1
45	Financial and insurance activities	174.0	189.3	201.0	218.2	236.9	235.9	224.3	233.5
46	Prof., scientif., techn. activ.; admin., support service activ.	652.0	711.1	733.2	781.6	807.1	791.4	812.0	835.4
47	Public admin.; compulsory s.s.; education; human health	1 622.6	1 667.7	1 695.1	1 750.8	1 798.7	1 910.6	2 015.1	2 050.3
48	**Total employment**	5 830.7	6 121.7	6 324.2	6 455.0	6 636.6	6 809.2	6 984.4	7 131.6
	EMPLOYEES, MILLION HOURS, DOMESTIC CONCEPT								
49	Industry, including energy	781.3	802.2	810.7	759.0	778.4	822.2	814.4	809.4
50	Distrib. trade, repairs; transp.; accommod., food serv. activ.	996.1	1 065.1	1 133.2	1 145.1	1 179.5	1 203.5	1 215.2	1 244.1
51	Financial and insurance activities	157.7	169.8	186.1	205.0	219.1	218.0	208.1	213.5
52	Prof., scientif., techn. activ.; admin., support service activ.	527.4	576.1	605.1	625.9	649.7	636.8	645.8	667.3
53	Public admin.; compulsory s.s.; education; human health	1 547.0	1 599.0	1 619.6	1 685.3	1 734.2	1 826.0	1 906.3	1 943.1
54	**Total employees**	5 138.9	5 412.1	5 596.0	5 723.1	5 881.9	6 046.0	6 153.1	6 301.0
	SELF-EMPLOYED, MILLION HOURS, DOMESTIC CONCEPT								
55	Industry, including energy	31.6	42.0	51.5	76.3	67.4	33.2	35.7	34.7
56	Distrib. trade, repairs; transp.; accommod., food serv. activ.	248.5	247.0	242.4	209.7	225.0	228.4	251.9	237.1
57	Financial and insurance activities	16.2	19.4	14.9	13.2	17.9	17.9	16.2	20.0
58	Prof., scientif., techn. activ.; admin., support service activ.	124.6	135.1	128.1	155.7	157.4	154.6	166.2	168.1
59	Public admin.; compulsory s.s.; education; human health	75.6	68.7	75.4	65.5	64.6	84.6	108.8	107.2
60	**Total self-employed**	691.7	709.5	728.2	731.8	754.7	763.2	831.4	830.5

Note: Detailed metadata: http://metalinks.oecd.org/nav1/20150309/c367
Information on data for Israel: http://dx.doi.org/10.1787/888932315602

ITALY

Table 1. Gross domestic product, expenditure approach

Million EUR (1999 ITL euro)

		2006	2007	2008	2009	2010	2011	2012	2013
	AT CURRENT PRICES								
1	**Final consumption expenditure**	1 223 118	1 259 002	1 290 306	1 278 950	1 307 760	1 329 508	1 311 072	1 294 177
2	Household	913 941	945 672	965 030	945 828	971 333	999 772	986 483	970 404
3	NPISH's	8 282	8 498	8 144	8 689	8 779	8 819	8 924	8 957
4	Government	300 894	304 833	317 133	324 433	327 648	320 918	315 665	314 816
5	Individual	177 077	180 614	186 411	190 896	192 135	187 290	184 579	183 669
6	Collective	123 817	124 219	130 722	133 537	135 513	133 628	131 086	131 147
7	*of which:* Actual individual consumption	1 099 301	1 134 783	1 159 584	1 145 413	1 172 247	1 195 880	1 179 986	1 163 030
8	**Gross capital formation**	339 021	357 085	355 504	305 022	329 530	335 062	302 259	287 836
9	Gross fixed capital formation, total	332 742	347 176	346 691	314 360	320 002	321 837	303 489	288 609
10	Dwellings	88 708	93 482	95 149	87 912	89 549	86 203	82 250	78 322
11	Other buildings and structures	90 326	92 941	91 629	83 759	80 058	83 980	80 520	74 616
12	Transport equipment	22 513	23 058	23 796	18 633	18 268	19 292	18 435	18 836
13	Other machinery and equipment	..	..	..	..	..	..	..	..
14	Cultivated assets	752	690	612	647	677	689	678	673
15	Intangible fixed assets	37 435	39 539	41 220	41 212	41 532	41 290	41 545	41 201
16	Changes in inventories, acquisitions less disposals of valuables	6 279	9 908	8 812	-9 338	9 529	13 225	-1 230	-773
17	Changes in inventories	4 106	7 672	6 845	-10 893	7 288	10 913	-3 478	-2 840
18	Acquisitions less disposals of valuables	2 173	2 236	1 967	1 555	2 241	2 312	2 248	2 068
19	**External balance of goods and services**	-12 950	-5 782	-12 876	-10 317	-31 596	-25 713	14 673	36 891
20	Exports of goods and services	406 133	441 455	440 102	353 529	404 148	442 219	460 071	462 296
21	Exports of goods	324 727	356 570	361 323	284 862	328 625	363 867	376 551	377 615
22	Exports of services	81 406	84 885	78 779	68 668	75 523	78 352	83 520	84 680
23	Imports of goods and services	419 084	447 237	452 978	363 846	435 744	467 932	445 397	425 405
24	Imports of goods	335 798	354 763	364 225	285 287	350 355	382 449	360 963	340 815
25	Imports of services	83 286	92 474	88 754	78 559	85 389	85 482	84 434	84 590
26	**Statistical discrepancy**	0	0	0	0	0	0	0	0
27	**Gross domestic product**	1 549 188	1 610 305	1 632 933	1 573 655	1 605 694	1 638 857	1 628 004	1 618 904
	AT CONSTANT PRICES, REFERENCE YEAR 2005								
28	**Final consumption expenditure**	1 189 417	1 200 870	1 193 850	1 180 889	1 193 518	1 188 134	1 147 731	1 121 464
29	Household	890 814	901 132	891 770	877 266	888 254	888 345	852 537	828 550
30	NPISH's	8 084	8 210	7 741	8 220	8 205	8 161	8 138	8 079
31	Government	290 520	291 548	294 368	295 466	297 149	291 749	287 310	285 321
32	Individual	170 966	172 062	172 365	173 978	174 932	172 767	170 795	169 634
33	Collective	119 553	119 485	122 016	121 491	122 221	118 996	116 550	115 723
34	*of which:* Actual individual consumption	1 069 864	1 081 395	1 071 875	1 059 445	1 071 355	1 069 231	1 031 264	1 005 854
35	**Gross capital formation**	331 097	339 395	327 775	277 602	292 768	289 799	256 930	243 233
36	Gross fixed capital formation, total	325 266	330 466	320 295	288 454	286 880	281 306	260 493	246 411
37	Dwellings	86 445	87 669	86 163	78 219	78 185	72 782	68 057	64 328
38	Other buildings and structures	87 974	87 368	82 830	74 480	69 053	69 029	64 411	59 133
39	Transport equipment	22 071	22 281	22 239	17 413	16 116	16 929	15 773	16 433
40	Other machinery and equipment	..	..	..	..	..	..	..	..
41	Cultivated assets	720	668	556	573	550	574	534	508
42	Intangible fixed assets	36 613	37 889	38 776	38 999	37 304	37 043	36 931	36 480
43	Changes in inventories, acquisitions less disposals of valuables	..	..	..	..	..	..	..	..
44	Changes in inventories	..	..	..	..	..	..	..	..
45	Acquisitions less disposals of valuables	1 812	1 721	1 416	1 041	1 310	1 186	1 133	1 027
46	**External balance of goods and services**	-1 507	-1 047	-608	-4 117	-4 972	-2 035	4 784	6 905
47	Exports of goods and services	397 456	422 000	408 953	335 135	374 632	394 060	401 841	404 213
48	Exports of goods	317 273	339 739	334 747	270 914	304 823	323 853	328 910	330 933
49	Exports of services	80 185	82 240	74 093	64 180	69 797	70 207	72 939	73 289
50	Imports of goods and services	397 656	419 023	403 724	351 710	395 295	397 376	365 685	355 780
51	Imports of goods	316 423	329 529	318 586	276 718	317 777	321 458	293 624	283 664
52	Imports of services	81 234	89 632	85 222	75 145	77 784	76 178	72 432	72 587
53	**Statistical discrepancy (including chaining residual)**	1 306	3 506	5 511	-11 520	-13 779	249	33 229	43 300
54	**Gross domestic product**	1 520 313	1 542 725	1 526 529	1 442 854	1 467 534	1 476 147	1 442 674	1 414 902

Note: Detailed metadata:http://metalinks.oecd.org/nav1/20150309/52ce

ITALY

Table 2. Gross domestic product, output and income approach
ISIC Rev. 4

Million EUR (1999 ITL euro)

		2006	2007	2008	2009	2010	2011	2012	2013
	OUTPUT APPROACH AT CURRENT PRICES								
1	**Total gross value added at basic prices**	1 387 889	1 446 519	1 473 827	1 422 428	1 444 426	1 471 728	1 462 787	1 456 803
2	Agriculture, forestry and fishing	30 037	30 432	30 471	28 150	28 417	30 880	31 901	33 699
3	Industry, including energy	280 400	296 524	296 234	259 929	270 579	273 891	264 690	262 619
4	Manufacturing	241 487	256 643	251 913	215 612	228 279	232 204	219 090	216 520
5	Construction	82 411	86 411	88 710	85 055	81 207	82 072	80 448	76 390
6	Services	..	..	..	..	..	..	..	..
7	Distrib. trade, repairs; transp.; accommod., food serv. activ.	282 371	293 742	296 295	286 337	290 228	297 838	296 993	297 151
8	Information and communication	60 889	62 644	62 989	62 556	62 264	61 592	59 628	55 192
9	Financial and insurance activities	71 622	80 768	79 946	73 067	75 910	78 824	78 286	79 143
10	Real estate activities	169 687	175 560	183 352	188 017	189 926	197 188	201 367	204 657
11	Prof., scientif., techn. activ.; admin., support service activ.	126 958	132 050	136 675	132 672	135 963	138 145	140 015	139 071
12	Public admin.; compulsory s.s.; education; human health	234 559	237 250	245 499	251 219	252 869	252 171	249 291	248 400
13	Other service activities	48 955	51 136	53 656	55 427	57 065	59 129	60 169	60 482
14	FISIM (Financial Intermediation Services Indirectly Measured)	..	..	..	..	..	..	..	..
15	Gross value added at basic prices, excluding FISIM	1 387 889	1 446 519	1 473 827	1 422 428	1 444 426	1 471 728	1 462 787	1 456 803
16	**Taxes less subsidies on products**	161 299	163 786	159 106	151 227	161 268	167 129	165 217	162 101
17	Taxes on products	173 585	177 091	172 691	167 404	179 295	185 337	186 228	184 730
18	Subsidies on products	12 286	13 305	13 585	16 177	18 027	18 208	21 011	22 629
19	**Residual item**	0	0	0	0	0	0	0	0
20	**Gross domestic product at market prices**	1 549 188	1 610 305	1 632 933	1 573 655	1 605 694	1 638 857	1 628 004	1 618 904
	OUTPUT APPROACH AT CONSTANT PRICES (REF. YEAR 2005)								
21	**Total gross value added at basic prices**	1 370 450	1 392 003	1 380 278	1 303 967	1 326 993	1 334 914	1 308 885	1 285 894
22	Agriculture, forestry and fishing	30 049	30 098	30 447	29 952	30 061	30 635	29 810	29 989
23	Industry, including energy	278 945	285 569	278 554	234 499	249 991	252 852	245 184	237 870
24	Manufacturing	242 104	249 411	241 314	198 718	216 263	220 622	211.769	205 922
25	Construction	80 514	80 669	78 331	72 124	69 437	65 822	62 368	58 727
26	Services	..	..	..	..	..	..	..	..
27	Distrib. trade, repairs; transp.; accommod., food serv. activ.	282 023	288 179	284 115	263 841	269 534	273 910	265 093	259 212
28	Information and communication	62 212	65 530	66 955	67 993	68 963	68 961	68 143	66 185
29	Financial and insurance activities	72 334	77 243	76 865	76 115	80 217	81 933	84 318	84 101
30	Real estate activities	162 557	161 537	163 812	163 922	161 833	164 909	163 612	164 163
31	Prof., scientif., techn. activ.; admin., support service activ.	128 354	130 353	128 420	121 056	123 011	121 691	119 311	117 465
32	Public admin.; compulsory s.s.; education; human health	224 724	223 523	223 376	224 477	224 005	223 499	220 768	218 865
33	Other service activities	48 740	49 763	49 831	50 151	50 862	52 017	52 104	51 111
34	FISIM (Financial Intermediation Services Indirectly Measured)	..	..	..	..	..	..	..	..
35	Gross value added at basic prices, excluding FISIM	1 370 450	1 392 003	1 380 278	1 303 967	1 326 993	1 334 914	1 308 885	1 285 894
36	**Taxes less subsidies on products**	149 863	150 800	146 455	139 068	140 723	141 422	134 259	129 671
37	Taxes on products	163 854	165 040	160 863	153 506	155 322	154 295	147 227	142 717
38	Subsidies on products	13 991	14 273	14 529	14 664	14 827	13 193	13 175	13 138
39	**Residual item**	-1	-78	-204	-181	-182	-190	-470	-663
40	**Gross domestic product at market prices**	1 520 313	1 542 725	1 526 529	1 442 854	1 467 534	1 476 147	1 442 674	1 414 902
	INCOME APPROACH								
41	**Compensation of employees**	594 753	617 212	639 168	634 815	642 342	651 470	650 986	647 963
42	Agriculture, forestry and fishing	7 831	7 860	7 661	7 703	8 041	8 260	8 196	8 260
43	Industry, including energy	144 531	150 500	154 067	143 637	144 524	148 655	148 376	150 258
44	Manufacturing	132 328	138 033	141 331	130 290	131 023	134 790	134 357	136 114
45	Construction	33 921	36 294	37 958	38 290	37 736	37 581	35 680	31 953
46	Distrib. trade, repairs; transp.; accommod., food serv. activ.	110 908	116 401	121 084	122 514	124 364	127 333	129 292	128 914
47	Information and communication	20 810	21 665	22 229	23 287	23 287	23 340	23 529	24 116
48	Financial and insurance activities	35 188	37 041	37 590	36 102	36 467	36 899	36 254	35 236
49	Real estate activities	1 978	2 151	2 187	2 301	2 357	2 461	2 539	2 507
50	Prof., scientif., techn. activ.; admin., support service activ.	39 134	42 497	45 119	45 951	48 367	50 516	51 490	52 558
51	Public admin.; compulsory s.s.; education; human health	172 303	173 018	179 755	181 903	183 565	182 359	180 224	178 754
52	Other service activities	28 148	29 787	31 517	33 125	33 633	34 068	35 404	35 408
53	**Wages and salaries**	434 412	450 349	466 477	461 819	466 743	473 602	474 044	471 670
54	Agriculture, forestry and fishing	5 991	6 076	5 978	5 983	6 235	6 403	6 296	6 329
55	Industry, including energy	102 901	107 165	110 047	101 944	102 638	105 837	105 881	106 972
56	Manufacturing	94 249	98 313	100 969	92 458	93 044	96 001	95 911	96 929
57	Construction	24 069	25 551	26 784	26 918	26 510	26 535	25 298	22 603
58	Distrib. trade, repairs; transp.; accommod., food serv. activ.	83 488	87 385	91 112	91 712	93 189	95 517	97 197	96 761
59	Information and communication	15 054	15 644	16 116	16 786	16 781	16 904	17 081	17 494
60	Financial and insurance activities	25 369	26 962	26 576	25 565	25 707	25 791	25 708	24 957
61	Real estate activities	1 464	1 593	1 614	1 688	1 726	1 808	1 870	1 847
62	Prof., scientif., techn. activ.; admin., support service activ.	29 002	31 413	33 461	33 984	35 772	37 368	38 164	39 001
63	Public admin.; compulsory s.s.; education; human health	123 223	123 313	128 074	129 421	129 925	128 505	126 658	125 490
64	Other service activities	23 850	25 247	26 714	27 819	28 259	28 933	29 891	30 216
65	**Gross operating surplus and mixed income**	750 758	783 014	793 930	754 053	765 591	782 865	760 024	762 740
66	**Taxes less subsidies on production and imports**	203 677	210 079	199 836	184 787	197 762	204 522	216 994	208 200
67	Taxes on production and imports	227 167	233 713	223 768	213 476	226 085	233 426	248 192	241 581
68	Subsidies on production and imports	23 490	23 634	23 932	28 689	28 323	28 904	31 198	33 381
69	**Residual item**	0	0	0	0	0	0	0	0
70	**Gross domestic product**	1 549 188	1 610 305	1 632 933	1 573 655	1 605 694	1 638 857	1 628 004	1 618 904

Note: Detailed metadata:http://metalinks.oecd.org/nav1/20150309/52ce

ITALY

Table 3. Disposable income, saving and net lending / net borrowing

Million EUR (1999 ITL euro)

		2006	2007	2008	2009	2010	2011	2012	2013
	DISPOSABLE INCOME								
1	Gross domestic product	1 549 188	1 610 305	1 632 933	1 573 655	1 605 694	1 638 857	1 628 004	1 618 904
2	Net primary incomes from the rest of the world	5 322	749	-15 284	-1 676	-4 118	-5 414	-3 390	-2 772
3	Primary incomes receivable from the rest of the world	80 336	87 725	74 861	65 254	60 142	65 080	58 054	57 855
4	Primary incomes payable to the rest of the world	75 014	86 976	90 145	66 930	64 260	70 494	61 444	60 627
5	Gross national income at market prices	1 554 510	1 611 053	1 617 650	1 571 979	1 601 576	1 633 443	1 624 613	1 616 131
6	Consumption of fixed capital	243 882	255 349	266 824	271 972	281 511	291 128	296 570	298 280
7	Net national income at market prices	1 310 628	1 355 704	1 350 826	1 300 007	1 320 065	1 342 315	1 328 043	1 317 851
8	Net current transfers from the rest of the world	-16 272	-17 801	-18 107	-18 388	-19 999	-19 270	-19 514	-18 965
9	Current transfers receivable from the rest of the world	15 371	15 855	14 340	14 410	12 108	14 048	13 882	13 911
10	Current transfers payable to the rest of the world	31 643	33 656	32 447	32 798	32 107	33 318	33 396	32 876
11	Net national disposable income	1 294 355	1 337 904	1 332 719	1 281 619	1 300 068	1 323 044	1 308 528	1 298 886
	SAVING AND NET LENDING / NET BORROWING								
12	Net national disposable income	1 294 355	1 337 904	1 332 719	1 281 619	1 300 068	1 323 044	1 308 528	1 298 886
13	Final consumption expenditures	1 223 118	1 259 002	1 290 306	1 278 950	1 307 760	1 329 508	1 311 072	1 294 177
14	Adj. for change in net equity of households in pension funds	0	0	0	0	0	0	0	0
15	Saving, net	71 237	78 901	42 413	2 670	-7 692	-6 464	-2 543	4 709
16	Net capital transfers from the rest of the world	1 986	2 256	858	512	220	1 108	2 211	3 394
17	Capital transfers receivable from the rest of the world	3 784	3 263	2 223	1 631	1 487	2 741	3 168	4 203
18	Capital transfers payable to the rest of the world	1 798	1 007	1 365	1 119	1 267	1 633	957	809
19	Gross capital formation	339 021	357 085	355 504	305 022	329 530	335 062	302 259	287 836
20	Acquisitions less disposals of non-financial non-produced assets	380	505	1 037	294	73	48	-1 790	3 383
21	Consumption of fixed capital	243 882	255 349	266 824	271 972	281 511	291 128	296 570	298 280
22	Net lending / net borrowing	-22 295	-21 084	-46 446	-30 163	-55 563	-49 338	-4 231	15 164
	REAL DISPOSABLE INCOME								
23	Gross domestic product at constant prices, reference year 2005	1 520 310	1 542 725	1 526 529	1 442 854	1 467 534	1 476 147	1 442 674	1 414 902
24	Trading gain or loss	-12 405	-7 988	-16 854	5 966	-9 961	-21 110	-25 917	-19 246
25	Real gross domestic income	1 507 908	1 534 737	1 509 675	1 448 820	1 457 574	1 455 036	1 416 757	1 395 657
26	Net real primary incomes from the rest of the world	5 180	714	-14 130	-1 543	-3 738	-4 807	-2 950	-2 390
27	Real primary incomes receivable from the rest of the world	78 195	83 608	69 210	60 078	54 594	57 780	50 521	49 877
28	Real primary incomes payable to the rest of the world	73 015	82 894	83 341	61 621	58 332	62 587	53 471	52 267
29	Real gross national income at market prices	1 513 088	1 535 450	1 495 546	1 447 277	1 453 835	1 450 230	1 413 806	1 393 266
30	Net real current transfers from the rest of the world	-15 838	-16 966	-16 740	-16 929	-18 154	-17 109	-16 982	-16 350
31	Real current transfers receivable from the rest of the world	14 961	15 111	13 258	13 267	10 991	12 472	12 081	11 993
32	Real current transfers payable to the rest of the world	30 800	32 077	29 998	30 196	29 145	29 581	29 063	28 342
33	Real gross national disposable income	1 497 249	1 518 485	1 478 805	1 430 348	1 435 683	1 433 120	1 396 823	1 376 916
34	Consumption of fixed capital at constant prices	238 441	243 327	247 276	250 083	251 959	254 463	255 524	256 009
35	Real net national income at market prices	1 275 705	1 292 084	1 248 862	1 196 880	1 198 293	1 191 756	1 155 718	1 136 119
36	Real net national disposable income	1 259 865	1 275 119	1 232 122	1 179 951	1 180 141	1 174 646	1 138 735	1 119 769

Note: Detailed metadata:http://metalinks.oecd.org/nav1/20150309/c442

ITALY

Table 4. Population and employment (persons) and employment (hours worked) by industry
ISIC Rev. 4

		2006	2007	2008	2009	2010	2011	2012	2013
	POPULATION, THOUSAND PERSONS, NATIONAL CONCEPT								
1	Total population	58 428.4	58 787.4	59 241.9	59 578.3	59 829.6	60 060.0	60 339.1	60 646.4
2	Economically active population	..	..	..	..	..	..	..	..
3	Unemployed persons	..	..	..	..	..	..	..	..
4	Total employment	24 688.9	24 972.0	25 016.7	24 569.3	24 406.8	24 458.1	24 406.1	23 916.0
5	Employees	18 068.0	18 329.0	18 447.0	18 203.0	18 002.0	18 063.5	18 056.3	17 731.3
6	Self-employed	6 620.9	6 643.0	6 569.7	6 366.3	6 404.8	6 394.6	6 349.8	6 184.7
	TOTAL EMPLOYMENT, THOUSAND PERSONS, DOMESTIC CONCEPT								
7	Agriculture, forestry and fishing	1 017.1	985.2	963.4	942.1	959.5	942.2	913.1	883.5
8	Industry, including energy	4 883.0	4 905.9	4 855.8	4 633.3	4 470.2	4 439.9	4 367.3	4 296.6
9	Manufacturing	4 572.1	4 598.5	4 551.0	4 328.3	4 166.2	4 135.3	4 062.6	3 990.1
10	Construction	1 894.8	1 960.7	1 966.1	1 945.3	1 911.9	1 867.6	1 774.4	1 614.6
11	Distrib. trade, repairs; transp.; accommod., food serv. activ.	6 117.3	6 223.1	6 254.2	6 150.3	6 133.1	6 187.9	6 219.2	6 065.4
12	Information and communication	605.2	603.2	603.5	609.1	597.3	595.0	596.1	600.4
13	Financial and insurance activities	687.1	707.9	710.3	699.9	690.3	684.7	685.9	669.7
14	Real estate activities	165.9	175.8	174.4	171.5	177.4	180.8	182.8	179.0
15	Prof., scientif., techn. activ.; admin., support service activ.	2 570.6	2 669.9	2 724.8	2 653.9	2 700.6	2 782.3	2 826.3	2 840.7
16	Public admin.; compulsory s.s.; education; human health	4 693.0	4 687.2	4 700.3	4 666.9	4 636.0	4 632.2	4 610.8	4 564.6
17	Other service activities	2 349.8	2 376.0	2 396.4	2 453.2	2 489.4	2 530.1	2 612.8	2 589.6
18	Total employment	24 983.8	25 294.9	25 349.2	24 925.5	24 765.7	24 842.7	24 788.7	24 304.1
	EMPLOYEES, THOUSAND PERSONS, DOMESTIC CONCEPT								
19	Agriculture, forestry and fishing	450.1	440.5	429.4	416.3	424.1	427.6	420.9	412.5
20	Industry, including energy	4 227.5	4 245.3	4 212.5	4 037.1	3 886.9	3 864.0	3 801.3	3 751.2
21	Manufacturing	3 933.6	3 954.0	3 923.2	3 746.4	3 596.5	3 571.4	3 508.4	3 456.8
22	Construction	1 206.5	1 243.5	1 253.5	1 217.7	1 181.5	1 143.9	1 077.2	951.7
23	Distrib. trade, repairs; transp.; accommod., food serv. activ.	3 760.5	3 866.0	3 935.3	3 912.0	3 900.6	3 954.8	4 012.8	3 927.2
24	Information and communication	452.6	460.9	464.6	476.8	466.9	464.8	464.3	468.0
25	Financial and insurance activities	574.6	585.3	589.5	582.8	571.9	566.8	562.9	550.6
26	Real estate activities	64.2	68.3	67.1	69.0	69.1	71.2	73.0	73.2
27	Prof., scientif., techn. activ.; admin., support service activ.	1 400.8	1 481.2	1 533.0	1 511.4	1 537.1	1 592.9	1 618.9	1 642.5
28	Public admin.; compulsory s.s.; education; human health	4 320.7	4 318.8	4 323.8	4 298.8	4 261.8	4 253.8	4 219.4	4 170.5
29	Other service activities	1 899.8	1 929.9	1 961.0	2 022.0	2 042.2	2 085.7	2 159.3	2 139.3
30	Total employees	18 357.3	18 639.7	18 769.7	18 543.9	18 342.1	18 425.5	18 410.3	18 086.7
	SELF-EMPLOYED, THOUSAND PERSONS, DOMESTIC CONCEPT								
31	Agriculture, forestry and fishing	567.0	544.7	534.0	525.8	535.4	514.6	492.2	471.0
32	Industry, including energy	655.5	660.6	643.3	596.2	583.3	575.9	566.0	545.4
33	Manufacturing	638.5	644.5	627.8	581.9	569.7	563.9	554.2	533.3
34	Construction	688.3	717.2	712.6	727.6	730.4	723.7	697.2	662.9
35	Distrib. trade, repairs; transp.; accommod., food serv. activ.	2 356.8	2 357.1	2 318.9	2 238.3	2 232.5	2 233.1	2 206.4	2 138.2
36	Information and communication	152.6	142.3	138.9	132.3	130.4	130.2	131.8	132.4
37	Financial and insurance activities	112.5	122.6	120.8	117.1	118.4	117.9	123.0	119.1
38	Real estate activities	101.7	107.5	107.3	102.5	108.3	109.6	109.8	105.8
39	Prof., scientif., techn. activ.; admin., support service activ.	1 169.8	1 188.7	1 191.8	1 142.5	1 163.5	1 189.4	1 207.4	1 198.2
40	Public admin.; compulsory s.s.; education; human health	372.3	368.4	376.5	368.1	374.2	378.4	391.1	394.1
41	Other service activities	450.0	446.1	435.4	431.2	447.2	444.4	453.5	450.3
42	Total self-employed	6 626.5	6 655.2	6 579.5	6 381.6	6 423.6	6 417.2	6 378.4	6 217.4
	TOTAL EMPLOYMENT, MILLION HOURS, DOMESTIC CONCEPT								
43	Industry, including energy	8 974.5	9 100.0	8 937.8	7 980.4	7 804.7	7 805.0	7 582.7	7 503.9
44	Distrib. trade, repairs; transp.; accommod., food serv. activ.	12 167.9	12 418.7	12 362.9	12 009.0	11 960.9	12 019.7	11 908.1	11 561.7
45	Financial and insurance activities	1 215.8	1 258.1	1 275.7	1 255.8	1 236.6	1 232.7	1 233.5	1 208.5
46	Prof., scientif., techn. activ.; admin., support service activ.	4 550.5	4 696.6	4 807.0	4 640.4	4 779.8	4 910.2	4 966.0	4 989.9
47	Public admin.; compulsory s.s.; education; human health	6 622.9	6 597.5	6 656.6	6 687.6	6 579.1	6 588.0	6 554.5	6 484.0
48	Total employment	45 285.2	45 990.0	45 806.8	44 259.2	44 015.4	44 052.5	43 397.0	42 539.9
	EMPLOYEES, MILLION HOURS, DOMESTIC CONCEPT								
49	Industry, including energy	7 577.7	7 653.2	7 537.9	6 703.0	6 539.8	6 558.7	6 366.4	6 336.3
50	Distrib. trade, repairs; transp.; accommod., food serv. activ.	6 662.2	6 838.3	6 980.3	6 833.1	6 777.8	6 830.9	6 798.3	6 597.7
51	Financial and insurance activities	964.5	988.9	1 008.3	993.8	973.1	973.4	960.8	941.8
52	Prof., scientif., techn. activ.; admin., support service activ.	2 171.7	2 276.8	2 387.4	2 342.1	2 414.4	2 504.3	2 530.2	2 563.8
53	Public admin.; compulsory s.s.; education; human health	6 023.3	5 998.7	6 048.0	6 072.3	5 952.2	5 951.0	5 900.2	5 827.7
54	Total employees	30 318.7	30 783.6	31 022.8	29 969.8	29 636.3	29 756.3	29 351.0	28 807.7
	SELF-EMPLOYED, MILLION HOURS, DOMESTIC CONCEPT								
55	Industry, including energy	1 396.8	1 446.8	1 399.9	1 277.4	1 264.9	1 246.3	1 216.3	1 167.6
56	Distrib. trade, repairs; transp.; accommod., food serv. activ.	5 505.6	5 580.4	5 382.5	5 175.9	5 183.0	5 188.8	5 109.8	4 964.0
57	Financial and insurance activities	251.4	269.2	267.3	262.0	263.5	259.3	272.8	266.6
58	Prof., scientif., techn. activ.; admin., support service activ.	2 378.7	2 419.8	2 419.6	2 298.3	2 365.4	2 405.9	2 435.7	2 426.2
59	Public admin.; compulsory s.s.; education; human health	599.7	598.7	608.6	615.3	626.9	636.9	654.2	656.3
60	Total self-employed	14 966.5	15 206.4	14 784.0	14 289.4	14 379.1	14 296.2	14 046.0	13 732.2

Note: Detailed metadata: http://metalinks.oecd.org/nav1/20150309/39fa

JAPAN

Table 1. Gross domestic product, expenditure approach

Billion JPY

		2006	2007	2008	2009	2010	2011	2012	2013
	AT CURRENT PRICES								
1	**Final consumption expenditure**	385 400	386 915	385 075	376 761	380 996	380 361	385 341	392 323
2	Household	287 423	288 315	286 433	277 220	279 844	277 725	281 143	286 264
3	NPISH's	6 011	5 807	5 622	5 722	6 024	6 520	7 053	7 286
4	Government	91 966	92 793	93 019	93 820	95 129	96 117	97 145	98 774
5	Individual	50 737	51 609	52 388	53 503	54 711	56 179	57 623	58 502
6	Collective	41 229	41 184	40 632	40 317	40 417	39 937	39 522	40 272
7	*of which:* Actual individual consumption	344 171	345 731	344 443	336 445	340 579	340 424	345 819	352 052
8	**Gross capital formation**	114 920	117 387	115 162	92 651	95 625	95 224	99 161	101 439
9	Gross fixed capital formation, total	114 896	115 781	112 462	97 991	96 431	97 107	100 020	104 319
10	Dwellings	19 312	17 771	16 994	13 940	13 221	13 922	14 226	15 943
11	Other buildings and structures	34 283	35 700	34 401	32 939	31 997	31 534	32 354	33 268
12	Transport equipment	10 178	9 725	9 650	8 377	9 104	8 647	10 051	10 339
13	Other machinery and equipment	41 062	42 464	41 008	33 053	32 457	33 784	33 700	34 775
14	Cultivated assets	..	..	..	..	..	..	..	..
15	Intangible fixed assets[1]	10 063	10 122	10 409	9 683	9 652	9 221	9 688	9 993
16	Changes in inventories, acquisitions less disposals of valuables	24	1 606	2 700	-5 340	-806	-1 883	-858	-2 880
17	Changes in inventories	24	1 606	2 700	-5 340	-806	-1 883	-858	-2 880
18	Acquisitions less disposals of valuables	..	..	..	..	..	..	..	..
19	**External balance of goods and services**	6 368	8 673	972	1 727	5 763	-4 274	-9 391	-13 634
20	Exports of goods and services	81 939	91 037	88 770	59 814	73 183	71 298	69 765	77 547
21	Exports of goods	71 631	79 725	77 335	50 857	63 922	62 725	61 442	66 979
22	Exports of services	10 309	11 311	11 435	8 957	9 261	8 573	8 323	10 568
23	Imports of goods and services	75 572	82 363	87 798	58 088	67 410	75 572	79 157	91 181
24	Imports of goods	62 167	67 403	73 307	46 819	55 943	64 341	67 256	77 650
25	Imports of services	13 405	14 960	14 491	11 268	11 476	11 231	11 900	13 532
26	**Statistical discrepancy**	..	..	..	..	..	..	..	..
27	**Gross domestic product**	506 687	512 975	501 209	471 139	482 384	471 311	475 110	480 128
	AT CONSTANT PRICES, REFERENCE YEAR 2005								
28	**Final consumption expenditure**	386 838	390 584	387 717	387 875	397 770	399 774	408 256	416 590
29	Household	288 373	291 280	288 702	286 411	294 115	294 343	300 559	306 712
30	NPISH's	5 972	5 785	5 615	5 932	6 322	6 877	7 511	7 781
31	Government	92 493	93 521	93 403	95 525	97 335	98 537	100 180	102 096
32	Individual	51 187	52 236	53 016	54 270	55 439	56 979	58 563	59 571
33	Collective	41 307	41 288	40 399	41 267	41 907	41 549	41 593	42 504
34	*of which:* Actual individual consumption	345 531	349 297	347 324	346 601	355 858	358 225	366 673	374 095
35	**Gross capital formation**	114 285	116 276	112 803	93 076	97 257	97 398	101 804	103 016
36	Gross fixed capital formation, total	114 272	114 631	109 923	98 282	98 043	99 399	102 787	106 038
37	Dwellings	18 989	17 118	15 964	13 449	12 827	13 419	13 820	15 138
38	Other buildings and structures	33 667	34 423	31 949	31 498	30 708	29 934	30 791	31 199
39	Transport equipment	10 203	9 749	9 666	8 358	9 120	8 742	10 159	10 309
40	Other machinery and equipment	41 488	43 183	42 135	34 909	35 261	37 653	37 736	38 733
41	Cultivated assets	..	..	..	..	..	..	..	..
42	Intangible fixed assets[1]	9 936	9 911	10 047	9 605	9 672	9 326	9 814	10 183
43	Changes in inventories, acquisitions less disposals of valuables	..	..	..	..	..	..	..	..
44	Changes in inventories	30	1 585	2 733	-4 825	-601	-1 758	-801	-2 707
45	Acquisitions less disposals of valuables	..	..	..	..	..	..	..	..
46	**External balance of goods and services**	11 312	16 630	17 611	7 428	17 061	12 908	9 111	8 111
47	Exports of goods and services	79 287	86 184	87 405	66 257	82 399	82 106	81 958	83 211
48	Exports of goods	69 460	75 754	76 637	56 580	72 386	72 566	72 618	72 216
49	Exports of services	9 827	10 435	10 767	9 600	9 992	9 540	9 347	10 927
50	Imports of goods and services	67 975	69 554	69 795	58 829	65 338	69 199	72 847	75 100
51	Imports of goods	55 420	56 454	57 155	47 559	53 767	57 645	60 364	62 198
52	Imports of services	12 555	13 113	12 629	11 333	11 651	11 599	12 579	13 008
53	**Statistical discrepancy (including chaining residual)**	0	177	82	1 192	258	-53	-200	-373
54	**Gross domestic product**	512 434	523 667	518 212	489 571	512 346	510 026	518 971	527 344

Note: Detailed metadata: http://metalinks.oecd.org/nav1/20150309/7553

1. Computer software.

JAPAN

Table 2. Gross domestic product, output and income approach
ISIC Rev. 4

Billion JPY

		2006	2007	2008	2009	2010	2011	2012	2013
	OUTPUT APPROACH AT CURRENT PRICES								
1	**Total gross value added at basic prices**	503 291	509 559	496 705	467 336	478 775	468 964	472 746	476 451
2	Agriculture, forestry and fishing	5 957	5 854	5 700	5 440	5 656	5 426	5 740	5 753
3	Industry, including energy	111 925	114 380	108 680	94 766	105 642	96 138	96 242	96 976
4	Manufacturing	100 268	103 565	98 666	83 351	94 333	87 284	87 948	88 284
5	Construction	29 547	29 385	28 091	26 948	26 198	26 461	26 797	27 914
6	Services	..	..	..	..	..	..	..	..
7	Distrib. trade, repairs; transp.; accommod., food serv. activ.	97 172	96 354	95 494	87 109	89 446	89 989	91 650	92 354
8	Information and communication	26 764	27 181	27 306	26 189	25 978	25 871	25 999	26 645
9	Financial and insurance activities	30 215	30 808	25 082	23 742	23 766	22 430	21 865	21 514
10	Real estate activities	55 365	55 721	56 013	56 879	56 890	56 726	56 505	56 181
11	Prof., scientif., techn. activ.; admin., support service activ.	..	..	..	..	..	..	..	..
12	Public admin.; compulsory s.s.; education; human health	55 617	55 865	55 758	54 722	53 933	54 740	54 694	54 243
13	Other service activities	90 731	94 012	94 580	91 541	91 266	91 183	93 254	94 872
14	FISIM (Financial Intermediation Services Indirectly Measured)	..	..	..	..	..	..	..	..
15	Gross value added at basic prices, excluding FISIM	503 291	509 559	496 705	467 336	478 775	468 964	472 746	476 451
16	Taxes less subsidies on products	2 424	2 257	2 541	1 959	2 254	2 941	2 986	3 740
17	Taxes on products	..	..	..	..	..	..	..	..
18	Subsidies on products	..	..	..	..	..	..	..	..
19	Residual item	972	1 159	1 964	1 844	1 356	-594	-621	-63
20	**Gross domestic product at market prices**	506 687	512 975	501 209	471 139	482 384	471 311	475 110	480 128
	OUTPUT APPROACH AT CONSTANT PRICES (REF. YEAR 2005)								
21	**Total gross value added at basic prices**	510 023	521 008	515 445	482 578	504 375	503 047	510 183	516 429
22	Agriculture, forestry and fishing	6 005	6 386	6 843	6 199	6 140	6 262	6 297	6 468
23	Industry, including energy	116 715	122 403	124 110	101 934	120 784	116 415	116 596	116 923
24	Manufacturing	104 396	110 701	111 581	91 831	109 793	107 021	109 458	109 584
25	Construction	29 415	28 793	26 715	26 185	25 584	25 823	26 233	27 205
26	Services	..	..	..	..	..	..	..	..
27	Distrib. trade, repairs; transp.; accommod., food serv. activ.	96 723	95 143	92 769	85 882	88 943	89 461	91 699	92 209
28	Information and communication	27 339	28 149	28 736	27 884	28 168	28 507	28 801	30 045
29	Financial and insurance activities	31 107	32 803	27 659	27 314	27 968	27 023	27 693	28 946
30	Real estate activities	55 623	56 275	56 738	57 567	58 076	58 694	59 015	59 162
31	Prof., scientif., techn. activ.; admin., support service activ.	..	..	..	..	..	..	..	..
32	Public admin.; compulsory s.s.; education; human health	55 679	56 052	55 849	56 558	56 400	57 454	58 048	57 797
33	Other service activities	91 418	95 205	96 295	91 742	91 705	92 266	94 397	96 260
34	FISIM (Financial Intermediation Services Indirectly Measured)	..	..	..	..	..	..	..	..
35	Gross value added at basic prices, excluding FISIM	510 023	521 008	515 445	482 578	504 375	503 047	510 183	516 429
36	Taxes less subsidies on products	1 870	1 603	1 454	2 063	2 010	2 226	2 216	2 290
37	Taxes on products	..	..	..	..	..	..	..	..
38	Subsidies on products	..	..	..	..	..	..	..	..
39	Residual item	541	1 056	1 313	4 930	5 961	4 754	6 571	8 624
40	**Gross domestic product at market prices**	512 434	523 667	518 212	489 571	512 346	510 026	518 971	527 344
	INCOME APPROACH								
41	**Compensation of employees**	255 539	254 720	255 584	243 172	243 474	245 070	245 810	247 847
42	Agriculture, forestry and fishing	2 132	1 885	1 865	2 000	1 998	2 207	2 157	2 175
43	Industry, including energy	56 447	56 660	57 022	50 775	51 824	52 472	52 126	51 184
44	Manufacturing	52 934	53 059	53 435	47 338	48 397	49 080	48 781	47 940
45	Construction	21 789	22 218	22 715	21 137	20 278	20 428	20 506	20 565
46	Distrib. trade, repairs; transp.; accommod., food serv. activ.	54 511	54 321	55 317	51 055	52 756	52 477	52 668	53 553
47	Information and communication	7 791	7 883	7 907	7 825	8 035	7 869	7 733	7 622
48	Financial and insurance activities	11 084	10 999	10 924	11 105	11 346	11 121	11 293	11 209
49	Real estate activities	3 680	3 754	3 448	3 797	3 749	3 751	3 663	3 653
50	Prof., scientif., techn. activ.; admin., support service activ.	..	..	..	..	..	..	..	..
51	Public admin.; compulsory s.s.; education; human health	40 340	40 366	39 917	39 037	38 366	39 213	39 186	38 529
52	Other service activities	57 765	56 634	56 469	56 441	55 122	55 532	56 479	59 357
53	**Wages and salaries**	217 783	216 644	217 749	206 132	205 929	206 268	205 878	207 344
54	Agriculture, forestry and fishing	..	..	..	..	..	..	..	..
55	Industry, including energy	..	..	..	..	..	..	..	..
56	Manufacturing	..	..	..	..	..	..	..	..
57	Construction	..	..	..	..	..	..	..	..
58	Distrib. trade, repairs; transp.; accommod., food serv. activ.	..	..	..	..	..	..	..	..
59	Information and communication	..	..	..	..	..	..	..	..
60	Financial and insurance activities	..	..	..	..	..	..	..	..
61	Real estate activities	..	..	..	..	..	..	..	..
62	Prof., scientif., techn. activ.; admin., support service activ.	..	..	..	..	..	..	..	..
63	Public admin.; compulsory s.s.; education; human health	..	..	..	..	..	..	..	..
64	Other service activities	..	..	..	..	..	..	..	..
65	**Gross operating surplus and mixed income**	209 329	216 597	203 809	191 001	200 799	189 609	192 771	194 084
66	**Taxes less subsidies on production and imports**	40 848	40 498	39 853	35 122	36 755	37 225	37 149	38 260
67	Taxes on production and imports	43 737	43 254	42 476	38 529	39 864	40 220	40 044	41 317
68	Subsidies on production and imports	2 889	2 756	2 623	3 407	3 110	2 995	2 894	3 056
69	Residual item	972	1 159	1 964	1 844	1 356	-594	-621	-63
70	**Gross domestic product**	506 687	512 975	501 209	471 139	482 384	471 311	475 110	480 128

Note: Detailed metadata:http://metalinks.oecd.org/nav1/20150309/7553

JAPAN

Table 3. Disposable income, saving and net lending / net borrowing

Billion JPY

		2006	2007	2008	2009	2010	2011	2012	2013
	DISPOSABLE INCOME								
1	Gross domestic product	506 687	512 975	501 209	471 139	482 384	471 311	475 110	480 128
2	Net primary incomes from the rest of the world	14 465	17 338	16 793	13 078	12 974	14 675	15 054	17 646
3	Primary incomes receivable from the rest of the world	21 748	26 413	24 920	18 891	18 238	20 382	21 223	24 656
4	Primary incomes payable to the rest of the world	7 284	9 075	8 127	5 813	5 264	5 707	6 169	7 010
5	Gross national income at market prices	521 152	530 313	518 002	484 216	495 359	485 986	490 165	497 774
6	Consumption of fixed capital	103 944	106 409	108 954	107 027	103 779	101 796	100 615	101 871
7	Net national income at market prices	416 236	422 745	407 084	375 345	390 223	384 784	390 171	395 967
8	Net current transfers from the rest of the world	-918	-1 077	-1 103	-1 069	-850	-850	-839	-778
9	Current transfers receivable from the rest of the world	1 765	2 011	2 360	2 055	1 820	1 916	2 112	2 484
10	Current transfers payable to the rest of the world	2 683	3 088	3 464	3 124	2 670	2 767	2 951	3 261
11	Net national disposable income	415 317	421 668	405 981	374 276	389 374	383 934	389 332	395 189
	SAVING AND NET LENDING / NET BORROWING								
12	Net national disposable income	415 317	421 668	405 981	374 276	389 374	383 934	389 332	395 189
13	Final consumption expenditures	385 400	386 915	385 075	376 761	380 996	380 361	385 341	392 323
14	Adj. for change in net equity of households in pension funds	-439	-849	-1 504	-2 029	-1 981	-1 873	-2 071	-2 114
15	Saving, net	29 918	34 753	20 906	-2 485	8 378	3 573	3 991	2 865
16	Net capital transfers from the rest of the world	-553	-473	-559	-465	-434	28	-80	-744
17	Capital transfers receivable from the rest of the world	88	83	65	104	78	596	477	115
18	Capital transfers payable to the rest of the world	641	555	624	570	512	568	557	859
19	Gross capital formation	114 920	117 387	115 162	92 651	95 625	95 224	99 161	101 439
20	Acquisitions less disposals of non-financial non-produced assets	..	..	..	..	..	..	..	..
21	Consumption of fixed capital	103 944	106 409	108 954	107 027	103 779	101 796	100 615	101 871
22	Net lending / net borrowing[1]	19 361	24 461	16 103	13 270	17 454	9 579	4 744	2 491
	REAL DISPOSABLE INCOME								
23	Gross domestic product at constant prices, reference year 2005	512 434	523 667	518 212	489 571	512 346	510 026	518 971	527 344
24	Trading gain or loss	-5 386	-8 856	-16 822	-5 657	-11 025	-17 315	-18 899	-20 899
25	Real gross domestic income	507 047	514 811	501 390	483 914	501 321	492 712	500 071	506 444
26	Net real primary incomes from the rest of the world	14 502	17 435	16 829	13 390	13 474	15 333	15 839	18 559
27	Real primary incomes receivable from the rest of the world	21 795	26 558	24 960	19 346	18 932	21 294	22 326	25 927
28	Real primary incomes payable to the rest of the world	7 293	9 123	8 131	5 956	5 458	5 961	6 486	7 369
29	Real gross national income at market prices	521 555	532 260	518 229	497 306	514 794	508 048	515 915	525 011
30	Net real current transfers from the rest of the world	-919	-1 084	-1 109	-1 099	-902	-920	-894	-833
31	Real current transfers receivable from the rest of the world	1 770	2 027	2 373	2 127	1 944	2 081	2 266	2 684
32	Real current transfers payable to the rest of the world	2 689	3 111	3 482	3 226	2 847	3 001	3 160	3 516
33	Real gross national disposable income	520 656	531 834	519 052	499 646	528 014	526 832	524 378	537 697
34	Consumption of fixed capital at constant prices	..	..	..	..	..	..	..	..
35	Real net national income at market prices	416 904	424 894	407 288	384 208	404 938	401 891	410 429	416 345
36	Real net national disposable income	415 984	423 812	406 184	383 113	404 056	401 003	409 546	415 527

Note: Detailed metadata:http://metalinks.oecd.org/nav1/20150309/291f
1. Including a statistical discrepancy.

JAPAN

Table 4. Population and employment (persons) and employment (hours worked) by industry
ISIC Rev. 4

		2006	2007	2008	2009	2010	2011	2012	2013
	POPULATION, THOUSAND PERSONS, NATIONAL CONCEPT								
1	Total population	127 838.0	127 980.0	128 045.0	128 034.0	128 043.0	127 831.0	127 552.0	127 333.0
2	Economically active population	66 640.0	66 840.0	66 740.0	66 500.0	66 320.0	65 910.0	65 550.0	65 770.0
3	Unemployed persons	2 750.0	2 570.0	2 650.0	3 360.0	3 340.0	3 020.0	2 850.0	2 650.0
4	Total employment	65 802.0	66 083.0	65 768.0	64 761.0	64 484.0	64 358.0	64 368.0	64 741.0
5	Employees	55 556.0	56 088.0	56 090.0	55 454.0	55 468.0	55 531.0	55 688.0	56 146.0
6	Self-employed	10 246.0	9 995.0	9 678.0	9 307.0	9 016.0	8 827.0	8 680.0	8 595.0
	TOTAL EMPLOYMENT, THOUSAND PERSONS, DOMESTIC CONCEPT								
7	Agriculture, forestry and fishing	3 473.0	3 448.0	3 412.0	3 332.0	3 226.0	3 140.0	3 080.0	3 017.0
8	Industry, including energy	11 767.0	11 814.0	11 595.0	10 893.0	10 705.0	10 626.0	10 524.0	10 297.0
9	Manufacturing	11 255.0	11 301.0	11 081.0	10 377.0	10 184.0	10 100.0	9 995.0	9 762.0
10	Construction	5 838.0	5 749.0	5 586.0	5 371.0	5 201.0	5 174.0	5 211.0	5 158.0
11	Distrib. trade, repairs; transp.; accommod., food serv. activ.	15 325.0	15 335.0	15 212.0	15 150.0	15 275.0	15 176.0	15 022.0	15 145.0
12	Information and communication	1 823.0	1 928.0	1 905.0	1 912.0	1 941.0	1 887.0	1 863.0	1 827.0
13	Financial and insurance activities	1 773.0	1 779.0	1 866.0	1 878.0	1 857.0	1 827.0	1 845.0	1 809.0
14	Real estate activities	995.0	1 072.0	1 038.0	1 039.0	1 049.0	1 087.0	1 063.0	1 028.0
15	Prof., scientif., techn. activ.; admin., support service activ.	..	..	..	..	..	..	..	..
16	Public admin.; compulsory s.s.; education; human health	5 610.0	5 582.0	5 535.0	5 571.0	5 606.0	5 617.0	5 646.0	5 678.0
17	Other service activities	19 198.0	19 375.0	19 619.0	19 615.0	19 625.0	19 824.0	20 114.0	20 783.0
18	Total employment	65 802.0	66 083.0	65 768.0	64 761.0	64 484.0	64 358.0	64 368.0	64 741.0
	EMPLOYEES, THOUSAND PERSONS, DOMESTIC CONCEPT								
19	Agriculture, forestry and fishing	887.0	915.0	928.0	964.0	955.0	943.0	925.0	911.0
20	Industry, including energy	10 847.0	10 941.0	10 801.0	10 202.0	10 072.0	10 002.0	9 892.0	9 681.0
21	Manufacturing	10 341.0	10 434.0	10 294.0	9 692.0	9 557.0	9 481.0	9 369.0	9 152.0
22	Construction	4 572.0	4 528.0	4 401.0	4 262.0	4 107.0	4 097.0	4 138.0	4 074.0
23	Distrib. trade, repairs; transp.; accommod., food serv. activ.	13 468.0	13 531.0	13 473.0	13 476.0	13 666.0	13 649.0	13 550.0	13 705.0
24	Information and communication	1 739.0	1 829.0	1 801.0	1 805.0	1 833.0	1 783.0	1 759.0	1 720.0
25	Financial and insurance activities	1 698.0	1 709.0	1 798.0	1 813.0	1 789.0	1 765.0	1 785.0	1 745.0
26	Real estate activities	711.0	763.0	748.0	738.0	742.0	766.0	756.0	738.0
27	Prof., scientif., techn. activ.; admin., support service activ.	..	..	..	..	..	..	..	..
28	Public admin.; compulsory s.s.; education; human health	5 610.0	5 582.0	5 535.0	5 571.0	5 606.0	5 617.0	5 646.0	5 678.0
29	Other service activities	16 024.0	16 291.0	16 606.0	16 622.0	16 699.0	16 911.0	17 236.0	17 894.0
30	Total employees	55 556.0	56 088.0	56 090.0	55 454.0	55 468.0	55 531.0	55 688.0	56 146.0
	SELF-EMPLOYED, THOUSAND PERSONS, DOMESTIC CONCEPT								
31	Agriculture, forestry and fishing	2 586.0	2 533.0	2 484.0	2 368.0	2 271.0	2 197.0	2 155.0	2 106.0
32	Industry, including energy	920.0	873.0	794.0	691.0	633.0	624.0	632.0	616.0
33	Manufacturing	914.0	867.0	787.0	685.0	627.0	619.0	626.0	610.0
34	Construction	1 266.0	1 221.0	1 185.0	1 109.0	1 094.0	1 077.0	1 073.0	1 084.0
35	Distrib. trade, repairs; transp.; accommod., food serv. activ.	1 857.0	1 804.0	1 739.0	1 674.0	1 609.0	1 527.0	1 472.0	1 440.0
36	Information and communication	84.0	99.0	104.0	107.0	108.0	104.0	104.0	107.0
37	Financial and insurance activities	75.0	70.0	68.0	65.0	68.0	62.0	60.0	64.0
38	Real estate activities	284.0	309.0	290.0	301.0	307.0	321.0	307.0	290.0
39	Prof., scientif., techn. activ.; admin., support service activ.	..	..	..	..	..	..	..	..
40	Public admin.; compulsory s.s.; education; human health	0.0	0.0	0.0	0.0	0.0	0.0	0.0	0.0
41	Other service activities	3 174.0	3 084.0	3 013.0	2 993.0	2 926.0	2 913.0	2 878.0	2 889.0
42	Total self-employed	10 246.0	9 995.0	9 678.0	9 307.0	9 016.0	8 827.0	8 680.0	8 595.0
	TOTAL EMPLOYMENT, MILLION HOURS, DOMESTIC CONCEPT								
43	Industry, including energy	..	..	..	..	..	..	..	..
44	Distrib. trade, repairs; transp.; accommod., food serv. activ.	..	..	..	..	..	..	..	..
45	Financial and insurance activities	..	..	..	..	..	..	..	..
46	Prof., scientif., techn. activ.; admin., support service activ.	..	..	..	..	..	..	..	..
47	Public admin.; compulsory s.s.; education; human health	..	..	..	..	..	..	..	..
48	Total employment	..	..	..	..	..	..	..	..
	EMPLOYEES, MILLION HOURS, DOMESTIC CONCEPT								
49	Industry, including energy	21 673.8	21 774.4	21 210.2	18 825.0	19 472.6	19 288.0	19 267.0	18 725.8
50	Distrib. trade, repairs; transp.; accommod., food serv. activ.	24 439.0	24 387.0	24 098.5	23 793.1	24 234.9	24 047.6	23 947.6	24 150.6
51	Financial and insurance activities	3 146.2	3 148.7	3 315.9	3 297.7	3 267.3	3 221.1	3 300.5	3 170.3
52	Prof., scientif., techn. activ.; admin., support service activ.	..	..	..	..	..	..	..	..
53	Public admin.; compulsory s.s.; education; human health	9 895.7	9 876.7	9 646.5	9 522.1	9 576.9	9 672.4	9 716.0	9 557.1
54	Total employees	102 078.6	102 551.3	101 506.1	97 660.0	98 794.1	98 611.9	99 430.9	99 165.1
	SELF-EMPLOYED, MILLION HOURS, DOMESTIC CONCEPT								
55	Industry, including energy	..	..	..	..	..	..	..	..
56	Distrib. trade, repairs; transp.; accommod., food serv. activ.	..	..	..	..	..	..	..	..
57	Financial and insurance activities	..	..	..	..	..	..	..	..
58	Prof., scientif., techn. activ.; admin., support service activ.	..	..	..	..	..	..	..	..
59	Public admin.; compulsory s.s.; education; human health	..	..	..	..	..	..	..	..
60	Total self-employed	..	..	..	..	..	..	..	..

Note: Detailed metadata:http://metalinks.oecd.org/nav1/20150309/4057

KOREA

Table 1. Gross domestic product, expenditure approach

Billion KRW

		2006	2007	2008	2009	2010	2011	2012	2013
	AT CURRENT PRICES								
1	**Final consumption expenditure**	643 408	691 740	740 805	769 589	819 821	873 523	911 938	942 109
2	Household	495 180	529 759	560 688	574 794	615 228	655 109	678 097	694 438
3	NPISH's	14 727	16 670	18 366	20 089	21 485	24 032	29 518	34 473
4	Government	133 501	145 311	161 751	174 706	183 109	194 381	204 324	213 199
5	Individual	65 415 e	70 706	78 941	86 434	89 548	98 284	103 464	..
6	Collective	68 440 e	74 605	82 811	88 272	93 561	96 097	100 860	..
7	*of which:* Actual individual consumption	575 477 e	617 135	657 994	681 316	726 261	777 425	811 078	837 912 e
8	**Gross capital formation**	315 907	339 889	364 687	327 841	405 188	439 236	427 029	414 043
9	Gross fixed capital formation, total	296 970	318 339	346 612	360 697	385 924	403 045	407 307	423 582
10	Dwellings	50 850	51 314	51 056	50 753	46 010	44 828	44 649	53 614
11	Other buildings and structures	114 124	124 211	138 990	149 313	154 518	160 719	156 921	161 917
12	Transport equipment	21 508	24 637	29 459	31 473	34 066	35 781	35 603	36 853
13	Other machinery and equipment	..	..	..	..	..	..	..	..
14	Cultivated assets	380	367	349	352	483	580	337	324
15	Intangible fixed assets	43 864	48 795	53 521	57 036	63 684	69 666	77 323	84 495
16	Changes in inventories, acquisitions less disposals of valuables	18 937	21 550	18 075	-32 856	19 264	36 191	19 722	-9 539
17	Changes in inventories	..	..	..	..	..	..	..	..
18	Acquisitions less disposals of valuables	..	..	..	..	..	..	..	..
19	**External balance of goods and services**	7 547	11 751	-119	53 979	40 299	19 922	38 490	72 314
20	Exports of goods and services	359 046	408 797	551 820	547 634	625 309	742 936	776 062	770 203
21	Exports of goods	315 291	354 932	474 703	479 528	549 897	666 725	690 755	687 831
22	Exports of services	43 755	53 865	77 117	68 107	75 412	76 211	85 308	82 372
23	Imports of goods and services	351 500	397 047	551 939	493 655	585 010	723 014	737 572	697 889
24	Imports of goods	289 461	323 631	453 707	397 129	480 813	618 071	624 344	587 257
25	Imports of services	62 039	73 416	98 231	96 526	104 197	104 942	113 229	110 632
26	**Statistical discrepancy**	-806	-122	-880	299	0	0	0	-171
27	**Gross domestic product**	966 055	1 043 258	1 104 492	1 151 708	1 265 308	1 332 681	1 377 457	1 428 295
	AT CONSTANT PRICES, REFERENCE YEAR 2005								
28	**Final consumption expenditure**	633 379	666 935	681 288	689 951	719 336	739 094	755 694	772 163
29	Household	487 994	512 338	518 796	518 587	541 250	555 991	562 851	570 862
30	NPISH's	14 200	15 446	16 210	17 242	18 044	19 482	23 517	27 263
31	Government	131 185	139 137	146 208	153 871	159 792	163 326	168 837	173 399
32	Individual	..	..	..	..	..	..	..	..
33	Collective	..	..	..	..	..	..	..	..
34	*of which:* Actual individual consumption	565 101 e	592 352 e	602 432 e	608 089 e	634 401 e	654 851 e	669 117 e	683 699 e
35	**Gross capital formation**	310 625	324 701	321 561	288 944	340 498	352 342	344 239	344 180
36	Gross fixed capital formation, total	293 943	308 605	305 979	306 888	323 818	326 504	324 923	338 715
37	Dwellings	49 385	47 660	43 167	42 107	37 044	34 066	33 083	39 511
38	Other buildings and structures	110 629	114 800	114 832	121 397	120 399	117 912	112 915	116 431
39	Transport equipment	21 080	25 092	27 247	28 157	30 746	32 408	32 293	33 576
40	Other machinery and equipment	..	..	..	..	..	..	..	..
41	Cultivated assets	381	373	366	392	486	482	496	506
42	Intangible fixed assets	43 347	47 064	49 232	51 304	55 335	59 161	64 259	68 925
43	Changes in inventories, acquisitions less disposals of valuables	..	..	..	..	..	..	..	..
44	Changes in inventories	..	..	..	..	..	..	..	..
45	Acquisitions less disposals of valuables	..	..	..	..	..	..	..	..
46	**External balance of goods and services**	32 719	4 468	-148 479	-384 496	-276 993	-350 627	-491 790	-638 549
47	Exports of goods and services	379 488	427 517	459 565	458 069	516 232	594 359	624 587	651 228
48	Exports of goods	334 324	375 780	398 408	399 996	453 970	531 505	554 815	579 994
49	Exports of services	45 164	51 714	60 616	57 717	61 810	62 397	69 392	70 818
50	Imports of goods and services	355 232	396 586	409 258	381 609	447 459	511 648	523 946	532 297
51	Imports of goods	290 717	321 401	331 073	307 726	366 518	430 912	439 123	444 182
52	Imports of services	64 514	75 298	78 321	74 100	81 248	80 816	85 129	88 560
53	**Statistical discrepancy (including chaining residual)**	-9 316	24 155	194 756	462 150	342 350	425 808	585 217	751 022
54	**Gross domestic product**	967 407	1 020 261	1 049 126	1 056 549	1 125 191	1 166 617	1 193 360	1 228 816

Note: Detailed metadata:http://metalinks.oecd.org/nav1/20150309/b52f

KOREA

Table 2. Gross domestic product, output and income approach
ISIC Rev. 4

Billion KRW

		2006	2007	2008	2009	2010	2011	2012	2013
	OUTPUT APPROACH AT CURRENT PRICES								
1	Total gross value added at basic prices	871 126	941 872	996 258	1 044 566	1 145 124	1 209 956	1 251 455	1 303 935
2	Agriculture, forestry and fishing	26 036	25 518	24 983	27 033	28 297	30 454	30 775	30 563
3	Industry, including energy	266 267	290 593	303 799	323 520	379 602	405 802	416 467	438 029
4	Manufacturing	242 292	265 627	284 940	300 037	351 771	379 521	388 010	405 527
5	Construction	54 813	57 994	57 618	59 610	58 634	58 587	59 959	64 644
6	Services								
7	Distrib. trade, repairs; transp.; accommod., food serv. activ.	133 744	144 840	155 453	158 661	174 890	183 164	190 378	197 024
8	Information and communication	40 806	41 961	42 364	43 989	45 364	46 827	48 774	50 313
9	Financial and insurance activities	55 741	61 891	64 928	65 352	71 670	77 873	75 809	71 374
10	Real estate activities	75 499	80 210	84 580	88 208	91 042	94 716	98 924	103 257
11	Prof., scientif., techn. activ.; admin., support service activ.	54 583	60 773	67 758	70 188	77 950	83 277	88 828	95 208
12	Public admin.; compulsory s.s.; education; human health	140 144	152 331	166 902	178 719	186 560	196 507	207 232	218 087
13	Other service activities	23 493	25 760	27 874	29 286	31 115	32 749	34 309	35 437
14	FISIM (Financial Intermediation Services Indirectly Measured)	..	..	..	..	..	..	..	..
15	Gross value added at basic prices, excluding FISIM	871 126	941 872	996 258	1 044 566	1 145 124	1 209 956	1 251 455	1 303 935
16	Taxes less subsidies on products	94 928	101 386	108 235	107 142	120 184	122 725	126 001	124 360
17	Taxes on products	97 586 e	104 725 e	111 456 e	110 073 e	123 664	126 306	130 018	128 384
18	Subsidies on products	2 835 e	3 580 e	3 742 e	3 117 e	3 480	3 581	4 016	4 024
19	Residual item	..	..	..	..	..	..	..	..
20	Gross domestic product at market prices	966 055	1 043 258	1 104 492	1 151 708	1 265 308	1 332 681	1 377 457	1 428 295
	OUTPUT APPROACH AT CONSTANT PRICES (REF. YEAR 2005)								
21	Total gross value added at basic prices	872 374	923 288	951 725	961 774	1 023 151	1 059 140	1 083 998	1 117 357
22	Agriculture, forestry and fishing	26 533	27 613	29 159	30 105	28 803	28 241	27 999	29 610
23	Industry, including energy	276 593	298 732	309 684	309 020	349 170	370 366	379 459	391 528
24	Manufacturing	252 865	274 218	284 398	282 979	321 623	342 662	350 800	362 277
25	Construction	54 103	55 449	54 035	55 283	53 245	50 338	49 428	51 208
26	Services								
27	Distrib. trade, repairs; transp.; accommod., food serv. activ.	132 117	139 156	142 884	140 771	152 255	159 503	164 228	168 836
28	Information and communication	41 040	42 131	43 200	44 058	45 472	48 046	50 319	52 206
29	Financial and insurance activities	55 786	61 880	64 755	67 880	69 300	70 336	73 049	75 775
30	Real estate activities	74 607	76 053	78 653	79 408	81 200	83 289	83 109	83 753
31	Prof., scientif., techn. activ.; admin., support service activ.	52 800	56 655	59 229	59 665	62 892	65 283	67 251	70 688
32	Public admin.; compulsory s.s.; education; human health	135 611	141 115	145 125	150 110	154 607	157 398	162 425	166 698
33	Other service activities	23 184	24 833	25 558	25 842	26 840	27 143	27 580	28 043
34	FISIM (Financial Intermediation Services Indirectly Measured)	..	..	..	..	..	..	..	..
35	Gross value added at basic prices, excluding FISIM	872 374	923 288	951 725	961 774	1 023 151	1 059 140	1 083 998	1 117 357
36	Taxes less subsidies on products	95 033	96 973	97 458	95 023	102 263	107 628	109 516	111 614
37	Taxes on products	..	..	..	..	..	..	..	..
38	Subsidies on products	..	..	..	..	..	..	..	..
39	Residual item	0	-1	-57	-248	-223	-152	-154	-155
40	Gross domestic product at market prices	967 407	1 020 261	1 049 126	1 056 549	1 125 191	1 166 617	1 193 360	1 228 816
	INCOME APPROACH								
41	Compensation of employees	426 142	457 914	483 001	500 935	536 350	570 367	599 309	..
42	Agriculture, forestry and fishing	2 954	2 988	3 039	3 672	3 835	4 149	4 244	..
43	Industry, including energy	121 280	130 407	132 790	134 537	150 312	163 208	174 375	..
44	Manufacturing	114 433	122 980	124 828	126 722	142 024	154 527	164 560	..
45	Construction	39 445	41 426	42 631	44 049	44 983	44 998	46 539	..
46	Distrib. trade, repairs; transp.; accommod., food serv. activ.	59 987	63 459	67 981	69 974	75 336	80 069	83 362	..
47	Information and communication	18 208	18 037	18 994	20 015	20 391	22 240	23 072	..
48	Financial and insurance activities	23 557	26 661	26 691	27 816	29 412	30 702	30 155	..
49	Real estate activities	7 036	7 437	8 075	8 518	8 984	9 753	9 476	..
50	Prof., scientif., techn. activ.; admin., support service activ.	36 196	40 135	44 864	46 423	52 343	56 282	60 542	..
51	Public admin.; compulsory s.s.; education; human health	104 467	113 099	122 482	129 914	133 821	140 736	148 500	..
52	Other service activities	13 012	14 267	15 455	16 018	16 935	18 230	19 043	..
53	Wages and salaries	375 921 e	399 997 e	421 988 e	439 564 e	467 508	495 153	519 229	540 556
54	Agriculture, forestry and fishing	..	..	..	..	..	..	..	..
55	Industry, including energy	..	..	..	..	..	..	..	..
56	Manufacturing	..	..	..	..	..	..	..	..
57	Construction	..	..	..	..	..	..	..	..
58	Distrib. trade, repairs; transp.; accommod., food serv. activ.	..	..	..	..	..	..	..	..
59	Information and communication	..	..	..	..	..	..	..	..
60	Financial and insurance activities	..	..	..	..	..	..	..	..
61	Real estate activities	..	..	..	..	..	..	..	..
62	Prof., scientif., techn. activ.; admin., support service activ.	..	..	..	..	..	..	..	..
63	Public admin.; compulsory s.s.; education; human health	..	..	..	..	..	..	..	..
64	Other service activities	..	..	..	..	..	..	..	..
65	Gross operating surplus and mixed income	435 069	471 630	499 767	531 178	595 120	625 067	636 915	..
66	Taxes less subsidies on production and imports	104 843	113 714	121 725	119 595	133 838	137 248	141 233	139 921
67	Taxes on production and imports	107 792	117 375	125 296	122 907	137 470	140 963	145 398	144 109
68	Subsidies on production and imports	2 949	3 661	3 571	3 312	3 632	3 715	4 164	4 189
69	Residual item	0	0	0	0	0	0	0	0
70	Gross domestic product	966 055	1 043 258	1 104 492	1 151 708	1 265 308	1 332 681	1 377 457	1 428 295

Note: Detailed metadata:http://metalinks.oecd.org/nav1/20150309/b52f

KOREA

Table 3. Disposable income, saving and net lending / net borrowing

Billion KRW

		2006	2007	2008	2009	2010	2011	2012	2013
	DISPOSABLE INCOME								
1	Gross domestic product	966 055	1 043 258	1 104 492	1 151 708	1 265 308	1 332 681	1 377 457	1 428 295
2	Net primary incomes from the rest of the world	1 382 e	1 776 e	9 693 e	5 817 e	1 272	7 849	14 139	12 769
3	Primary incomes receivable from the rest of the world	19 621 e	25 922 e	35 478 e	28 523 e	27 794	31 876	35 283	35 341
4	Primary incomes payable to the rest of the world	18 239 e	24 146 e	25 785 e	22 707 e	26 522	24 027	21 144	22 573
5	Gross national income at market prices	981 277 e	1 053 168 e	1 114 949 e	1 153 405 e	1 266 580	1 340 530	1 391 596	1 441 064
6	Consumption of fixed capital	185 191 e	198 282 e	209 007 e	218 571 e	232 133	252 382	267 390	..
7	Net national income at market prices	797 920 e	856 692 e	907 543 e	937 298 e	1 034 447	1 088 148	1 124 206	..
8	Net current transfers from the rest of the world	-4 935 e	-4 790 e	-3 645 e	-4 105 e	-6 125	-5 209	-6 150	-4 539
9	Current transfers receivable from the rest of the world	4 786 e	5 445 e	8 310 e	8 579 e	8 159	9 347	9 642	9 951
10	Current transfers payable to the rest of the world	9 720 e	10 235 e	11 955 e	12 685 e	14 284	14 555	15 792	14 491
11	Net national disposable income	792 062 e	851 255 e	905 130 e	934 349 e	1 028 322	1 082 939	1 118 055	..
	SAVING AND NET LENDING / NET BORROWING								
12	Net national disposable income	792 062 e	851 255 e	905 130 e	934 349 e	1 028 322	1 082 939	1 118 055	..
13	Final consumption expenditures	643 408	691 740	740 805	769 589	819 821	873 523	911 938	942 109
14	Adj. for change in net equity of households in pension funds	..	..	..	..	..	..	..	..
15	Saving, net	147 452 e	158 598 e	166 393 e	167 569 e	208 501	209 417	206 117	..
16	Net capital transfers from the rest of the world	..	..	..	..	13	0	-4	..
17	Capital transfers receivable from the rest of the world	..	..	..	..	..	..	..	..
18	Capital transfers payable to the rest of the world	..	..	..	..	-13	0	5	..
19	Gross capital formation	315 907	339 889	364 687	327 841	405 188	439 236	427 029	..
20	Acquisitions less disposals of non-financial non-produced assets	57 e	24 e	72 e	5 e	85	126	43	..
21	Consumption of fixed capital	185 191 e	198 282 e	209 007 e	218 571 e	232 133	252 382	267 390	..
22	Net lending / net borrowing	8 842 e	13 165 e	-5 635 e	52 692 e	35 374	22 436	46 431	..
	REAL DISPOSABLE INCOME								
23	Gross domestic product at constant prices, reference year 2005	967 407	1 020 261	1 049 126	1 056 549	1 125 191	1 166 617	1 193 360	1 228 816
24	Trading gain or loss	-16 771	-17 448	-47 248	-30 414	-31 257	-59 316	-63 123	-54 604
25	Real gross domestic income	950 636	1 002 813	1 001 878	1 026 135	1 093 934	1 107 300	1 130 238	1 174 212
26	Net real primary incomes from the rest of the world	1 321 e	1 554 e	8 550 e	4 944 e	741 e	6 169 e	11 253 e	10 138 e
27	Real primary incomes receivable from the rest of the world	19 386 e	24 999 e	32 099 e	25 288 e	23 856 e	26 295 e	28 742 e	28 845 e
28	Real primary incomes payable to the rest of the world	18 065 e	23 445 e	23 549 e	20 344 e	23 115 e	20 125 e	17 489 e	18 707 e
29	Real gross national income at market prices	965 615 e	1 012 339 e	1 011 363 e	1 027 647 e	1 095 033 e	1 113 822 e	1 141 839 e	1 184 709 e
30	Net real current transfers from the rest of the world	-4 881 e	-4 628 e	-3 313 e	-3 638 e	-5 297 e	-4 337 e	-5 052 e	-3 745 e
31	Real current transfers receivable from the rest of the world	4 731 e	5 256 e	7 504 e	7 595 e	6 992 e	7 698 e	7 842 e	8 110 e
32	Real current transfers payable to the rest of the world	9 612 e	9 883 e	10 817 e	11 233 e	12 289 e	12 035 e	12 895 e	11 855 e
33	Real gross national disposable income	962 527 e	1 009 613 e	1 006 310 e	1 021 823 e	1 076 588 e	1 096 105 e	1 123 074 e	1 166 726 e
34	Consumption of fixed capital at constant prices	..	..	..	..	..	..	..	..
35	Real net national income at market prices	786 840 e	824 791 e	818 836 e	827 878 e	880 690 e	890 323 e	908 360 e	..
36	Real net national disposable income	781 063 e	819 556 e	816 659 e	825 274 e	875 476 e	886 061 e	903 390 e	..

Note: Detailed metadata:http://metalinks.oecd.org/nav1/20150309/cceb

KOREA

Table 4. Population and employment (persons) and employment (hours worked) by industry
ISIC Rev. 4

		2006	2007	2008	2009	2010	2011	2012	2013
	POPULATION, THOUSAND PERSONS, NATIONAL CONCEPT								
1	Total population	48 371.9	48 597.7	48 948.7	49 182.0	49 410.4	49 779.4	50 004.4	50 219.7
2	Economically active population	..	..	..	..	..	..	..	..
3	Unemployed persons	..	..	..	..	..	..	..	..
4	Total employment	23 150.8	23 432.8	23 577.3	23 505.6	23 828.8	24 244.2	24 680.7	25 066.4
5	Employees	15 550.6	15 970.1	16 206.4	16 453.7	16 970.6	17 397.1	17 712.1	18 194.7
6	Self-employed	7 600.2	7 462.6	7 370.9	7 051.9	6 858.2	6 847.2	6 968.6	6 871.8
	TOTAL EMPLOYMENT, THOUSAND PERSONS, DOMESTIC CONCEPT								
7	Agriculture, forestry and fishing	1 780.9	1 722.9	1 686.1	1 648.2	1 566.4	1 541.7	1 528.0	1 520.1
8	Industry, including energy	4 210.0	4 178.0	4 141.8	4 026.4	4 191.7	4 254.2	4 268.3	4 362.6
9	Manufacturing	4 056.5	4 014.1	3 962.5	3 836.3	4 027.5	4 090.8	4 104.9	4 184.0
10	Construction	1 832.9	1 848.8	1 811.5	1 720.1	1 752.9	1 750.7	1 772.9	1 753.8
11	Distrib. trade, repairs; transp.; accommod., food serv. activ.	6 952.7	6 969.0	6 922.9	6 783.3	6 749.3	6 823.6	6 974.8	7 043.5
12	Information and communication	650.8	633.9	626.8	652.0	667.8	703.0	700.2	692.0
13	Financial and insurance activities	785.6	806.0	821.3	766.0	807.6	845.7	841.6	864.0
14	Real estate activities	499.5	505.2	488.7	500.2	516.8	486.0	485.7	485.1
15	Prof., scientif., techn. activ.; admin., support service activ.	1 499.7	1 655.2	1 730.1	1 787.9	1 906.0	2 047.2	2 144.3	2 195.0
16	Public admin.; compulsory s.s.; education; human health	3 183.7	3 276.0	3 466.3	3 860.8	3 911.6	3 948.2	4 094.1	4 267.3
17	Other service activities	1 755.2	1 837.7	1 881.9	1 760.6	1 758.8	1 844.0	1 870.7	1 883.2
18	**Total employment**	23 151.0	23 432.7	23 577.4	23 505.5	23 828.9	24 244.3	24 680.6	25 066.6
	EMPLOYEES, THOUSAND PERSONS, DOMESTIC CONCEPT								
19	Agriculture, forestry and fishing	160.8	170.3	163.6	172.7	174.5	173.4	153.3	147.3
20	Industry, including energy	3 588.0	3 579.6	3 543.3	3 455.6	3 594.2	3 664.9	3 703.9	3 838.0
21	Manufacturing	3 445.1	3 421.9	3 373.3	3 277.1	3 439.6	3 508.8	3 548.8	3 668.0
22	Construction	1 360.8	1 421.1	1 420.6	1 361.1	1 362.2	1 347.7	1 328.7	1 336.5
23	Distrib. trade, repairs; transp.; accommod., food serv. activ.	3 699.4	3 764.1	3 765.6	3 727.5	3 847.9	3 909.4	3 977.6	4 083.4
24	Information and communication	596.3	585.6	575.7	608.5	608.0	636.2	643.5	638.6
25	Financial and insurance activities	732.4	754.4	778.1	737.2	778.4	812.5	809.6	833.8
26	Real estate activities	303.1	301.6	287.0	313.4	337.9	312.2	320.8	333.6
27	Prof., scientif., techn. activ.; admin., support service activ.	1 339.0	1 497.2	1 552.9	1 610.6	1 723.5	1 880.2	1 958.7	2 007.6
28	Public admin.; compulsory s.s.; education; human health	2 776.1	2 847.1	3 035.7	3 422.6	3 476.7	3 543.2	3 671.8	3 805.7
29	Other service activities	994.6	1 049.2	1 084.0	1 044.5	1 067.1	1 117.3	1 144.2	1 169.9
30	**Total employees**	15 550.6	15 970.1	16 206.4	16 453.7	16 970.6	17 397.1	17 712.1	18 194.7
	SELF-EMPLOYED, THOUSAND PERSONS, DOMESTIC CONCEPT								
31	Agriculture, forestry and fishing	1 620.0	1 552.6	1 522.5	1 475.6	1 391.8	1 368.3	1 374.7	1 372.8
32	Industry, including energy	622.0	598.4	598.5	570.8	597.4	589.4	564.4	524.2
33	Manufacturing	611.5	592.2	589.2	559.2	587.9	582.0	556.1	516.0
34	Construction	472.1	427.7	390.9	359.0	390.7	402.9	444.2	417.3
35	Distrib. trade, repairs; transp.; accommod., food serv. activ.	3 253.3	3 204.9	3 157.3	3 055.8	2 901.4	2 914.2	2 997.2	2 960.3
36	Information and communication	54.5	48.3	51.1	43.5	59.7	66.8	56.7	53.5
37	Financial and insurance activities	53.2	51.5	43.2	28.9	29.2	33.2	31.9	29.8
38	Real estate activities	196.4	203.6	201.7	186.8	178.9	173.8	165.0	151.5
39	Prof., scientif., techn. activ.; admin., support service activ.	160.7	158.0	177.3	177.3	182.5	167.0	186.0	187.5
40	Public admin.; compulsory s.s.; education; human health	407.5	428.9	430.6	438.2	434.8	405.0	422.3	461.6
41	Other service activities	760.6	788.5	797.9	716.1	691.7	726.8	726.5	713.4
42	**Total self-employed**	7 600.2	7 462.6	7 370.9	7 051.9	6 858.2	6 847.2	6 968.6	6 871.8
	TOTAL EMPLOYMENT, MILLION HOURS, DOMESTIC CONCEPT								
43	Industry, including energy	10 418.9	10 154.7	9 714.4	9 551.5	9 977.9	9 710.2	10 135.4	9 835.4
44	Distrib. trade, repairs; transp.; accommod., food serv. activ.	18 132.8	17 918.3	17 375.2	16 778.0	16 225.4	15 835.5	16 647.5	16 198.9
45	Financial and insurance activities	1 733.4	1 739.1	1 763.3	1 716.5	1 739.2	1 722.7	1 795.6	1 715.7
46	Prof., scientif., techn. activ.; admin., support service activ.	3 668.4	3 951.4	4 010.4	4 192.6	4 339.8	4 406.0	4 801.4	4 742.1
47	Public admin.; compulsory s.s.; education; human health	5 985.9	5 946.3	6 234.3	7 019.6	6 826.6	6 582.4	7 140.0	7 185.0
48	**Total employment**	54 310.3	54 040.5	52 944.1	52 465.4	52 105.5	50 658.7	53 375.4	52 118.9
	EMPLOYEES, MILLION HOURS, DOMESTIC CONCEPT								
49	Industry, including energy	8 858.8	8 679.3	8 315.3	8 209.5	8 584.6	8 367.1	8 794.2	8 664.2
50	Distrib. trade, repairs; transp.; accommod., food serv. activ.	9 068.8	9 010.7	8 794.3	8 641.5	8 697.6	8 435.5	8 756.9	8 652.3
51	Financial and insurance activities	1 617.2	1 628.4	1 671.1	1 654.3	1 676.0	1 654.8	1 725.4	1 653.4
52	Prof., scientif., techn. activ.; admin., support service activ.	3 312.2	3 604.6	3 634.9	3 806.4	3 957.9	4 076.7	4 414.8	4 370.9
53	Public admin.; compulsory s.s.; education; human health	5 427.4	5 369.4	5 642.2	6 422.7	6 244.4	6 033.4	6 554.7	6 555.1
54	**Total employees**	36 105.8	36 208.1	35 806.3	36 434.8	36 842.1	35 845.8	37 862.3	37 324.2
	SELF-EMPLOYED, MILLION HOURS, DOMESTIC CONCEPT								
55	Industry, including energy	1 560.1	1 475.4	1 399.0	1 341.9	1 393.3	1 343.2	1 341.2	1 171.2
56	Distrib. trade, repairs; transp.; accommod., food serv. activ.	9 064.0	8 907.6	8 580.9	8 136.4	7 527.9	7 399.9	7 890.5	7 546.5
57	Financial and insurance activities	116.2	110.7	92.1	62.1	63.2	67.9	70.2	62.4
58	Prof., scientif., techn. activ.; admin., support service activ.	356.2	346.8	375.5	386.2	381.9	329.3	386.7	371.2
59	Public admin.; compulsory s.s.; education; human health	558.5	576.9	592.1	596.9	582.3	549.0	585.3	630.0
60	**Total self-employed**	18 204.5	17 832.4	17 137.8	16 030.6	15 263.5	14 812.9	15 513.2	14 794.8

Note: Detailed metadata: http://metalinks.oecd.org/nav1/20150309/73c9

LUXEMBOURG

Table 1. Gross domestic product, expenditure approach

Million EUR (1999 LUF euro)

		2006	2007	2008	2009	2010	2011	2012	2013
	AT CURRENT PRICES								
1	**Final consumption expenditure**	16 595	17 430	18 025	18 670	19 404	20 247	21 204	21 894
2	Household	11 045	11 576	11 803	11 943	12 280	12 739	13 209	13 407
3	NPISH's	421	442	481	511	557	583	620	661
4	Government	5 129	5 412	5 741	6 216	6 567	6 926	7 375	7 826
5	Individual	3 157	3 363	3 529	3 862	4 083	4 278	4 557	4 897
6	Collective	1 973	2 049	2 212	2 354	2 485	2 647	2 819	2 930
7	*of which:* Actual individual consumption	14 623	15 381	15 813	16 316	16 919	17 600	18 386	18 964
8	**Gross capital formation**	6 101	6 867	7 265	5 554	6 741	8 094	7 781	7 452
9	Gross fixed capital formation, total	5 864	6 473	7 280	6 507	6 563	7 640	8 042	7 726
10	Dwellings	955	1 375	1 547	1 218	1 033	1 068	1 312	1 399
11	Other buildings and structures	2 389	2 105	2 365	2 657	2 523	2 971	2 616	2 475
12	Transport equipment	852	1 144	1 371	813	1 162	1 458	1 975	1 757
13	Other machinery and equipment	..	..	..	..	..	..	..	..
14	Cultivated assets	19	10	16	11	7	4	34	8
15	Intangible fixed assets	698	827	806	765	803	884	734	720
16	Changes in inventories, acquisitions less disposals of valuables	237	394	-15	-953	179	454	-261	-274
17	Changes in inventories	224	511	98	-468	400	434	-23	-192
18	Acquisitions less disposals of valuables	13	-117	-113	-485	-221	20	-238	-82
19	**External balance of goods and services**	10 607	11 656	12 233	11 870	13 226	14 069	14 827	15 943
20	Exports of goods and services	58 945	67 274	71 752	60 699	71 124	78 531	84 721	92 080
21	Exports of goods	14 247	14 963	17 635	13 783	16 278	19 111	19 814	21 501
22	Exports of services	44 698	52 311	54 118	46 916	54 846	59 420	64 907	70 580
23	Imports of goods and services	48 338	55 618	59 520	48 829	57 898	64 462	69 894	76 138
24	Imports of goods	16 195	16 402	18 484	14 081	16 363	18 946	18 924	19 246
25	Imports of services	32 143	39 216	41 036	34 748	41 536	45 516	50 970	56 892
26	**Statistical discrepancy**	0	0	0	0	0	0	0	0
27	**Gross domestic product**	33 304	35 953	37 523	36 094	39 371	42 410	43 812	45 288
	AT CONSTANT PRICES, REFERENCE YEAR 2005								
28	**Final consumption expenditure**	16 169	16 526	16 652	16 956	17 363	17 578	18 017	18 502
29	Household	10 765	11 030	10 991	11 057	11 241	11 373	11 517	11 656
30	NPISH's	416	439	487	513	567	582	672	717
31	Government	4 988	5 057	5 176	5 385	5 554	5 623	5 830	6 121
32	Individual	3 062	3 130	3 159	3 307	3 399	3 387	3 490	3 716
33	Collective	1 927	1 927	2 016	2 078	2 155	2 238	2 344	2 405
34	*of which:* Actual individual consumption	14 242	14 599	14 635	14 878	15 206	15 336	15 668	16 091
35	**Gross capital formation**	5 998	6 764	6 973	5 466	6 570	7 756	7 315	6 962
36	Gross fixed capital formation, total	5 775	6 259	6 881	6 042	6 030	6 899	7 062	6 743
37	Dwellings	931	1 304	1 421	1 107	932	937	1 120	1 188
38	Other buildings and structures	2 328	1 997	2 173	2 415	2 276	2 604	2 232	2 102
39	Transport equipment	848	1 168	1 421	830	1 176	1 492	1 910	1 697
40	Other machinery and equipment	..	..	..	..	..	..	..	..
41	Cultivated assets	20	10	16	11	7	3	28	6
42	Intangible fixed assets	669	727	653	581	601	644	529	508
43	Changes in inventories, acquisitions less disposals of valuables	..	..	..	..	..	..	..	..
44	Changes in inventories	213	600	70	-199	145	157	7	60
45	Acquisitions less disposals of valuables	10	-86	-71	-262	-87	7	-70	-24
46	**External balance of goods and services**	9 058	9 918	9 773	9 165	9 388	9 082	9 008	9 419
47	Exports of goods and services	54 296	58 465	62 743	54 789	59 263	62 215	64 047	67 641
48	Exports of goods	13 562	13 528	14 859	12 140	13 458	14 748	15 100	16 314
49	Exports of services	40 734	44 891	47 852	42 662	45 810	47 465	48 948	51 332
50	Imports of goods and services	45 238	48 532	52 975	45 557	49 912	53 337	55 346	58 574
51	Imports of goods	15 853	15 703	16 952	13 554	14 992	16 607	16 173	16 339
52	Imports of services	29 385	32 742	35 906	31 854	34 764	36 614	38 966	41 933
53	**Statistical discrepancy (including chaining residual)**	0	35	7	35	-70	-299	-278	-143
54	**Gross domestic product**	31 225	33 243	33 405	31 623	33 250	34 117	34 062	34 740

Note: Detailed metadata: http://metalinks.oecd.org/nav1/20150309/24f8

LUXEMBOURG

Table 2. Gross domestic product, output and income approach
ISIC Rev. 4

Million EUR (1999 LUF euro)

		2006	2007	2008	2009	2010	2011	2012	2013
	OUTPUT APPROACH AT CURRENT PRICES								
1	Total gross value added at basic prices	29 982	32 222	33 766	32 413	35 548	38 217	39 338	40 460
2	Agriculture, forestry and fishing	114	152	118	93	100	107	139	138
3	Industry, including energy	2 925	3 547	3 208	2 332	2 631	2 789	3 195	2 746
4	Manufacturing	2 402	2 992	2 687	1 764	2 081	2 254	2 195	2 096
5	Construction	1 662	1 769	1 925	1 897	1 943	2 271	2 147	2 185
6	Services	..	..	..	..	..	..	..	..
7	Distrib. trade, repairs; transp.; accommod., food serv. activ.	4 669	4 798	5 750	5 112	5 912	6 944	6 851	7 034
8	Information and communication	1 638	1 480	1 980	1 941	2 123	2 288	2 030	2 050
9	Financial and insurance activities	8 999	9 751	8 870	8 770	9 972	10 063	10 470	10 868
10	Real estate activities	2 651	2 888	2 939	2 950	3 048	3 173	3 251	3 327
11	Prof., scientif., techn. activ.; admin., support service activ.	2 555	2 736	3 522	3 479	3 605	3 947	4 216	4 742
12	Public admin.; compulsory s.s.; education; human health	4 156	4 457	4 772	5 142	5 466	5 816	6 202	6 496
13	Other service activities	614	645	681	698	750	818	837	872
14	FISIM (Financial Intermediation Services Indirectly Measured)	..	..	..	..	..	..	..	..
15	Gross value added at basic prices, excluding FISIM	29 982	32 222	33 766	32 413	35 548	38 217	39 338	40 460
16	Taxes less subsidies on products	3 322	3 731	3 757	3 681	3 822	4 193	4 474	4 829
17	Taxes on products	3 608	4 055	4 097	4 054	4 211	4 597	4 910	5 277
18	Subsidies on products	286	324	341	373	389	404	436	448
19	Residual item	0	0	0	0	0	0	0	0
20	Gross domestic product at market prices	33 304	35 953	37 523	36 094	39 371	42 410	43 812	45 288
	OUTPUT APPROACH AT CONSTANT PRICES (REF. YEAR 2005)								
21	Total gross value added at basic prices	27 995	29 797	29 921	28 187	29 734	30 340	30 171	30 630
22	Agriculture, forestry and fishing	109	116	85	102	94	80	94	88
23	Industry, including energy	2 638	3 020	2 479	2 147	2 296	2 164	2 372	2 094
24	Manufacturing	2 170	2 579	2 094	1 748	1 987	1 851	1 735	1 720
25	Construction	1 628	1 800	1 863	1 813	1 871	2 098	1 870	1 889
26	Services	..	..	..	..	..	..	..	..
27	Distrib. trade, repairs; transp.; accommod., food serv. activ.	4 321	4 507	4 664	4 103	4 313	4 586	4 559	4 671
28	Information and communication	1 717	1 673	2 259	2 267	2 587	2 788	2 465	2 463
29	Financial and insurance activities	7 898	8 623	8 020	7 398	7 995	7 732	7 369	7 393
30	Real estate activities	2 585	2 771	2 808	2 790	2 849	2 902	2 987	3 163
31	Prof., scientif., techn. activ.; admin., support service activ.	2 475	2 449	2 926	2 701	2 732	2 932	3 081	3 347
32	Public admin.; compulsory s.s.; education; human health	4 023	4 184	4 334	4 485	4 642	4 715	4 899	5 055
33	Other service activities	602	610	625	620	651	687	689	695
34	FISIM (Financial Intermediation Services Indirectly Measured)	..	..	..	..	..	..	..	..
35	Gross value added at basic prices, excluding FISIM	27 995	29 797	29 921	28 187	29 734	30 340	30 171	30 630
36	Taxes less subsidies on products	3 230	3 446	3 484	3 443	3 515	3 794	3 924	4 164
37	Taxes on products	3 501	3 720	3 779	3 727	3 823	4 112	4 280	4 587
38	Subsidies on products	271	274	295	284	304	316	351	414
39	Residual item	0	0	0	-7	0	-17	-33	-54
40	Gross domestic product at market prices	31 225	33 243	33 405	31 623	33 250	34 117	34 062	34 740
	INCOME APPROACH								
41	Compensation of employees	15 681	17 200	18 444	18 899	19 647	20 651	21 477	22 680
42	Agriculture, forestry and fishing	39	43	45	49	53	58	62	66
43	Industry, including energy	1 901	1 906	1 990	1 948	1 946	1 990	2 006	2 034
44	Manufacturing	1 677	1 672	1 741	1 682	1 681	1 728	1 734	1 741
45	Construction	1 260	1 413	1 527	1 580	1 563	1 628	1 658	1 700
46	Distrib. trade, repairs; transp.; accommod., food serv. activ.	2 904	3 089	3 365	3 472	3 574	3 786	3 792	4 102
47	Information and communication	720	822	895	926	969	1 054	1 163	1 210
48	Financial and insurance activities	3 212	3 699	3 822	3 791	3 953	4 055	4 249	4 527
49	Real estate activities	54	67	77	83	84	93	108	124
50	Prof., scientif., techn. activ.; admin., support service activ.	1 797	2 130	2 409	2 430	2 570	2 736	2 849	3 036
51	Public admin.; compulsory s.s.; education; human health	3 378	3 593	3 850	4 126	4 415	4 701	5 016	5 271
52	Other service activities	416	439	464	495	520	551	575	610
53	Wages and salaries	13 697	15 013	16 073	16 332	17 021	17 864	18 567	19 627
54	Agriculture, forestry and fishing	35	38	40	43	47	51	55	58
55	Industry, including energy	1 625	1 635	1 698	1 654	1 670	1 722	1 748	1 774
56	Manufacturing	1 427	1 426	1 477	1 417	1 433	1 490	1 509	1 515
57	Construction	1 096	1 232	1 335	1 370	1 357	1 437	1 461	1 499
58	Distrib. trade, repairs; transp.; accommod., food serv. activ.	2 579	2 738	2 989	3 061	3 154	3 327	3 332	3 593
59	Information and communication	644	734	801	820	857	923	1 016	1 059
60	Financial and insurance activities	2 774	3 167	3 231	3 184	3 355	3 414	3 575	3 831
61	Real estate activities	50	61	70	73	76	84	97	113
62	Prof., scientif., techn. activ.; admin., support service activ.	1 621	1 934	2 191	2 172	2 284	2 422	2 514	2 675
63	Public admin.; compulsory s.s.; education; human health	2 893	3 073	3 296	3 506	3 750	3 985	4 249	4 472
64	Other service activities	381	401	423	449	472	499	521	554
65	Gross operating surplus and mixed income	13 868	14 554	14 994	13 226	15 519	17 207	17 517	17 363
66	Taxes less subsidies on production and imports	3 755	4 199	4 085	3 969	4 206	4 552	4 818	5 245
67	Taxes on production and imports	4 298	4 814	4 707	4 616	4 888	5 254	5 597	6 045
68	Subsidies on production and imports	543	615	623	647	683	702	780	800
69	Residual item	0	0	0	0	0	0	0	0
70	Gross domestic product	33 304	35 953	37 523	36 094	39 371	42 410	43 812	45 288

Note: Detailed metadata:http://metalinks.oecd.org/nav1/20150309/24f8

LUXEMBOURG

Table 3. Disposable income, saving and net lending / net borrowing

Million EUR (1999 LUF euro)

		2006	2007	2008	2009	2010	2011	2012	2013
	DISPOSABLE INCOME								
1	**Gross domestic product**	33 304	35 953	37 523	36 094	39 371	42 410	43 812	45 288
2	Net primary incomes from the rest of the world	..	..	..	..	..	..	..	..
3	Primary incomes receivable from the rest of the world	..	..	..	..	..	..	..	..
4	Primary incomes payable to the rest of the world	..	..	..	..	..	..	..	..
5	Gross national income at market prices	24 196	29 177	29 775	23 704	25 727	27 824	28 359	28 763
6	Consumption of fixed capital	3 897	4 130	4 414	4 634	4 735	4 944	5 193	5 522
7	Net national income at market prices	20 299	25 046	25 361	19 070	20 992	22 880	23 166	23 242
8	Net current transfers from the rest of the world	..	..	..	..	..	..	..	..
9	Current transfers receivable from the rest of the world	..	..	..	..	..	..	..	..
10	Current transfers payable to the rest of the world	..	..	..	..	..	..	..	..
11	**Net national disposable income**	..	..	..	..	..	..	..	..
	SAVING AND NET LENDING / NET BORROWING								
12	Net national disposable income	..	..	..	..	..	..	..	..
13	Final consumption expenditures	16 595	17 430	18 025	18 670	19 404	20 247	21 204	21 894
14	Adj. for change in net equity of households in pension funds	..	..	..	..	..	..	..	..
15	**Saving, net**	..	..	..	..	..	..	..	..
16	Net capital transfers from the rest of the world	..	..	..	..	..	..	..	..
17	Capital transfers receivable from the rest of the world	..	..	..	..	..	..	..	..
18	Capital transfers payable to the rest of the world	..	..	..	..	..	..	..	..
19	Gross capital formation	6 101	6 867	7 265	5 554	6 741	8 094	7 781	7 452
20	Acquisitions less disposals of non-financial non-produced assets	..	..	..	..	..	..	..	..
21	Consumption of fixed capital	..	..	..	..	..	..	..	..
22	**Net lending / net borrowing**	..	..	..	..	..	..	..	..
	REAL DISPOSABLE INCOME								
23	**Gross domestic product at constant prices, reference year 2005**	31 225	30 243	33 405	31 623	33 250	34 117	34 062	34 740
24	Trading gain or loss	..	..	..	..	..	..	..	..
25	**Real gross domestic income**	..	..	..	..	..	..	..	..
26	Net real primary incomes from the rest of the world	..	..	..	..	..	..	..	..
27	Real primary incomes receivable from the rest of the world	..	..	..	..	..	..	..	..
28	Real primary incomes payable to the rest of the world	..	..	..	..	..	..	..	..
29	**Real gross national income at market prices**	..	..	..	..	..	..	..	..
30	Net real current transfers from the rest of the world	..	..	..	..	..	..	..	..
31	Real current transfers receivable from the rest of the world	..	..	..	..	..	..	..	..
32	Real current transfers payable to the rest of the world	..	..	..	..	..	..	..	..
33	**Real gross national disposable income**	..	..	..	..	..	..	..	..
34	Consumption of fixed capital at constant prices	..	..	..	..	..	..	..	..
35	**Real net national income at market prices**	19 825	24 004	23 682	17 680	19 199	20 381	20 210	20 161
36	**Real net national disposable income**	..	..	..	..	..	..	..	..

Note: Detailed metadata:http://metalinks.oecd.org/nav1/20150309/bd8c

LUXEMBOURG

Table 4. Population and employment (persons) and employment (hours worked) by industry
ISIC Rev. 4

		2006	2007	2008	2009	2010	2011	2012	2013
	POPULATION, THOUSAND PERSONS, NATIONAL CONCEPT								
1	Total population	472.9	480.7	489.2	498.2	507.5	519.4	531.5	545.3
2	Economically active population	..	..	..	..	..	..	..	..
3	Unemployed persons	..	..	..	..	..	..	..	..
4	Total employment	202.0	206.6	212.5	215.0	218.3	224.2	229.7	234.0
5	Employees	183.6	188.1	193.8	196.0	199.2	204.7	209.9	213.8
6	Self-employed	18.3	18.5	18.8	18.9	19.2	19.5	19.8	20.2
	TOTAL EMPLOYMENT, THOUSAND PERSONS, DOMESTIC CONCEPT								
7	Agriculture, forestry and fishing	4.5	4.5	4.6	4.6	4.7	4.6	4.7	4.6
8	Industry, including energy	37.9	37.8	38.2	37.1	37.1	37.3	37.0	36.4
9	Manufacturing	34.2	33.9	34.3	33.1	32.9	33.3	32.8	32.2
10	Construction	35.8	37.9	39.1	38.8	39.1	39.9	40.4	40.3
11	Distrib. trade, repairs; transp.; accommod., food serv. activ.	77.8	80.0	83.3	84.0	85.8	88.3	88.8	90.7
12	Information and communication	11.3	12.6	13.5	13.8	14.0	14.7	16.4	16.6
13	Financial and insurance activities	36.0	38.7	41.2	41.3	41.0	41.5	42.2	42.6
14	Real estate activities	2.3	2.5	2.7	2.8	2.8	3.0	3.2	3.4
15	Prof., scientif., techn. activ.; admin., support service activ.	40.9	44.6	49.0	49.0	50.7	52.6	54.4	56.4
16	Public admin.; compulsory s.s.; education; human health	59.0	60.8	63.2	66.3	68.7	71.9	75.5	78.6
17	Other service activities	13.9	14.1	14.6	15.2	15.6	16.2	16.5	16.9
18	**Total employment**	319.4	333.5	349.4	353.1	359.5	370.1	379.1	386.6
	EMPLOYEES, THOUSAND PERSONS, DOMESTIC CONCEPT								
19	Agriculture, forestry and fishing	1.5	1.5	1.6	1.7	1.9	1.9	2.0	2.1
20	Industry, including energy	37.4	37.3	37.8	36.7	36.6	36.9	36.6	36.0
21	Manufacturing	33.7	33.5	33.8	32.6	32.5	32.9	32.5	31.8
22	Construction	34.8	36.7	38.1	37.9	38.1	38.9	39.3	39.3
23	Distrib. trade, repairs; transp.; accommod., food serv. activ.	71.7	74.2	77.6	78.4	80.0	82.6	83.3	85.1
24	Information and communication	10.9	12.2	13.1	13.4	13.6	14.3	15.9	16.1
25	Financial and insurance activities	36.0	38.7	41.2	41.3	40.9	41.5	42.2	42.6
26	Real estate activities	1.2	1.3	1.5	1.6	1.7	1.8	2.0	2.1
27	Prof., scientif., techn. activ.; admin., support service activ.	37.4	41.0	44.5	44.2	45.8	47.2	48.9	50.6
28	Public admin.; compulsory s.s.; education; human health	55.9	57.4	59.7	62.6	64.8	67.8	71.0	74.0
29	Other service activities	12.2	12.4	12.8	13.5	13.9	14.2	14.5	14.8
30	**Total employees**	299.0	312.7	327.9	331.3	337.3	347.3	355.8	362.8
	SELF-EMPLOYED, THOUSAND PERSONS, DOMESTIC CONCEPT								
31	Agriculture, forestry and fishing	3.1	3.0	3.0	2.9	2.9	2.7	2.6	2.5
32	Industry, including energy	0.5	0.5	0.5	0.5	0.4	0.4	0.4	0.4
33	Manufacturing	0.5	0.5	0.4	0.4	0.4	0.4	0.4	0.4
34	Construction	1.1	1.2	1.0	1.0	0.9	1.0	1.0	1.0
35	Distrib. trade, repairs; transp.; accommod., food serv. activ.	6.0	5.9	5.7	5.6	5.8	5.6	5.5	5.6
36	Information and communication	0.4	0.4	0.4	0.4	0.4	0.4	0.4	0.5
37	Financial and insurance activities	0.0	0.0	0.0	0.0	0.0	0.0	0.0	0.0
38	Real estate activities	1.2	1.2	1.1	1.2	1.2	1.2	1.3	1.3
39	Prof., scientif., techn. activ.; admin., support service activ.	3.5	3.6	4.5	4.8	4.9	5.3	5.5	5.8
40	Public admin.; compulsory s.s.; education; human health	3.1	3.4	3.5	3.7	3.8	4.1	4.5	4.6
41	Other service activities	1.6	1.8	1.7	1.8	1.8	1.9	2.0	2.0
42	**Total self-employed**	20.5	20.9	21.5	21.8	22.2	22.9	23.3	23.8
	TOTAL EMPLOYMENT, MILLION HOURS, DOMESTIC CONCEPT								
43	Industry, including energy	61.0	61.4	62.0	53.8	53.4	51.9	51.7	50.5
44	Distrib. trade, repairs; transp.; accommod., food serv. activ.	122.4	126.7	131.9	126.3	124.0	120.8	126.0	127.5
45	Financial and insurance activities	56.6	61.2	65.3	62.0	60.8	60.5	60.7	60.6
46	Prof., scientif., techn. activ.; admin., support service activ.	64.2	69.8	77.2	70.8	71.1	70.9	72.8	74.8
47	Public admin.; compulsory s.s.; education; human health	87.5	90.0	93.4	94.0	96.5	99.6	104.6	107.7
48	**Total employment**	496.8	523.3	548.5	517.1	510.0	506.4	523.3	528.4
	EMPLOYEES, MILLION HOURS, DOMESTIC CONCEPT								
49	Industry, including energy	60.3	60.6	61.3	53.2	52.8	51.4	51.2	50.1
50	Distrib. trade, repairs; transp.; accommod., food serv. activ.	113.4	117.8	123.2	118.3	116.1	113.9	119.4	120.7
51	Financial and insurance activities	56.6	61.1	65.3	62.0	60.8	60.5	60.7	60.6
52	Prof., scientif., techn. activ.; admin., support service activ.	58.8	64.3	70.2	64.9	66.1	66.4	68.5	70.4
53	Public admin.; compulsory s.s.; education; human health	83.4	85.6	88.9	90.1	92.9	96.1	101.1	104.0
54	**Total employees**	466.1	490.9	514.8	487.7	483.7	482.6	498.2	502.8
	SELF-EMPLOYED, MILLION HOURS, DOMESTIC CONCEPT								
55	Industry, including energy	0.8	0.8	0.7	0.6	0.6	0.5	0.5	0.5
56	Distrib. trade, repairs; transp.; accommod., food serv. activ.	9.0	8.9	8.7	8.0	7.9	6.9	6.6	6.7
57	Financial and insurance activities	0.1	0.1	0.0	0.0	0.0	0.0	0.1	0.0
58	Prof., scientif., techn. activ.; admin., support service activ.	5.4	5.5	6.9	5.9	5.0	4.6	4.3	4.4
59	Public admin.; compulsory s.s.; education; human health	4.1	4.4	4.5	3.9	3.6	3.5	3.6	3.7
60	**Total self-employed**	30.8	32.4	33.7	29.4	26.3	23.8	25.1	25.6

Note: Detailed metadata:http://metalinks.oecd.org/nav1/20150309/a248

MEXICO

Table 1. Gross domestic product, expenditure approach

Million MXN

		2006	2007	2008	2009	2010	2011	2012	2013
	AT CURRENT PRICES								
1	**Final consumption expenditure**	8 081 900	8 754 257	9 532 642	9 513 500	10 448 370	11 302 694	12 335 165	13 016 805 e
2	Household	6 823 747	7 393 856	8 048 123	7 880 057	8 698 476	9 409 809	10 310 206	10 884 252 e
3	NPISH's	151 752	155 683	150 712	183 853	201 447	208 716	208 354	219 955 e
4	Government	1 106 401	1 204 717	1 333 807	1 449 591	1 548 447	1 684 169	1 816 604	1 912 659 e
5	Individual	535 008	574 087	646 191	693 030	753 873	824 163	877 384	..
6	Collective	571 393	630 630	687 616	756 561	794 574	860 006	939 220	..
7	*of which:* Actual individual consumption	7 510 507	8 123 627	8 845 026	8 756 939	9 653 797	10 442 688	11 395 945	12 025 684 e
8	**Gross capital formation**	2 473 173	2 667 447	2 995 123	2 770 331	2 929 486	3 238 674	3 622 478	3 479 927 e
9	Gross fixed capital formation, total	2 315 708	2 539 107	2 830 420	2 724 720	2 806 749	3 166 628	3 501 075	3 390 140 e
10	Dwellings	741 178	801 135	879 657	789 900	813 056	903 196	956 828	..
11	Other buildings and structures	805 335	889 684	1 048 244	1 071 671	1 121 350	1 219 587	1 306 332	..
12	Transport equipment	189 170	214 736	232 653	185 344	212 684	266 748	314 502	..
13	Other machinery and equipment	544 352	593 451	622 757	629 403	606 995	716 607	851 449	..
14	Cultivated assets	2 005	2 152	2 540	2 628	2 680	2 896	3 052	..
15	Intangible fixed assets	33 668	37 950	44 569	45 774	49 984	57 594	68 911	..
16	Changes in inventories, acquisitions less disposals of valuables[1]	157 465	128 340	164 703	45 611	122 737	72 046	121 403	..
17	Changes in inventories	157 465	128 340	164 703	45 611	122 737	72 046	121 403	88 877 e
18	Acquisitions less disposals of valuables	..	..	..	..	..	..	..	..
19	**External balance of goods and services**	-131 816	-180 580	-278 811	-178 255	-159 814	-181 828	-172 142	-108 206 e
20	Exports of goods and services	2 903 854	3 163 332	3 419 442	3 299 265	3 967 571	4 546 611	5 097 499	5 112 241 e
21	Exports of goods	2 726 130	2 970 531	3 216 396	3 094 171	3 768 880	4 346 796	4 878 356	..
22	Exports of services	177 724	192 801	203 045	205 095	198 691	199 815	219 144	..
23	Imports of goods and services	3 035 670	3 343 912	3 698 252	3 477 521	4 127 385	4 728 440	5 269 641	5 220 447 e
24	Imports of goods	2 792 802	3 080 606	3 409 825	3 157 997	3 807 881	4 360 728	4 881 964	..
25	Imports of services	242 868	263 306	288 427	319 524	319 504	367 711	387 678	..
26	**Statistical discrepancy**	97 536	158 349	7 909	-33 034	48 816	149 244	-224 029	-339 342 e
27	**Gross domestic product**	10 520 793	11 399 472	12 256 864	12 072 542	13 266 858	14 508 784	15 561 472	16 049 184 e
	AT CONSTANT PRICES, REFERENCE YEAR 2005								
28	**Final consumption expenditure**	7 781 277	8 011 330	8 175 934	7 747 506	8 140 259	8 483 992	8 863 831	9 071 778 e
29	Household	6 592 851	6 799 353	6 936 177	6 458 986	6 823 525	7 138 442	7 490 782	7 681 185 e
30	NPISH's	145 811	143 640	138 031	160 177	170 815	171 259	159 742	163 802 e
31	Government	1 043 958	1 069 564	1 102 022	1 126 799	1 146 077	1 174 900	1 213 418	1 227 488 e
32	Individual	507 579	514 002	529 915	538 762	551 245	570 298	580 149	..
33	Collective	536 422	555 695	572 240	588 218	594 968	604 665	633 464	..
34	*of which:* Actual individual consumption	7 245 066	7 455 740	7 603 633	7 157 714	7 544 398	7 878 906	8 229 868	8 422 943 e
35	**Gross capital formation**	2 338 548	2 425 195	2 575 148	2 231 886	2 332 807	2 458 954	2 599 301	2 537 402 e
36	Gross fixed capital formation, total	2 184 249	2 315 116	2 429 793	2 204 605	2 232 694	2 409 272	2 519 205	2 474 612 e
37	Dwellings	697 994	725 822	743 044	656 909	653 222	680 056	689 291	..
38	Other buildings and structures	751 426	797 667	874 450	867 920	868 962	888 628	904 194	..
39	Transport equipment	176 270	198 356	206 920	139 462	165 140	202 519	222 731	..
40	Other machinery and equipment	526 184	560 517	567 347	498 490	502 874	598 738	664 209	..
41	Cultivated assets	1 916	1 963	2 043	2 027	2 020	2 081	2 085	..
42	Intangible fixed assets	32 004	33 225	36 436	35 562	37 328	39 797	42 962	..
43	Changes in inventories, acquisitions less disposals of valuables	..	..	..	..	..	..	..	..
44	Changes in inventories	155 977	110 070	146 343	24 680	99 902	47 504	78 759	60 596 e
45	Acquisitions less disposals of valuables	..	..	..	..	..	..	..	..
46	**External balance of goods and services**	-213 232	-287 492	-461 160	-219 733	-262 607	-277 729	-275 330	-289 037 e
47	Exports of goods and services	2 700 702	2 799 187	2 761 453	2 436 111	2 936 648	3 177 918	3 365 901	3 405 073 e
48	Exports of goods	2 529 373	2 619 145	2 581 016	2 263 298	2 768 687	3 012 758	3 192 319	..
49	Exports of services	169 528	178 419	179 115	173 002	164 180	159 421	167 370	..
50	Imports of goods and services	2 913 934	3 086 679	3 222 613	2 655 844	3 199 255	3 455 647	3 641 231	3 694 110 e
51	Imports of goods	2 680 881	2 843 311	2 972 628	2 422 444	2 959 392	3 186 790	3 373 672	..
52	Imports of services	233 153	243 494	250 137	233 382	240 057	269 016	267 808	..
53	**Statistical discrepancy (including chaining residual)**	-12 993	63 619	63 659	102 782	164 742	108 377	9 935	-2 544 e
54	**Gross domestic product**	9 893 600	10 212 652	10 353 581	9 862 441	10 375 202	10 773 594	11 197 736	11 317 599 e

Note: Detailed metadata:http://metalinks.oecd.org/nav1/20150309/ef7d
1. Excluding *Acquisition less disposals of valuables*.

MEXICO

Table 2. Gross domestic product, output and income approach
ISIC Rev. 4

Million MXN

		2006	2007	2008	2009	2010	2011	2012	2013
	OUTPUT APPROACH AT CURRENT PRICES								
1	Total gross value added at basic prices	10 120 003	10 962 144	11 941 199	11 568 456	12 723 475	14 002 703	15 078 276	..
2	Agriculture, forestry and fishing	323 355	360 285	392 984	387 015	425 590	447 597	505 308	..
3	Industry, including energy	2 853 482	3 051 425	3 351 621	2 999 683	3 446 249	3 962 073	4 289 747	..
4	Manufacturing	1 842 663	1 916 994	2 038 933	1 939 580	2 211 130	2 402 753	2 712 922	..
5	Construction	836 806	910 388	1 014 746	971 978	1 021 503	1 130 333	1 207 224	..
6	Services	..	..	..	..	..	..	..	..
7	Distrib. trade, repairs; transp.; accommod., food serv. activ.	2 415 684	2 603 801	2 806 002	2 657 683	3 016 500	3 372 059	3 680 299	..
8	Information and communication	268 639	317 798	334 738	350 751	365 071	358 649	360 822	..
9	Financial and insurance activities	330 239	386 157	424 568	442 216	473 702	489 236	511 338	..
10	Real estate activities	1 211 244	1 295 475	1 400 723	1 455 896	1 540 637	1 628 510	1 704 472	..
11	Prof., scientif., techn. activ.; admin., support service activ.	663 826	715 915	778 270	768 142	795 259	864 313	938 595	..
12	Public admin.; compulsory s.s.; education; human health	990 103	1 075 547	1 180 247	1 269 088	1 356 712	1 456 703	1 568 428	..
13	Other service activities	226 624	245 354	257 300	266 004	282 253	293 230	312 043	..
14	FISIM (Financial Intermediation Services Indirectly Measured)	49 970	49 854	62 261	79 234	58 174	87 962	105 569	..
15	Gross value added at basic prices, excluding FISIM	10 120 003	10 962 144	11 941 199	11 568 456	12 723 475	14 002 703	15 078 276	..
16	Taxes less subsidies on products	400 790	437 329	315 664	504 085	543 382	506 080	483 195	..
17	Taxes on products	483 360	524 296	589 739	551 468	663 844	708 256	764 515	..
18	Subsidies on products	82 570	86 967	274 075	47 383	120 462	202 176	281 320	..
19	Residual item	..	..	..	..	..	..	..	..
20	Gross domestic product at market prices	10 520 793	11 399 473	12 256 863	12 072 541	13 266 857	14 508 783	15 561 471	..
	OUTPUT APPROACH AT CONSTANT PRICES (REF. YEAR 2005)								
21	Total gross value added at basic prices	9 478 131	9 783 742	9 918 568	9 447 966	9 939 151	10 320 379	10 725 686	..
22	Agriculture, forestry and fishing	305 805	319 956	322 150	309 742	320 405	300 635	325 478	..
23	Industry, including energy	2 544 442	2 558 671	2 515 102	2 357 928	2 492 347	2 572 901	2 643 745	..
24	Manufacturing	1 639 492	1 655 568	1 639 108	1 502 290	1 629 833	1 704 728	1 768 524	..
25	Construction	782 490	818 555	848 497	794 009	800 703	832 733	849 721	..
26	Services	..	..	..	..	..	..	..	..
27	Distrib. trade, repairs; transp.; accommod., food serv. activ.	2 307 334	2 396 262	2 399 764	2 142 701	2 348 810	2 517 599	2 630 203	..
28	Information and communication	270 586	324 611	344 172	372 480	376 223	391 385	453 840	..
29	Financial and insurance activities	348 762	389 652	468 512	480 812	574 691	614 926	665 104	..
30	Real estate activities	1 155 900	1 193 344	1 231 335	1 247 543	1 281 327	1 316 972	1 349 214	..
31	Prof., scientif., techn. activ.; admin., support service activ.	635 453	657 673	679 636	639 099	644 961	679 212	702 656	..
32	Public admin.; compulsory s.s.; education; human health	929 342	944 190	958 382	970 788	980 489	985 420	1 013 134	..
33	Other service activities	214 873	222 409	223 687	221 761	225 592	228 217	234 650	..
34	FISIM (Financial Intermediation Services Indirectly Measured)	65 447	70 295	82 668	84 892	85 284	96 117	107 876	..
35	Gross value added at basic prices, excluding FISIM	9 478 131	9 783 742	9 918 568	9 447 966	9 939 151	10 320 379	10 725 686	..
36	Taxes less subsidies on products	415 517	428 991	435 213	414 732	436 337	453 793	473 304	..
37	Taxes on products	760 337	763 625	775 201	739 496	749 242	743 566	855 740	..
38	Subsidies on products	226 793	220 841	224 355	214 280	207 522	193 624	251 895	..
39	Residual item	-49	-80	-201	-257	-287	-577	-1 254	..
40	Gross domestic product at market prices	9 893 599	10 212 653	10 353 580	9 862 442	10 375 201	10 773 595	11 197 736	..
	INCOME APPROACH								
41	Compensation of employees	2 934 062	3 155 458	3 411 296	3 469 534	3 659 099	3 924 717	4 199 861	..
42	Agriculture, forestry and fishing	58 542	60 395	62 690	64 729	70 941	72 368	78 567	..
43	Industry, including energy	512 518	532 303	548 248	530 745	541 885	576 971	623 591	..
44	Manufacturing	423 537	433 982	438 238	414 400	429 862	451 159	485 175	..
45	Construction	377 053	409 585	457 570	427 995	439 679	487 192	519 494	..
46	Distrib. trade, repairs; transp.; accommod., food serv. activ.	549 558	587 675	627 146	633 748	671 985	710 715	751 793	..
47	Information and communication	68 523	76 410	80 851	85 548	86 429	89 706	87 215	..
48	Financial and insurance activities	81 780	93 960	108 632	110 890	121 467	130 940	138 022	..
49	Real estate activities	19 167	20 649	22 274	21 390	21 891	22 984	24 002	..
50	Prof., scientif., techn. activ.; admin., support service activ.	298 618	322 405	349 571	352 235	371 660	405 466	439 030	..
51	Public admin.; compulsory s.s.; education; human health	888 006	964 005	1 062 148	1 146 336	1 230 705	1 321 818	1 423 499	..
52	Other service activities	80 298	88 073	92 166	95 918	102 457	106 556	114 647	..
53	**Wages and salaries**	..	..	..	..	..	..	..	..
54	Agriculture, forestry and fishing	..	..	..	..	..	..	..	..
55	Industry, including energy	..	..	..	..	..	..	..	..
56	Manufacturing	..	..	..	..	..	..	..	..
57	Construction	..	..	..	..	..	..	..	..
58	Distrib. trade, repairs; transp.; accommod., food serv. activ.	..	..	..	..	..	..	..	..
59	Information and communication	..	..	..	..	..	..	..	..
60	Financial and insurance activities	..	..	..	..	..	..	..	..
61	Real estate activities	..	..	..	..	..	..	..	..
62	Prof., scientif., techn. activ.; admin., support service activ.	..	..	..	..	..	..	..	..
63	Public admin.; compulsory s.s.; education; human health	..	..	..	..	..	..	..	..
64	Other service activities	..	..	..	..	..	..	..	..
65	Gross operating surplus and mixed income	7 122 570	7 736 756	8 460 012	8 022 092	8 980 627	9 990 138	10 795 866	..
66	Taxes less subsidies on production and imports	464 161	507 259	385 555	580 917	627 132	593 928	565 745	..
67	Taxes on production and imports	549 550	597 543	663 583	632 608	751 339	800 663	851 793	..
68	Subsidies on production and imports	85 389	90 284	278 028	51 691	124 207	206 735	286 048	..
69	Residual item	..	..	..	..	..	..	..	..
70	Gross domestic product	10 520 793	11 399 472	12 256 864	12 072 542	13 266 858	14 508 784	15 561 472	..

Note: Detailed metadata:http://metalinks.oecd.org/nav1/20150309/ef7d

MEXICO

Table 3. Disposable income, saving and net lending / net borrowing

Million MXN

		2006	2007	2008	2009	2010	2011	2012	2013
	DISPOSABLE INCOME								
1	Gross domestic product	10 520 793	11 399 472	12 256 864	12 072 542	13 266 858	14 508 784	15 561 472	..
2	Net primary incomes from the rest of the world	-217 463	-249 906	-210 679	-191 663	-144 146	-227 341	-277 483	..
3	Primary incomes receivable from the rest of the world	59 817	82 987	94 482	92 334	135 800	130 471	143 257	..
4	Primary incomes payable to the rest of the world	277 280	332 893	305 161	283 997	279 946	357 812	420 740	..
5	Gross national income at market prices	10 303 330	11 149 566	12 046 185	11 880 879	13 122 712	14 281 443	15 283 989	..
6	Consumption of fixed capital	1 059 175	1 153 540	1 292 327	1 461 122	1 500 521	1 618 962	1 796 739	1 994 038 e
7	Net national income at market prices	9 244 155	9 996 026	10 753 858	10 419 757	11 622 191	12 662 481	13 487 250	13 909 954 e
8	Net current transfers from the rest of the world	283 230	288 532	283 316	291 952	272 002	285 359	297 472	..
9	Current transfers receivable from the rest of the world	284 189	289 708	284 914	292 796	273 092	287 545	300 189	..
10	Current transfers payable to the rest of the world	959	1 176	1 598	844	1 090	2 186	2 717	..
11	**Net national disposable income**	9 527 384	10 284 559	11 037 175	10 711 708	11 894 194	12 947 838	13 784 721	..
	SAVING AND NET LENDING / NET BORROWING								
12	Net national disposable income	9 527 384	10 284 559	11 037 175	10 711 708	11 894 194	12 947 838	13 784 721	..
13	Final consumption expenditures	8 081 900	8 754 257	9 532 642	9 513 500	10 448 370	11 302 694	12 335 165	..
14	Adj. for change in net equity of households in pension funds	..	..	..	..	..	..	..	..
15	Saving, net	1 445 484	1 530 302	1 504 533	1 198 208	1 445 824	1 645 144	1 449 557	..
16	Net capital transfers from the rest of the world	..	..	..	..	..	..	..	..
17	Capital transfers receivable from the rest of the world	..	..	..	..	..	..	..	..
18	Capital transfers payable to the rest of the world	..	..	..	..	..	..	..	..
19	Gross capital formation	2 570 709	2 825 796	3 003 032	2 737 297	2 978 302	3 387 918	3 398 449	..
20	Acquisitions less disposals of non-financial non-produced assets	..	..	..	..	..	..	..	..
21	Consumption of fixed capital	1 059 175	1 153 540	1 292 327	1 461 122	1 500 521	1 618 962	1 796 739	..
22	**Net lending / net borrowing**	-66 050	-141 953	-206 172	-77 967	-31 957	-123 812	-152 153	..
	REAL DISPOSABLE INCOME								
23	Gross domestic product at constant prices, reference year 2005	9 893 600	10 212 652	10 353 681	9 862 441	10 375 202	10 773 594	11 197 736	..
24	Trading gain or loss	80 935	785 128	217 804	88 879	122 756	115 455	120 543	..
25	Real gross domestic income	9 974 535	10 997 780	10 571 385	9 951 320	10 497 958	10 889 049	11 318 279	..
26	Net real primary incomes from the rest of the world	-208 491	-228 344	-180 793	-155 707	-112 847	-171 082	-199 327	..
27	Real primary incomes receivable from the rest of the world	57 349	75 827	81 079	75 012	106 312	98 183	102 906	..
28	Real primary incomes payable to the rest of the world	265 840	304 171	261 872	230 719	219 159	269 266	302 234	..
29	Real gross national income at market prices	9 765 877	10 769 259	10 390 623	9 795 718	10 385 485	10 718 076	11 118 955	..
30	Net real current transfers from the rest of the world	271 545	263 638	243 125	237 181	212 940	214 742	213 686	..
31	Real current transfers receivable from the rest of the world	272 464	264 712	244 497	237 867	213 794	216 388	215 638	..
32	Real current transfers payable to the rest of the world	919	1 075	1 372	686	853	1 645	1 952	..
33	Real gross national disposable income	10 037 510	11 032 814	10 633 612	10 032 809	10 598 138	10 932 497	11 332 261	..
34	Consumption of fixed capital at constant prices	1 022 156	1 076 671	1 142 299	1 187 565	1 224 679	1 273 926	1 328 656	..
35	Real net national income at market prices	8 743 711	9 691 220	9 249 786	8 612 508	9 164 498	9 448 231	9 794 722	..
36	Real net national disposable income	9 015 296	9 954 817	9 492 854	8 849 659	9 377 319	9 662 838	10 008 248	..

Note: Detailed metadata:http://metalinks.oecd.org/nav1/20150309/fafa

MEXICO

Table 4. Population and employment (persons) and employment (hours worked) by industry
ISIC Rev. 4

		2006	2007	2008	2009	2010	2011	2012	2013
	POPULATION, THOUSAND PERSONS, NATIONAL CONCEPT								
1	Total population	108 409.0	109 787.0	111 299.0	112 853.0	114 256.0	115 683.0	117 054.0	118 395.0
2	Economically active population	43 234.0	44 063.0	45 121.0	45 416.0 |	49 132.6	49 481.6	51 477.4	51 896.2
3	Unemployed persons	1 367.0	1 496.0	1 583.0	2 353.0 |	2 535.0	2 590.0	2 474.0	2 600.0
4	Total employment	41 867.0	42 567.0	43 538.0	43 063.0 |	46 597.6	46 891.6	49 003.4	49 296.2
5	Employees	30 209.0	30 708.0	31 511.0	31 168.0 |	33 496.8	33 945.8	35 516.6	35 830.0
6	Self-employed	11 658.0	11 859.0	12 027.0	11 895.0 |	13 100.9	12 945.8	13 486.8	13 466.2
	TOTAL EMPLOYMENT, THOUSAND PERSONS, DOMESTIC CONCEPT								
7	Agriculture, forestry and fishing	..	..	..	..	6 417.0	6 245.7	6 573.5	6 594.2
8	Industry, including energy	..	..	..	..	7 500.1	7 732.4	7 909.4	8 192.4
9	Manufacturing	..	..	..	..	7 010.9	7 269.2	7 382.7	7 646.6
10	Construction	..	..	..	..	3 672.3	3 716.8	3 649.3	3 577.8
11	Distrib. trade, repairs; transp.; accommod., food serv. activ.	..	..	..	..	14 311.7	14 347.2	15 068.1	15 173.1
12	Information and communication	..	..	..	..	374.1	375.4	382.4	427.0
13	Financial and insurance activities	..	..	..	..	431.5	413.2	531.5	508.5
14	Real estate activities	..	..	..	..	242.7	271.3	300.3	253.3
15	Prof., scientif., techn. activ.; admin., support service activ.	..	..	..	..	2 164.8	2 269.7	2 326.6	2 457.0
16	Public admin.; compulsory s.s.; education; human health	..	..	..	..	6 228.0	6 266.7	6 551.7	6 521.0
17	Other service activities	..	..	..	..	5 255.4	5 253.3	5 710.7	5 591.8
18	**Total employment**	41 866.8	42 567.3	43 537.6	43 063.1	46 597.6	46 891.6	49 003.4	49 296.2
	EMPLOYEES, THOUSAND PERSONS, DOMESTIC CONCEPT								
19	Agriculture, forestry and fishing	..	..	..	..	3 623.6	3 548.9	3 824.0	3 729.3
20	Industry, including energy	..	..	..	..	6 007.7	6 246.5	6 376.8	6 663.8
21	Manufacturing	..	..	..	..	5 590.2	5 857.8	5 926.7	6 196.6
22	Construction	..	..	..	..	2 637.5	2 671.1	2 648.3	2 585.2
23	Distrib. trade, repairs; transp.; accommod., food serv. activ.	..	..	..	..	8 825.5	8 921.9	9 272.8	9 488.4
24	Information and communication	..	..	..	..	355.8	355.3	372.7	401.7
25	Financial and insurance activities	..	..	..	..	416.3	404.1	512.2	491.8
26	Real estate activities	..	..	..	..	170.8	188.6	210.1	177.9
27	Prof., scientif., techn. activ.; admin., support service activ.	..	..	..	..	1 545.5	1 672.4	1 716.0	1 816.6
28	Public admin.; compulsory s.s.; education; human health	..	..	..	..	5 943.8	6 020.5	6 272.6	6 248.0
29	Other service activities	..	..	..	..	3 970.3	3 916.5	4 311.2	4 227.2
30	**Total employees**	30 209.2	30 708.0	31 510.7	31 168.2	33 496.8	33 945.8	35 516.6	35 830.0
	SELF-EMPLOYED, THOUSAND PERSONS, DOMESTIC CONCEPT								
31	Agriculture, forestry and fishing	..	..	..	..	2 793.4	2 696.8	2 749.5	2 864.8
32	Industry, including energy	..	..	..	..	1 492.4	1 485.9	1 532.6	1 528.6
33	Manufacturing	..	..	..	..	1 420.7	1 411.4	1 455.9	1 450.0
34	Construction	..	..	..	..	1 034.8	1 045.7	1 001.0	992.6
35	Distrib. trade, repairs; transp.; accommod., food serv. activ.	..	..	..	..	5 486.2	5 425.3	5 795.3	5 684.7
36	Information and communication	..	..	..	..	18.3	20.1	9.7	25.3
37	Financial and insurance activities	..	..	..	..	15.2	9.0	19.3	16.7
38	Real estate activities	..	..	..	..	72.0	82.7	90.2	75.4
39	Prof., scientif., techn. activ.; admin., support service activ.	..	..	..	..	619.3	597.3	610.6	640.4
40	Public admin.; compulsory s.s.; education; human health	..	..	..	..	284.2	246.2	279.1	273.0
41	Other service activities	..	..	..	..	1 285.1	1 336.8	1 399.5	1 364.7
42	**Total self-employed**	11 657.6	11 859.3	12 027.0	11 894.9	13 100.9	12 945.8	13 486.8	13 466.2
	TOTAL EMPLOYMENT, MILLION HOURS, DOMESTIC CONCEPT								
43	Industry, including energy	..	..	..	..	16 605.1	17 089.2	17 504.0	18 421.9
44	Distrib. trade, repairs; transp.; accommod., food serv. activ.	..	..	..	..	33 118.4	33 564.3	34 638.6	35 362.2
45	Financial and insurance activities	..	..	..	..	991.4	946.5	1 210.6	1 153.7
46	Prof., scientif., techn. activ.; admin., support service activ.	..	..	..	..	4 893.2	5 097.3	5 291.5	5 502.3
47	Public admin.; compulsory s.s.; education; human health	..	..	..	..	11 702.9	11 710.9	12 134.9	12 201.0
48	**Total employment**	89 650.4	90 466.2	94 622.7	89 639.3	99 161.6	99 988.6	103 243.4	105 144.6
	EMPLOYEES, MILLION HOURS, DOMESTIC CONCEPT								
49	Industry, including energy	..	..	..	..	13 932.0	14 379.4	14 709.3	15 616.9
50	Distrib. trade, repairs; transp.; accommod., food serv. activ.	..	..	..	..	21 159.2	21 545.2	22 047.9	22 932.9
51	Financial and insurance activities	..	..	..	..	958.9	923.5	1 167.9	1 126.2
52	Prof., scientif., techn. activ.; admin., support service activ.	..	..	..	..	3 667.6	3 894.1	4 071.9	4 254.6
53	Public admin.; compulsory s.s.; education; human health	..	..	..	..	11 210.6	11 292.2	11 658.8	11 741.8
54	**Total employees**	65 087.9	65 724.0	69 215.9	65 233.7	72 318.2	73 317.4	75 941.7	77 655.7
	SELF-EMPLOYED, MILLION HOURS, DOMESTIC CONCEPT								
55	Industry, including energy	..	..	..	..	2 673.1	2 709.8	2 794.7	2 805.0
56	Distrib. trade, repairs; transp.; accommod., food serv. activ.	..	..	..	..	11 959.2	12 019.2	12 590.6	12 429.3
57	Financial and insurance activities	..	..	..	..	32.5	22.9	42.7	27.5
58	Prof., scientif., techn. activ.; admin., support service activ.	..	..	..	..	1 225.5	1 203.2	1 219.6	1 247.7
59	Public admin.; compulsory s.s.; education; human health	..	..	..	..	492.3	418.6	476.0	459.2
60	**Total self-employed**	24 562.6	24 742.2	25 406.8	24 405.6	26 843.4	26 671.2	27 301.7	27 488.9

Note: Detailed metadata:http://metalinks.oecd.org/nav1/20150309/6fd9

NETHERLANDS

Table 1. Gross domestic product, expenditure approach

Million EUR (1999 NLG euro)

		2006	2007	2008	2009	2010	2011	2012	2013
	AT CURRENT PRICES								
1	**Final consumption expenditure**	403 302	422 299	441 065	443 586	449 742	456 097	458 274	458 869
2	Household	262 991	274 486	283 153	274 954	277 194	283 456	283 062	283 903
3	NPISH's	4 819	5 063	5 262	5 277	5 316	5 483	5 567	5 670
4	Government	135 492	142 750	152 650	163 355	167 232	167 158	169 645	169 296
5	Individual	89 557	93 422	99 853	107 237	110 854	111 659	114 233	113 160
6	Collective	45 935	49 328	52 797	56 118	56 378	55 499	55 412	56 136
7	*of which:* Actual individual consumption	357 367	372 971	388 268	387 468	393 364	400 598	402 862	402 733
8	**Gross capital formation**	123 620	134 356	141 685	127 772	128 957	131 928	124 146	117 572
9	Gross fixed capital formation, total	121 321	131 607	140 647	129 744	124 649	130 402	122 099	117 297
10	Dwellings	35 398	37 886	38 947	34 161	29 464	26 877	23 913	21 254
11	Other buildings and structures	31 566	35 233	38 485	38 272	36 793	39 615	35 832	34 432
12	Transport equipment	6 581	6 973	8 011	5 553	6 152	7 946	8 287	7 210
13	Other machinery and equipment	..	..	..	..	..	..	..	..
14	Cultivated assets	321	422	375	373	259	200	222	317
15	Intangible fixed assets	23 124	24 189	25 651	25 131	27 030	27 477	26 792	26 874
16	Changes in inventories, acquisitions less disposals of valuables	2 299	2 749	1 038	-1 972	4 308	1 526	2 047	275
17	Changes in inventories	2 103	2 756	779	-1 677	3 867	1 174	1 640	-221
18	Acquisitions less disposals of valuables	196	-7	259	-295	441	352	407	496
19	**External balance of goods and services**	46 522	52 074	53 044	46 292	52 813	54 904	58 224	66 410
20	Exports of goods and services	397 241	431 931	457 433	394 714	454 398	497 347	525 559	533 186
21	Exports of goods	319 601	345 339	365 182	303 430	360 296	398 744	423 457	426 314
22	Exports of services	77 640	86 592	92 251	91 284	94 102	98 603	102 102	106 872
23	Imports of goods and services	350 719	379 857	404 389	348 422	401 585	442 443	467 335	466 776
24	Imports of goods	264 951	286 521	305 481	249 715	300 067	333 823	354 665	351 744
25	Imports of services	85 768	93 336	98 908	98 707	101 518	108 620	112 670	115 032
26	**Statistical discrepancy**	0	0	0	0	0	0	0	0
27	**Gross domestic product**	573 444	608 729	635 794	617 650	631 512	642 929	640 644	642 851
	AT CONSTANT PRICES, REFERENCE YEAR 2005								
28	**Final consumption expenditure**	395 355	405 262	413 549	414 396	415 755	415 795	409 586	405 137
29	Household	256 513	261 914	264 523	259 649	259 443	259 878	256 013	251 934
30	NPISH's	4 686	4 874	4 947	4 984	4 918	4 911	4 959	4 923
31	Government	134 156	138 489	144 140	149 882	151 481	151 106	148 712	148 337
32	Individual	88 385	90 402	94 885	98 140	100 101	101 369	101 084	100 377
33	Collective	45 771	48 095	49 257	51 735	51 366	49 710	47 618	47 938
34	*of which:* Actual individual consumption	349 584	357 189	364 318	362 673	364 409	366 133	362 042	357 234
35	**Gross capital formation**	120 928	128 875	133 402	118 707	117 835	121 914	115 170	109 093
36	Gross fixed capital formation, total	118 424	126 177	132 184	120 010	113 315	119 619	112 416	107 950
37	Dwellings	34 134	35 931	36 109	30 979	26 399	25 236	23 182	21 043
38	Other buildings and structures	30 520	33 167	34 921	33 837	31 359	33 384	30 193	28 767
39	Transport equipment	6 511	6 785	7 834	5 314	6 046	7 951	8 242	7 182
40	Other machinery and equipment	..	..	..	..	..	..	..	..
41	Cultivated assets	321	409	362	362	251	199	225	337
42	Intangible fixed assets	22 482	22 941	23 863	23 043	24 099	24 650	24 054	24 065
43	Changes in inventories, acquisitions less disposals of valuables	..	..	..	..	..	..	..	..
44	Changes in inventories	..	..	..	..	..	..	..	..
45	Acquisitions less disposals of valuables	..	..	..	..	..	..	..	..
46	**External balance of goods and services**	44 975	50 722	50 022	44 121	50 041	55 725	59 433	65 576
47	Exports of goods and services	385 654	412 932	418 928	385 264	419 480	437 955	452 329	461 509
48	Exports of goods	309 468	329 420	332 923	301 021	335 751	349 794	361 152	366 885
49	Exports of services	76 186	83 539	86 045	84 400	84 444	88 879	91 922	95 474
50	Imports of goods and services	340 621	362 224	368 877	341 062	369 410	382 300	393 023	396 207
51	Imports of goods	256 137	272 211	275 837	247 709	275 837	283 972	291 873	293 801
52	Imports of services	84 484	90 016	93 064	93 683	94 256	99 050	101 897	103 202
53	**Statistical discrepancy (including chaining residual)**	58	33	72	130	-96	-191	-353	-206
54	**Gross domestic product**	561 316	584 892	597 045	577 354	583 535	593 243	583 836	579 600

Note: Detailed metadata:http://metalinks.oecd.org/nav1/20150309/f40d

NETHERLANDS

Table 2. Gross domestic product, output and income approach
ISIC Rev. 4

Million EUR (1999 NLG euro)

		2006	2007	2008	2009	2010	2011	2012	2013
	OUTPUT APPROACH AT CURRENT PRICES								
1	**Total gross value added at basic prices**	**510 012**	**543 050**	**567 779**	**554 036**	**567 757**	**579 590**	**578 917**	**578 536**
2	Agriculture, forestry and fishing	10 782	10 885	10 131	9 354	10 828	9 697	10 323	11 392
3	Industry, including energy	92 899	97 629	102 476	91 381	95 149	99 481	101 410	101 758
4	Manufacturing	67 689	72 247	72 389	64 526	67 024	69 979	70 388	70 082
5	Construction	28 064	30 283	32 649	32 867	30 531	30 295	27 694	26 420
6	Services	..	..	..	..	..	..	..	..
7	Distrib. trade, repairs; transp.; accommod., food serv. activ.	101 052	109 597	112 244	105 697	110 472	113 924	112 668	112 209
8	Information and communication	26 430	28 084	28 402	27 230	27 843	27 889	27 312	26 743
9	Financial and insurance activities	31 465	29 918	31 541	42 251	47 722	45 918	49 408	47 494
10	Real estate activities	38 085	43 346	44 840	33 429	31 599	33 405	28 733	29 992
11	Prof., scientif., techn. activ.; admin., support service activ.	69 008	75 340	80 131	77 605	75 234	78 267	77 360	77 331
12	Public admin.; compulsory s.s.; education; human health	100 064	105 159	112 025	120 081	123 746	125 690	128 950	130 074
13	Other service activities	12 163	12 809	13 340	14 141	14 633	15 024	15 059	15 123
14	FISIM (Financial Intermediation Services Indirectly Measured)	..	..	..	..	..	..	..	..
15	**Gross value added at basic prices, excluding FISIM**	**510 012**	**543 050**	**567 779**	**554 036**	**567 757**	**579 590**	**578 917**	**578 536**
16	**Taxes less subsidies on products**	**63 432**	**65 679**	**68 015**	**63 614**	**63 755**	**63 339**	**61 727**	**64 315**
17	Taxes on products	66 807	69 059	71 155	67 186	67 306	66 771	65 088	67 338
18	Subsidies on products	3 375	3 380	3 140	3 572	3 551	3 432	3 361	3 023
19	**Residual item**	**0**	**0**	**0**	**0**	**0**	**0**	**0**	**0**
20	**Gross domestic product at market prices**	**573 444**	**608 729**	**635 794**	**617 650**	**631 512**	**642 929**	**640 644**	**642 851**
	OUTPUT APPROACH AT CONSTANT PRICES (REF. YEAR 2005)								
21	**Total gross value added at basic prices**	**500 292**	**522 076**	**534 504**	**518 807**	**525 935**	**536 490**	**529 408**	**527 314**
22	Agriculture, forestry and fishing	9 709	9 936	10 169	10 547	10 354	10 207	10 243	10 439
23	Industry, including energy	89 763	93 928	94 783	88 090	93 898	94 875	94 057	95 078
24	Manufacturing	68 602	73 070	72 971	66 440	69 821	72 341	71 785	71 501
25	Construction	27 056	28 932	30 390	29 041	26 163	26 408	24 227	23 171
26	Services	..	..	..	..	..	..	..	..
27	Distrib. trade, repairs; transp.; accommod., food serv. activ.	100 875	106 649	106 870	99 709	103 413	107 881	106 385	105 116
28	Information and communication	26 522	27 968	28 578	27 697	27 651	28 089	27 613	27 205
29	Financial and insurance activities	35 067	36 958	38 599	39 066	39 315	38 856	38 044	37 290
30	Real estate activities	33 408	33 825	34 208	34 159	34 682	35 183	35 464	36 525
31	Prof., scientif., techn. activ.; admin., support service activ.	67 230	70 759	73 564	69 945	67 817	70 019	69 257	68 861
32	Public admin.; compulsory s.s.; education; human health	98 553	100 810	105 103	108 591	111 150	113 447	113 052	113 162
33	Other service activities	12 109	12 495	12 626	12 566	12 463	12 598	12 356	12 193
34	FISIM (Financial Intermediation Services Indirectly Measured)	..	..	..	..	..	..	..	..
35	**Gross value added at basic prices, excluding FISIM**	**500 292**	**522 076**	**534 504**	**518 807**	**525 935**	**536 490**	**529 408**	**527 314**
36	**Taxes less subsidies on products**	**61 024**	**62 831**	**62 564**	**58 614**	**57 693**	**56 888**	**54 603**	**52 517**
37	Taxes on products	64 505	66 347	66 103	62 325	61 408	60 669	58 359	56 159
38	Subsidies on products	3 481	3 512	3 538	3 794	3 806	3 890	3 892	3 781
39	**Residual item**	**0**	**-15**	**-23**	**-66**	**-92**	**-136**	**-176**	**-232**
40	**Gross domestic product at market prices**	**561 316**	**584 892**	**597 045**	**577 354**	**583 535**	**593 243**	**583 836**	**579 600**
	INCOME APPROACH								
41	**Compensation of employees**	**274 119**	**290 933**	**307 355**	**311 679**	**310 471**	**318 040**	**323 237**	**324 389**
42	Agriculture, forestry and fishing	2 351	2 480	2 543	2 563	2 603	2 677	2 699	2 782
43	Industry, including energy	38 537	40 160	42 372	43 103	41 042	42 141	42 658	43 468
44	Manufacturing	35 058	36 505	38 518	39 125	36 912	37 771	38 093	38 734
45	Construction	17 572	18 372	19 250	19 115	18 765	18 786	18 427	17 234
46	Distrib. trade, repairs; transp.; accommod., food serv. activ.	54 122	57 329	60 214	60 461	60 724	62 806	64 231	64 603
47	Information and communication	12 142	13 140	14 092	14 442	13 768	14 128	14 553	14 428
48	Financial and insurance activities	17 906	19 439	19 781	19 126	18 987	19 306	19 522	20 277
49	Real estate activities	3 425	3 631	3 851	3 861	3 735	3 751	3 778	3 718
50	Prof., scientif., techn. activ.; admin., support service activ.	44 260	48 548	52 125	50 852	49 479	51 360	51 922	52 415
51	Public admin.; compulsory s.s.; education; human health	76 716	80 384	85 287	89 982	92 952	94 469	96 837	96 942
52	Other service activities	7 088	7 450	7 840	8 174	8 416	8 616	8 610	8 522
53	**Wages and salaries**	**218 250**	**231 327**	**242 160**	**245 616**	**246 542**	**251 715**	**253 488**	**253 595**
54	Agriculture, forestry and fishing	1 924	2 022	2 075	2 087	2 114	2 149	2 159	2 221
55	Industry, including energy	31 033	32 249	33 337	32 893	32 815	33 417	33 704	34 343
56	Manufacturing	28 304	29 397	30 339	29 763	29 589	30 011	30 174	30 697
57	Construction	13 895	14 505	15 112	15 241	14 881	14 813	14 496	13 588
58	Distrib. trade, repairs; transp.; accommod., food serv. activ.	44 058	46 612	48 676	49 015	49 270	50 738	51 498	51 486
59	Information and communication	10 048	10 849	11 531	11 513	11 230	11 607	11 768	11 706
60	Financial and insurance activities	14 540	15 548	15 388	15 280	15 138	15 238	15 036	15 229
61	Real estate activities	2 622	2 772	2 927	2 963	2 831	2 849	2 838	2 782
62	Prof., scientif., techn. activ.; admin., support service activ.	35 705	39 148	41 873	41 142	39 800	41 357	41 419	41 538
63	Public admin.; compulsory s.s.; education; human health	58 682	61 565	64 896	68 841	71 619	72 566	73 652	73 867
64	Other service activities	5 743	6 057	6 345	6 641	6 844	6 981	6 918	6 835
65	**Gross operating surplus and mixed income**	**236 648**	**252 708**	**262 298**	**247 164**	**259 005**	**263 698**	**256 389**	**253 472**
66	**Taxes less subsidies on production and imports**	**62 677**	**65 088**	**66 141**	**58 807**	**62 036**	**61 191**	**61 018**	**64 990**
67	Taxes on production and imports	70 810	74 120	75 505	70 007	73 329	71 871	70 891	73 918
68	Subsidies on production and imports	8 133	9 032	9 364	11 200	11 293	10 680	9 873	8 928
69	**Residual item**	**0**	**0**	**0**	**0**	**0**	**0**	**0**	**0**
70	**Gross domestic product**	**573 444**	**608 729**	**635 794**	**617 650**	**631 512**	**642 929**	**640 644**	**642 851**

Note: Detailed metadata:http://metalinks.oecd.org/nav1/20150309/f40d

NETHERLANDS

Table 3. Disposable income, saving and net lending / net borrowing

Million EUR (1999 NLG euro)

		2006	2007	2008	2009	2010	2011	2012	2013
	DISPOSABLE INCOME								
1	**Gross domestic product**	573 444	608 729	635 794	617 650	631 512	642 929	640 644	642 851
2	Net primary incomes from the rest of the world	8 231	3 772	-13 891	-4 077	3 992	422	7 892	1 380
3	Primary incomes receivable from the rest of the world	188 149	245 840	205 446	173 089	224 343	240 809	210 131	180 236
4	Primary incomes payable to the rest of the world	179 918	242 068	219 337	177 166	220 351	240 387	202 239	178 856
5	**Gross national income at market prices**	581 675	612 501	621 903	613 573	635 504	643 351	648 536	644 231
6	Consumption of fixed capital	92 292	96 440	101 072	104 435	106 982	107 068	107 668	108 625
7	**Net national income at market prices**	489 383	516 061	520 831	509 138	528 522	536 283	540 868	535 606
8	Net current transfers from the rest of the world	-10 914	-11 154	-9 999	-7 164	-9 302	-9 606	-9 586	-13 038
9	Current transfers receivable from the rest of the world	7 457	8 382	9 774	9 285	10 017	10 058	10 566	9 889
10	Current transfers payable to the rest of the world	18 371	19 536	19 773	16 449	19 319	19 664	20 152	22 927
11	**Net national disposable income**	478 469	504 907	510 832	501 974	519 220	526 677	531 282	522 568
	SAVING AND NET LENDING / NET BORROWING								
12	**Net national disposable income**	478 469	504 907	510 832	501 974	519 220	526 677	531 282	522 568
13	Final consumption expenditures	403 302	422 299	441 065	443 586	449 742	456 097	458 274	458 869
14	Adj. for change in net equity of households in pension funds	-150	-157	-434	-607	-295	-271	-312	-357
15	**Saving, net**	75 017	82 451	69 333	57 781	69 183	70 309	72 696	63 342
16	Net capital transfers from the rest of the world	-371	-506	-826	-936	-1 890	-552	-279	-612
17	Capital transfers receivable from the rest of the world	1 001	863	735	1 033	896	783	1 117	698
18	Capital transfers payable to the rest of the world	1 372	1 369	1 561	1 969	2 786	1 335	1 396	1 310
19	Gross capital formation	123 620	134 356	141 685	127 772	128 957	131 928	124 146	117 572
20	Acquisitions less disposals of non-financial non-produced assets	901	9 852	-416	-359	-703	1 328	5 725	2 755
21	Consumption of fixed capital	92 292	96 440	101 072	104 435	106 982	107 068	107 668	108 625
22	**Net lending / net borrowing**	42 417	34 177	28 310	33 867	46 021	43 569	50 214	51 028
	REAL DISPOSABLE INCOME								
23	**Gross domestic product at constant prices, reference year 2005**	561 316	584 892	597 045	577 354	583 535	593 243	583 836	579 600
24	Trading gain or loss	550	-778	-299	-998	-1 194	-5 232	-6 470	-5 822
25	**Real gross domestic income**	561 866	584 113	596 746	576 356	582 341	588 011	577 366	573 778
26	Net real primary incomes from the rest of the world	8 065	3 619	-13 038	-3 804	3 681	386	7 112	1 232
27	Real primary incomes receivable from the rest of the world	184 350	235 899	192 828	161 517	206 875	220 239	189 376	160 870
28	Real primary incomes payable to the rest of the world	176 285	232 279	205 866	165 321	203 194	219 853	182 263	159 638
29	**Real gross national income at market prices**	569 930	587 733	583 708	572 552	586 022	588 397	584 478	575 009
30	Net real current transfers from the rest of the world	-10 694	-10 703	-9 385	-6 685	-8 578	-8 785	-8 639	-11 637
31	Real current transfers receivable from the rest of the world	7 306	8 043	9 174	8 664	9 237	9 199	9 522	8 826
32	Real current transfers payable to the rest of the world	18 000	18 746	18 559	15 349	17 815	17 984	18 162	20 464
33	**Real gross national disposable income**	559 237	577 030	574 323	565 867	577 445	579 611	575 839	563 372
34	Consumption of fixed capital at constant prices	90 406	92 558	94 976	96 737	97 911	99 182	100 415	101 238
35	**Real net national income at market prices**	479 502	495 192	488 844	475 099	487 370	490 474	487 445	478 056
36	**Real net national disposable income**	468 808	484 490	479 459	468 414	478 793	481 689	478 806	466 419

Note: Detailed metadata:http://metalinks.oecd.org/nav1/20150309/472b

NETHERLANDS

Table 4. Population and employment (persons) and employment (hours worked) by industry
ISIC Rev. 4

		2006	2007	2008	2009	2010	2011	2012	2013
	POPULATION, THOUSAND PERSONS, NATIONAL CONCEPT								
1	Total population	16 341.0	16 378.0	16 440.0	16 526.0	16 612.0	16 693.0	16 752.0	16 800.0
2	Economically active population	..	..	..	..	..	..	..	..
3	Unemployed persons	..	..	..	..	..	..	..	..
4	Total employment	8 449.0	8 657.0	8 777.0	8 709.0	8 649.0	8 717.0	8 676.0	8 567.0
5	Employees	7 121.0	7 283.0	7 391.0	7 326.0	7 267.0	7 307.0	7 250.0	7 125.0
6	Self-employed	1 328.0	1 374.0	1 386.0	1 383.0	1 382.0	1 410.0	1 426.0	1 442.0
	TOTAL EMPLOYMENT, THOUSAND PERSONS, DOMESTIC CONCEPT								
7	Agriculture, forestry and fishing	215.0	213.0	209.0	204.0	203.0	201.0	199.0	198.0
8	Industry, including energy	904.0	905.0	909.0	885.0	863.0	857.0	850.0	839.0
9	Manufacturing	845.0	844.0	847.0	822.0	799.0	792.0	783.0	771.0
10	Construction	529.0	546.0	555.0	549.0	523.0	522.0	507.0	477.0
11	Distrib. trade, repairs; transp.; accommod., food serv. activ.	2 102.0	2 152.0	2 165.0	2 129.0	2 124.0	2 159.0	2 170.0	2 154.0
12	Information and communication	247.0	257.0	265.0	260.0	252.0	256.0	258.0	255.0
13	Financial and insurance activities	283.0	284.0	279.0	275.0	266.0	261.0	255.0	245.0
14	Real estate activities	77.0	80.0	83.0	83.0	79.0	79.0	76.0	73.0
15	Prof., scientif., techn. activ.; admin., support service activ.	1 630.0	1 726.0	1 764.0	1 702.0	1 653.0	1 683.0	1 671.0	1 660.0
16	Public admin.; compulsory s.s.; education; human health	2 208.0	2 262.0	2 324.0	2 381.0	2 445.0	2 457.0	2 453.0	2 427.0
17	Other service activities	325.0	347.0	362.0	370.0	370.0	379.0	374.0	370.0
18	**Total employment**	8 519.0	8 771.0	8 914.0	8 838.0	8 778.0	8 854.0	8 812.0	8 700.0
	EMPLOYEES, THOUSAND PERSONS, DOMESTIC CONCEPT								
19	Agriculture, forestry and fishing	105.0	106.0	103.0	100.0	98.0	98.0	95.0	96.0
20	Industry, including energy	859.0	864.0	869.0	845.0	823.0	818.0	810.0	798.0
21	Manufacturing	799.0	803.0	808.0	783.0	761.0	754.0	744.0	732.0
22	Construction	385.0	390.0	393.0	383.0	370.0	363.0	347.0	317.0
23	Distrib. trade, repairs; transp.; accommod., food serv. activ.	1 802.0	1 860.0	1 895.0	1 878.0	1 872.0	1 904.0	1 911.0	1 894.0
24	Information and communication	218.0	227.0	234.0	230.0	220.0	222.0	223.0	219.0
25	Financial and insurance activities	274.0	275.0	271.0	268.0	260.0	254.0	248.0	239.0
26	Real estate activities	68.0	70.0	73.0	73.0	69.0	68.0	65.0	62.0
27	Prof., scientif., techn. activ.; admin., support service activ.	1 232.0	1 316.0	1 354.0	1 290.0	1 223.0	1 240.0	1 224.0	1 207.0
28	Public admin.; compulsory s.s.; education; human health	2 013.0	2 046.0	2 089.0	2 136.0	2 207.0	2 219.0	2 211.0	2 181.0
29	Other service activities	235.0	243.0	249.0	253.0	254.0	258.0	251.0	244.0
30	**Total employees**	7 191.0	7 397.0	7 529.0	7 455.0	7 396.0	7 444.0	7 386.0	7 257.0
	SELF-EMPLOYED, THOUSAND PERSONS, DOMESTIC CONCEPT								
31	Agriculture, forestry and fishing	110.0	107.0	106.0	105.0	105.0	104.0	104.0	103.0
32	Industry, including energy	45.0	41.0	39.0	40.0	39.0	39.0	40.0	41.0
33	Manufacturing	45.0	41.0	39.0	39.0	38.0	39.0	39.0	39.0
34	Construction	144.0	156.0	163.0	166.0	153.0	159.0	160.0	161.0
35	Distrib. trade, repairs; transp.; accommod., food serv. activ.	300.0	292.0	270.0	251.0	252.0	255.0	259.0	260.0
36	Information and communication	29.0	29.0	31.0	31.0	31.0	34.0	35.0	36.0
37	Financial and insurance activities	9.0	9.0	8.0	7.0	6.0	6.0	6.0	6.0
38	Real estate activities	9.0	9.0	10.0	10.0	10.0	11.0	11.0	11.0
39	Prof., scientif., techn. activ.; admin., support service activ.	397.0	409.0	410.0	412.0	430.0	443.0	447.0	453.0
40	Public admin.; compulsory s.s.; education; human health	196.0	215.0	235.0	245.0	239.0	237.0	241.0	246.0
41	Other service activities	90.0	105.0	113.0	117.0	116.0	121.0	123.0	126.0
42	**Total self-employed**	1 328.0	1 374.0	1 386.0	1 383.0	1 382.0	1 410.0	1 426.0	1 442.0
	TOTAL EMPLOYMENT, MILLION HOURS, DOMESTIC CONCEPT								
43	Industry, including energy	1 467.5	1 468.4	1 467.4	1 405.9	1 392.4	1 389.7	1 381.1	1 358.5
44	Distrib. trade, repairs; transp.; accommod., food serv. activ.	3 038.3	3 092.3	3 076.2	2 990.9	2 976.0	3 011.0	3 034.0	2 997.8
45	Financial and insurance activities	427.9	430.7	424.5	420.6	408.0	402.3	392.4	377.4
46	Prof., scientif., techn. activ.; admin., support service activ.	2 107.2	2 251.0	2 336.4	2 235.2	2 219.7	2 276.1	2 267.3	2 247.4
47	Public admin.; compulsory s.s.; education; human health	2 797.0	2 852.9	2 943.5	3 020.9	3 060.5	3 071.0	3 072.5	3 034.4
48	**Total employment**	12 186.1	12 540.3	12 747.4	12 567.4	12 476.5	12 594.3	12 562.6	12 366.3
	EMPLOYEES, MILLION HOURS, DOMESTIC CONCEPT								
49	Industry, including energy	1 370.9	1 380.3	1 382.7	1 318.9	1 306.0	1 304.8	1 295.2	1 271.6
50	Distrib. trade, repairs; transp.; accommod., food serv. activ.	2 357.5	2 421.3	2 462.8	2 418.7	2 393.8	2 432.1	2 445.7	2 407.7
51	Financial and insurance activities	412.6	415.2	409.5	406.8	394.8	388.8	379.0	364.3
52	Prof., scientif., techn. activ.; admin., support service activ.	1 662.9	1 771.9	1 846.1	1 738.9	1 682.7	1 718.2	1 703.7	1 674.1
53	Public admin.; compulsory s.s.; education; human health	2 514.7	2 542.5	2 607.4	2 674.3	2 717.9	2 719.6	2 714.2	2 667.0
54	**Total employees**	9 801.8	10 054.5	10 258.1	10 091.5	9 982.5	10 057.2	9 993.5	9 766.3
	SELF-EMPLOYED, MILLION HOURS, DOMESTIC CONCEPT								
55	Industry, including energy	96.6	88.0	84.7	87.0	86.4	84.9	85.9	86.9
56	Distrib. trade, repairs; transp.; accommod., food serv. activ.	680.8	670.9	613.4	572.2	582.2	579.0	588.3	590.1
57	Financial and insurance activities	15.2	15.5	15.0	13.8	13.2	13.6	13.5	13.1
58	Prof., scientif., techn. activ.; admin., support service activ.	444.2	479.1	490.3	496.3	537.0	557.9	563.6	573.2
59	Public admin.; compulsory s.s.; education; human health	282.4	310.4	336.1	346.6	342.6	351.4	358.3	367.4
60	**Total self-employed**	2 384.3	2 485.8	2 489.3	2 475.9	2 494.1	2 537.2	2 569.1	2 600.0

Note: Detailed metadata:http://metalinks.oecd.org/nav1/20150309/4178

NEW ZEALAND

Table 1. Gross domestic product, expenditure approach

Million NZD, fiscal years

		2006	2007	2008	2009	2010	2011	2012	2013
	AT CURRENT PRICES								
1	**Final consumption expenditure**	**131 749**	**139 821**	**145 479**	**149 886**	**156 288**	**163 581**	**167 241**	**173 622**
2	Household	98 174	103 157	105 283	108 706	113 710	119 726	123 322	128 267
3	NPISH's	2 091	2 353	2 768	2 840	2 636	2 768	2 907	3 052
4	Government	31 484	34 312	37 428	38 340	39 941	41 086	41 012	42 303
5	Individual	18 633	20 403	22 597	23 510	24 259	25 240	25 571	..
6	Collective	12 851	13 909	14 831	14 830	15 682	15 871	15 666	..
7	*of which:* Actual individual consumption	118 898	125 913	130 648	135 056	140 605	147 790	151 754	157 544 e
8	**Gross capital formation**	**38 863**	**44 026**	**40 564**	**35 983**	**38 130**	**40 163**	**42 765**	**48 802**
9	Gross fixed capital formation, total	39 128	42 415	40 513	36 834	37 275	38 851	41 933	46 598
10	Dwellings	11 040	11 851	9 569	8 750	8 872	8 936	10 965	13 404
11	Other buildings and structures	11 009	12 716	13 606	13 116	11 936	12 399	13 201	14 010
12	Transport equipment	4 031	4 066	3 029	2 435	3 077	3 042	2 944	3 850
13	Other machinery and equipment	10 335	10 739	11 187	9 495	9 866	10 739	10 827	11 312
14	Cultivated assets	..	..	..	..	..	..	..	..
15	Intangible fixed assets	2 714	3 043	3 122	3 037	3 524	3 735	3 997	4 022
16	Changes in inventories, acquisitions less disposals of valuables	-265	1 611	51	-851	854	1 312	831	2 204
17	Changes in inventories	-265	1 611	51	-851	854	1 312	831	2 204
18	Acquisitions less disposals of valuables	..	..	..	..	..	..	..	..
19	**External balance of goods and services**	**-669**	**244**	**-436**	**4 560**	**4 690**	**3 647**	**1 625**	**4 127**
20	Exports of goods and services	50 928	54 644	60 761	55 837	61 564	65 055	62 746	67 181
21	Exports of goods	35 636	38 721	44 255	40 103	45 600	48 358	46 777	50 780
22	Exports of services	15 293	15 923	16 505	15 734	15 965	16 697	15 969	16 401
23	Imports of goods and services	51 597	54 398	61 196	51 277	56 874	61 406	61 119	63 054
24	Imports of goods	39 134	41 285	46 526	38 032	42 646	46 375	46 211	47 887
25	Imports of services	12 463	13 114	14 670	13 245	14 228	15 032	14 909	15 167
26	**Statistical discrepancy**	**0**	**0**	**0**	**0**	**0**	**-312**	**2**	**..**
27	**Gross domestic product**	**169 943**	**184 092**	**185 608**	**190 429**	**199 108**	**207 392**	**211 632**	**226 551**
	AT CONSTANT PRICES, REFERENCE YEAR 2005								
28	**Final consumption expenditure**	**127 549**	**132 607**	**132 542**	**134 082**	**137 119**	**140 337**	**142 671**	**146 965**
29	Household	95 414	98 845	97 113	98 529	101 132	104 045	106 561	110 202
30	NPISH's	2 000	2 174	2 339	2 487	2 277	2 558	2 781	2 835
31	Government	30 135	31 583	33 019	33 001	33 659	33 714	33 373	33 995
32	Individual	..	..	..	..	..	..	..	..
33	Collective	..	..	..	..	..	..	..	..
34	*of which:* Actual individual consumption	115 108	119 417	119 030	120 816	123 360	126 790	129 459	133 356 e
35	**Gross capital formation**	**36 932**	**41 256**	**37 447**	**32 398**	**34 339**	**36 967**	**38 530**	**42 889**
36	Gross fixed capital formation, total	37 495	40 313	37 185	33 616	34 195	35 712	38 330	42 389
37	Dwellings	10 308	10 508	8 260	7 552	7 574	7 529	8 987	10 502
38	Other buildings and structures	10 433	11 682	11 930	11 383	10 359	10 340	10 820	11 293
39	Transport equipment	3 833	3 969	2 890	2 072	2 577	2 650	2 591	3 470
40	Other machinery and equipment	10 215	11 006	11 091	9 432	10 196	11 473	11 825	12 886
41	Cultivated assets	..	..	..	..	..	..	..	..
42	Intangible fixed assets	2 702	3 148	3 107	3 201	3 726	4 100	4 429	4 450
43	Changes in inventories, acquisitions less disposals of valuables	..	..	..	..	..	..	..	..
44	Changes in inventories	-332	1 210	561	-946	472	1 184	541	972
45	Acquisitions less disposals of valuables	..	..	..	..	..	..	..	..
46	**External balance of goods and services**	**-1 443**	**-2 805**	**-2 494**	**-54**	**-1 587**	**-2 373**	**-2 146**	**-3 749**
47	Exports of goods and services	47 824	49 590	48 290	50 205	51 646	53 089	54 435	54 659
48	Exports of goods	33 154	34 654	33 753	36 047	37 257	38 266	40 257	40 286
49	Exports of services	14 665	14 926	14 526	13 998	14 227	14 658	13 898	14 094
50	Imports of goods and services	47 649	52 823	50 817	46 211	51 534	54 907	55 549	59 936
51	Imports of goods	35 986	39 736	38 151	34 121	38 423	41 026	41 774	45 277
52	Imports of services	11 663	13 086	12 673	12 123	13 140	13 909	13 793	14 672
53	**Statistical discrepancy (including chaining residual)**	**1 603**	**-582**	**-205**	**4 553**	**2 229**	**1 177**	**1 508**	**-1 034**
54	**Gross domestic product**	**164 641**	**170 475**	**167 291**	**170 980**	**172 099**	**176 107**	**180 562**	**185 071**

Note: Detailed metadata:http://metalinks.oecd.org/nav1/20150309/1b67

NEW ZEALAND

Table 2. Gross domestic product, output and income approach
ISIC Rev. 4

Million NZD, fiscal years

		2006	2007	2008	2009	2010	2011	2012	2013
	OUTPUT APPROACH AT CURRENT PRICES								
1	Total gross value added at basic prices	156 690	169 924	171 552	176 154	184 160	..	..	..
2	Agriculture, forestry and fishing	8 590	11 296	9 357	11 062	13 225	..	..	..
3	Industry, including energy	30 038	32 231	33 756	32 335	33 448	..	..	..
4	Manufacturing	22 998	22 932	23 601	22 054	22 422	..	..	..
5	Construction	9 646	10 693	10 397	10 771	10 295	..	..	..
6	Services								
7	Distrib. trade, repairs; transp.; accommod., food serv. activ.	27 770	29 761	28 506	29 668	31 750	..	..	..
8	Information and communication	5 786	6 151	5 669	5 791	5 791	..	..	..
9	Financial and insurance activities	7 760	8 201	9 277	11 020	10 244	..	..	..
10	Real estate activities	22 715	23 315	23 294	23 132	25 002	..	..	..
11	Prof., scientif., techn. activ.; admin., support service activ.	15 289	16 632	17 289	16 652	17 790	..	..	..
12	Public admin.; compulsory s.s.; education; human health	23 259	25 362	27 621	29 076	29 912	..	..	..
13	Other service activities	5 837	6 282	6 386	6 647	6 703	..	..	..
14	FISIM (Financial Intermediation Services Indirectly Measured)	..	..	..	..	..	..	..	..
15	Gross value added at basic prices, excluding FISIM	156 690	169 924	171 552	176 154	184 160	..	..	..
16	Taxes less subsidies on products	13 253	14 169	14 056	14 274	14 948	..	..	..
17	Taxes on products	13 253	14 169	14 056	14 274	14 948			
18	Subsidies on products								
19	Residual item	..	..	..	..	..	..	..	..
20	Gross domestic product at market prices	169 943	184 092	185 608	190 429	199 108	207 392	211 632	226 551
	OUTPUT APPROACH AT CONSTANT PRICES (REF. YEAR 2005)								
21	Total gross value added at basic prices	153 945	158 279	155 566	155 521	158 159	161 985	165 516	..
22	Agriculture, forestry and fishing	7 443	6 363	7 003	6 924	6 458	7 260	7 062	7 273
23	Industry, including energy	29 573	30 935	29 064	28 859	29 873	29 803	30 072	30 623
24	Manufacturing	22 687	22 994	21 295	20 507	21 393	22 005	22 359	22 878
25	Construction	9 258	10 106	9 021	8 988	8 548	8 870	10 148	11 368
26	Services								
27	Distrib. trade, repairs; transp.; accommod., food serv. activ.	27 529	28 486	27 465	26 756	27 931	28 691	29 285	30 065
28	Information and communication	6 414	6 886	6 997	7 054	7 355	7 779	8 087	8 199
29	Financial and insurance activities	8 172	8 693	8 863	8 983	8 978	9 158	9 348	9 788
30	Real estate activities	22 416	22 212	21 876	22 047	22 380	22 726	23 034	23 348
31	Prof., scientif., techn. activ.; admin., support service activ.	14 875	15 465	14 701	14 800	15 844	16 792	17 382	17 931
32	Public admin.; compulsory s.s.; education; human health	22 646	23 476	24 460	24 928	25 044	24 872	25 237	25 972
33	Other service activities	5 617	5 861	5 832	5 903	5 827	5 695	5 671	5 796
34	FISIM (Financial Intermediation Services Indirectly Measured)	..	..	..	..	..	..	..	..
35	Gross value added at basic prices, excluding FISIM	153 945	158 279	155 566	155 521	158 159	161 985	165 516	..
36	Taxes less subsidies on products	12 182	12 633	12 077	11 947	12 339	12 606	13 104	13 768
37	Taxes on products	12 182	12 633	12 077	11 947	12 339	12 606	13 104	13 768
38	Subsidies on products								
39	Residual item	-1 486	-437	-353	3 513	1 601	1 515	1 941	..
40	Gross domestic product at market prices	164 641	170 475	167 290	170 980	172 099	176 107	180 562	185 071
	INCOME APPROACH								
41	Compensation of employees	74 431	80 619	84 848	85 742	88 523	..	..	..
42	Agriculture, forestry and fishing	2 393	2 694	2 805	2 891	3 030	..	..	..
43	Industry, including energy	12 832	13 533	14 040	13 700	14 122	..	..	..
44	Manufacturing	11 598	12 078	12 418	11 964	12 241	..	..	..
45	Construction	5 303	5 908	6 090	6 080	5 984	..	..	..
46	Distrib. trade, repairs; transp.; accommod., food serv. activ.	15 818	17 025	17 571	17 419	18 199	..	..	..
47	Information and communication	2 057	2 218	2 360	2 397	2 401	..	..	..
48	Financial and insurance activities	4 091	4 372	4 441	4 583	4 643	..	..	..
49	Real estate activities	1 082	1 202	1 158	1 140	1 125	..	..	..
50	Prof., scientif., techn. activ.; admin., support service activ.	8 587	9 400	9 952	9 766	10 402	..	..	..
51	Public admin.; compulsory s.s.; education; human health	18 971	20 735	22 722	24 023	24 785	..	..	..
52	Other service activities	3 297	3 532	3 708	3 743	3 831	..	..	..
53	Wages and salaries	..	..	..	..	..	..	..	..
54	Agriculture, forestry and fishing	..	..	..	..	..	..	..	..
55	Industry, including energy	..	..	..	..	..	..	..	..
56	Manufacturing	..	..	..	..	..	..	..	..
57	Construction	..	..	..	..	..	..	..	..
58	Distrib. trade, repairs; transp.; accommod., food serv. activ.	..	..	..	..	..	..	..	..
59	Information and communication	..	..	..	..	..	..	..	..
60	Financial and insurance activities	..	..	..	..	..	..	..	..
61	Real estate activities	..	..	..	..	..	..	..	..
62	Prof., scientif., techn. activ.; admin., support service activ.	..	..	..	..	..	..	..	..
63	Public admin.; compulsory s.s.; education; human health	..	..	..	..	..	..	..	..
64	Other service activities	..	..	..	..	..	..	..	..
65	Gross operating surplus and mixed income	74 476	81 319	78 698	81 828	86 748	90 097	89 580	..
66	Taxes less subsidies on production and imports	21 035	22 154	22 061	22 859	23 837	25 423	26 303	..
67	Taxes on production and imports	21 632	22 758	23 100	23 524	24 841	26 460	27 031	..
68	Subsidies on production and imports	596	604	1 039	665	1 004	1 037	728	..
69	Residual item	..	..	..	..	..	..	..	..
70	Gross domestic product	169 943	184 092	185 608	190 429	199 108	207 392	211 632	226 551

Note: Detailed metadata:http://metalinks.oecd.org/nav1/20150309/1b67

NEW ZEALAND

Table 3. Disposable income, saving and net lending / net borrowing

Million NZD, fiscal years

		2006	2007	2008	2009	2010	2011	2012	2013
	DISPOSABLE INCOME								
1	**Gross domestic product**	169 943	184 092	185 608	190 429	199 108	207 392	211 632	226 551
2	Net primary incomes from the rest of the world	-11 574	-13 342	-13 679	-7 887	-10 101	-9 642	-9 483	..
3	Primary incomes receivable from the rest of the world	6 210	7 032	5 927	5 360	5 501	6 335	6 527	..
4	Primary incomes payable to the rest of the world	17 784	20 374	19 606	13 247	15 602	15 977	16 010	..
5	**Gross national income at market prices**	158 368	170 750	171 930	182 542	189 007	197 934	202 155	..
6	Consumption of fixed capital	23 712	25 645	27 773	28 066	28 169	28 534	29 150	29 779 e
7	**Net national income at market prices**	134 656	145 104	144 156	154 476	160 838	169 400	173 005	185 049 e
8	Net current transfers from the rest of the world	602	672	726	582	-191	-341	-492	..
9	Current transfers receivable from the rest of the world	1 969	2 114	2 366	2 027	1 174	1 265	1 280	..
10	Current transfers payable to the rest of the world	1 367	1 442	1 640	1 445	1 365	1 606	1 772	..
11	**Net national disposable income**	135 258	145 776	144 882	155 058	160 647	169 059	172 513	..
	SAVING AND NET LENDING / NET BORROWING								
12	**Net national disposable income**	135 258	145 776	144 882	155 058	160 647	169 059	172 513	..
13	Final consumption expenditures	131 749	139 821	145 479	149 886	156 288	163 662	167 420	..
14	Adj. for change in net equity of households in pension funds	..	..	..	..	..	..	..	..
15	**Saving, net**	3 510	5 955	-597	5 172	4 359	5 397	5 093	..
16	Net capital transfers from the rest of the world	-457	-760	-718	-345	17 376	532	-406	..
17	Capital transfers receivable from the rest of the world	957	912	888	1 038	18 875	2 196	1 295	..
18	Capital transfers payable to the rest of the world	1 414	1 672	1 606	1 383	1 499	1 664	1 701	..
19	Gross capital formation	38 863	44 026	40 564	35 983	38 130	40 579	42 593	..
20	Acquisitions less disposals of non-financial non-produced assets	1	-2	-1 133	-17	-77	-58	1	..
21	Consumption of fixed capital	23 712	25 645	27 773	28 066	28 169	28 534	29 150	..
22	**Net lending / net borrowing**	-12 099	-13 184	-12 973	-3 072	11 852	6 740	-8 758	..
	REAL DISPOSABLE INCOME								
23	Gross domestic product at constant prices, reference year 2005	164 641	170 475	167 290	170 980	172 099	176 107	180 562	185 071
24	Trading gain or loss	759	4 620	2 968	-3 152	3 508	4 772	1 544	..
25	**Real gross domestic income**	165 401	175 095	170 258	167 828	175 607	180 879	182 106	..
26	Net real primary incomes from the rest of the world	-10 686	-12 928	-11 417	-7 028	-9 054	-8 447	-8 398	..
27	Real primary incomes receivable from the rest of the world	5 902	6 949	4 826	5 012	5 216	6 063	6 312	..
28	Real primary incomes payable to the rest of the world	16 588	19 878	16 243	12 040	14 269	14 509	14 709	..
29	**Real gross national income at market prices**	154 684	161 830	158 844	161 434	166 956	172 927	174 205	..
30	Net real current transfers from the rest of the world	547	652	616	513	-172	-305	-449	..
31	Real current transfers receivable from the rest of the world	1 811	2 054	1 973	1 818	1 063	1 131	1 161	..
32	Real current transfers payable to the rest of the world	1 264	1 401	1 357	1 305	1 235	1 436	1 610	..
33	**Real gross national disposable income**	155 307	162 578	159 549	162 016	166 717	172 529	173 635	..
34	Consumption of fixed capital at constant prices	..	..	..	..	..	..	..	..
35	**Real net national income at market prices**	129 817	137 257	131 721	138 414	141 891	147 434	149 250	157 813 e
36	**Real net national disposable income**	130 398	137 892	132 384	138 935	141 723	147 138	148 826	..

Note: Detailed metadata:http://metalinks.oecd.org/nav1/20150309/d980

NEW ZEALAND

Table 4. Population and employment (persons) and employment (hours worked) by industry
ISIC Rev. 4

		2006	2007	2008	2009	2010	2011	2012	2013
	POPULATION, THOUSAND PERSONS, NATIONAL CONCEPT								
1	Total population	4 198.3	4 241.0	4 281.2	4 332.0	4 381.0	4 414.6	4 443.7	4 481.8 e
2	Economically active population	2 230.1	2 255.5	2 295.5	2 311.4	2 345.6	2 376.4	2 379.0	2 432.4
3	Unemployed persons	84.8	82.6	103.3	147.6	155.5	155.7	160.7	149.0
4	Total employment	2 145.2	2 173.0	2 192.2	2 163.8	2 190.1	2 220.7	2 218.4	2 283.4
5	Employees	1 773.1	1 792.0	1 822.9	1 814.1	1 832.1	1 851.6	1 858.6	1 934.0
6	Self-employed	372.1	380.9	369.3	349.7	358.0	369.1	359.7	349.3
	TOTAL EMPLOYMENT, THOUSAND PERSONS, DOMESTIC CONCEPT								
7	Agriculture, forestry and fishing	..	..	..	143.1	150.9	151.7	149.0	147.3
8	Industry, including energy	..	..	..	273.8	276.9	280.2	274.3	279.6
9	Manufacturing	..	..	..	252.4	253.0	256.2	249.8	254.3
10	Construction	..	..	..	178.8	175.4	174.5	170.2	183.9
11	Distrib. trade, repairs; transp.; accommod., food serv. activ.	..	..	..	558.9	565.1	562.8	567.1	585.2
12	Information and communication	..	..	..	72.2	74.6	78.4	84.7	85.1
13	Financial and insurance activities	..	..	..	68.2	62.5	68.3	71.1	70.8
14	Real estate activities	..	..	..	27.1	27.3	27.0	25.8	28.0
15	Prof., scientif., techn. activ.; admin., support service activ.	..	..	..	222.3	222.4	228.3	228.5	241.8
16	Public admin.; compulsory s.s.; education; human health	..	..	..	518.3	532.5	543.4	537.1	549.2
17	Other service activities	..	..	..	91.9	95.6	99.6	102.7	102.6
18	**Total employment**	2 104.8 e	2 127.0 e	2 178.3 e	2 154.5	2 183.1	2 214.1	2 210.4	2 273.4
	EMPLOYEES, THOUSAND PERSONS, DOMESTIC CONCEPT								
19	Agriculture, forestry and fishing	..	..	..	83.8	86.8	83.8	83.1	86.4
20	Industry, including energy	..	..	..	250.8	252.3	255.8	248.9	253.1
21	Manufacturing	..	..	..	230.6	230.6	233.9	226.6	228.8
22	Construction	..	..	..	121.9	119.6	122.5	122.1	131.8
23	Distrib. trade, repairs; transp.; accommod., food serv. activ.	..	..	..	485.8	492.7	490.0	494.8	516.8
24	Information and communication	..	..	..	57.4	59.1	62.1	67.6	71.1
25	Financial and insurance activities	..	..	..	63.2	58.0	61.9	65.6	64.6
26	Real estate activities	..	..	..	13.5	13.8	12.7	14.3	15.3
27	Prof., scientif., techn. activ.; admin., support service activ.	..	..	..	165.5	165.5	167.1	169.8	186.4
28	Public admin.; compulsory s.s.; education; human health	..	..	..	492.9	504.4	513.8	507.5	520.4
29	Other service activities	..	..	..	73.1	75.6	78.0	79.8	81.7
30	**Total employees**	1 769.8 e	1 791.5 e	1 839.9 e	1 808.0	1 827.7	1 847.8	1 853.6	1 927.7
	SELF-EMPLOYED, THOUSAND PERSONS, DOMESTIC CONCEPT								
31	Agriculture, forestry and fishing	..	..	..	59.3	64.2	68.0	65.9	60.9
32	Industry, including energy	..	..	..	23.0	24.6	24.4	25.4	26.5
33	Manufacturing	..	..	..	21.7	22.4	22.4	23.2	25.5
34	Construction	..	..	..	56.9	55.8	52.0	48.1	52.1
35	Distrib. trade, repairs; transp.; accommod., food serv. activ.	..	..	..	73.1	72.4	72.8	72.3	68.3
36	Information and communication	..	..	..	14.7	15.5	16.2	17.1	13.9
37	Financial and insurance activities	..	..	..	5.0	4.5	6.4	5.4	6.2
38	Real estate activities	..	..	..	13.6	13.5	14.3	11.5	12.7
39	Prof., scientif., techn. activ.; admin., support service activ.	..	..	..	56.8	56.8	61.2	58.6	55.3
40	Public admin.; compulsory s.s.; education; human health	..	..	..	25.3	28.1	29.6	29.7	28.9
41	Other service activities	..	..	..	18.8	20.1	21.6	22.9	20.8
42	**Total self-employed**	330.3 e	326.9 e	323.0 e	346.6	355.4	366.3	356.9	345.7
	TOTAL EMPLOYMENT, MILLION HOURS, DOMESTIC CONCEPT								
43	Industry, including energy	..	..	..	521.0	528.6	543.8	529.2	539.4
44	Distrib. trade, repairs; transp.; accommod., food serv. activ.	..	..	..	947.5	960.5	975.2	975.9	1 014.4
45	Financial and insurance activities	..	..	..	123.0	112.9	122.7	127.9	130.9
46	Prof., scientif., techn. activ.; admin., support service activ.	..	..	..	370.4	376.3	381.1	381.2	401.6
47	Public admin.; compulsory s.s.; education; human health	..	..	..	804.6	836.7	849.0	834.5	868.8
48	**Total employment**	..	..	..	3 714.9	3 786.7	3 848.3	3 834.2	3 966.3
	EMPLOYEES, MILLION HOURS, DOMESTIC CONCEPT								
49	Industry, including energy	..	..	..	478.8	481.1	497.3	480.5	491.2
50	Distrib. trade, repairs; transp.; accommod., food serv. activ.	..	..	..	795.9	813.7	821.1	828.3	874.6
51	Financial and insurance activities	..	..	..	114.6	105.4	110.8	117.7	119.9
52	Prof., scientif., techn. activ.; admin., support service activ.	..	..	..	277.0	279.4	280.3	286.3	317.6
53	Public admin.; compulsory s.s.; education; human health	..	..	..	770.0	799.1	810.8	796.8	830.8
54	**Total employees**	..	..	..	3 083.8	3 137.4	3 182.4	3 193.7	3 358.0
	SELF-EMPLOYED, MILLION HOURS, DOMESTIC CONCEPT								
55	Industry, including energy	..	..	..	42.2	47.5	46.4	48.6	48.2
56	Distrib. trade, repairs; transp.; accommod., food serv. activ.	..	..	..	151.6	146.8	154.1	147.6	139.8
57	Financial and insurance activities	..	..	..	8.4	7.6	11.9	10.2	11.1
58	Prof., scientif., techn. activ.; admin., support service activ.	..	..	..	93.3	96.9	100.8	94.9	84.0
59	Public admin.; compulsory s.s.; education; human health	..	..	..	34.6	37.6	38.1	37.6	38.0
60	**Total self-employed**	..	..	..	631.1	649.4	665.9	640.4	608.3

Note: Detailed metadata:http://metalinks.oecd.org/nav1/20150309/c002

NORWAY

Table 1. Gross domestic product, expenditure approach

Million NOK

		2006	2007	2008	2009	2010	2011	2012	2013
	AT CURRENT PRICES								
1	**Final consumption expenditure**	1 303 796	1 396 360	1 491 088	1 558 396	1 648 422	1 722 256	1 797 330	1 892 524
2	Household	853 328	911 319	958 086	979 235	1 040 627	1 076 920	1 120 326	1 174 619
3	NPISH's	38 686	40 737	44 561	48 479	49 326	53 256	56 254	59 830
4	Government	411 782	444 304	488 441	530 682	558 469	592 080	620 750	658 075
5	Individual	274 472	292 861	320 887	346 461	365 633	387 447	407 369	430 782
6	Collective	137 310	151 443	167 554	184 221	192 836	204 633	213 380	227 293
7	*of which:* Actual individual consumption	1 166 486	1 244 917	1 323 534	1 374 175	1 455 586	1 517 623	1 583 950	1 665 231
8	**Gross capital formation**	501 710	594 863	627 079	530 472	592 192	653 425	724 018	796 026
9	Gross fixed capital formation, total	433 103	513 771	542 277	515 580	481 985	539 299	602 986	681 918
10	Dwellings[1]	95 827	107 448	101 310	95 311	97 973	120 542	134 253	146 966
11	Other buildings and structures[1]	188 328	239 561	260 613	249 501	228 888	251 575	295 458	340 846
12	Transport equipment	40 338	47 277	44 956	47 337	38 019	45 404	49 558	57 841
13	Other machinery and equipment	97 180	102 907	112 639	97 003	92 868	95 829	98 221	103 959
14	Cultivated assets	..	..	..	..	..	..	..	..
15	Intangible fixed assets	11 430	16 578	22 759	26 428	24 237	25 949	25 497	32 307
16	Changes in inventories, acquisitions less disposals of valuables	68 607	81 092	84 802	14 892	110 207	114 126	121 032	114 108
17	Changes in inventories	68 607	81 092	84 802	14 892	110 207	114 126	121 032	114 108
18	Acquisitions less disposals of valuables	..	..	..	..	..	..	..	..
19	**External balance of goods and services**	375 295	315 222	441 747	293 462	303 652	375 099	387 577	322 861
20	Exports of goods and services	989 465	1 017 589	1 197 090	953 870	1 029 969	1 153 619	1 189 652	1 170 794
21	Exports of goods	780 308	792 648	955 641	729 867	779 027	898 294	929 416	901 500
22	Exports of services	209 157	224 941	241 449	224 003	250 942	255 325	260 236	269 228
23	Imports of goods and services	614 170	702 367	755 343	660 408	726 317	778 520	802 075	847 933
24	Imports of goods	420 844	479 533	514 603	444 043	477 213	516 740	527 066	551 745
25	Imports of services	193 326	222 834	240 740	216 365	249 104	261 780	275 009	296 188
26	Statistical discrepancy	..	..	..	..	..	..	..	..
27	**Gross domestic product**	2 180 801	2 306 445	2 559 914	2 382 330	2 544 266	2 750 780	2 908 924	3 011 410
	AT CONSTANT PRICES, REFERENCE YEAR 2005								
28	**Final consumption expenditure**	1 269 193	1 326 956	1 354 661	1 374 021	1 414 042	1 443 973	1 480 961	1 510 963
29	Household	839 139	887 033	902 627	901 211	937 608	961 644	990 677	1 011 606
30	NPISH's	36 957	36 460	37 589	39 210	38 434	40 003	40 754	41 811
31	Government	393 097	403 745	414 533	432 263	437 804	442 666	450 593	458 772
32	Individual	261 345	265 646	270 749	279 806	283 620	285 214	290 710	296 802
33	Collective	131 752	138 120	143 817	152 535	154 258	157 575	159 990	162 041
34	*of which:* Actual individual consumption	1 137 441	1 188 830	1 210 706	1 220 908	1 259 387	1 285 989	1 320 714	1 348 779
35	**Gross capital formation**	472 985	516 913	515 317	427 705	445 191	470 804	500 405	531 911
36	Gross fixed capital formation, total	413 061	460 113	460 910	426 161	391 949	421 954	456 810	495 172
37	Dwellings[1]	89 974	92 425	84 064	77 182	75 984	88 201	94 654	100 735
38	Other buildings and structures[1]	177 486	212 419	216 062	199 175	177 338	185 909	210 729	230 184
39	Transport equipment	37 853	41 757	37 951	38 331	31 748	38 439	41 266	45 630
40	Other machinery and equipment	96 822	98 876	105 057	92 214	90 537	92 260	92 537	95 877
41	Cultivated assets	..	..	..	..	..	..	..	..
42	Intangible fixed assets	10 926	14 210	17 963	18 830	16 933	17 144	16 164	19 975
43	Changes in inventories, acquisitions less disposals of valuables	..	..	..	..	..	..	..	..
44	Changes in inventories	59 924	57 532	55 597	12 504	65 469	63 790	61 852	58 887
45	Acquisitions less disposals of valuables	..	..	..	..	..	..	..	..
46	**External balance of goods and services**	261 760	213 799	189 688	237 615	187 327	156 776	150 220	102 855
47	Exports of goods and services	856 744	868 401	869 550	832 663	836 161	830 475	839 247	811 535
48	Exports of goods	654 367	663 540	667 670	638 775	618 587	601 312	604 335	575 994
49	Exports of services	202 377	204 820	201 553	193 686	217 096	229 858	236 763	240 223
50	Imports of goods and services	594 984	654 602	679 862	595 048	648 834	673 699	689 027	708 680
51	Imports of goods	404 106	442 770	454 836	398 710	427 969	444 644	450 082	460 648
52	Imports of services	190 878	211 884	225 230	196 480	221 096	229 298	239 277	248 415
53	Statistical discrepancy (including chaining residual)	0	-565	-1 172	-14 502	-12 040	-9 746	-10 063	-10 486
54	**Gross domestic product**	2 003 938	2 057 103	2 058 494	2 024 839	2 034 520	2 061 807	2 121 523	2 135 243

Note: Detailed metadata:http://metalinks.oecd.org/nav1/20150309/eb21
1. Dwellings includes also *Other buildings and structures*.

NORWAY

Table 2. Gross domestic product, output and income approach
ISIC Rev. 4

Million NOK

		2006	2007	2008	2009	2010	2011	2012	2013
	OUTPUT APPROACH AT CURRENT PRICES								
1	Total gross value added at basic prices	1 941 884	2 041 633	2 299 280	2 121 047	2 260 620	2 455 726	2 600 096	2 689 647
2	Agriculture, forestry and fishing	29 770	26 918	27 371	29 083	37 865	35 239	30 458	41 689
3	Industry, including energy	771 966	747 332	915 883	700 925	766 060	886 470	940 449	930 183
4	Manufacturing	177 882	187 513	194 508	170 973	179 091	180 504	188 171	196 169
5	Construction	98 528	116 106	123 812	121 389	122 932	134 830	152 226	166 952
6	Services	..	..	..	..	..	..	..	..
7	Distrib. trade, repairs; transp.; accommod., food serv. activ.	290 082	318 608	334 230	316 822	332 614	345 025	342 531	345 343
8	Information and communication	71 316	76 612	78 213	81 875	86 939	89 379	92 717	92 612
9	Financial and insurance activities	65 545	77 941	83 421	97 194	101 344	97 980	118 031	139 466
10	Real estate activities	134 454	143 132	149 363	156 934	164 321	175 093	180 549	185 128
11	Prof., scientif., techn. activ.; admin., support service activ.	110 218	133 372	148 441	148 868	156 073	163 372	184 967	198 589
12	Public admin.; compulsory s.s.; education; human health	332 044	363 217	398 909	426 796	449 778	482 662	509 232	538 780
13	Other service activities	37 961	38 395	39 637	41 161	42 694	45 676	48 936	50 905
14	FISIM (Financial Intermediation Services Indirectly Measured)	..	..	..	..	..	..	..	..
15	Gross value added at basic prices, excluding FISIM	1 941 884	2 041 633	2 299 280	2 121 047	2 260 620	2 455 726	2 600 096	2 689 647
16	Taxes less subsidies on products	238 917	264 812	260 634	261 283	283 646	295 054	308 860	321 782
17	Taxes on products	246 904	268 257	264 481	265 362	287 420	298 693	312 376	325 524
18	Subsidies on products	7 987	3 445	3 847	4 079	3 774	3 639	3 516	3 742
19	Residual item	0	0	0	0	0	0	-32	-18
20	Gross domestic product at market prices	2 180 801	2 306 445	2 559 914	2 382 330	2 544 266	2 750 780	2 908 924	3 011 410
	OUTPUT APPROACH AT CONSTANT PRICES (REF. YEAR 2005)								
21	Total gross value added at basic prices	1 775 998	1 813 513	1 817 837	1 788 193	1 791 215	1 810 820	1 863 518	1 872 415
22	Agriculture, forestry and fishing	27 672	29 011	30 582	30 116	32 479	34 328	35 731	35 243
23	Industry, including energy	640 100	623 853	616 682	597 851	580 217	568 631	580 316	565 853
24	Manufacturing	160 543	165 812	170 668	158 850	162 145	164 684	169 122	174 804
25	Construction	90 467	99 755	101 134	94 072	91 404	93 874	100 714	107 097
26	Services	..	..	..	..	..	..	..	..
27	Distrib. trade, repairs; transp.; accommod., food serv. activ.	281 740	290 649	281 408	274 420	283 004	295 377	303 005	306 855
28	Information and communication	71 724	76 724	78 260	82 277	88 253	90 424	93 152	95 211
29	Financial and insurance activities	75 317	81 669	81 446	81 314	80 958	80 738	83 333	85 886
30	Real estate activities	129 581	136 011	137 882	141 962	143 749	148 666	150 815	152 505
31	Prof., scientif., techn. activ.; admin., support service activ.	108 026	117 825	122 778	118 674	120 638	122 174	132 139	136 312
32	Public admin.; compulsory s.s.; education; human health	315 083	328 449	338 671	343 022	347 714	354 164	361 610	367 464
33	Other service activities	36 288	34 976	35 276	34 715	34 473	36 254	37 224	37 833
34	FISIM (Financial Intermediation Services Indirectly Measured)	..	..	..	..	..	..	..	..
35	Gross value added at basic prices, excluding FISIM	1 775 998	1 813 513	1 817 837	1 788 193	1 791 215	1 810 820	1 863 518	1 872 415
36	Taxes less subsidies on products	227 940	244 880	241 820	237 778	244 881	252 980	260 015	265 365
37	Taxes on products	236 256	249 269	246 318	242 353	249 961	257 700	264 864	270 311
38	Subsidies on products	8 316	3 988	4 143	4 249	4 797	4 182	4 297	4 380
39	Residual item	0	-1 290	-1 163	-1 132	-1 576	-1 993	-2 010	-2 537
40	Gross domestic product at market prices	2 003 938	2 057 103	2 058 494	2 024 839	2 034 520	2 061 807	2 121 523	2 135 243
	INCOME APPROACH								
41	Compensation of employees	888 629	986 652	1 085 627	1 117 374	1 148 379	1 225 975	1 306 194	1 379 908
42	Agriculture, forestry and fishing	6 620	7 066	7 680	7 841	8 592	9 113	9 159	9 461
43	Industry, including energy	159 112	176 294	193 587	194 818	195 184	208 909	223 365	240 649
44	Manufacturing	114 998	123 636	131 243	125 827	123 504	128 582	134 570	142 634
45	Construction	62 365	72 593	81 153	80 135	81 008	87 915	95 365	103 251
46	Distrib. trade, repairs; transp.; accommod., food serv. activ.	191 125	209 223	227 401	229 033	234 082	243 759	256 331	266 069
47	Information and communication	44 208	49 478	54 393	55 571	56 635	60 505	65 493	67 308
48	Financial and insurance activities	29 822	33 733	37 392	39 146	39 555	40 355	42 324	45 340
49	Real estate activities	7 803	9 371	10 629	10 582	10 932	11 938	13 027	13 907
50	Prof., scientif., techn. activ.; admin., support service activ.	81 430	94 849	107 206	107 934	110 893	121 543	134 141	142 595
51	Public admin.; compulsory s.s.; education; human health	284 783	311 430	341 099	365 401	383 808	412 030	435 243	457 707
52	Other service activities	21 361	22 615	25 087	26 913	27 690	29 908	31 746	33 621
53	Wages and salaries	727 956	805 098	883 395	910 364	939 688	999 127	1 062 342	1 120 426
54	Agriculture, forestry and fishing	5 753	6 161	6 720	6 870	7 526	7 985	8 025	8 291
55	Industry, including energy	129 763	144 345	157 880	160 580	161 808	171 791	182 586	195 975
56	Manufacturing	94 509	101 647	108 517	106 194	105 085	108 962	114 128	121 045
57	Construction	53 447	62 127	68 587	67 999	68 212	73 978	80 245	86 879
58	Distrib. trade, repairs; transp.; accommod., food serv. activ.	160 623	174 639	189 124	190 329	195 803	203 712	214 242	222 448
59	Information and communication	36 295	40 319	44 482	45 300	47 153	50 050	53 635	55 117
60	Financial and insurance activities	23 829	26 303	29 535	30 698	31 721	32 905	33 505	35 538
61	Real estate activities	6 663	7 754	8 744	8 671	9 026	9 820	10 609	11 327
62	Prof., scientif., techn. activ.; admin., support service activ.	67 618	78 706	89 137	89 647	92 377	101 187	110 636	117 614
63	Public admin.; compulsory s.s.; education; human health	225 733	245 606	267 824	287 310	302 554	322 357	341 960	358 758
64	Other service activities	18 232	19 138	21 362	22 960	23 508	25 342	26 898	28 481
65	Gross operating surplus and mixed income	1 067 022	1 071 383	1 232 868	1 027 033	1 139 760	1 257 602	1 324 153	1 339 682
66	Taxes less subsidies on production and imports	225 150	248 410	241 419	237 923	256 127	267 203	278 610	291 839
67	Taxes on production and imports	..	..	..	..	..	..	..	..
68	Subsidies on production and imports	..	..	..	..	..	..	..	..
69	Residual item	0	0	0	0	0	0	-32	-18
70	Gross domestic product	2 180 801	2 306 445	2 559 914	2 382 330	2 544 266	2 750 780	2 908 924	3 011 410

Note: Detailed metadata:http://metalinks.oecd.org/nav1/20150309/eb21

NORWAY

Table 3. Disposable income, saving and net lending / net borrowing

Million NOK

		2006	2007	2008	2009	2010	2011	2012	2013
	DISPOSABLE INCOME								
1	Gross domestic product	2 180 801	2 306 445	2 559 914	2 382 330	2 544 266	2 750 780	2 908 924	3 011 410
2	Net primary incomes from the rest of the world	1 565	-7 271	-11 813	13 467	29 956	29 474	61 777	48 834
3	Primary incomes receivable from the rest of the world	197 849	247 318	249 161	172 230	212 052	219 746	271 368	252 032
4	Primary incomes payable to the rest of the world	196 284	254 589	260 974	158 763	182 096	190 272	209 591	203 198
5	Gross national income at market prices	2 182 366	2 299 174	2 548 101	2 395 797	2 574 222	2 780 254	2 970 702	3 060 244
6	Consumption of fixed capital	265 258	293 245	325 080	350 172	363 567	382 095	403 865	431 912
7	Net national income at market prices	1 917 108	2 005 929	2 223 021	2 045 625	2 210 655	2 398 159	2 566 837	2 628 332
8	Net current transfers from the rest of the world	-19 116	-20 515	-21 648	-27 645	-30 430	-32 410	-32 149	-38 080
9	Current transfers receivable from the rest of the world	16 963	18 931	19 693	20 245	20 270	21 034	18 938	25 302
10	Current transfers payable to the rest of the world	36 079	39 446	41 341	47 890	50 700	53 444	51 087	63 382
11	Net national disposable income	1 897 992	1 985 414	2 201 373	2 017 980	2 180 225	2 365 749	2 534 688	2 590 252
	SAVING AND NET LENDING / NET BORROWING								
12	Net national disposable income	1 897 992	1 985 414	2 201 373	2 017 980	2 180 225	2 365 749	2 534 688	2 590 252
13	Final consumption expenditures	1 303 796	1 396 360	1 491 088	1 558 396	1 648 422	1 722 256	1 797 330	1 892 524
14	Adj. for change in net equity of households in pension funds	..	..	..	..	..	..	..	..
15	Saving, net	594 196	589 054	710 285	459 584	531 803	643 493	737 358	697 728
16	Net capital transfers from the rest of the world	-919	-971	-1 138	-1 120	-1 268	-1 499	-1 279	-1 377
17	Capital transfers receivable from the rest of the world	0	0	0	0	0	0	0	..
18	Capital transfers payable to the rest of the world	919	971	1 138	1 120	1 268	1 499	1 279	..
19	Gross capital formation	501 710	594 863	627 079	530 472	592 192	653 425	724 018	796 026
20	Acquisitions less disposals of non-financial non-produced assets	80	29	25	294	293	275	280	30
21	Consumption of fixed capital	265 258	293 245	325 080	350 172	363 567	382 095	403 865	431 912
22	Net lending / net borrowing	356 745	286 436	407 123	277 870	301 617	370 380	415 646	332 208
	REAL DISPOSABLE INCOME								
23	Gross domestic product at constant prices, reference year 2005	2 000 938	2 057 103	2 058 494	2 024 839	2 034 520	2 061 807	2 121 523	2 135 243
24	Trading gain or loss	23 894	20 241	53 955	29 217	54 014	70 364	81 999	83 038
25	Real gross domestic income	2 027 832	2 077 344	2 112 449	2 054 056	2 088 534	2 132 171	2 203 522	2 218 281
26	Net real primary incomes from the rest of the world	1 455	-6 549	-9 749	11 612	24 590	22 845	46 796	35 972
27	Real primary incomes receivable from the rest of the world	183 971	222 752	205 608	148 498	174 069	170 328	205 562	185 653
28	Real primary incomes payable to the rest of the world	182 516	229 301	215 357	136 886	149 479	147 483	158 766	149 681
29	Real gross national income at market prices	2 029 287	2 070 795	2 102 700	2 065 668	2 113 125	2 155 017	2 250 318	2 254 254
30	Net real current transfers from the rest of the world	-17 775	-18 477	-17 864	-23 836	-24 980	-25 121	-24 353	-28 051
31	Real current transfers receivable from the rest of the world	15 773	17 051	16 251	17 455	16 639	16 304	14 346	18 638
32	Real current transfers payable to the rest of the world	33 548	35 528	34 115	41 291	41 619	41 425	38 699	46 689
33	Real gross national disposable income	2 011 512	2 052 318	2 084 837	2 041 832	2 088 145	2 129 896	2 225 966	2 226 203
34	Consumption of fixed capital at constant prices	254 052	264 578	277 501	291 751	299 266	304 341	312 062	321 339
35	Real net national income at market prices	1 775 235	1 806 218	1 825 199	1 773 916	1 813 858	1 850 676	1 938 257	1 932 915
36	Real net national disposable income	1 757 460	1 787 740	1 807 335	1 750 081	1 788 879	1 825 554	1 913 904	1 904 864

Note: Detailed metadata:http://metalinks.oecd.org/nav1/20150309/46ec

NORWAY

Table 4. Population and employment (persons) and employment (hours worked) by industry
ISIC Rev. 4

		2006	2007	2008	2009	2010	2011	2012	2013
	POPULATION, THOUSAND PERSONS, NATIONAL CONCEPT								
1	Total population	4 661.0	4 706.0	4 769.0	4 827.0	4 889.0	4 953.0	5 019.0	5 080.0
2	Economically active population	2 516.0	2 595.0	2 682.0	2 686.0	2 685.0	2 718.0	2 775.0	2 817.0
3	Unemployed persons	84.0	63.0	67.0	82.0	94.0	86.0	86.0	95.0
4	Total employment	2 432.0	2 532.0	2 615.0	2 604.0	2 590.0	2 631.0	2 689.0	2 722.0
5	Employees	2 260.0	2 362.0	2 448.0	2 438.0	2 430.0	2 472.0	2 530.0	2 564.0
6	Self-employed	171.0	169.0	167.0	166.0	160.0	160.0	159.0	158.0
	TOTAL EMPLOYMENT, THOUSAND PERSONS, DOMESTIC CONCEPT								
7	Agriculture, forestry and fishing	75.0	73.0	72.0	70.0	69.0	69.0	67.0	66.0
8	Industry, including energy	327.0	341.0	350.0	340.0	331.0	333.0	339.0	346.0
9	Manufacturing	259.0	265.0	270.0	258.0	247.0	246.0	248.0	251.0
10	Construction	177.0	193.0	199.0	190.0	187.0	194.0	203.0	209.0
11	Distrib. trade, repairs; transp.; accommod., food serv. activ.	596.0	621.0	642.0	633.0	625.0	625.0	635.0	636.0
12	Information and communication	84.0	84.0	85.0	86.0	86.0	87.0	88.0	88.0
13	Financial and insurance activities	48.0	49.0	50.0	53.0	52.0	50.0	51.0	51.0
14	Real estate activities	19.0	22.0	24.0	23.0	23.0	23.0	24.0	25.0
15	Prof., scientif., techn. activ.; admin., support service activ.	204.0	224.0	240.0	233.0	229.0	238.0	249.0	256.0
16	Public admin.; compulsory s.s.; education; human health	826.0	848.0	869.0	890.0	902.0	923.0	941.0	953.0
17	Other service activities	76.0	78.0	84.0	87.0	87.0	89.0	91.0	92.0
18	**Total employment**	**2 432.0**	**2 532.0**	**2 615.0**	**2 604.0**	**2 590.0**	**2 631.0**	**2 689.0**	**2 722.0**
	EMPLOYEES, THOUSAND PERSONS, DOMESTIC CONCEPT								
19	Agriculture, forestry and fishing	26.0	27.0	28.0	27.0	28.0	29.0	28.0	28.0
20	Industry, including energy	320.0	334.0	344.0	333.0	325.0	327.0	334.0	341.0
21	Manufacturing	253.0	259.0	264.0	252.0	241.0	240.0	242.0	246.0
22	Construction	151.0	167.0	173.0	166.0	163.0	171.0	180.0	187.0
23	Distrib. trade, repairs; transp.; accommod., food serv. activ.	561.0	586.0	608.0	599.0	593.0	592.0	603.0	605.0
24	Information and communication	76.0	79.0	81.0	82.0	82.0	83.0	85.0	85.0
25	Financial and insurance activities	47.0	48.0	50.0	53.0	51.0	50.0	51.0	51.0
26	Real estate activities	18.0	21.0	22.0	21.0	21.0	21.0	22.0	22.0
27	Prof., scientif., techn. activ.; admin., support service activ.	187.0	206.0	221.0	214.0	212.0	220.0	231.0	237.0
28	Public admin.; compulsory s.s.; education; human health	808.0	829.0	852.0	872.0	884.0	905.0	922.0	934.0
29	Other service activities	66.0	66.0	69.0	70.0	70.0	73.0	74.0	75.0
30	**Total employees**	**2 260.0**	**2 362.0**	**2 448.0**	**2 438.0**	**2 430.0**	**2 472.0**	**2 530.0**	**2 564.0**
	SELF-EMPLOYED, THOUSAND PERSONS, DOMESTIC CONCEPT								
31	Agriculture, forestry and fishing	49.0	46.0	44.0	43.0	41.0	40.0	39.0	38.0
32	Industry, including energy	7.0	7.0	6.0	6.0	5.0	6.0	6.0	6.0
33	Manufacturing	7.0	6.0	6.0	6.0	5.0	5.0	5.0	5.0
34	Construction	25.0	26.0	25.0	24.0	24.0	24.0	23.0	22.0
35	Distrib. trade, repairs; transp.; accommod., food serv. activ.	35.0	35.0	34.0	33.0	32.0	33.0	32.0	32.0
36	Information and communication	8.0	5.0	3.0	3.0	3.0	3.0	3.0	4.0
37	Financial and insurance activities	1.0	1.0	0.0	0.0	0.0	0.0	0.0	0.0
38	Real estate activities	1.0	1.0	3.0	2.0	2.0	2.0	2.0	2.0
39	Prof., scientif., techn. activ.; admin., support service activ.	17.0	18.0	18.0	18.0	17.0	17.0	18.0	19.0
40	Public admin.; compulsory s.s.; education; human health	18.0	19.0	17.0	18.0	18.0	18.0	18.0	19.0
41	Other service activities	10.0	12.0	15.0	17.0	16.0	16.0	17.0	17.0
42	**Total self-employed**	**171.0**	**169.0**	**167.0**	**166.0**	**160.0**	**160.0**	**159.0**	**158.0**
	TOTAL EMPLOYMENT, MILLION HOURS, DOMESTIC CONCEPT								
43	Industry, including energy	522.0	550.0	564.0	532.0	519.0	524.0	530.0	540.0
44	Distrib. trade, repairs; transp.; accommod., food serv. activ.	831.0	858.0	887.0	862.0	864.0	869.0	885.0	878.0
45	Financial and insurance activities	74.0	76.0	79.0	81.0	79.0	77.0	78.0	78.0
46	Prof., scientif., techn. activ.; admin., support service activ.	307.0	341.0	363.0	346.0	350.0	369.0	386.0	393.0
47	Public admin.; compulsory s.s.; education; human health	1 028.0	1 066.0	1 096.0	1 121.0	1 137.0	1 165.0	1 185.0	1 194.0
48	**Total employment**	**3 452.0**	**3 610.0**	**3 738.0**	**3 663.0**	**3 666.0**	**3 734.0**	**3 809.0**	**3 832.0**
	EMPLOYEES, MILLION HOURS, DOMESTIC CONCEPT								
49	Industry, including energy	510.0	539.0	552.0	521.0	508.0	513.0	520.0	529.0
50	Distrib. trade, repairs; transp.; accommod., food serv. activ.	765.0	794.0	826.0	803.0	806.0	811.0	828.0	822.0
51	Financial and insurance activities	73.0	75.0	78.0	81.0	79.0	77.0	77.0	77.0
52	Prof., scientif., techn. activ.; admin., support service activ.	278.0	308.0	328.0	312.0	314.0	333.0	349.0	354.0
53	Public admin.; compulsory s.s.; education; human health	999.0	1 035.0	1 067.0	1 090.0	1 106.0	1 133.0	1 154.0	1 161.0
54	**Total employees**	**3 129.0**	**3 286.0**	**3 413.0**	**3 349.0**	**3 354.0**	**3 427.0**	**3 503.0**	**3 528.0**
	SELF-EMPLOYED, MILLION HOURS, DOMESTIC CONCEPT								
55	Industry, including energy	12.0	11.0	12.0	11.0	11.0	11.0	11.0	11.0
56	Distrib. trade, repairs; transp.; accommod., food serv. activ.	66.0	64.0	61.0	59.0	58.0	58.0	56.0	56.0
57	Financial and insurance activities	1.0	1.0	0.0	0.0	0.0	0.0	0.0	0.0
58	Prof., scientif., techn. activ.; admin., support service activ.	29.0	33.0	35.0	33.0	36.0	36.0	37.0	39.0
59	Public admin.; compulsory s.s.; education; human health	28.0	30.0	30.0	31.0	30.0	31.0	31.0	32.0
60	**Total self-employed**	**324.0**	**324.0**	**325.0**	**314.0**	**312.0**	**308.0**	**306.0**	**303.0**

Note: Detailed metadata:http://metalinks.oecd.org/nav1/20150309/9845

POLAND

Table 1. Gross domestic product, expenditure approach

Million PLN

		2006	2007	2008	2009	2010	2011	2012	2013
	AT CURRENT PRICES								
1	**Final consumption expenditure**	856 102	931 655	1 029 011	1 096 894	1 161 634	1 235 582	1 286 036	1 313 576
2	Household	650 362	708 338	779 879	827 480	870 427	939 713	979 353	997 697
3	NPISH's	8 425	9 702	10 910	12 470	14 504	14 451	14 362	14 319
4	Government	197 315	213 615	238 222	256 944	276 703	281 418	292 321	301 560
5	Individual	108 924	118 809	133 358	145 485	155 617	158 156	164 379	169 615
6	Collective	88 391	94 806	104 864	111 459	121 086	123 262	127 942	131 945
7	*of which:* Actual individual consumption	767 711	836 849	924 147	985 435	1 040 548	1 112 320	1 158 094	1 181 631
8	**Gross capital formation**	229 345	294 314	310 553	275 233	301 817	345 393	333 237	317 115
9	Gross fixed capital formation, total	210 448	260 096	288 170	287 627	284 772	315 554	313 958	312 812
10	Dwellings	..	..	..	..	..	..	..	..
11	Other buildings and structures	..	..	..	..	..	..	..	..
12	Transport equipment	..	..	..	..	..	..	..	..
13	Other machinery and equipment	..	..	..	..	..	..	..	..
14	Cultivated assets	..	..	..	..	..	..	..	..
15	Intangible fixed assets	..	..	..	..	..	..	..	..
16	Changes in inventories, acquisitions less disposals of valuables	18 897	34 218	22 383	-12 394	17 045	29 839	19 279	4 303
17	Changes in inventories	18 714	34 019	22 169	-12 587	16 839	29 654	19 076	4 133
18	Acquisitions less disposals of valuables	183	199	214	193	206	185	203	170
19	**External balance of goods and services**	-20 239	-39 196	-62 242	-10 277	-26 094	-27 393	-3 378	31 361
20	Exports of goods and services	406 914	460 755	489 449	511 731	581 700	670 151	727 971	766 344
21	Exports of goods	335 067	370 911	395 356	412 567	471 661	545 587	590 042	622 823
22	Exports of services	71 847	89 844	94 093	99 164	110 039	124 564	137 929	140 521
23	Imports of goods and services	427 153	499 951	551 691	522 008	607 794	697 544	731 349	734 983
24	Imports of goods	365 612	433 101	477 896	445 756	515 341	600 376	624 173	627 217
25	Imports of services	61 541	66 850	73 795	76 252	92 453	97 168	107 176	107 766
26	Statistical discrepancy	..	..	..	..	..	..	..	..
27	**Gross domestic product**	1 065 208	1 186 773	1 277 322	1 361 850	1 437 357	1 553 582	1 615 895	1 662 052
	AT CONSTANT PRICES, REFERENCE YEAR 2005								
28	**Final consumption expenditure**	839 602	887 022	939 026	971 575	998 982	1 015 472	1 022 838	1 035 719
29	Household	640 499	681 172	722 394	746 487	765 272	788 560	796 051	804 480
30	NPISH's	8 340	9 367	10 105	11 162	12 650	11 817	11 326	11 191
31	Government	190 764	196 580	206 694	214 081	221 128	216 046	216 534	220 978
32	Individual	104 921	109 680	116 115	120 306	122 904	119 568	119 412	121 359
33	Collective	85 844	86 887	90 572	93 768	98 241	96 508	97 168	99 687
34	*of which:* Actual individual consumption	753 758	800 178	848 560	877 913	900 743	919 189	925 900	936 196
35	**Gross capital formation**	225 833	279 352	285 539	249 137	273 345	306 658	293 596	282 692
36	Gross fixed capital formation, total	207 913	247 894	268 593	263 600	262 581	287 066	282 652	285 089
37	Dwellings	..	..	..	..	..	..	..	..
38	Other buildings and structures	..	..	..	..	..	..	..	..
39	Transport equipment	..	..	..	..	..	..	..	..
40	Other machinery and equipment	..	..	..	..	..	..	..	..
41	Cultivated assets	..	..	..	..	..	..	..	..
42	Intangible fixed assets	..	..	..	..	..	..	..	..
43	Changes in inventories, acquisitions less disposals of valuables	..	..	..	..	..	..	..	..
44	Changes in inventories	..	..	..	..	..	..	..	..
45	Acquisitions less disposals of valuables	..	..	..	..	..	..	..	..
46	**External balance of goods and services**	-19 521	-44 591	-61 214	-24 264	-41 532	-21 657	4 519	-26 431
47	Exports of goods and services	397 737	438 254	468 990	439 525	496 064	535 097	558 244	585 995
48	Exports of goods	326 889	352 009	382 033	351 251	400 011	430 841	446 889	470 953
49	Exports of services	70 847	86 332	86 984	88 005	95 598	103 781	111 002	114 555
50	Imports of goods and services	417 260	483 139	528 488	463 039	527 919	556 829	553 540	563 420
51	Imports of goods	355 813	418 312	460 361	395 012	448 613	477 392	469 247	479 272
52	Imports of services	61 446	64 662	67 943	67 498	78 700	78 891	83 863	83 642
53	Statistical discrepancy (including chaining residual)	-2	-546	1 843	-560	9 326	-1 299	1 101	52 125
54	**Gross domestic product**	1 045 912	1 121 237	1 165 194	1 195 887	1 240 121	1 299 173	1 322 053	1 344 106

Note: Detailed metadata:http://metalinks.oecd.org/nav1/20150309/7063

POLAND

Table 2. Gross domestic product, output and income approach
ISIC Rev. 4

Million PLN

		2006	2007	2008	2009	2010	2011	2012	2013
	OUTPUT APPROACH AT CURRENT PRICES								
1	Total gross value added at basic prices	933 013	1 035 654	1 115 072	1 209 740	1 265 904	1 365 622	1 431 872	1 476 535
2	Agriculture, forestry and fishing	28 656	35 663	32 305	34 511	37 519	44 576	46 018	48 766
3	Industry, including energy	238 867	260 729	279 004	300 546	312 274	346 742	361 296	381 322
4	Manufacturing	176 915	194 461	207 005	221 779	221 357	246 873	257 084	278 144
5	Construction	66 826	79 363	88 176	100 291	104 807	113 895	109 112	109 553
6	Services	..	..	..	..	..	..	..	..
7	Distrib. trade, repairs; transp.; accommod., food serv. activ.	241 407	263 738	282 984	313 141	327 975	344 992	380 092	387 666
8	Information and communication	39 173	42 190	47 074	49 623	49 178	51 506	54 678	56 128
9	Financial and insurance activities	35 208	45 441	46 804	47 662	52 074	58 872	56 990	58 310
10	Real estate activities	56 618	59 268	62 479	63 410	67 534	71 595	74 278	74 173
11	Prof., scientif., techn. activ.; admin., support service activ.	61 342	70 155	79 761	87 034	88 623	95 586	102 658	107 259
12	Public admin.; compulsory s.s.; education; human health	143 173	154 804	170 468	185 500	195 321	205 285	211 866	218 821
13	Other service activities	21 743	24 303	26 017	28 022	30 599	32 573	34 884	34 537
14	FISIM (Financial Intermediation Services Indirectly Measured)	..	..	..	..	..	..	..	..
15	Gross value added at basic prices, excluding FISIM	933 013	1 035 654	1 115 072	1 209 740	1 265 904	1 365 622	1 431 872	1 476 535
16	Taxes less subsidies on products	132 196	151 119	162 250	152 110	171 453	187 960	184 022	185 517
17	Taxes on products	136 346	155 732	167 681	157 493	176 478	193 065	187 663	189 750
18	Subsidies on products	4 150	4 613	5 431	5 383	5 025	5 105	3 641	4 233
19	Residual item	..	..	..	..	..	..	..	..
20	Gross domestic product at market prices	1 065 209	1 186 773	1 277 322	1 361 850	1 437 357	1 553 582	1 615 894	1 662 052
	OUTPUT APPROACH AT CONSTANT PRICES (REF. YEAR 2005)								
21	Total gross value added at basic prices	918 129	984 748	1 022 464	1 052 117	1 091 931	1 143 663	1 164 639	1 185 101
22	Agriculture, forestry and fishing	27 189	28 265	27 472	31 076	28 998	29 391	28 014	29 338
23	Industry, including energy	242 325	265 636	281 314	280 429	304 609	330 625	337 242	353 601
24	Manufacturing	186 765	209 557	226 069	227 582	248 478	270 632	276 931	293 389
25	Construction	65 294	70 204	69 631	77 679	82 394	91 288	88 349	89 267
26	Services	..	..	..	..	..	..	..	..
27	Distrib. trade, repairs; transp.; accommod., food serv. activ.	236 399	249 603	256 175	263 166	271 054	273 616	287 563	287 643
28	Information and communication	39 888	42 544	46 461	48 341	48 930	52 128	57 371	59 016
29	Financial and insurance activities	33 161	43 686	48 756	44 444	43 592	47 512	42 529	43 110
30	Real estate activities	54 900	54 336	54 315	54 993	58 096	60 538	61 718	60 946
31	Prof., scientif., techn. activ.; admin., support service activ.	59 673	66 296	73 285	77 176	77 357	81 549	85 090	87 700
32	Public admin.; compulsory s.s.; education; human health	137 124	139 958	141 775	148 358	149 650	151 012	151 453	152 242
33	Other service activities	22 176	24 328	24 766	25 117	26 562	27 489	28 437	27 250
34	FISIM (Financial Intermediation Services Indirectly Measured)	..	..	..	..	..	..	..	..
35	Gross value added at basic prices, excluding FISIM	918 129	984 748	1 022 464	1 052 117	1 091 931	1 143 663	1 164 639	1 185 101
36	Taxes less subsidies on products	127 783	136 496	142 692	143 844	148 188	155 508	157 421	158 961
37	Taxes on products	131 867	140 886	147 652	148 519	152 476	159 730	160 345	162 342
38	Subsidies on products	4 084	4 390	4 979	4 682	4 336	4 273	2 959	3 395
39	Residual item	0	-9	35	-75	1	0	-10	43
40	Gross domestic product at market prices	1 045 912	1 121 235	1 165 192	1 195 885	1 240 119	1 299 171	1 322 051	1 344 105
	INCOME APPROACH								
41	Compensation of employees	388 419	432 234	492 185	511 634	540 844	573 441	598 549	616 215
42	Agriculture, forestry and fishing	6 696	7 511	8 030	8 700	8 398	9 566	10 492	10 435
43	Industry, including energy	108 022	119 960	136 869	134 229	140 744	149 221	156 915	159 643
44	Manufacturing	80 468	90 435	104 091	99 055	103 841	110 621	115 329	119 584
45	Construction	21 676	25 814	32 149	34 630	37 483	42 011	41 447	42 113
46	Distrib. trade, repairs; transp.; accommod., food serv. activ.	74 591	83 245	93 611	96 703	102 458	107 401	114 442	118 405
47	Information and communication	11 993	13 164	16 105	16 494	17 015	18 498	19 534	20 507
48	Financial and insurance activities	16 314	17 802	20 057	20 487	21 181	22 167	24 252	24 607
49	Real estate activities	5 214	6 069	6 361	6 218	6 344	7 978	8 290	8 036
50	Prof., scientif., techn. activ.; admin., support service activ.	21 655	26 352	30 389	32 374	35 958	38 795	41 918	43 352
51	Public admin.; compulsory s.s.; education; human health	113 139	122 805	137 837	149 741	158 261	164 432	167 329	172 865
52	Other service activities	9 119	9 512	10 777	12 058	13 002	13 372	13 930	16 252
53	Wages and salaries	325 369	362 183	418 116	432 300	456 297	483 483	498 954	514 951
54	Agriculture, forestry and fishing	5 753	6 412	6 982	7 618	7 368	8 344	9 099	9 057
55	Industry, including energy	91 725	101 507	117 618	114 698	119 802	127 235	132 014	134 955
56	Manufacturing	68 437	76 588	89 543	84 589	88 260	94 122	96 819	100 997
57	Construction	18 366	22 064	27 549	29 435	31 348	35 044	34 760	35 393
58	Distrib. trade, repairs; transp.; accommod., food serv. activ.	65 102	72 338	81 894	84 062	89 024	93 257	98 319	102 398
59	Information and communication	10 532	11 553	14 309	14 536	15 013	16 289	16 981	17 893
60	Financial and insurance activities	14 316	15 678	17 877	18 210	18 831	19 762	21 329	21 684
61	Real estate activities	4 481	5 186	5 481	5 307	5 473	6 896	7 084	6 930
62	Prof., scientif., techn. activ.; admin., support service activ.	18 976	22 988	26 946	28 406	31 659	34 197	36 497	37 745
63	Public admin.; compulsory s.s.; education; human health	88 054	96 039	109 950	119 398	126 271	130 611	130 649	134 455
64	Other service activities	8 064	8 418	9 510	10 630	11 508	11 848	12 222	14 441
65	Gross operating surplus and mixed income	542 043	598 866	620 295	695 399	721 633	788 033	828 371	859 672
66	Taxes less subsidies on production and imports	134 747	155 673	164 842	154 817	174 880	192 108	188 974	186 165
67	Taxes on production and imports	152 358	172 777	186 772	177 631	197 497	215 906	211 427	212 808
68	Subsidies on production and imports	17 611	17 104	21 930	22 814	22 617	23 798	22 453	26 643
69	Residual item	..	..	..	..	..	..	..	..
70	Gross domestic product	1 065 209	1 186 773	1 277 322	1 361 850	1 437 357	1 553 582	1 615 894	1 662 052

Note: Detailed metadata:http://metalinks.oecd.org/nav1/20150309/7063

POLAND

Table 3. Disposable income, saving and net lending / net borrowing

Million PLN

		2006	2007	2008	2009	2010	2011	2012	2013
	DISPOSABLE INCOME								
1	Gross domestic product	1 065 208	1 186 773	1 277 322	1 361 850	1 437 357	1 553 582	1 615 895	1 662 052
2	Net primary incomes from the rest of the world	..	..	..	..	..	..	..	..
3	Primary incomes receivable from the rest of the world	..	..	..	..	..	..	..	..
4	Primary incomes payable to the rest of the world	..	..	..	..	..	..	..	..
5	Gross national income at market prices	1 049 124 e	1 152 330 e	1 269 196 e	1 318 077 e	1 383 611	1 496 233	1 558 923	1 601 521
6	Consumption of fixed capital	143 001 e	150 944 e	155 402 e	159 072 e	162 495 e	168 959 e	179 205 e	188 087 e
7	Net national income at market prices	905 398 e	1 000 523 e	1 112 978 e	1 158 733 e	1 221 116 e	1 327 274 e	1 379 718 e	1 413 434 e
8	Net current transfers from the rest of the world	..	..	..	..	..	..	..	..
9	Current transfers receivable from the rest of the world	..	..	..	..	..	..	..	..
10	Current transfers payable to the rest of the world	..	..	..	..	..	..	..	..
11	Net national disposable income	..	..	..	..	..	..	..	..
	SAVING AND NET LENDING / NET BORROWING								
12	Net national disposable income	..	..	..	..	..	..	..	..
13	Final consumption expenditures	856 102	931 655	1 029 011	1 096 894	1 161 634	1 235 582	1 286 036	1 313 576
14	Adj. for change in net equity of households in pension funds	..	..	..	..	..	..	..	..
15	Saving, net	..	..	..	..	..	..	..	..
16	Net capital transfers from the rest of the world	..	..	..	..	..	..	..	..
17	Capital transfers receivable from the rest of the world	..	..	..	..	..	..	..	..
18	Capital transfers payable to the rest of the world	..	..	..	..	..	..	..	..
19	Gross capital formation	229 345	294 314	310 553	275 233	301 817	345 393	333 237	317 115
20	Acquisitions less disposals of non-financial non-produced assets	..	..	..	..	..	..	..	..
21	Consumption of fixed capital	..	..	..	..	..	..	..	..
22	Net lending / net borrowing	..	..	..	..	..	..	..	..
	REAL DISPOSABLE INCOME								
23	Gross domestic product at constant prices, reference year 2005	1 045 912	1 121 237	1 165 194	1 195 887	1 240 121	1 299 173	1 322 053	1 344 106
24	Trading gain or loss	..	..	..	..	..	..	..	..
25	Real gross domestic income	..	..	..	..	..	..	..	..
26	Net real primary incomes from the rest of the world	..	..	..	..	..	..	..	..
27	Real primary incomes receivable from the rest of the world	..	..	..	..	..	..	..	..
28	Real primary incomes payable to the rest of the world	..	..	..	..	..	..	..	..
29	Real gross national income at market prices	..	..	..	..	..	..	..	..
30	Net real current transfers from the rest of the world	..	..	..	..	..	..	..	..
31	Real current transfers receivable from the rest of the world	..	..	..	..	..	..	..	..
32	Real current transfers payable to the rest of the world	..	..	..	..	..	..	..	..
33	Real gross national disposable income	..	..	..	..	..	..	..	..
34	Consumption of fixed capital at constant prices	..	..	..	..	..	..	..	..
35	Real net national income at market prices	..	..	..	..	..	..	..	..
36	Real net national disposable income	..	..	..	..	..	..	..	..

Note: Detailed metadata:http://metalinks.oecd.org/nav1/20150309/c795

POLAND

Table 4. Population and employment (persons) and employment (hours worked) by industry
ISIC Rev. 4

		2006	2007	2008	2009	2010	2011	2012	2013
	POPULATION, THOUSAND PERSONS, NATIONAL CONCEPT								
1	Total population	38 132.0 e	38 116.0 e	38 116.0 e	38 483.0 e	38 517.0 e	38 526.0 e	38 534.0 e	38 502.0 e
2	Economically active population	..	..	..	..	..	..	..	..
3	Unemployed persons	..	..	..	..	..	..	..	..
4	Total employment	14 594.0	15 241.0	15 800.0	15 868.0	15 473.0	15 562.0	15 591.0	15 568.0
5	Employees	11 028.0	11 666.0	12 179.0	12 260.0	11 918.0	12 004.0	12 099.0	12 170.0
6	Self-employed	3 565.0	3 575.0	3 621.0	3 608.0	3 556.0	3 559.0	3 491.0	3 399.0
	TOTAL EMPLOYMENT, THOUSAND PERSONS, DOMESTIC CONCEPT								
7	Agriculture, forestry and fishing	2 276.3	2 218.6	2 196.4	2 095.4	2 003.9	1 994.7	1 945.9	1 852.5
8	Industry, including energy	3 466.2	3 634.2	3 784.8	3 607.2	3 403.8	3 458.9	3 454.8	3 536.4
9	Manufacturing	2 901.1	3 068.9	3 213.0	3 044.4	2 855.9	2 892.4	2 878.8	2 940.6
10	Construction	914.8	1 047.0	1 212.3	1 280.8	1 220.7	1 246.4	1 211.2	1 144.4
11	Distrib. trade, repairs; transp.; accommod., food serv. activ.	3 123.1	3 372.0	3 513.6	3 536.7	3 470.3	3 470.9	3 495.0	3 461.2
12	Information and communication	252.7	285.5	296.7	316.1	299.7	298.9	315.4	332.4
13	Financial and insurance activities	328.7	363.2	341.5	372.1	352.7	370.6	392.6	383.0
14	Real estate activities	123.1	128.8	142.8	156.0	167.5	164.3	146.8	142.6
15	Prof., scientif., techn. activ.; admin., support service activ.	669.7	753.8	777.6	840.3	872.0	919.7	938.7	940.8
16	Public admin.; compulsory s.s.; education; human health	2 920.7	2 927.6	3 018.6	3 125.3	3 113.3	3 086.0	3 120.9	3 204.1
17	Other service activities	428.7	425.2	447.6	459.5	466.4	446.9	453.6	466.4
18	Total employment	14 503.9	15 155.9	15 731.9	15 789.4	15 370.3	15 457.3	15 474.9	15 463.8
	EMPLOYEES, THOUSAND PERSONS, DOMESTIC CONCEPT								
19	Agriculture, forestry and fishing	192.8	202.6	214.7	201.9	204.0	210.3	205.9	208.5
20	Industry, including energy	3 238.7	3 419.2	3 589.1	3 414.4	3 228.3	3 288.9	3 281.0	3 335.5
21	Manufacturing	2 685.6	2 867.6	3 027.2	2 857.3	2 684.2	2 727.8	2 712.8	2 750.3
22	Construction	730.0	833.0	973.3	1 008.6	941.9	970.6	940.8	869.2
23	Distrib. trade, repairs; transp.; accommod., food serv. activ.	2 437.9	2 678.3	2 791.9	2 814.3	2 753.5	2 744.3	2 794.8	2 778.9
24	Information and communication	220.7	243.8	246.7	262.8	252.9	250.6	264.5	276.1
25	Financial and insurance activities	297.5	327.7	300.4	320.1	305.8	317.1	342.3	330.7
26	Real estate activities	112.1	118.6	129.6	136.3	146.2	144.3	130.2	123.8
27	Prof., scientif., techn. activ.; admin., support service activ.	537.7	592.0	607.9	655.2	679.1	708.0	726.7	731.3
28	Public admin.; compulsory s.s.; education; human health	2 842.0	2 848.6	2 944.7	3 038.1	3 005.8	2 981.1	3 013.0	3 080.8
29	Other service activities	338.2	328.7	353.1	366.4	358.9	338.6	355.8	365.4
30	Total employees	10 947.4	11 592.4	12 151.4	12 218.1	11 876.4	11 953.8	12 055.0	12 100.2
	SELF-EMPLOYED, THOUSAND PERSONS, DOMESTIC CONCEPT								
31	Agriculture, forestry and fishing	2 083.5	2 016.0	1 981.7	1 893.5	1 799.9	1 784.4	1 740.0	1 644.0
32	Industry, including energy	227.5	215.0	195.7	192.8	175.5	170.0	173.8	200.9
33	Manufacturing	215.5	201.3	185.8	187.1	171.7	164.6	166.0	190.3
34	Construction	184.8	214.0	239.0	272.2	278.8	275.8	270.4	275.2
35	Distrib. trade, repairs; transp.; accommod., food serv. activ.	685.3	693.8	721.7	722.4	716.8	726.6	700.2	682.3
36	Information and communication	32.0	41.8	50.0	53.3	46.8	48.3	50.9	56.3
37	Financial and insurance activities	31.3	35.5	41.1	52.0	46.9	53.5	50.3	52.3
38	Real estate activities	11.0	10.3	13.2	19.7	21.3	20.0	16.6	18.8
39	Prof., scientif., techn. activ.; admin., support service activ.	132.0	161.8	169.7	185.1	192.9	211.7	212.0	209.5
40	Public admin.; compulsory s.s.; education; human health	78.8	79.0	73.9	87.2	107.5	104.9	107.9	123.3
41	Other service activities	90.5	96.5	94.5	93.1	107.5	108.3	97.8	101.0
42	Total self-employed	3 556.5	3 563.5	3 580.5	3 571.3	3 493.9	3 503.5	3 419.9	3 363.6
	TOTAL EMPLOYMENT, MILLION HOURS, DOMESTIC CONCEPT								
43	Industry, including energy	7 463.0	7 804.5	8 011.6	7 578.9	7 174.0	7 231.3	7 170.8	7 341.6
44	Distrib. trade, repairs; transp.; accommod., food serv. activ.	6 929.4	7 468.2	7 676.4	7 623.5	7 475.4	7 430.2	7 410.7	7 290.2
45	Financial and insurance activities	676.6	743.7	699.9	761.6	717.9	748.4	795.1	767.3
46	Prof., scientif., techn. activ.; admin., support service activ.	1 410.9	1 565.5	1 598.9	1 706.8	1 783.4	1 868.5	1 904.0	1 892.7
47	Public admin.; compulsory s.s.; education; human health	5 430.9	5 455.9	5 661.8	5 871.3	5 859.7	5 817.9	5 895.4	6 075.0
48	Total employment	30 176.5	31 488.1	32 558.7	32 431.4	31 490.7	31 588.5	31 544.0	31 465.0
	EMPLOYEES, MILLION HOURS, DOMESTIC CONCEPT								
49	Industry, including energy	6 907.9	7 276.7	7 539.3	7 117.8	6 761.4	6 836.0	6 773.3	6 886.6
50	Distrib. trade, repairs; transp.; accommod., food serv. activ.	5 216.5	5 727.9	5 903.0	5 894.5	5 756.2	5 703.1	5 752.6	5 695.6
51	Financial and insurance activities	608.1	664.0	608.4	647.8	621.2	636.1	689.2	661.5
52	Prof., scientif., techn. activ.; admin., support service activ.	1 108.8	1 199.7	1 213.6	1 308.9	1 369.5	1 413.7	1 451.2	1 441.0
53	Public admin.; compulsory s.s.; education; human health	5 273.9	5 299.3	5 511.7	5 698.5	5 648.8	5 614.0	5 680.3	5 828.6
54	Total employees	22 534.9	23 851.6	24 847.3	24 822.5	24 134.2	24 195.0	24 282.4	24 307.5
	SELF-EMPLOYED, MILLION HOURS, DOMESTIC CONCEPT								
55	Industry, including energy	555.0	527.8	472.3	461.1	412.6	395.3	397.5	455.0
56	Distrib. trade, repairs; transp.; accommod., food serv. activ.	1 712.9	1 740.3	1 773.3	1 729.0	1 719.2	1 727.1	1 658.0	1 594.6
57	Financial and insurance activities	68.5	79.6	91.5	113.7	96.8	112.3	105.9	105.8
58	Prof., scientif., techn. activ.; admin., support service activ.	302.1	365.8	385.3	397.9	413.9	454.8	452.8	451.7
59	Public admin.; compulsory s.s.; education; human health	157.0	156.6	150.2	172.8	211.0	203.9	215.1	246.4
60	Total self-employed	7 641.7	7 636.5	7 711.4	7 609.0	7 356.5	7 393.6	7 261.6	7 157.6

Note: Detailed metadata:http://metalinks.oecd.org/nav1/20150309/1f93

PORTUGAL

Table 1. Gross domestic product, expenditure approach

Million EUR (1999 PTE euro)

		2006	2007	2008	2009	2010	2011	2012	2013
	AT CURRENT PRICES								
1	**Final consumption expenditure**	141 320	148 394	154 093	151 113	155 599	150 944	142 581	143 139
2	Household	104 491	110 602	115 216	110 258	115 063	112 611	108 284	107 478
3	NPISH's	2 812	3 111	3 274	3 251	3 266	3 351	3 197	3 214
4	Government	34 017	34 681	35 603	37 604	37 270	34 983	31 100	32 447
5	Individual	19 363	19 224	19 781	20 879	20 585	18 821	16 946	17 856
6	Collective	14 654	15 457	15 822	16 725	16 685	16 162	14 154	14 591
7	*of which:* Actual individual consumption	126 666	132 937	138 271	134 388	138 914	134 782	128 428	128 548
8	**Gross capital formation**	38 626	40 483	42 153	36 478	37 930	32 764	28 224	26 396
9	Gross fixed capital formation, total	37 407	39 447	40 850	37 107	36 938	32 452	27 693	25 923
10	Dwellings[1]	9 360	9 173	8 364	7 114	6 500	5 750	4 596	3 899
11	Other buildings and structures[1]	13 258	13 993	14 879	14 347	14 540	13 291	11 018	9 591
12	Transport equipment	3 132	3 544	3 440	2 525	2 319	1 754	1 253	1 474
13	Other machinery and equipment	..	..	..	..	..	..	..	..
14	Cultivated assets	422	419	395	406	412	422	436	419
15	Intangible fixed assets	3 301	3 831	4 624	4 700	4 749	4 768	4 520	4 537
16	Changes in inventories, acquisitions less disposals of valuables	1 218	1 036	1 303	-629	993	312	531	473
17	Changes in inventories	1 075	913	1 157	-761	864	207	434	365
18	Acquisitions less disposals of valuables	144	122	146	132	129	105	97	108
19	**External balance of goods and services**	-13 697	-13 409	-17 374	-12 143	-13 600	-7 542	-1 137	1 676
20	Exports of goods and services	49 737	54 405	55 675	47 513	53 751	60 410	63 364	67 216
21	Exports of goods	37 317	39 925	40 411	33 603	39 021	44 471	46 937	49 257
22	Exports of services	12 419	14 480	15 263	13 909	14 730	15 939	16 427	17 960
23	Imports of goods and services	63 434	67 814	73 048	59 655	67 351	67 952	64 501	65 540
24	Imports of goods	55 731	60 049	63 824	51 070	58 011	58 325	55 247	56 154
25	Imports of services	7 703	8 465	9 224	8 585	9 339	9 627	9 254	9 386
26	**Statistical discrepancy**	0	0	0	0	0	0	0	0
27	**Gross domestic product**	166 249	175 468	178 873	175 448	179 930	176 167	169 668	171 211
	AT CONSTANT PRICES, REFERENCE YEAR 2005								
28	**Final consumption expenditure**	137 045	139 896	141 510	139 818	141 931	136 745	129 943	127 957
29	Household	100 879	103 298	104 696	102 169	104 738	100 842	95 577	94 230
30	NPISH's	2 764	2 961	3 025	3 035	2 987	3 001	2 878	2 845
31	Government	33 381	33 593	33 735	34 620	34 166	32 861	31 459	30 848
32	Individual	19 062	19 052	19 314	20 020	19 781	18 743	18 130	17 263
33	Collective	14 294	14 499	14 401	14 605	14 392	14 090	13 326	13 517
34	*of which:* Actual individual consumption	122 752	125 401	127 126	125 212	127 558	122 662	116 627	114 432
35	**Gross capital formation**	37 527	38 487	38 788	34 038	35 193	30 266	25 978	24 294
36	Gross fixed capital formation, total	36 335	37 462	37 600	34 753	34 426	30 117	25 613	23 995
37	Dwellings[1]	8 938	8 509	7 399	6 337	5 676	5 023	3 992	3 370
38	Other buildings and structures[1]	12 703	13 030	13 204	12 824	12 758	11 520	9 458	8 183
39	Transport equipment	3 083	3 455	3 349	2 496	2 295	1 727	1 230	1 464
40	Other machinery and equipment	..	..	..	..	..	..	..	..
41	Cultivated assets	417	415	387	394	393	383	371	363
42	Intangible fixed assets	3 220	3 614	4 210	4 273	4 294	4 359	4 111	4 068
43	Changes in inventories, acquisitions less disposals of valuables	..	..	..	..	..	..	..	..
44	Changes in inventories	1 060	913	1 068	-826	907	211	441	351
45	Acquisitions less disposals of valuables	132	110	125	109	101	82	72	78
46	**External balance of goods and services**	-13 452	-13 284	-15 043	-13 700	-13 999	-6 720	-1 098	423
47	Exports of goods and services	47 662	51 147	50 982	45 779	50 137	53 665	55 302	58 860
48	Exports of goods	35 609	37 568	37 154	32 914	36 572	39 393	40 880	43 255
49	Exports of services	12 059	13 594	13 846	12 887	13 582	14 287	14 435	15 621
50	Imports of goods and services	61 119	64 440	66 031	59 483	64 143	60 410	56 439	58 482
51	Imports of goods	53 572	56 451	57 550	51 504	55 636	51 680	48 261	50 230
52	Imports of services	7 560	8 003	8 504	8 010	8 537	8 780	8 225	8 294
53	Statistical discrepancy (including chaining residual)	-3	33	205	377	455	301	445	490
54	**Gross domestic product**	161 117	165 132	165 461	160 533	163 581	160 593	155 268	153 164

Note: Detailed metadata:http://metalinks.oecd.org/nav1/20150309/716f

1. *Other buildings and structures* is included in *Dwellings*.

PORTUGAL

Table 2. Gross domestic product, output and income approach
ISIC Rev. 4

Million EUR (1999 PTE euro)

		2006	2007	2008	2009	2010	2011	2012	2013
	OUTPUT APPROACH AT CURRENT PRICES								
1	Total gross value added at basic prices	143 579	152 183	156 016	155 506	158 326	154 243	148 561 e	150 465 e
2	Agriculture, forestry and fishing	3 737	3 502	3 507	3 409	3 463	3 209	3 273 e	3 449 e
3	Industry, including energy	25 478	26 829	26 033	25 065	26 594	25 588	24 920 e	25 354 e
4	Manufacturing	20 522	21 486	21 365	19 529	20 822	19 959	19 103 e	19 071 e
5	Construction	9 678	10 286	10 523	9 763	9 226	8 465	7 183 e	6 325 e
6	Services	..	..	..	..	..	..	..	..
7	Distrib. trade, repairs; transp.; accommod., food serv. activ.	32 009	34 074	34 499	35 494	36 095	36 245	36 399 e	37 530 e
8	Information and communication	5 587	5 799	5 977	5 985	5 739	5 723	5 515 e	5 272 e
9	Financial and insurance activities	10 703	11 712	12 640	10 992	10 424	10 808	9 782 e	8 935 e
10	Real estate activities	12 484	13 958	14 672	15 244	16 795	16 597	17 485 e	18 342 e
11	Prof., scientif., techn. activ.; admin., support service activ.	9 214	10 338	11 125	11 086	11 244	10 744	10 386 e	10 331 e
12	Public admin.; compulsory s.s.; education; human health	31 122	31 826	32 822	34 131	34 254	32 411	29 223 e	30 505 e
13	Other service activities	3 568	3 859	4 219	4 338	4 491	4 455	4 395 e	4 421 e
14	FISIM (Financial Intermediation Services Indirectly Measured)	..	..	..	..	..	..	..	..
15	Gross value added at basic prices, excluding FISIM	143 579	152 183	156 016	155 506	158 326	154 243	148 561 e	150 465 e
16	Taxes less subsidies on products	22 669	23 284	22 856	19 942	21 604	21 924	21 036 e	20 726 e
17	Taxes on products	23 296	23 835	23 391	20 497	22 154	22 499	21 447 e	21 137 e
18	Subsidies on products	627	550	535	555	550	575	411 e	411 e
19	Residual item	0	0	0	0	0	0	71 e	20 e
20	Gross domestic product at market prices	166 249	175 468	178 873	175 448	179 930	176 167	169 668 e	171 211 e
	OUTPUT APPROACH AT CONSTANT PRICES (REF. YEAR 2005)								
21	Total gross value added at basic prices	139 743	143 706	144 497	140 841	143 426	141 783	138 114 e	136 714 e
22	Agriculture, forestry and fishing	3 745	3 586	3 713	3 587	3 609	3 639	3 593 e	3 692 e
23	Industry, including energy	24 768	25 339	24 858	22 861	24 000	24 006	23 507 e	23 721 e
24	Manufacturing	20 157	20 607	20 150	17 947	19 227	19 347	18 981 e	19 135 e
25	Construction	9 305	9 471	9 053	8 055	7 540	7 051	6 014 e	5 228 e
26	Services	..	..	..	..	..	..	..	..
27	Distrib. trade, repairs; transp.; accommod., food serv. activ.	31 464	32 230	32 065	31 743	32 911	32 699	32 141 e	32 344 e
28	Information and communication	5 623	5 884	6 139	6 185	5 962	6 295	6 298 e	6 118 e
29	Financial and insurance activities	10 109	11 330	11 997	11 983	11 774	11 801	11 529 e	11 055 e
30	Real estate activities	11 904	12 079	12 244	12 365	12 995	13 107	13 178 e	13 251 e
31	Prof., scientif., techn. activ.; admin., support service activ.	9 086	9 673	10 054	9 906	10 237	9 939	9 539 e	9 304 e
32	Public admin.; compulsory s.s.; education; human health	30 520	30 871	31 063	30 886	30 937	29 937	29 146 e	28 820 e
33	Other service activities	3 473	3 650	3 889	3 878	3 953	3 898	3 802 e	3 795 e
34	FISIM (Financial Intermediation Services Indirectly Measured)	..	..	..	..	..	..	..	..
35	Gross value added at basic prices, excluding FISIM	139 743	143 706	144 497	140 841	143 426	141 783	138 114 e	136 714 e
36	Taxes less subsidies on products	21 374	21 441	20 992	19 723	20 194	18 816	17 197 e	16 662 e
37	Taxes on products	21 914	21 891	21 432	20 198	20 646	19 263	17 602 e	17 054 e
38	Subsidies on products	556	471	460	490	470	462	418 e	406 e
39	Residual item	0	-15	-28	-32	-39	-6	-44 e	-211 e
40	Gross domestic product at market prices	161 117	165 132	165 461	160 533	163 581	160 593	155 268 e	153 164 e
	INCOME APPROACH								
41	Compensation of employees	77 843	81 028	83 639	83 625	84 842	81 617	76 122 e	76 781 e
42	Agriculture, forestry and fishing	869	908	928	923	936	903	909 e	928 e
43	Industry, including energy	13 357	13 558	13 688	12 790	12 994	12 870	12 091 e	11 644 e
44	Manufacturing	11 985	12 145	12 245	11 293	11 500	11 380	10 675 e	10 205 e
45	Construction	6 124	6 648	6 690	6 179	6 078	5 599	4 553 e	3 891 e
46	Distrib. trade, repairs; transp.; accommod., food serv. activ.	17 478	18 403	19 106	18 820	19 390	18 979	18 312 e	18 509 e
47	Information and communication	2 173	2 265	2 375	2 460	2 553	2 586	2 565 e	2 591 e
48	Financial and insurance activities	3 841	4 055	4 175	4 174	4 216	4 024	3 859 e	4 005 e
49	Real estate activities	452	529	536	497	512	484	444 e	429 e
50	Prof., scientif., techn. activ.; admin., support service activ.	5 561	6 236	6 829	7 007	7 194	7 106	7 017 e	7 045 e
51	Public admin.; compulsory s.s.; education; human health	25 464	25 712	26 389	27 751	27 822	25 968	23 357 e	24 771 e
52	Other service activities	2 524	2 714	2 924	3 024	3 148	3 100	3 013 e	2 969 e
53	Wages and salaries	60 979	63 593	65 466	65 586	66 260	63 638	59 269 e	59 218 e
54	Agriculture, forestry and fishing	730	764	776	778	787	751	751 e	762 e
55	Industry, including energy	10 645	10 898	10 935	10 280	10 347	10 201	9 485 e	9 049 e
56	Manufacturing	9 547	9 760	9 758	9 076	9 154	9 031	8 440 e	8 025 e
57	Construction	4 969	5 343	5 377	5 027	4 926	4 508	3 669 e	3 125 e
58	Distrib. trade, repairs; transp.; accommod., food serv. activ.	14 172	14 924	15 401	15 386	15 663	15 254	14 643 e	14 679 e
59	Information and communication	1 711	1 805	1 893	1 978	2 012	2 020	1 991 e	1 994 e
60	Financial and insurance activities	2 913	3 108	3 191	3 212	3 243	3 096	2 969 e	3 056 e
61	Real estate activities	376	427	433	405	416	390	358 e	343 e
62	Prof., scientif., techn. activ.; admin., support service activ.	4 594	5 030	5 542	5 758	5 846	5 729	5 623 e	5 600 e
63	Public admin.; compulsory s.s.; education; human health	18 737	18 989	19 426	20 165	20 363	19 085	17 257 e	18 137 e
64	Other service activities	2 131	2 306	2 492	2 596	2 656	2 603	2 525 e	2 473 e
65	Gross operating surplus and mixed income	66 378	71 705	72 635	72 250	74 260	73 231	73 089 e	73 903 e
66	Taxes less subsidies on production and imports	22 027	22 735	22 599	19 573	20 828	21 319	20 458 e	20 527 e
67	Taxes on production and imports	24 762	25 460	25 137	22 345	23 955	24 579	23 494 e	23 651 e
68	Subsidies on production and imports	2 734	2 725	2 538	2 772	3 126	3 260	3 036 e	3 124 e
69	Residual item	0	0	0	0	0	0	0 e	0 e
70	Gross domestic product	166 249	175 468	178 873	175 448	179 930	176 167	169 668 e	171 211 e

Note: Detailed metadata:http://metalinks.oecd.org/nav1/20150309/716f

PORTUGAL

Table 3. Disposable income, saving and net lending / net borrowing

Million EUR (1999 PTE euro)

		2006	2007	2008	2009	2010	2011	2012	2013
	DISPOSABLE INCOME								
1	**Gross domestic product**	166 249	175 468	178 873	175 448	179 930	176 167	169 668 e	171 212 e
2	Net primary incomes from the rest of the world	-5 281	-5 594	-6 963	-6 424	-6 241	-3 648	-4 955 e	-3 759 e
3	Primary incomes receivable from the rest of the world	11 229	13 419	12 708	9 253	10 625	10 140	8 239 e	8 260 e
4	Primary incomes payable to the rest of the world	16 511	19 013	19 670	15 677	16 865	13 788	13 194 e	12 020 e
5	**Gross national income at market prices**	160 967	169 874	171 910	169 024	173 689	172 518	164 713 e	167 452 e
6	Consumption of fixed capital	27 041	28 244	29 906	30 098	30 965	31 429	31 556 e	31 266 e
7	**Net national income at market prices**	133 926	141 630	142 003	138 926	142 724	141 089	133 157 e	136 186 e
8	Net current transfers from the rest of the world	1 208	1 412	1 810	910	1 109	1 326	1 617 e	1 636 e
9	Current transfers receivable from the rest of the world	5 061	5 428	5 451	5 189	5 635	5 910	6 080 e	6 517 e
10	Current transfers payable to the rest of the world	3 853	4 016	3 642	4 279	4 527	4 584	4 463 e	4 881 e
11	**Net national disposable income**	135 134	143 042	143 813	139 836	143 833	142 415	134 774 e	137 822 e
	SAVING AND NET LENDING / NET BORROWING								
12	Net national disposable income	135 134	143 042	143 813	139 836	143 833	142 415	134 774 e	137 822 e
13	Final consumption expenditures	141 320	148 394	154 093	151 113	155 599	150 944	142 581 e	143 140 e
14	Adj. for change in net equity of households in pension funds	0	0	0	0	0	0	0 e	0 e
15	**Saving, net**	-6 186	-5 352	-10 280	-11 277	-11 766	-8 529	-7 808 e	-5 317 e
16	Net capital transfers from the rest of the world	1 949	1 864	1 618	1 955	2 385	2 431	3 372 e	2 592 e
17	Capital transfers receivable from the rest of the world	2 164	2 050	1 933	2 179	2 658	2 632	3 536 e	2 796 e
18	Capital transfers payable to the rest of the world	215	186	316	224	273	201	163 e	204 e
19	Gross capital formation	38 626	40 483	42 153	36 478	37 930	32 764	28 224 e	26 396 e
20	Acquisitions less disposals of non-financial non-produced assets	-7	-114	-436	17	14	-136	-78 e	-61 e
21	Consumption of fixed capital	27 041	28 244	29 906	30 098	30 965	31 429	31 556 e	31 266 e
22	**Net lending / net borrowing**	-15 814	-15 612	-20 472	-15 719	-16 360	-7 297	-1 025 e	2 206 e
	REAL DISPOSABLE INCOME								
23	**Gross domestic product at constant prices, reference year 2005**	161 117	165 132	165 461	160 533	163 581	160 593	155 268	153 164
24	Trading gain or loss	169	620	-965	2 344	1 316	-143	-56 e	901 e
25	**Real gross domestic income**	161 286	165 752	164 495	162 877	164 897	160 449	155 212 e	154 065 e
26	Net real primary incomes from the rest of the world	-5 124	-5 284	-6 403	-5 964	-5 719	-3 323	-4 533 e	-3 383 e
27	Real primary incomes receivable from the rest of the world	10 894	12 676	11 686	8 590	9 737	9 235	7 537 e	7 433 e
28	Real primary incomes payable to the rest of the world	16 018	17 960	18 089	14 553	15 456	12 558	12 070 e	10 816 e
29	**Real gross national income at market prices**	156 162	160 468	158 092	156 914	159 178	157 126	150 679 e	150 682 e
30	Net real current transfers from the rest of the world	1 172	1 334	1 664	845	1 016	1 208	1 479 e	1 472 e
31	Real current transfers receivable from the rest of the world	4 910	5 128	5 013	4 817	5 165	5 383	5 562 e	5 864 e
32	Real current transfers payable to the rest of the world	3 738	3 794	3 349	3 973	4 148	4 175	4 083 e	4 392 e
33	**Real gross national disposable income**	157 334	161 802	159 757	157 758	160 194	158 334	152 158 e	152 154 e
34	Consumption of fixed capital at constant prices	..	..	..	..	..	..	..	..
35	**Real net national income at market prices**	129 928	133 788	130 590	128 972	130 799	128 502	121 812 e	122 548 e
36	**Real net national disposable income**	131 100	135 122	132 254	129 817	131 816	129 709	123 291 e	124 020 e

Note: Detailed metadata:http://metalinks.oecd.org/nav1/20150309/212a

PORTUGAL

Table 4. Population and employment (persons) and employment (hours worked) by industry
ISIC Rev. 4

		2006	2007	2008	2009	2010	2011	2012	2013
	POPULATION, THOUSAND PERSONS, NATIONAL CONCEPT								
1	Total population[1]	10 522.3	10 543.0	10 558.2	10 568.2	10 573.1	10 557.6	10 514.8 e	10 457.3 e
2	Economically active population[1]	..	..	..	..	..	..	..	..
3	Unemployed persons	..	..	..	..	..	..	..	..
4	Total employment	5 095.0	5 108.4	5 132.5	4 984.4	4 914.1	4 802.2	4 608.6 e	4 484.6 e
5	Employees	4 172.1	4 210.4	4 240.5	4 131.6	4 105.6	4 009.2	3 823.6 e	3 733.1 e
6	Self-employed	922.9	898.0	892.0	852.8	808.5	793.0	785.0 e	751.5 e
	TOTAL EMPLOYMENT, THOUSAND PERSONS, DOMESTIC CONCEPT								
7	Agriculture, forestry and fishing	596.8	586.1	580.4	571.3	543.2	527.9	526.8 e	487.9 e
8	Industry, including energy	924.0	903.6	879.8	811.0	790.5	776.9	729.8 e	696.1 e
9	Manufacturing	860.9	841.3	816.7	747.0	727.4	713.3	671.1 e	639.2 e
10	Construction	511.0	516.1	501.1	455.3	436.4	395.7	321.3 e	271.0 e
11	Distrib. trade, repairs; transp.; accommod., food serv. activ.	1 193.6	1 192.4	1 206.7	1 169.8	1 161.8	1 155.3	1 117.8 e	1 117.9 e
12	Information and communication	61.9	64.0	67.7	70.1	71.2	72.3	72.3 e	72.4 e
13	Financial and insurance activities	85.7	89.4	90.1	92.6	93.8	94.8	92.7 e	89.3 e
14	Real estate activities	26.1	28.4	29.0	28.3	28.2	27.4	26.9 e	26.3 e
15	Prof., scientif., techn. activ.; admin., support service activ.	428.2	443.3	466.9	473.0	475.9	470.1	456.8 e	459.4 e
16	Public admin.; compulsory s.s.; education; human health	963.1	958.4	968.9	983.7	986.1	976.1	962.1 e	954.4 e
17	Other service activities	270.5	279.9	289.7	286.6	284.3	280.3	274.9 e	275.2 e
18	**Total employment**	5 060.9	5 061.6	5 080.1	4 941.7	4 871.3	4 776.7	4 581.5 e	4 450.0 e
	EMPLOYEES, THOUSAND PERSONS, DOMESTIC CONCEPT								
19	Agriculture, forestry and fishing	98.3	95.9	96.9	95.1	94.5	90.2	80.4 e	85.4 e
20	Industry, including energy	863.6	846.7	824.1	763.1	746.0	733.3	683.1 e	645.7 e
21	Manufacturing	802.2	786.1	763.0	700.8	684.5	671.5	625.7 e	589.7 e
22	Construction	446.1	453.7	443.2	406.0	390.9	353.0	293.0 e	252.0 e
23	Distrib. trade, repairs; transp.; accommod., food serv. activ.	1 067.9	1 074.4	1 088.0	1 064.1	1 063.9	1 057.1	1 023.7 e	1 017.0 e
24	Information and communication	57.4	59.6	63.1	65.9	67.1	68.4	68.4 e	68.3 e
25	Financial and insurance activities	81.3	84.8	85.5	87.9	89.0	89.9	85.5 e	81.8 e
26	Real estate activities	18.5	20.3	20.1	19.0	19.4	18.6	17.6 e	17.0 e
27	Prof., scientif., techn. activ.; admin., support service activ.	347.0	363.2	384.6	395.2	399.5	395.6	386.6 e	386.6 e
28	Public admin.; compulsory s.s.; education; human health	936.7	932.2	941.1	951.7	953.6	945.2	930.6 e	919.3 e
29	Other service activities	224.8	235.9	244.1	243.6	242.1	233.9	228.8 e	227.1 e
30	**Total employees**	4 141.6	4 166.6	4 190.8	4 091.7	4 066.2	3 985.3	3 797.7 e	3 700.2 e
	SELF-EMPLOYED, THOUSAND PERSONS, DOMESTIC CONCEPT								
31	Agriculture, forestry and fishing	498.5	490.3	483.5	476.2	448.7	437.6	446.4 e	402.5 e
32	Industry, including energy	60.4	56.9	55.6	47.9	44.5	43.6	46.8 e	50.4 e
33	Manufacturing	58.8	55.3	53.8	46.2	42.9	41.8	45.4 e	49.5 e
34	Construction	64.9	62.4	57.8	49.3	45.5	42.6	28.3 e	19.0 e
35	Distrib. trade, repairs; transp.; accommod., food serv. activ.	125.7	118.0	118.7	105.6	97.9	98.2	94.1 e	100.8 e
36	Information and communication	4.6	4.4	4.6	4.3	4.0	3.9	3.9 e	4.1 e
37	Financial and insurance activities	4.4	4.6	4.6	4.7	4.8	4.8	7.2 e	7.5 e
38	Real estate activities	7.5	8.1	8.9	9.3	8.8	8.8	9.3 e	9.3 e
39	Prof., scientif., techn. activ.; admin., support service activ.	81.2	80.1	82.3	77.8	76.3	74.5	70.2 e	72.8 e
40	Public admin.; compulsory s.s.; education; human health	26.4	26.3	27.7	31.9	32.5	30.9	31.5 e	35.0 e
41	Other service activities	45.7	44.0	45.6	43.0	42.2	46.4	46.1 e	48.1 e
42	**Total self-employed**	919.3	895.0	889.3	850.0	805.1	791.4	783.8 e	749.7 e
	TOTAL EMPLOYMENT, MILLION HOURS, DOMESTIC CONCEPT								
43	Industry, including energy	1 713.6	1 681.6	1 628.1	1 502.1	1 466.1	1 436.1	1 358.0 e	1 302.3 e
44	Distrib. trade, repairs; transp.; accommod., food serv. activ.	2 454.8	2 475.0	2 484.7	2 419.2	2 414.2	2 351.3	2 260.6 e	2 254.7 e
45	Financial and insurance activities	139.1	145.1	144.6	149.8	153.6	154.8	153.6 e	149.6 e
46	Prof., scientif., techn. activ.; admin., support service activ.	834.3	873.6	923.1	939.3	951.2	922.9	904.4 e	893.4 e
47	Public admin.; compulsory s.s.; education; human health	1 778.6	1 777.2	1 800.1	1 832.7	1 838.3	1 801.2	1 802.9 e	1 805.6 e
48	**Total employment**	9 529.5	9 616.9	9 585.7	9 325.4	9 205.6	8 916.2	8 578.4 e	8 382.0 e
	EMPLOYEES, MILLION HOURS, DOMESTIC CONCEPT								
49	Industry, including energy	1 592.3	1 566.5	1 518.8	1 406.8	1 378.1	1 349.0	1 271.0 e	1 216.2 e
50	Distrib. trade, repairs; transp.; accommod., food serv. activ.	2 111.0	2 136.5	2 147.6	2 112.8	2 123.3	2 048.8	1 981.2 e	1 978.0 e
51	Financial and insurance activities	130.0	135.6	135.0	139.9	143.5	144.2	139.7 e	135.3 e
52	Prof., scientif., techn. activ.; admin., support service activ.	657.5	691.7	737.4	760.8	775.4	752.6	736.4 e	737.3 e
53	Public admin.; compulsory s.s.; education; human health	1 694.3	1 686.8	1 704.1	1 731.1	1 738.8	1 709.0	1 710.7 e	1 710.9 e
54	**Total employees**	7 765.5	7 831.4	7 839.4	7 680.1	7 667.2	7 416.3	7 111.4 e	6 981.8 e
	SELF-EMPLOYED, MILLION HOURS, DOMESTIC CONCEPT								
55	Industry, including energy	121.2	115.2	109.4	95.3	88.0	87.0	87.0 e	86.2 e
56	Distrib. trade, repairs; transp.; accommod., food serv. activ.	343.8	338.5	337.0	306.3	291.0	302.5	279.4 e	276.8 e
57	Financial and insurance activities	9.0	9.5	9.6	9.9	10.2	10.7	13.9 e	14.3 e
58	Prof., scientif., techn. activ.; admin., support service activ.	176.7	181.9	185.7	178.5	175.8	170.2	168.0 e	156.1 e
59	Public admin.; compulsory s.s.; education; human health	84.2	90.5	96.0	101.6	99.5	92.1	92.3 e	94.7 e
60	**Total self-employed**	1 764.1	1 785.5	1 746.3	1 645.3	1 538.4	1 499.9	1 467.0 e	1 400.3 e

Note: Detailed metadata: http://metalinks.oecd.org/nav1/20150309/ecec
1. Data come from the Labour Force Survey and the Census on population 2001.

SLOVAK REPUBLIC

Table 1. Gross domestic product, expenditure approach

Million EUR (2009 SKK euro)

		2006	2007	2008	2009	2010	2011	2012	2013
	AT CURRENT PRICES								
1	**Final consumption expenditure**	42 163	45 600	50 466	51 176	51 929	53 154	54 333	55 022
2	Household	31 168	34 426	38 121	37 930	38 353	39 583	40 769	40 994
3	NPISH's	590	596	669	692	699	710	724	739
4	Government	10 405	10 578	11 676	12 553	12 877	12 861	12 839	13 288
5	Individual	4 207	4 920	5 631	5 911	6 146	6 012	6 274	6 627
6	Collective	6 198	5 658	6 046	6 643	6 730	6 849	6 565	6 661
7	*of which:* Actual individual consumption	35 965	39 942	44 420	44 533	45 199	46 305	47 768	48 360
8	**Gross capital formation**	16 231	17 960	19 629	13 524	16 228	17 633	15 180	15 233
9	Gross fixed capital formation, total	15 339	16 897	17 499	13 923	14 910	16 946	15 393	15 045
10	Dwellings	1 372	1 600	1 720	1 931	1 733	1 683	1 691	1 787
11	Other buildings and structures	6 348	6 679	6 684	5 243	4 906	5 387	4 813	4 645
12	Transport equipment	1 527	1 655	1 604	1 120	1 717	1 678	1 599	1 589
13	Other machinery and equipment	..	..	..	..	..	..	..	..
14	Cultivated assets	313	511	501	108	204	316	286	240
15	Intangible fixed assets	923	1 427	1 295	1 118	1 937	1 249	1 239	1 084
16	Changes in inventories, acquisitions less disposals of valuables	892	1 063	2 130	-399	1 318	687	-213	187
17	Changes in inventories	866	1 027	2 100	-424	1 295	648	-234	168
18	Acquisitions less disposals of valuables	25	36	30	24	23	39	21	19
19	**External balance of goods and services**	-2 238	-706	-1 938	-901	-953	-627	2 673	3 339
20	Exports of goods and services	45 596	52 509	54 824	43 152	51 406	59 861	66 267	68 407
21	Exports of goods	39 932	46 349	48 560	38 472	46 616	54 645	60 206	62 378
22	Exports of services	5 664	6 160	6 264	4 680	4 790	5 216	6 060	6 029
23	Imports of goods and services	47 834	53 214	56 763	44 053	52 359	60 488	63 594	65 068
24	Imports of goods	43 210	47 768	50 122	38 508	46 960	55 051	57 977	59 247
25	Imports of services	4 625	5 446	6 640	5 545	5 399	5 437	5 617	5 821
26	Statistical discrepancy	..	..	..	..	..	..	..	..
27	**Gross domestic product**	56 156	62 854	68 156	63 799	67 204	70 160	72 185	73 593
	AT CONSTANT PRICES, REFERENCE YEAR 2005								
28	**Final consumption expenditure**	40 188	42 407	44 911	45 459	45 684	45 218	44 844	44 844
29	Household	29 719	31 993	33 905	33 718	33 749	33 519	33 367	33 107
30	NPISH's	563	556	599	618	625	625	627	634
31	Government	9 906	9 859	10 408	11 125	11 311	11 077	10 850	11 113
32	Individual	3 924	4 538	4 935	5 007	5 116	4 861	4 915	5 119
33	Collective	5 983	5 299	5 448	6 098	6 173	6 208	5 910	5 956
34	*of which:* Actual individual consumption	34 205	37 093	39 446	39 352	39 503	39 007	38 914	38 873
35	**Gross capital formation**	15 909	17 408	18 420	13 040	15 498	16 678	14 340	14 328
36	Gross fixed capital formation, total	15 037	16 371	16 632	13 525	14 505	16 340	14 819	14 426
37	Dwellings	1 332	1 516	1 546	1 764	1 581	1 524	1 527	1 604
38	Other buildings and structures	6 139	6 327	6 008	4 815	4 490	4 881	4 314	4 145
39	Transport equipment	1 521	1 716	1 729	1 296	2 003	2 012	1 984	1 961
40	Other machinery and equipment	..	..	..	..	..	..	..	..
41	Cultivated assets	315	530	527	119	223	338	301	251
42	Intangible fixed assets	905	1 383	1 223	1 082	1 867	1 193	1 181	1 029
43	Changes in inventories, acquisitions less disposals of valuables	..	..	..	..	..	..	..	..
44	Changes in inventories	..	..	..	..	..	..	..	..
45	Acquisitions less disposals of valuables	..	..	..	..	..	..	..	..
46	**External balance of goods and services**	-1 536	622	363	1 391	2 012	3 391	7 315	8 470
47	Exports of goods and services	44 647	51 166	52 711	43 739	50 601	56 681	61 977	65 190
48	Exports of goods	39 080	45 139	46 620	38 924	45 808	51 653	56 191	59 305
49	Exports of services	5 566	6 026	6 089	4 811	4 776	5 003	5 763	5 856
50	Imports of goods and services	46 183	50 544	52 348	42 349	48 590	53 290	54 661	56 720
51	Imports of goods	41 720	45 374	46 204	36 968	43 528	48 451	49 770	51 562
52	Imports of services	4 462	5 170	6 143	5 382	5 051	4 819	4 872	5 138
53	Statistical discrepancy (including chaining residual)	0	-48	-17	419	26	-358	-529	-732
54	**Gross domestic product**	54 561	60 388	63 678	60 309	63 220	64 930	65 970	66 910

Note: Detailed metadata:http://metalinks.oecd.org/nav1/20150309/7462

SLOVAK REPUBLIC

Table 2. Gross domestic product, output and income approach
ISIC Rev. 4

Million EUR (2009 SKK euro)

		2006	2007	2008	2009	2010	2011	2012	2013
	OUTPUT APPROACH AT CURRENT PRICES								
1	Total gross value added at basic prices	50 772	56 792	61 952	58 079	61 223	63 582	66 091	67 143
2	Agriculture, forestry and fishing	1 783	2 249	2 511	1 936	1 728	2 164	2 355	2 710
3	Industry, including energy	15 675	16 964	17 626	14 110	16 228	17 065	17 427	16 610
4	Manufacturing	11 854	13 171	13 759	10 283	12 804	13 519	13 856	13 589
5	Construction	3 965	4 706	6 106	5 670	5 503	5 615	5 896	5 704
6	Services	..	..	..	..	..	..	..	..
7	Distrib. trade, repairs; transp.; accommod., food serv. activ.	10 870	12 267	13 713	12 702	13 375	13 738	14 135	14 778
8	Information and communication	1 984	2 323	2 491	2 749	2 756	2 836	3 123	3 100
9	Financial and insurance activities	1 919	1 953	2 000	2 245	2 193	2 366	2 379	2 435
10	Real estate activities	3 456	3 842	4 183	4 033	4 124	4 385	4 647	4 785
11	Prof., scientif., techn. activ.; admin., support service activ.	3 132	3 690	4 321	4 361	4 572	4 591	4 800	5 137
12	Public admin.; compulsory s.s.; education; human health	6 698	7 221	7 678	8 465	8 870	8 751	9 059	9 553
13	Other service activities	1 292	1 575	1 323	1 807	1 874	2 070	2 269	2 332
14	FISIM (Financial Intermediation Services Indirectly Measured)	..	..	..	..	..	..	..	..
15	Gross value added at basic prices, excluding FISIM	50 772	56 792	61 952	58 079	61 223	63 582	66 091	67 143
16	Taxes less subsidies on products	5 384	6 062	6 204	5 720	5 981	6 578	6 094	6 450
17	Taxes on products	5 875	6 561	6 721	6 233	6 403	6 997	6 576	6 967
18	Subsidies on products	491	499	517	513	422	419	482	516
19	Residual item	..	..	..	..	..	..	..	..
20	Gross domestic product at market prices	56 156	62 854	68 156	63 799	67 204	70 160	72 185	73 593
	OUTPUT APPROACH AT CONSTANT PRICES (REF. YEAR 2005)								
21	Total gross value added at basic prices	49 296	54 641	57 960	54 979	57 675	58 882	60 407	61 045
22	Agriculture, forestry and fishing	1 721	1 974	2 194	2 146	1 829	2 170	2 232	2 668
23	Industry, including energy	15 486	17 356	17 949	15 029	17 958	18 695	18 581	17 947
24	Manufacturing	11 875	13 302	14 140	12 010	15 280	15 900	15 948	15 846
25	Construction	3 667	4 132	4 976	4 583	4 329	4 440	4 725	4 553
26	Services	..	..	..	..	..	..	..	..
27	Distrib. trade, repairs; transp.; accommod., food serv. activ.	10 389	11 187	12 482	11 581	11 904	11 769	11 981	12 193
28	Information and communication	1 946	2 198	2 192	2 386	2 401	2 482	2 805	2 834
29	Financial and insurance activities	1 923	1 914	1 834	1 974	1 855	1 924	1 932	2 061
30	Real estate activities	3 100	3 736	3 890	3 657	3 603	3 948	4 184	4 167
31	Prof., scientif., techn. activ.; admin., support service activ.	3 466	4 053	4 489	4 597	4 813	4 781	5 033	5 303
32	Public admin.; compulsory s.s.; education; human health	6 348	6 609	6 707	7 191	7 425	7 104	7 137	7 404
33	Other service activities	1 251	1 491	1 175	1 553	1 588	1 713	1 844	1 865
34	FISIM (Financial Intermediation Services Indirectly Measured)	..	..	..	..	..	..	..	..
35	Gross value added at basic prices, excluding FISIM	49 296	54 641	57 960	54 979	57 675	58 882	60 407	61 045
36	Taxes less subsidies on products	5 265	5 747	5 722	5 335	5 551	6 049	5 569	5 870
37	Taxes on products	5 750	6 250	6 229	5 842	5 971	6 467	6 041	6 361
38	Subsidies on products	485	502	507	509	416	412	472	489
39	Residual item	0	1	-4	-5	-6	-1	-5	-5
40	Gross domestic product at market prices	54 561	60 388	63 678	60 309	63 220	64 930	65 970	66 910
	INCOME APPROACH								
41	Compensation of employees	20 161	22 248	24 194	24 001	24 912	26 053	26 870	27 417
42	Agriculture, forestry and fishing	576	590	590	555	549	585	580	617
43	Industry, including energy	5 691	6 190	6 794	6 086	6 270	6 748	7 070	7 217
44	Manufacturing	4 888	5 343	5 965	5 241	5 404	5 833	6 155	6 282
45	Construction	1 219	1 219	1 419	1 366	1 411	1 393	1 363	1 333
46	Distrib. trade, repairs; transp.; accommod., food serv. activ.	4 709	5 799	5 826	5 717	5 969	6 306	6 419	6 364
47	Information and communication	740	758	912	904	945	1 094	1 120	1 173
48	Financial and insurance activities	722	820	829	806	793	846	911	862
49	Real estate activities	173	174	217	213	280	317	320	288
50	Prof., scientif., techn. activ.; admin., support service activ.	1 285	1 487	1 760	1 968	1 985	2 113	2 243	2 392
51	Public admin.; compulsory s.s.; education; human health	4 569	4 770	5 417	5 906	6 230	6 166	6 347	6 675
52	Other service activities	477	442	432	479	480	485	496	498
53	Wages and salaries	15 738	17 411	18 716	18 681	19 283	20 277	20 900	21 155
54	Agriculture, forestry and fishing	445	465	453	424	417	446	442	472
55	Industry, including energy	4 485	4 900	5 255	4 743	4 858	5 265	5 495	5 595
56	Manufacturing	3 849	4 230	4 602	4 090	4 185	4 553	4 786	4 871
57	Construction	974	985	1 102	1 067	1 104	1 102	1 074	1 046
58	Distrib. trade, repairs; transp.; accommod., food serv. activ.	3 684	4 422	4 516	4 456	4 650	4 959	5 048	4 979
59	Information and communication	575	624	718	724	751	884	900	932
60	Financial and insurance activities	569	661	651	633	620	657	717	652
61	Real estate activities	143	150	180	172	216	247	249	226
62	Prof., scientif., techn. activ.; admin., support service activ.	1 044	1 256	1 447	1 622	1 617	1 731	1 823	1 918
63	Public admin.; compulsory s.s.; education; human health	3 447	3 605	4 064	4 471	4 679	4 613	4 770	4 954
64	Other service activities	371	344	330	371	371	373	381	381
65	Gross operating surplus and mixed income	30 720	34 671	38 239	34 410	36 691	37 650	39 169	39 693
66	Taxes less subsidies on production and imports	5 276	5 935	5 722	5 388	5 601	6 457	6 146	6 483
67	Taxes on production and imports	6 306	7 028	7 197	6 696	6 876	7 486	7 259	7 739
68	Subsidies on production and imports	1 030	1 093	1 475	1 307	1 275	1 029	1 113	1 256
69	Residual item	..	..	..	..	..	..	..	..
70	Gross domestic product	56 156	62 854	68 156	63 799	67 204	70 160	72 185	73 593

Note: Detailed metadata:http://metalinks.oecd.org/nav1/20150309/7462

SLOVAK REPUBLIC

Table 3. Disposable income, saving and net lending / net borrowing

Million EUR (2009 SKK euro)

		2006	2007	2008	2009	2010	2011	2012	2013
	DISPOSABLE INCOME								
1	**Gross domestic product**	56 156	62 854	68 156	63 799	67 204	70 160	72 185	73 593
2	Net primary incomes from the rest of the world	-1 605	-1 797	-1 299	-386	-1 571	-1 358	-1 478	-1 460
3	Primary incomes receivable from the rest of the world	3 066	3 018	3 383	2 902	3 331	3 049	3 044	3 116
4	Primary incomes payable to the rest of the world	4 671	4 815	4 682	3 288	4 903	4 407	4 522	4 576
5	**Gross national income at market prices**	54 551	61 057	66 856	63 413	65 633	68 802	70 707	72 133
6	Consumption of fixed capital	10 930	11 382	12 339	12 851	13 347	14 284	14 800	15 407
7	**Net national income at market prices**	43 621	49 675	54 517	50 562	52 286	54 517	55 906	56 725
8	Net current transfers from the rest of the world	-722	-961	-1 283	-802	-663	-680	-976	-1 320
9	Current transfers receivable from the rest of the world	1 081	1 201	1 510	1 330	896	878	765	843
10	Current transfers payable to the rest of the world	1 804	2 161	2 794	2 131	1 559	1 559	1 742	2 163
11	**Net national disposable income**	42 899	48 714	53 234	49 761	51 623	53 837	54 930	55 406
	SAVING AND NET LENDING / NET BORROWING								
12	**Net national disposable income**	42 899	48 714	53 234	49 761	51 623	53 837	54 930	55 406
13	Final consumption expenditures	42 163	45 600	50 466	51 176	51 929	53 154	54 333	55 022
14	Adj. for change in net equity of households in pension funds	..	..	..	..	..	..	..	..
15	**Saving, net**	736	3 115	2 774	-1 415	-306	685	600	386
16	Net capital transfers from the rest of the world	269	389	525	540	1 090	1 170	1 092	1 337
17	Capital transfers receivable from the rest of the world	288	432	555	573	1 118	1 196	1 118	1 497
18	Capital transfers payable to the rest of the world	20	43	30	32	28	27	26	160
19	Gross capital formation	16 231	17 960	19 629	13 524	16 228	17 633	15 180	15 233
20	Acquisitions less disposals of non-financial non-produced assets	24	124	-75	26	19	23	42	227
21	Consumption of fixed capital	10 930	11 382	12 339	12 851	13 347	14 284	14 800	15 407
22	**Net lending / net borrowing**	-4 320	-3 197	-3 916	-1 573	-2 115	-1 518	1 271	1 671
	REAL DISPOSABLE INCOME								
23	**Gross domestic product at constant prices, reference year 2005**	54 561	60 388	63 678	60 309	63 220	64 930	65 970	66 910
24	Trading gain or loss	-614	-1 250	-2 110	-2 430	-2 838	-3 606	-4 362	-4 774
25	**Real gross domestic income**	53 947	59 139	61 567	57 879	60 382	61 324	61 608	62 136
26	Net real primary incomes from the rest of the world	-1 542	-1 691	-1 174	-350	-1 412	-1 187	-1 261	-1 233
27	Real primary incomes receivable from the rest of the world	2 945	2 840	3 056	2 633	2 993	2 665	2 598	2 631
28	Real primary incomes payable to the rest of the world	4 487	4 530	4 230	2 983	4 405	3 852	3 860	3 864
29	**Real gross national income at market prices**	52 405	57 448	60 394	57 529	58 970	60 137	60 347	60 903
30	Net real current transfers from the rest of the world	-694	-904	-1 159	-727	-596	-595	-833	-1 114
31	Real current transfers receivable from the rest of the world	1 039	1 130	1 364	1 206	805	768	653	712
32	Real current transfers payable to the rest of the world	1 733	2 033	2 524	1 933	1 401	1 362	1 486	1 826
33	**Real gross national disposable income**	51 711	56 544	59 234	56 802	58 375	59 543	59 514	59 789
34	Consumption of fixed capital at constant prices	10 313	10 836	11 168	11 702	12 086	12 500	12 575	12 887
35	**Real net national income at market prices**	41 905	46 738	49 247	45 871	46 978	47 652	47 715	47 894
36	**Real net national disposable income**	41 211	45 835	48 088	45 144	46 382	47 057	46 882	46 780

Note: Detailed metadata:http://metalinks.oecd.org/nav1/20150309/2446

SLOVAK REPUBLIC

Table 4. Population and employment (persons) and employment (hours worked) by industry
ISIC Rev. 4

		2006	2007	2008	2009	2010	2011	2012	2013
	POPULATION, THOUSAND PERSONS, NATIONAL CONCEPT								
1	**Total population**	5 390.9	5 396.6	5 405.9	5 417.8	5 430.0	5 398.1	5 406.2	5 413.0
2	Economically active population	..	..	..	..	..	..	..	..
3	Unemployed persons	..	..	..	..	..	..	..	..
4	Total employment	2 301.4	2 357.3	2 433.8	2 365.8	2 317.5	2 315.3	2 329.0	2 329.2
5	Employees	2 002.6	2 043.6	2 094.2	1 994.7	1 947.1	1 946.8	1 968.8	1 967.1
6	Self-employed	298.8	313.7	339.6	371.1	370.4	368.5	360.1	362.2
	TOTAL EMPLOYMENT, THOUSAND PERSONS, DOMESTIC CONCEPT								
7	Agriculture, forestry and fishing	85.9	82.8	81.8	77.6	73.1	73.0	70.6	73.9
8	Industry, including energy	566.1	573.3	591.7	530.9	511.8	529.7	524.8	518.1
9	Manufacturing	506.3	516.4	537.8	479.6	461.5	479.8	476.5	469.5
10	Construction	159.3	165.6	181.0	187.5	183.8	177.3	171.8	166.5
11	Distrib. trade, repairs; transp.; accommod., food serv. activ.	555.6	574.0	595.4	595.4	586.2	596.8	598.9	593.5
12	Information and communication	46.2	48.2	51.0	52.4	50.2	55.4	54.7	57.0
13	Financial and insurance activities	36.4	38.0	41.1	41.3	40.1	40.6	41.8	42.4
14	Real estate activities	19.5	22.1	19.7	19.6	21.6	24.0	24.4	22.9
15	Prof., scientif., techn. activ.; admin., support service activ.	163.5	176.0	181.8	189.6	190.2	198.6	214.3	210.0
16	Public admin.; compulsory s.s.; education; human health	443.7	445.4	448.8	450.1	454.0	453.5	449.2	448.3
17	Other service activities	56.1	51.6	54.8	58.9	58.9	59.3	59.0	59.6
18	**Total employment**	2 132.4	2 177.0	2 247.1	2 203.2	2 169.8	2 208.3	2 209.4	2 192.3
	EMPLOYEES, THOUSAND PERSONS, DOMESTIC CONCEPT								
19	Agriculture, forestry and fishing	72.9	68.1	65.6	61.3	57.4	57.7	55.4	58.7
20	Industry, including energy	516.8	519.4	531.0	470.6	454.2	473.6	470.8	466.3
21	Manufacturing	457.6	463.3	477.9	420.1	404.6	424.3	423.0	418.2
22	Construction	101.9	103.0	107.0	103.0	99.3	94.7	92.1	90.1
23	Distrib. trade, repairs; transp.; accommod., food serv. activ.	447.5	462.2	478.7	478.9	472.5	487.2	493.7	492.0
24	Information and communication	39.4	40.6	42.7	43.6	41.2	46.4	45.6	47.8
25	Financial and insurance activities	33.7	33.3	35.3	34.2	32.7	33.0	33.5	33.2
26	Real estate activities	18.0	20.5	18.0	17.7	19.7	22.1	22.5	21.0
27	Prof., scientif., techn. activ.; admin., support service activ.	127.5	140.4	142.5	145.9	145.3	153.0	168.4	163.6
28	Public admin.; compulsory s.s.; education; human health	434.3	436.3	439.1	440.2	444.3	444.1	439.9	438.9
29	Other service activities	42.4	38.1	39.9	42.1	42.0	42.5	42.3	43.0
30	**Total employees**	1 834.4	1 861.9	1 899.7	1 837.6	1 808.7	1 854.2	1 864.2	1 854.6
	SELF-EMPLOYED, THOUSAND PERSONS, DOMESTIC CONCEPT								
31	Agriculture, forestry and fishing	13.0	14.7	16.3	16.3	15.7	15.4	15.2	15.3
32	Industry, including energy	49.3	53.9	60.7	60.3	57.6	56.1	54.0	51.8
33	Manufacturing	48.6	53.1	59.9	59.5	56.9	55.5	53.5	51.3
34	Construction	57.4	62.6	74.0	84.4	84.4	82.6	79.6	76.4
35	Distrib. trade, repairs; transp.; accommod., food serv. activ.	108.1	111.8	116.6	116.5	113.7	109.6	105.3	101.5
36	Information and communication	6.8	7.6	8.3	8.8	9.0	9.1	9.1	9.2
37	Financial and insurance activities	2.7	4.7	5.8	7.0	7.4	7.6	8.3	9.2
38	Real estate activities	1.5	1.6	1.8	1.9	1.9	1.9	1.9	1.9
39	Prof., scientif., techn. activ.; admin., support service activ.	36.0	35.6	39.4	43.6	44.9	45.6	45.9	46.4
40	Public admin.; compulsory s.s.; education; human health	9.4	9.1	9.7	9.9	9.7	9.4	9.3	9.4
41	Other service activities	13.7	13.5	15.0	16.8	16.9	16.9	16.7	16.6
42	**Total self-employed**	297.9	315.1	347.5	365.6	361.1	354.1	345.3	337.6
	TOTAL EMPLOYMENT, MILLION HOURS, DOMESTIC CONCEPT								
43	Industry, including energy	984.6	1 004.5	1 043.4	910.7	909.7	936.2	924.5	906.1
44	Distrib. trade, repairs; transp.; accommod., food serv. activ.	1 001.3	1 051.2	1 096.3	1 096.1	1 094.1	1 103.3	1 103.4	1 084.0
45	Financial and insurance activities	62.8	67.8	73.5	73.0	70.9	71.5	74.4	74.9
46	Prof., scientif., techn. activ.; admin., support service activ.	305.8	329.6	338.6	360.2	366.3	379.3	406.5	394.1
47	Public admin.; compulsory s.s.; education; human health	735.6	736.6	721.6	724.6	727.3	726.6	719.9	711.6
48	**Total employment**	3 783.8	3 899.4	4 029.9	3 922.4	3 916.9	3 959.5	3 952.8	3 883.8
	EMPLOYEES, MILLION HOURS, DOMESTIC CONCEPT								
49	Industry, including energy	866.6	875.9	902.8	774.2	779.5	809.6	803.1	790.4
50	Distrib. trade, repairs; transp.; accommod., food serv. activ.	755.7	790.9	832.8	831.7	834.7	853.6	861.0	852.5
51	Financial and insurance activities	56.6	57.0	60.5	57.4	55.1	55.3	56.1	54.9
52	Prof., scientif., techn. activ.; admin., support service activ.	226.5	250.3	251.9	263.0	267.5	279.1	306.1	292.8
53	Public admin.; compulsory s.s.; education; human health	715.4	717.0	701.5	704.3	707.7	707.5	700.3	691.9
54	**Total employees**	3 100.2	3 161.7	3 233.5	3 093.6	3 100.7	3 160.6	3 171.3	3 127.1
	SELF-EMPLOYED, MILLION HOURS, DOMESTIC CONCEPT								
55	Industry, including energy	118.0	128.5	140.7	136.5	130.2	126.7	121.3	115.7
56	Distrib. trade, repairs; transp.; accommod., food serv. activ.	245.6	260.3	263.5	264.4	259.4	249.7	242.4	231.6
57	Financial and insurance activities	6.2	10.8	13.0	15.6	15.8	16.2	18.3	20.0
58	Prof., scientif., techn. activ.; admin., support service activ.	79.3	79.3	86.7	97.3	98.8	100.2	100.4	101.4
59	Public admin.; compulsory s.s.; education; human health	20.1	16.1	20.1	20.3	19.6	19.1	19.6	19.8
60	**Total self-employed**	683.6	737.7	796.5	828.7	816.2	798.9	781.4	756.8

Note: Detailed metadata:http://metalinks.oecd.org/nav1/20150309/ae1a

SLOVENIA

Table 1. Gross domestic product, expenditure approach

Million EUR (2007 SIT euro)

		2006	2007	2008	2009	2010	2011	2012	2013
	AT CURRENT PRICES								
1	**Final consumption expenditure**	**22 048**	**24 052**	**26 274**	**27 034**	**27 631**	**28 125**	**27 598**	**26 920**
2	Household	15 973	17 674	19 142	19 482	19 960	20 299	19 981	19 300
3	NPISH's	256	299	292	298	291	267	254	264
4	Government	5 819	6 079	6 841	7 255	7 381	7 559	7 363	7 355
5	Individual	3 435	3 614	4 021	4 278	4 396	4 500	4 367	4 342
6	Collective	2 384	2 465	2 820	2 977	2 984	3 059	2 996	3 013
7	*of which:* Actual individual consumption	19 664	21 587	23 454	24 057	24 647	25 066	24 602	23 907
8	**Gross capital formation**	**9 523**	**11 557**	**12 408**	**8 456**	**8 026**	**8 007**	**6 828**	**7 052**
9	Gross fixed capital formation, total	8 780	10 108	11 230	8 806	7 694	7 445	6 927	7 127
10	Dwellings	1 221	1 465	1 728	1 385	1 137	1 028	972	903
11	Other buildings and structures	3 064	3 772	4 403	3 509	2 821	2 359	2 234	2 025
12	Transport equipment	961	1 157	1 063	582	472	635	452	538
13	Other machinery and equipment	..	..	..	..	..	..	..	..
14	Cultivated assets	32	31	34	40	33	28	29	29
15	Intangible fixed assets	852	930	1 008	1 061	1 151	1 136	1 110	1 145
16	Changes in inventories, acquisitions less disposals of valuables	743	1 449	1 178	-350	332	562	-99	-75
17	Changes in inventories	733	1 428	1 172	-353	330	557	-102	-80
18	Acquisitions less disposals of valuables	10	21	6	3	2	5	3	5
19	**External balance of goods and services**	**-15**	**-456**	**-731**	**676**	**563**	**737**	**1 580**	**2 172**
20	Exports of goods and services	20 415	23 762	25 089	20 703	23 298	25 962	26 373	26 996
21	Exports of goods	16 769	19 517	20 030	16 279	18 622	21 039	21 249	21 689
22	Exports of services	3 646	4 245	5 059	4 423	4 675	4 923	5 124	5 307
23	Imports of goods and services	20 430	24 218	25 820	20 027	22 735	25 226	24 794	24 824
24	Imports of goods	17 691	20 929	22 144	16 708	19 267	21 692	21 160	21 261
25	Imports of services	2 739	3 289	3 676	3 319	3 468	3 533	3 634	3 573
26	**Statistical discrepancy**	**0**	**0**	**0**	**0**	**0**	**0**	**0**	**0**
27	**Gross domestic product**	**31 555**	**35 153**	**37 951**	**36 166**	**36 220**	**36 868**	**36 006**	**36 144**
	AT CONSTANT PRICES, REFERENCE YEAR 2005								
28	**Final consumption expenditure**	**21 484**	**22 601**	**23 286**	**23 586**	**23 759**	**23 651**	**23 043**	**22 321**
29	Household	15 605	16 588	17 012	17 170	17 345	17 339	16 828	16 160
30	NPISH's	249	275	254	252	243	225	214	224
31	Government	5 630	5 739	6 022	6 167	6 176	6 093	6 004	5 936
32	Individual	3 321	3 398	3 513	3 592	3 614	3 657	3 589	3 518
33	Collective	2 309	2 341	2 510	2 576	2 562	2 433	2 410	2 414
34	*of which:* Actual individual consumption	19 174	20 261	20 778	21 012	21 200	21 220	20 633	19 904
35	**Gross capital formation**	**9 303**	**10 954**	**11 307**	**7 661**	**7 181**	**7 053**	**5 891**	**6 024**
36	Gross fixed capital formation, total	8 582	9 609	10 283	8 020	6 924	6 605	6 019	6 131
37	Dwellings	1 176	1 342	1 508	1 198	954	836	775	707
38	Other buildings and structures	2 948	3 457	3 805	3 025	2 375	1 918	1 787	1 591
39	Transport equipment	943	1 091	994	541	452	622	440	528
40	Other machinery and equipment	..	..	..	..	..	..	..	..
41	Cultivated assets	31	29	30	35	29	24	23	22
42	Intangible fixed assets	..	..	..	..	..	..	..	..
43	Changes in inventories, acquisitions less disposals of valuables	..	..	..	..	..	..	..	..
44	Changes in inventories	713	1 325	1 027	-311	284	464	-83	-65
45	Acquisitions less disposals of valuables	..	..	..	..	..	..	..	..
46	**External balance of goods and services**	**-47**	**-392**	**-368**	**-13**	**359**	**608**	**1 111**	**1 283**
47	Exports of goods and services	19 872	22 577	23 518	19 617	21 601	23 118	23 188	23 800
48	Exports of goods	16 305	18 581	18 929	15 704	17 579	19 013	19 016	19 557
49	Exports of services	3 567	3 996	4 583	3 905	4 037	4 139	4 202	4 277
50	Imports of goods and services	19 780	23 095	23 984	19 465	20 748	21 793	20 938	21 229
51	Imports of goods	17 122	19 946	20 580	16 496	17 717	18 782	17 920	18 307
52	Imports of services	2 658	3 149	3 404	2 968	3 044	3 032	3 037	2 942
53	**Statistical discrepancy (including chaining residual)**	**139**	**-140**	**-112**	**219**	**539**	**720**	**1 141**	**1 248**
54	**Gross domestic product**	**30 880**	**33 023**	**34 113**	**31 453**	**31 837**	**32 032**	**31 187**	**30 876**

Note: Detailed metadata:http://metalinks.oecd.org/nav1/20150309/fbc3

SLOVENIA

Table 2. Gross domestic product, output and income approach
ISIC Rev. 4

Million EUR (2007 SIT euro)

		2006	2007	2008	2009	2010	2011	2012	2013
	OUTPUT APPROACH AT CURRENT PRICES								
1	Total gross value added at basic prices	27 735	30 809	33 230	31 638	31 571	32 108	31 259	31 227
2	Agriculture, forestry and fishing	628	659	628	599	625	735	687	667
3	Industry, including energy	7 613	8 376	8 582	7 467	7 649	8 040	8 088	8 352
4	Manufacturing	6 499	7 183	7 292	6 188	6 367	6 729	6 758	6 968
5	Construction	1 955	2 454	2 764	2 464	2 015	1 884	1 819	1 646
6	Services	..	..	..	..	..	..	..	..
7	Distrib. trade, repairs; transp.; accommod., food serv. activ.	5 437	6 241	6 842	6 343	6 302	6 471	6 254	6 318
8	Information and communication	1 111	1 234	1 333	1 236	1 285	1 313	1 334	1 316
9	Financial and insurance activities	1 345	1 428	1 603	1 673	1 710	1 661	1 356	1 241
10	Real estate activities	2 027	2 171	2 408	2 636	2 537	2 468	2 333	2 239
11	Prof., scientif., techn. activ.; admin., support service activ.	2 348	2 705	3 016	2 871	2 965	2 996	2 944	2 963
12	Public admin.; compulsory s.s.; education; human health	4 491	4 723	5 185	5 478	5 619	5 673	5 603	5 623
13	Other service activities	780	817	869	872	865	867	841	861
14	FISIM (Financial Intermediation Services Indirectly Measured)	..	..	..	..	..	..	..	..
15	Gross value added at basic prices, excluding FISIM	27 735	30 809	33 230	31 638	31 571	32 108	31 259	31 227
16	Taxes less subsidies on products	3 821	4 344	4 721	4 528	4 648	4 761	4 747	4 917
17	Taxes on products	3 954	4 421	4 772	4 599	4 728	4 789	4 783	4 951
18	Subsidies on products	133	77	51	71	80	28	35	33
19	Residual item	0	0	0	0	0	0	0	0
20	Gross domestic product at market prices	31 555	35 153	37 951	36 166	36 220	36 868	36 006	36 144
	OUTPUT APPROACH AT CONSTANT PRICES (REF. YEAR 2005)								
21	Total gross value added at basic prices	27 187	29 123	29 972	27 770	28 150	28 242	27 596	27 442
22	Agriculture, forestry and fishing	663	698	702	636	651	701	645	616
23	Industry, including energy	7 577	8 144	8 226	7 050	7 507	7 685	7 506	7 497
24	Manufacturing	6 473	7 014	7 025	5 903	6 334	6 510	6 318	6 286
25	Construction	1 911	2 253	2 360	2 043	1 670	1 501	1 388	1 266
26	Services	..	..	..	..	..	..	..	..
27	Distrib. trade, repairs; transp.; accommod., food serv. activ.	5 321	5 696	5 894	5 373	5 442	5 557	5 328	5 338
28	Information and communication	1 114	1 219	1 355	1 295	1 338	1 340	1 334	1 349
29	Financial and insurance activities	1 230	1 424	1 476	1 490	1 493	1 435	1 365	1 361
30	Real estate activities	1 991	2 075	2 202	2 198	2 234	2 225	2 233	2 234
31	Prof., scientif., techn. activ.; admin., support service activ.	2 302	2 471	2 600	2 446	2 564	2 583	2 538	2 544
32	Public admin.; compulsory s.s.; education; human health	4 323	4 387	4 397	4 462	4 537	4 535	4 592	4 571
33	Other service activities	757	752	755	730	717	718	698	716
34	FISIM (Financial Intermediation Services Indirectly Measured)	..	..	..	..	..	..	..	..
35	Gross value added at basic prices, excluding FISIM	27 187	29 123	29 972	27 770	28 150	28 242	27 596	27 442
36	Taxes less subsidies on products	3 692	3 901	4 136	3 682	3 690	3 784	3 594	3 455
37	Taxes on products	3 845	4 058	4 298	3 824	3 840	3 939	3 743	3 599
38	Subsidies on products	152	155	157	129	148	153	156	159
39	Residual item	0	-1	5	1	-2	6	-3	-21
40	Gross domestic product at market prices	30 880	33 023	34 113	31 453	31 837	32 032	31 187	30 876
	INCOME APPROACH								
41	Compensation of employees	15 650	17 212	18 956	18 790	19 019	18 913	18 475	18 259
42	Agriculture, forestry and fishing	115	122	125	123	118	111	109	106
43	Industry, including energy	4 389	4 758	4 992	4 599	4 680	4 789	4 827	4 829
44	Manufacturing	3 905	4 235	4 422	4 013	4 081	4 177	4 208	4 201
45	Construction	985	1 208	1 472	1 393	1 302	1 135	1 028	964
46	Distrib. trade, repairs; transp.; accommod., food serv. activ.	3 216	3 585	4 004	3 960	4 008	3 945	3 854	3 811
47	Information and communication	568	625	715	738	746	730	739	738
48	Financial and insurance activities	687	776	833	843	848	822	801	773
49	Real estate activities	90	117	135	121	127	121	115	112
50	Prof., scientif., techn. activ.; admin., support service activ.	1 554	1 756	1 935	1 934	1 999	2 063	1 945	1 887
51	Public admin.; compulsory s.s.; education; human health	3 600	3 785	4 219	4 536	4 641	4 668	4 546	4 539
52	Other service activities	445	479	525	544	549	528	512	500
53	Wages and salaries	13 420	14 782	16 303	16 128	16 336	16 235	15 848	15 676
54	Agriculture, forestry and fishing	98	104	108	106	102	95	94	91
55	Industry, including energy	3 706	4 027	4 225	3 877	3 945	4 037	4 071	4 074
56	Manufacturing	3 307	3 592	3 750	3 394	3 450	3 531	3 559	3 553
57	Construction	857	1 055	1 286	1 212	1 134	987	897	842
58	Distrib. trade, repairs; transp.; accommod., food serv. activ.	2 779	3 109	3 482	3 434	3 479	3 429	3 347	3 315
59	Information and communication	486	531	609	627	636	622	630	630
60	Financial and insurance activities	590	668	717	726	733	709	689	665
61	Real estate activities	79	104	121	106	113	107	102	99
62	Prof., scientif., techn. activ.; admin., support service activ.	1 410	1 595	1 754	1 742	1 801	1 856	1 751	1 693
63	Public admin.; compulsory s.s.; education; human health	3 028	3 173	3 545	3 825	3 914	3 931	3 822	3 829
64	Other service activities	386	415	455	472	480	461	447	439
65	Gross operating surplus and mixed income	11 849	13 548	14 422	13 324	13 047	13 413	12 971	13 147
66	Taxes less subsidies on production and imports	4 056	4 393	4 574	4 053	4 153	4 543	4 560	4 738
67	Taxes on production and imports	4 726	5 155	5 364	4 965	5 090	5 157	5 172	5 418
68	Subsidies on production and imports	670	762	790	912	937	614	612	680
69	Residual item	0	0	0	0	0	0	0	0
70	Gross domestic product	31 555	35 153	37 951	36 166	36 220	36 868	36 006	36 144

Note: Detailed metadata:http://metalinks.oecd.org/nav1/20150309/fbc3

SLOVENIA

Table 3. Disposable income, saving and net lending / net borrowing

Million EUR (2007 SIT euro)

		2006	2007	2008	2009	2010	2011	2012	2013
	DISPOSABLE INCOME								
1	**Gross domestic product**	31 555	35 153	37 951	36 166	36 220	36 868	36 006	36 144
2	Net primary incomes from the rest of the world	-246	-637	-917	-493	-352	-311	-269	-266
3	Primary incomes receivable from the rest of the world	1 081	1 396	1 451	910	830	1 175	980	809
4	Primary incomes payable to the rest of the world	1 327	2 032	2 368	1 404	1 182	1 485	1 249	1 076
5	**Gross national income at market prices**	31 309	34 516	37 034	35 673	35 868	36 558	35 736	35 878
6	Consumption of fixed capital	5 748	6 172	6 667	7 064	7 263	7 443	7 487	7 441
7	**Net national income at market prices**	25 561	28 344	30 367	28 609	28 605	29 115	28 249	28 437
8	Net current transfers from the rest of the world	-273	-307	-352	-323	-143	-85	-228	-175
9	Current transfers receivable from the rest of the world	418	447	522	664	784	891	864	938
10	Current transfers payable to the rest of the world	691	754	874	987	927	976	1 092	1 113
11	**Net national disposable income**	25 288	28 036	30 015	28 287	28 463	29 030	28 021	28 262
	SAVING AND NET LENDING / NET BORROWING								
12	**Net national disposable income**	25 288	28 036	30 015	28 287	28 463	29 030	28 021	28 262
13	Final consumption expenditures	22 048	24 052	26 274	27 034	27 631	28 125	27 598	26 920
14	Adj. for change in net equity of households in pension funds	0	0	0	0	0	0	0	0
15	**Saving, net**	3 241	3 984	3 740	1 253	831	905	423	1 342
16	Net capital transfers from the rest of the world	-94	-41	47	34	90	12	24	26
17	Capital transfers receivable from the rest of the world	238	325	355	310	438	364	373	386
18	Capital transfers payable to the rest of the world	331	366	308	276	348	352	349	359
19	Gross capital formation	9 523	11 557	12 408	8 456	8 026	8 007	6 828	7 052
20	Acquisitions less disposals of non-financial non-produced assets	5	1	3	6	3	12	4	10
21	Consumption of fixed capital	5 748	6 172	6 667	7 064	7 263	7 443	7 487	7 441
22	**Net lending / net borrowing**	-633	-1 443	-1 957	-112	155	341	1 103	1 747
	REAL DISPOSABLE INCOME								
23	**Gross domestic product at constant prices, reference year 2005**	30 880	33 023	34 113	31 453	31 837	32 032	31 187	30 876
24	Trading gain or loss	-107	100	-176	459	-325	-616	-804	-607
25	**Real gross domestic income**	30 772	33 123	33 937	31 913	31 513	31 417	30 383	30 268
26	Net real primary incomes from the rest of the world	-240	-600	-820	-435	-306	-265	-227	-223
27	Real primary incomes receivable from the rest of the world	1 054	1 315	1 298	803	723	1 001	827	678
28	Real primary incomes payable to the rest of the world	1 294	1 915	2 118	1 239	1 029	1 266	1 054	901
29	**Real gross national income at market prices**	30 532	32 523	33 117	31 477	31 207	31 152	30 155	30 045
30	Net real current transfers from the rest of the world	-266	-290	-315	-285	-124	-73	-192	-147
31	Real current transfers receivable from the rest of the world	408	421	467	586	682	759	729	785
32	Real current transfers payable to the rest of the world	674	711	782	871	806	832	921	932
33	**Real gross national disposable income**	30 266	32 233	32 802	31 193	31 083	31 080	29 963	29 899
34	Consumption of fixed capital at constant prices	5 626	5 890	6 155	6 480	6 574	6 641	6 544	6 439
35	**Real net national income at market prices**	24 927	26 707	27 155	25 244	24 888	24 810	23 837	23 814
36	**Real net national disposable income**	24 661	26 418	26 840	24 960	24 764	24 737	23 645	23 667

Note: Detailed metadata:http://metalinks.oecd.org/nav1/20150309/e4cf

SLOVENIA

Table 4. Population and employment (persons) and employment (hours worked) by industry
ISIC Rev. 4

		2006	2007	2008	2009	2010	2011	2012	2013
	POPULATION, THOUSAND PERSONS, NATIONAL CONCEPT								
1	Total population	2 007.8	2 018.9	2 022.0	2 041.7	2 048.8	2 052.8	2 056.8	2 059.5
2	Economically active population	..	..	..	..	..	..	..	..
3	Unemployed persons	..	..	..	..	..	..	..	..
4	Total employment	942.9	973.1	996.2	982.9	964.2	950.6	945.6	932.2
5	Employees	781.3	808.0	828.3	810.6	791.5	777.0	771.2	748.9
6	Self-employed	161.6	165.1	167.9	172.3	172.7	173.6	174.5	183.3
	TOTAL EMPLOYMENT, THOUSAND PERSONS, DOMESTIC CONCEPT								
7	Agriculture, forestry and fishing	87.0	85.0	83.2	81.7	80.0	78.0	77.3	77.2
8	Industry, including energy	249.8	251.9	251.0	229.3	216.2	216.0	213.5	209.4
9	Manufacturing	229.6	231.5	230.4	208.5	195.5	195.0	191.9	187.9
10	Construction	72.8	82.1	92.1	91.3	82.6	73.2	67.5	62.7
11	Distrib. trade, repairs; transp.; accommod., food serv. activ.	196.2	203.9	211.7	212.2	207.0	202.0	199.6	197.1
12	Information and communication	20.9	22.5	23.8	24.8	25.0	25.0	25.6	26.2
13	Financial and insurance activities	23.1	23.9	25.0	25.5	25.3	24.6	24.2	23.5
14	Real estate activities	4.3	4.8	5.3	5.5	5.5	5.4	5.3	5.3
15	Prof., scientif., techn. activ.; admin., support service activ.	99.0	108.4	111.0	110.5	113.3	114.1	115.7	112.2
16	Public admin.; compulsory s.s.; education; human health	161.8	163.0	166.0	169.7	173.6	175.1	177.0	176.0
17	Other service activities	29.1	30.3	31.6	32.6	33.1	32.5	32.6	34.5
18	**Total employment**	**944.1**	**975.8**	**1 000.8**	**982.9**	**961.7**	**946.0**	**938.2**	**924.3**
	EMPLOYEES, THOUSAND PERSONS, DOMESTIC CONCEPT								
19	Agriculture, forestry and fishing	7.0	6.6	6.4	6.2	6.1	5.3	5.2	5.0
20	Industry, including energy	238.2	240.4	239.4	217.5	204.8	204.5	201.9	196.6
21	Manufacturing	218.4	220.4	219.3	197.3	184.7	184.2	181.3	176.2
22	Construction	60.7	69.0	78.2	77.0	69.0	59.7	54.6	50.3
23	Distrib. trade, repairs; transp.; accommod., food serv. activ.	170.9	178.0	185.7	184.9	179.9	174.5	172.2	168.0
24	Information and communication	19.3	20.4	21.4	21.8	21.6	21.5	21.8	21.9
25	Financial and insurance activities	22.4	23.1	24.0	24.2	24.0	23.3	22.9	22.3
26	Real estate activities	3.8	4.2	4.7	4.9	4.9	4.7	4.6	4.6
27	Prof., scientif., techn. activ.; admin., support service activ.	81.3	88.6	89.1	86.9	88.1	88.1	88.4	82.4
28	Public admin.; compulsory s.s.; education; human health	158.1	159.0	161.7	164.8	168.1	169.3	170.6	168.9
29	Other service activities	21.0	21.6	22.2	22.3	22.4	21.6	21.5	21.1
30	**Total employees**	**782.6**	**810.7**	**832.9**	**810.6**	**788.9**	**772.4**	**763.7**	**741.0**
	SELF-EMPLOYED, THOUSAND PERSONS, DOMESTIC CONCEPT								
31	Agriculture, forestry and fishing	80.0	78.4	76.7	75.5	73.9	72.8	72.1	72.2
32	Industry, including energy	11.6	11.5	11.6	11.7	11.4	11.5	11.6	12.9
33	Manufacturing	11.2	11.1	11.2	11.3	10.8	10.7	10.6	11.7
34	Construction	12.1	13.2	13.9	14.3	13.6	13.5	13.0	12.4
35	Distrib. trade, repairs; transp.; accommod., food serv. activ.	25.3	26.0	26.0	27.3	27.1	27.5	27.3	29.2
36	Information and communication	1.7	2.1	2.5	3.0	3.4	3.6	3.8	4.3
37	Financial and insurance activities	0.8	0.9	1.0	1.3	1.3	1.3	1.2	1.2
38	Real estate activities	0.5	0.6	0.6	0.6	0.6	0.7	0.7	0.8
39	Prof., scientif., techn. activ.; admin., support service activ.	17.7	19.8	21.9	23.5	25.2	26.0	27.2	29.8
40	Public admin.; compulsory s.s.; education; human health	3.7	4.0	4.4	4.9	5.5	5.8	6.4	7.1
41	Other service activities	8.2	8.7	9.4	10.2	10.7	10.9	11.1	13.5
42	**Total self-employed**	**161.6**	**165.1**	**167.9**	**172.3**	**172.7**	**173.6**	**174.5**	**183.3**
	TOTAL EMPLOYMENT, MILLION HOURS, DOMESTIC CONCEPT								
43	Industry, including energy	371.9	372.3	372.0	335.3	328.5	323.4	316.6	314.4
44	Distrib. trade, repairs; transp.; accommod., food serv. activ.	300.5	309.1	325.4	328.4	325.1	311.9	302.7	302.4
45	Financial and insurance activities	34.4	35.3	37.2	39.2	39.1	37.2	35.5	34.7
46	Prof., scientif., techn. activ.; admin., support service activ.	154.1	167.5	170.7	174.9	179.9	178.9	176.6	173.1
47	Public admin.; compulsory s.s.; education; human health	236.7	238.3	247.9	256.1	260.3	256.9	255.3	255.8
48	**Total employment**	**1 475.2**	**1 513.2**	**1 567.5**	**1 542.4**	**1 519.4**	**1 472.8**	**1 441.6**	**1 432.3**
	EMPLOYEES, MILLION HOURS, DOMESTIC CONCEPT								
49	Industry, including energy	351.8	352.6	352.0	315.8	309.4	304.7	298.4	294.0
50	Distrib. trade, repairs; transp.; accommod., food serv. activ.	256.3	264.6	279.8	281.3	278.6	266.2	259.2	255.7
51	Financial and insurance activities	33.1	33.8	35.4	37.0	36.9	35.1	33.5	32.9
52	Prof., scientif., techn. activ.; admin., support service activ.	122.1	132.1	130.9	132.4	135.3	134.2	132.2	124.2
53	Public admin.; compulsory s.s.; education; human health	230.2	231.4	240.0	247.6	251.0	247.4	245.4	244.7
54	**Total employees**	**1 165.6**	**1 199.8**	**1 241.1**	**1 218.0**	**1 205.3**	**1 162.7**	**1 133.1**	**1 110.0**
	SELF-EMPLOYED, MILLION HOURS, DOMESTIC CONCEPT								
55	Industry, including energy	20.1	19.7	20.0	19.5	19.1	18.8	18.2	20.4
56	Distrib. trade, repairs; transp.; accommod., food serv. activ.	44.2	44.6	45.7	47.1	46.5	45.7	43.5	46.7
57	Financial and insurance activities	1.3	1.5	1.8	2.2	2.2	2.1	1.9	1.8
58	Prof., scientif., techn. activ.; admin., support service activ.	32.0	35.4	39.8	42.5	44.6	44.7	44.4	48.9
59	Public admin.; compulsory s.s.; education; human health	6.5	7.0	7.8	8.5	9.3	9.5	9.8	11.0
60	**Total self-employed**	**309.5**	**313.4**	**326.4**	**324.4**	**314.1**	**310.1**	**308.6**	**322.3**

Note: Detailed metadata: http://metalinks.oecd.org/nav1/20150309/c69f

SPAIN

Table 1. Gross domestic product, expenditure approach

Million EUR (1999 ESP euro)

		2006	2007	2008	2009	2010	2011	2012	2013
	AT CURRENT PRICES								
1	**Final consumption expenditure**	752 142	806 882	843 061	826 374	840 470	842 224	825 741	814 532
2	Household	568 217	605 824	623 029	595 010	607 981	611 839	607 996	599 537
3	NPISH's	8 996	10 016	10 511	10 336	10 774	10 712	10 816	10 777
4	Government	174 929	191 042	209 521	221 028	221 715	219 673	206 929	204 218
5	Individual	101 019	109 897	120 641	129 195	127 658	125 425	116 759	114 716
6	Collective	73 910	81 145	88 880	91 833	94 057	94 248	90 170	89 502
7	*of which:* Actual individual consumption	678 232	725 737	754 181	734 541	746 413	747 976	735 571	725 030
8	**Gross capital formation**	315 457	338 676	330 352	265 073	254 549	235 555	212 936	198 892
9	Gross fixed capital formation, total	313 006	335 552	326 064	262 499	248 987	230 271	208 358	194 310
10	Dwellings	..	..	..	..	..	..	..	..
11	Other buildings and structures	..	..	..	..	..	..	..	..
12	Transport equipment	..	..	..	..	..	..	..	..
13	Other machinery and equipment	..	..	..	..	..	..	..	..
14	Cultivated assets	..	..	..	..	..	..	..	..
15	Intangible fixed assets	..	..	..	..	..	..	..	..
16	Changes in inventories, acquisitions less disposals of valuables	..	..	..	..	..	..	..	..
17	Changes in inventories	..	..	..	..	..	..	..	..
18	Acquisitions less disposals of valuables	..	..	..	..	..	..	..	..
19	**External balance of goods and services**	-59 625	-64 751	-57 206	-12 413	-14 106	-2 632	16 481	35 757
20	Exports of goods and services	250 703	277 851	282 589	244 658	275 847	309 575	319 882	331 073
21	Exports of goods	..	..	..	..	..	..	..	..
22	Exports of services	..	..	..	..	..	..	..	..
23	Imports of goods and services	310 328	342 602	339 795	257 071	289 953	312 207	303 401	295 316
24	Imports of goods	..	..	..	..	..	..	..	..
25	Imports of services	..	..	..	..	..	..	..	..
26	**Statistical discrepancy**	0	0	0	0	0	0	0	0
27	**Gross domestic product**	1 007 974	1 080 807	1 116 207	1 079 034	1 080 913	1 075 147	1 055 158	1 049 181
	AT CONSTANT PRICES, REFERENCE YEAR 2005								
28	**Final consumption expenditure**	726 162	754 785	761 611	748 744	753 146	741 392	718 262	700 669
29	Household	548 236	565 898	562 034	541 473	542 619	531 627	515 820	503 820
30	NPISH's	8 830	9 352	9 457	9 356	9 592	9 380	9 384	9 372
31	Government	169 096	179 545	190 185	198 047	201 039	200 528	193 145	187 481
32	Individual	97 651	103 284	109 508	115 762	115 753	114 494	108 981	105 314
33	Collective	71 445	76 261	80 677	82 285	85 285	86 034	84 164	82 167
34	*of which:* Actual individual consumption	654 717	678 527	680 956	666 497	667 867	655 391	634 163	618 569
35	**Gross capital formation**	300 983	314 553	303 286	251 203	241 754	226 315	207 574	199 843
36	Gross fixed capital formation, total	298 622	311 673	299 435	248 914	236 802	221 818	203 866	196 203
37	Dwellings	..	..	..	..	..	..	..	..
38	Other buildings and structures	..	..	..	..	..	..	..	..
39	Transport equipment	..	..	..	..	..	..	..	..
40	Other machinery and equipment	..	..	..	..	..	..	..	..
41	Cultivated assets	..	..	..	..	..	..	..	..
42	Intangible fixed assets	..	..	..	..	..	..	..	..
43	Changes in inventories, acquisitions less disposals of valuables	..	..	..	..	..	..	..	..
44	Changes in inventories	..	..	..	..	..	..	..	..
45	Acquisitions less disposals of valuables	..	..	..	..	..	..	..	..
46	**External balance of goods and services**	-58 196	-63 969	-47 161	-18 501	-13 671	8 326	29 280	42 995
47	Exports of goods and services	240 878	260 761	258 552	230 051	251 731	270 346	273 516	285 262
48	Exports of goods	..	..	..	..	..	..	..	..
49	Exports of services	..	..	..	..	..	..	..	..
50	Imports of goods and services	298 614	324 185	305 970	249 932	267 234	265 115	248 390	247 211
51	Imports of goods	..	..	..	..	..	..	..	..
52	Imports of services	..	..	..	..	..	..	..	..
53	**Statistical discrepancy (including chaining residual)**	460	576	-564	-626	-275	-1 138	-583	-714
54	**Gross domestic product**	969 409	1 005 946	1 017 171	980 819	980 955	974 896	954 533	942 793

Note: Detailed metadata:http://metalinks.oecd.org/nav1/20150309/e8b2

SPAIN

Table 2. Gross domestic product, output and income approach
ISIC Rev. 4

Million EUR (1999 ESP euro)

		2006	2007	2008	2009	2010	2011	2012	2013
	OUTPUT APPROACH AT CURRENT PRICES								
1	Total gross value added at basic prices	900 092	972 855	1 025 672	1 006 122	989 913	988 289	969 336	958 471
2	Agriculture, forestry and fishing	23 748	26 376	25 561	23 549	25 253	24 317	23 634	26 578
3	Industry, including energy	167 380	176 905	183 870	167 465	169 978	172 183	167 200	168 603
4	Manufacturing	..	..	..	..	..	..	..	..
5	Construction	105 326	109 192	113 190	106 503	87 526	74 177	60 779	55 070
6	Services	..	..	..	..	..	..	..	..
7	Distrib. trade, repairs; transp.; accommod., food serv. activ.	202 055	214 838	224 635	220 893	222 593	228 067	230 882	228 198
8	Information and communication	40 026	42 582	44 071	44 637	43 430	42 809	42 892	39 726
9	Financial and insurance activities	43 145	51 678	55 125	57 216	43 936	40 907	40 821	35 587
10	Real estate activities	75 660	86 701	91 968	89 901	100 489	107 212	112 005	114 455
11	Prof., scientif., techn. activ.; admin., support service activ.	62 635	69 727	74 609	73 116	70 971	73 227	72 009	70 527
12	Public admin.; compulsory s.s.; education; human health	145 884	158 626	173 798	183 092	185 094	184 294	177 997	178 677
13	Other service activities	34 233	36 230	38 845	39 750	40 643	41 096	41 117	41 050
14	FISIM (Financial Intermediation Services Indirectly Measured)	..	..	..	..	..	..	..	..
15	Gross value added at basic prices, excluding FISIM	900 092	972 855	1 025 672	1 006 122	989 913	988 289	969 336	958 471
16	Taxes less subsidies on products	107 882	107 952	90 535	72 912	91 000	86 858	85 822	90 710
17	Taxes on products	..	..	..	..	..	..	..	..
18	Subsidies on products	..	..	..	..	..	..	..	..
19	Residual item	0	0	0	0	0	0	0	0
20	Gross domestic product at market prices	1 007 974	1 080 807	1 116 207	1 079 034	1 080 913	1 075 147	1 055 158	1 049 181
	OUTPUT APPROACH AT CONSTANT PRICES (REF. YEAR 2005)								
21	Total gross value added at basic prices	870 470	907 151	919 295	888 303	888 396	886 615	869 913	859 440
22	Agriculture, forestry and fishing	26 731	28 645	27 868	26 855	27 430	28 580	24 933	28 813
23	Industry, including energy	162 008	164 880	163 546	147 184	152 510	152 597	146 783	144 182
24	Manufacturing	..	..	..	..	..	..	..	..
25	Construction	98 505	98 994	99 203	91 698	78 375	68 391	58 628	53 867
26	Services	..	..	..	..	..	..	..	..
27	Distrib. trade, repairs; transp.; accommod., food serv. activ.	194 645	201 442	201 318	193 958	196 946	199 507	200 340	198 876
28	Information and communication	39 541	41 557	42 595	42 848	44 533	44 297	45 444	44 169
29	Financial and insurance activities	44 028	48 523	50 098	47 017	45 476	44 551	43 038	39 673
30	Real estate activities	70 341	76 426	78 237	80 871	82 449	84 955	86 998	87 949
31	Prof., scientif., techn. activ.; admin., support service activ.	60 569	65 118	66 278	63 829	62 928	64 657	64 330	63 595
32	Public admin.; compulsory s.s.; education; human health	140 699	147 364	154 748	158 356	162 213	163 026	162 033	159 863
33	Other service activities	33 403	34 454	35 488	35 724	36 219	36 494	36 383	36 929
34	FISIM (Financial Intermediation Services Indirectly Measured)	..	..	..	..	..	..	..	..
35	Gross value added at basic prices, excluding FISIM	870 470	907 151	919 295	888 303	888 396	886 615	869 913	859 440
36	Taxes less subsidies on products	98 939	98 995	98 112	92 354	92 410	87 646	83 771	82 495
37	Taxes on products	..	..	..	..	..	..	..	..
38	Subsidies on products	..	..	..	..	..	..	..	..
39	Residual item	0	-200	-236	162	149	635	849	858
40	Gross domestic product at market prices	969 409	1 005 946	1 017 171	980 819	980 955	974 896	954 533	942 793
	INCOME APPROACH								
41	Compensation of employees	481 152	522 556	559 777	549 173	541 475	531 879	501 909	490 253
42	Agriculture, forestry and fishing	4 297	4 551	4 524	4 509	4 887	4 949	4 344	4 307
43	Industry, including energy	89 969	94 952	98 692	90 111	89 608	88 296	84 751	82 304
44	Manufacturing	..	..	..	..	..	..	..	..
45	Construction	58 799	63 744	63 694	54 305	46 896	39 424	31 578	27 617
46	Distrib. trade, repairs; transp.; accommod., food serv. activ.	107 393	117 692	130 000	129 054	128 055	129 606	123 822	119 645
47	Information and communication	19 129	20 422	19 776	20 403	21 086	21 624	20 641	20 370
48	Financial and insurance activities	20 448	22 313	23 286	23 113	22 862	22 380	21 228	21 447
49	Real estate activities	3 852	4 354	5 021	4 187	4 359	4 384	4 389	4 064
50	Prof., scientif., techn. activ.; admin., support service activ.	38 350	43 288	49 520	49 051	48 837	48 581	47 380	45 918
51	Public admin.; compulsory s.s.; education; human health	115 410	126 223	137 689	146 207	146 555	144 617	136 382	136 648
52	Other service activities	23 505	25 017	27 575	28 233	28 330	28 018	27 394	27 933
53	Wages and salaries	..	..	..	..	..	..	..	..
54	Agriculture, forestry and fishing	..	..	..	..	..	..	..	..
55	Industry, including energy	..	..	..	..	..	..	..	..
56	Manufacturing	..	..	..	..	..	..	..	..
57	Construction	..	..	..	..	..	..	..	..
58	Distrib. trade, repairs; transp.; accommod., food serv. activ.	..	..	..	..	..	..	..	..
59	Information and communication	..	..	..	..	..	..	..	..
60	Financial and insurance activities	..	..	..	..	..	..	..	..
61	Real estate activities	..	..	..	..	..	..	..	..
62	Prof., scientif., techn. activ.; admin., support service activ.	..	..	..	..	..	..	..	..
63	Public admin.; compulsory s.s.; education; human health	..	..	..	..	..	..	..	..
64	Other service activities	..	..	..	..	..	..	..	..
65	Gross operating surplus and mixed income	417 480	450 170	465 182	455 174	445 879	453 354	458 324	458 590
66	Taxes less subsidies on production and imports	109 342	108 081	91 248	74 687	93 559	89 914	94 925	100 338
67	Taxes on production and imports	..	..	..	..	..	..	..	..
68	Subsidies on production and imports	..	..	..	..	..	..	..	..
69	Residual item	0	0	0	0	0	0	0	0
70	Gross domestic product	1 007 974	1 080 807	1 116 207	1 079 034	1 080 913	1 075 147	1 055 158	1 049 181

Note: Detailed metadata:http://metalinks.oecd.org/nav1/20150309/e8b2

SPAIN

Table 3. Disposable income, saving and net lending / net borrowing

Million EUR (1999 ESP euro)

		2006	2007	2008	2009	2010	2011	2012	2013
	DISPOSABLE INCOME								
1	Gross domestic product	1 007 974	1 080 807	1 116 207	1 079 034	1 080 913	1 075 147	1 055 158	1 049 181
2	Net primary incomes from the rest of the world	-17 550	-26 134	-29 956	-19 793	-15 155	-18 206	-8 862	-7 241
3	Primary incomes receivable from the rest of the world	53 265	64 113	59 421	51 184	52 491	52 302	46 894	43 955
4	Primary incomes payable to the rest of the world	70 815	90 247	89 377	70 977	67 646	70 508	55 756	51 196
5	Gross national income at market prices	990 424	1 054 673	1 086 251	1 059 241	1 065 758	1 056 941	1 046 296	1 041 940
6	Consumption of fixed capital	151 151	163 764	174 258	177 000	182 025	184 471	185 670	182 218
7	Net national income at market prices	839 273	890 909	911 993	882 241	883 733	872 470	860 626	859 722
8	Net current transfers from the rest of the world	-13 536	-13 185	-15 698	-14 269	-12 718	-14 140	-12 081	-13 098
9	Current transfers receivable from the rest of the world	10 096	12 219	11 775	12 433	13 048	12 584	12 427	11 878
10	Current transfers payable to the rest of the world	23 632	25 404	27 473	26 702	25 766	26 724	24 508	24 976
11	Net national disposable income	825 737	877 724	896 295	867 972	871 015	858 330	848 545	846 624
	SAVING AND NET LENDING / NET BORROWING								
12	Net national disposable income	825 737	877 724	896 295	867 972	871 015	858 330	848 545	846 624
13	Final consumption expenditures	752 142	806 882	843 061	826 374	840 470	842 224	825 741	814 532
14	Adj. for change in net equity of households in pension funds	0	0	0	0	0	0	0	0
15	Saving, net	73 595	70 842	53 234	41 598	30 545	16 106	22 804	32 092
16	Net capital transfers from the rest of the world	5 753	4 394	4 477	3 249	4 776	4 368	5 318	5 379
17	Capital transfers receivable from the rest of the world	6 310	4 967	5 136	4 085	5 541	5 090	5 988	6 081
18	Capital transfers payable to the rest of the world	557	573	659	836	765	722	670	702
19	Gross capital formation	315 457	338 676	330 352	265 073	254 549	235 555	212 936	198 892
20	Acquisitions less disposals of non-financial non-produced assets	440	407	133	342	-119	313	54	-1 449
21	Consumption of fixed capital	151 151	163 764	174 258	177 000	182 025	184 471	185 670	182 218
22	Net lending / net borrowing	-85 398	-100 083	-98 516	-43 568	-37 084	-30 923	802	22 246
	REAL DISPOSABLE INCOME								
23	Gross domestic product at constant prices, reference year 2005	969 409	1 005 946	1 017 171	980 819	980 955	974 896	954 533	942 793
24	Trading gain or loss	370	2 964	-4 245	8 235	1 966	-8 225	-11 937	-8 221
25	Real gross domestic income	969 779	1 008 909	1 012 926	989 054	982 920	966 671	942 597	934 572
26	Net real primary incomes from the rest of the world	-16 885	-24 396	-27 184	-18 142	-13 781	-16 369	-7 917	-6 450
27	Real primary incomes receivable from the rest of the world	51 247	59 848	53 923	46 916	47 732	47 025	41 891	39 154
28	Real primary incomes payable to the rest of the world	68 132	84 244	81 107	65 058	61 513	63 394	49 808	45 604
29	Real gross national income at market prices	952 894	984 514	985 742	970 912	969 139	950 302	934 680	928 122
30	Net real current transfers from the rest of the world	-13 023	-12 308	-14 245	-13 079	-11 565	-12 713	-10 792	-11 667
31	Real current transfers receivable from the rest of the world	9 713	11 406	10 685	11 396	11 865	11 314	11 101	10 580
32	Real current transfers payable to the rest of the world	22 737	23 714	24 931	24 475	23 430	24 028	21 894	22 248
33	Real gross national disposable income	939 871	972 206	971 497	957 833	957 574	937 589	923 888	916 455
34	Consumption of fixed capital at constant prices	..	..	..	..	..	..	..	..
35	Real net national income at market prices	807 471	831 644	827 608	808 672	803 616	784 443	768 817	765 809
36	Real net national disposable income	794 448	819 336	813 363	795 593	792 051	771 730	758 024	754 142

Note: Detailed metadata:http://metalinks.oecd.org/nav1/20150309/d214

SPAIN

Table 4. Population and employment (persons) and employment (hours worked) by industry
ISIC Rev. 4

		2006	2007	2008	2009	2010	2011	2012	2013
	POPULATION, THOUSAND PERSONS, NATIONAL CONCEPT								
1	Total population	44 360.5	45 236.0	45 983.2	46 367.6	46 562.5	46 736.3	46 766.4	46 591.9
2	Economically active population	..	..	..	..	..	..	..	..
3	Unemployed persons	..	..	..	..	..	..	..	..
4	Total employment	20 609.2	21 284.9	21 324.1	19 986.8	19 639.5	19 140.9	18 430.3	17 947.8
5	Employees	17 701.6	18 375.8	18 451.1	17 317.5	17 048.4	16 612.6	15 880.9	15 389.4
6	Self-employed	2 907.6	2 909.1	2 873.0	2 669.3	2 591.1	2 528.3	2 549.4	2 558.4
	TOTAL EMPLOYMENT, THOUSAND PERSONS, DOMESTIC CONCEPT								
7	Agriculture, forestry and fishing	874.5	853.8	820.4	781.3	793.9	760.1	740.1	735.5
8	Industry, including energy	3 063.3	3 017.8	2 992.4	2 640.4	2 559.2	2 474.6	2 348.6	2 241.6
9	Manufacturing	..	..	..	..	..	..	..	..
10	Construction	2 593.6	2 731.2	2 415.6	1 869.5	1 630.5	1 383.4	1 140.0	1 004.7
11	Distrib. trade, repairs; transp.; accommod., food serv. activ.	5 732.5	6 061.9	6 157.4	5 844.4	5 761.7	5 727.9	5 533.6	5 441.2
12	Information and communication	462.0	463.5	478.7	475.5	470.6	475.6	465.9	455.3
13	Financial and insurance activities	390.4	405.1	413.6	407.1	402.3	389.0	381.0	369.2
14	Real estate activities	206.2	215.8	229.8	202.5	193.9	188.0	185.5	182.4
15	Prof., scientif., techn. activ.; admin., support service activ.	1 982.2	2 109.6	2 266.9	2 172.6	2 163.2	2 119.7	2 082.7	2 043.1
16	Public admin.; compulsory s.s.; education; human health	3 641.6	3 729.3	3 835.9	3 898.7	3 978.0	3 985.1	3 934.1	3 848.9
17	Other service activities	1 662.9	1 696.9	1 713.4	1 694.8	1 686.2	1 637.5	1 618.8	1 625.9
18	Total employment	20 609.2	21 284.9	21 324.1	19 986.8	19 639.5	19 140.9	18 430.3	17 947.8
	EMPLOYEES, THOUSAND PERSONS, DOMESTIC CONCEPT								
19	Agriculture, forestry and fishing	440.6	447.9	426.6	418.8	445.7	430.6	411.4	407.3
20	Industry, including energy	2 933.5	2 884.2	2 848.9	2 520.5	2 452.5	2 371.3	2 239.9	2 139.4
21	Manufacturing	..	..	..	..	..	..	..	..
22	Construction	2 282.7	2 418.5	2 151.0	1 646.0	1 417.2	1 205.3	964.5	839.7
23	Distrib. trade, repairs; transp.; accommod., food serv. activ.	4 419.5	4 755.8	4 855.7	4 631.0	4 576.9	4 547.8	4 343.3	4 244.8
24	Information and communication	427.0	432.7	451.2	449.1	448.8	451.5	443.6	433.1
25	Financial and insurance activities	366.2	380.0	387.0	381.8	376.8	362.5	353.4	341.6
26	Real estate activities	149.6	157.9	169.4	144.1	140.3	142.4	144.8	137.6
27	Prof., scientif., techn. activ.; admin., support service activ.	1 672.6	1 774.8	1 925.0	1 850.4	1 850.2	1 804.0	1 778.6	1 736.5
28	Public admin.; compulsory s.s.; education; human health	3 551.6	3 645.2	3 753.7	3 819.0	3 892.2	3 900.8	3 847.9	3 758.4
29	Other service activities	1 458.3	1 478.8	1 482.6	1 456.8	1 447.8	1 396.4	1 353.5	1 351.0
30	Total employees	17 701.6	18 375.8	18 451.1	17 317.5	17 048.4	16 612.6	15 880.9	15 389.4
	SELF-EMPLOYED, THOUSAND PERSONS, DOMESTIC CONCEPT								
31	Agriculture, forestry and fishing	433.9	405.9	393.8	362.5	348.2	329.5	328.7	328.2
32	Industry, including energy	129.8	133.6	143.5	119.9	106.7	103.3	108.7	102.2
33	Manufacturing	..	..	..	..	..	..	..	..
34	Construction	310.9	312.7	264.6	223.5	213.3	178.1	175.5	165.0
35	Distrib. trade, repairs; transp.; accommod., food serv. activ.	1 313.0	1 306.1	1 301.7	1 213.4	1 184.8	1 180.1	1 190.3	1 196.4
36	Information and communication	35.0	30.8	27.5	26.4	21.8	24.1	22.3	22.2
37	Financial and insurance activities	24.2	25.1	26.6	25.3	25.5	26.5	27.6	27.6
38	Real estate activities	56.6	57.9	60.4	58.4	53.6	45.6	40.7	44.8
39	Prof., scientif., techn. activ.; admin., support service activ.	309.6	334.8	341.9	322.2	313.0	315.7	304.1	306.6
40	Public admin.; compulsory s.s.; education; human health	90.0	84.1	82.2	79.7	85.8	84.3	86.2	90.5
41	Other service activities	204.6	218.1	230.8	238.0	238.4	241.1	265.3	274.9
42	Total self-employed	2 907.6	2 909.1	2 873.0	2 669.3	2 591.1	2 528.3	2 549.4	2 558.4
	TOTAL EMPLOYMENT, MILLION HOURS, DOMESTIC CONCEPT								
43	Industry, including energy	5 436.4	5 346.6	5 334.6	4 726.6	4 635.5	4 515.1	4 257.6	4 073.2
44	Distrib. trade, repairs; transp.; accommod., food serv. activ.	10 132.0	10 625.5	10 925.3	10 402.0	10 288.2	10 183.0	9 802.1	9 647.9
45	Financial and insurance activities	665.4	687.1	703.8	687.7	680.0	662.1	649.7	623.3
46	Prof., scientif., techn. activ.; admin., support service activ.	3 277.3	3 462.6	3 745.3	3 627.2	3 582.0	3 526.5	3 412.0	3 314.4
47	Public admin.; compulsory s.s.; education; human health	5 717.7	5 764.6	5 966.0	6 174.0	6 214.1	6 260.2	6 192.1	6 061.3
48	Total employment	35 358.3	36 258.6	36 518.6	34 370.8	33 591.3	32 860.3	31 403.4	30 497.5
	EMPLOYEES, MILLION HOURS, DOMESTIC CONCEPT								
49	Industry, including energy	5 184.4	5 088.5	5 047.7	4 486.3	4 417.8	4 298.7	4 032.4	3 857.1
50	Distrib. trade, repairs; transp.; accommod., food serv. activ.	7 526.7	8 035.0	8 282.7	7 920.5	7 828.0	7 727.6	7 334.9	7 136.5
51	Financial and insurance activities	622.1	640.1	654.6	642.0	629.6	609.6	599.5	572.7
52	Prof., scientif., techn. activ.; admin., support service activ.	2 699.1	2 845.5	3 101.5	3 027.8	2 997.9	2 937.3	2 859.5	2 735.8
53	Public admin.; compulsory s.s.; education; human health	5 587.9	5 643.0	5 846.3	6 056.3	6 088.0	6 131.3	6 068.1	5 934.4
54	Total employees	29 650.6	30 541.5	30 781.6	29 022.2	28 418.4	27 767.0	26 324.8	25 366.6
	SELF-EMPLOYED, MILLION HOURS, DOMESTIC CONCEPT								
55	Industry, including energy	252.0	258.1	286.9	240.4	217.7	216.4	225.2	216.1
56	Distrib. trade, repairs; transp.; accommod., food serv. activ.	2 605.2	2 590.5	2 642.6	2 481.4	2 460.2	2 455.4	2 467.2	2 511.4
57	Financial and insurance activities	43.4	47.1	49.2	45.8	50.3	52.4	50.1	50.6
58	Prof., scientif., techn. activ.; admin., support service activ.	578.2	617.1	643.8	599.3	584.1	589.3	552.5	578.6
59	Public admin.; compulsory s.s.; education; human health	129.9	121.6	119.7	117.7	126.1	128.9	124.0	127.0
60	Total self-employed	5 707.7	5 717.0	5 737.1	5 348.6	5 172.9	5 093.3	5 078.6	5 130.9

Note: Detailed metadata:http://metalinks.oecd.org/nav1/20150309/018f

SWEDEN

Table 1. Gross domestic product, expenditure approach

Million SEK

		2006	2007	2008	2009	2010	2011	2012	2013
	AT CURRENT PRICES								
1	**Final consumption expenditure**	2 150 231	2 255 672	2 344 668	2 410 955	2 521 012	2 613 713	2 669 939	2 749 946
2	Household	1 341 788	1 414 751	1 461 553	1 499 808	1 583 426	1 640 068	1 660 763	1 706 655
3	NPISH's	46 888	47 462	49 750	50 579	51 214	52 827	54 265	54 831
4	Government	761 555	793 459	833 365	860 568	886 372	920 818	954 911	988 460
5	Individual	555 073	580 893	606 573	621 862	640 002	663 514	683 657	711 301
6	Collective	206 482	212 566	226 792	238 706	246 370	257 304	271 254	277 159
7	*of which:* Actual individual consumption	1 943 749	2 043 106	2 117 876	2 172 249	2 274 642	2 356 409	2 398 685	2 474 384
8	**Gross capital formation**	713 614	811 367	830 628	688 093	806 525	870 849	833 154	834 982
9	Gross fixed capital formation, total	712 786	787 626	823 864	733 903	783 315	829 735	834 180	834 249
10	Dwellings	126 440	143 286	132 030	109 181	127 752	141 572	127 078	132 657
11	Other buildings and structures	156 946	177 483	199 212	182 839	184 369	184 384	204 997	194 914
12	Transport equipment	53 822	56 886	54 108	40 032	50 470	56 672	55 192	49 880
13	Other machinery and equipment	..	..	..	..	..	..	..	..
14	Cultivated assets	1 905	1 884	2 162	2 104	2 205	2 438	2 327	2 324
15	Intangible fixed assets	183 730	197 522	209 344	206 365	216 214	228 322	221 998	225 309
16	Changes in inventories, acquisitions less disposals of valuables	828	23 741	6 764	-45 810	23 210	41 114	-1 026	733
17	Changes in inventories	175	23 108	5 785	-46 740	22 420	40 224	-1 929	125
18	Acquisitions less disposals of valuables	653	633	979	930	790	890	903	608
19	**External balance of goods and services**	235 236	230 014	212 303	189 461	192 457	172 015	181 707	190 088
20	Exports of goods and services	1 493 447	1 591 094	1 687 468	1 461 818	1 625 716	1 706 996	1 706 915	1 660 087
21	Exports of goods	1 160 376	1 214 914	1 273 644	1 049 324	1 203 180	1 265 493	1 247 735	1 184 516
22	Exports of services	333 071	376 180	413 824	412 494	422 536	441 503	459 180	475 571
23	Imports of goods and services	1 258 211	1 361 080	1 475 165	1 272 357	1 433 259	1 534 981	1 525 208	1 460 999
24	Imports of goods	941 564	1 008 203	1 084 331	895 507	1 053 020	1 140 901	1 110 194	1 042 343
25	Imports of services	316 647	352 877	390 834	376 850	380 239	394 080	415 014	427 656
26	Statistical discrepancy	..	..	..	..	..	..	..	..
27	**Gross domestic product**	3 099 081	3 297 053	3 387 599	3 288 509	3 519 994	3 656 577	3 684 800	3 775 016
	AT CONSTANT PRICES, REFERENCE YEAR 2005								
28	**Final consumption expenditure**	2 106 440	2 161 805	2 175 156	2 197 509	2 262 793	2 296 752	2 317 462	2 351 986
29	Household	1 326 393	1 379 065	1 382 019	1 388 252	1 444 237	1 471 714	1 483 230	1 513 456
30	NPISH's	45 759	45 188	45 473	44 294	44 147	44 481	44 928	44 360
31	Government	734 288	737 970	747 829	764 693	774 741	781 142	789 797	795 269
32	Individual	534 939	536 812	541 929	553 659	559 239	561 926	562 850	565 868
33	Collective	199 349	201 160	205 951	211 094	215 552	219 268	227 032	229 502
34	*of which:* Actual individual consumption	1 907 091	1 960 700	1 969 211	1 986 349	2 047 234	2 077 463	2 090 208	2 130 037
35	**Gross capital formation**	705 701	783 010	771 149	619 854	721 940	777 447	738 710	738 204
36	Gross fixed capital formation, total	703 745	760 786	765 043	662 755	702 654	742 365	740 660	737 951
37	Dwellings	120 645	128 826	111 781	90 491	101 995	110 201	97 148	99 171
38	Other buildings and structures	153 488	165 323	174 369	159 283	156 130	150 342	163 279	154 207
39	Transport equipment	53 359	56 025	53 268	38 169	46 390	52 483	51 276	46 257
40	Other machinery and equipment	..	..	..	..	..	..	..	..
41	Cultivated assets	1 728	1 710	1 865	1 851	1 895	1 999	1 847	1 842
42	Intangible fixed assets	183 497	191 670	193 904	187 440	195 269	203 670	196 123	197 569
43	Changes in inventories, acquisitions less disposals of valuables	..	..	..	..	..	..	..	..
44	Changes in inventories	1 311	154 491	40 762	-331 070	159 743	285 613	-8 985	3 947
45	Acquisitions less disposals of valuables	644	611	913	872	732	801	806	542
46	**External balance of goods and services**	231 511	202 804	185 164	153 098	162 793	157 668	166 240	173 603
47	Exports of goods and services	1 449 225	1 514 133	1 544 202	1 320 521	1 478 224	1 568 416	1 583 809	1 581 405
48	Exports of goods	1 122 504	1 154 557	1 163 570	945 518	1 094 765	1 169 695	1 172 767	1 152 896
49	Exports of services	326 721	359 832	380 983	375 686	383 831	399 130	411 271	427 884
50	Imports of goods and services	1 217 714	1 310 680	1 360 372	1 168 865	1 318 222	1 415 023	1 421 846	1 411 928
51	Imports of goods	905 818	968 664	996 961	831 685	974 690	1 059 184	1 050 201	1 026 505
52	Imports of services	311 896	342 165	363 644	337 679	345 386	358 071	373 588	386 560
53	Statistical discrepancy (including chaining residual)	0	-331	-1 713	-2 973	-2 316	-2 857	-2 648	-2 740
54	**Gross domestic product**	3 043 652	3 147 287	3 129 755	2 967 488	3 145 209	3 229 010	3 219 765	3 261 054

Note: Detailed metadata:http://metalinks.oecd.org/nav1/20150309/fbb4

SWEDEN

Table 2. Gross domestic product, output and income approach

ISIC Rev. 4

Million SEK

		2006	2007	2008	2009	2010	2011	2012	2013
	OUTPUT APPROACH AT CURRENT PRICES								
1	**Total gross value added at basic prices**	**2 731 045**	**2 907 813**	**2 992 009**	**2 887 785**	**3 094 787**	**3 222 931**	**3 253 975**	**3 336 201**
2	Agriculture, forestry and fishing	36 968	46 108	47 981	42 602	50 271	52 549	48 384	48 075
3	Industry, including energy	663 207	700 092	693 738	610 002	712 990	724 320	694 142	680 357
4	Manufacturing	562 244	597 176	570 497	499 889	575 259	588 552	559 308	550 373
5	Construction	160 538	181 522	182 019	167 276	182 358	185 821	180 787	182 524
6	Services	..	..	..	..	..	..	..	..
7	Distrib. trade, repairs; transp.; accommod., food serv. activ.	463 674	494 835	514 565	496 048	528 331	546 469	561 514	577 362
8	Information and communication	143 949	149 866	159 531	156 107	166 347	176 233	181 801	184 826
9	Financial and insurance activities	99 485	103 958	106 323	126 682	119 990	131 450	140 170	150 635
10	Real estate activities	240 308	248 457	266 834	263 554	255 635	274 847	275 116	289 317
11	Prof., scientif., techn. activ.; admin., support service activ.	226 295	250 868	254 472	242 855	268 735	288 254	296 114	311 657
12	Public admin.; compulsory s.s.; education; human health	621 844	653 900	683 595	699 166	722 642	750 986	780 919	811 484
13	Other service activities	74 777	78 207	82 951	83 493	87 488	92 002	95 028	99 964
14	**FISIM (Financial Intermediation Services Indirectly Measured)**	..	..	..	..	..	..	..	..
15	**Gross value added at basic prices, excluding FISIM**	**2 731 045**	**2 907 813**	**2 992 009**	**2 887 785**	**3 094 787**	**3 222 931**	**3 253 975**	**3 336 201**
16	**Taxes less subsidies on products**	**368 036**	**389 240**	**395 590**	**400 724**	**425 207**	**433 646**	**430 825**	**438 815**
17	Taxes on products	382 398	404 447	412 385	418 181	442 720	452 010	449 365	457 537
18	Subsidies on products	14 362	15 207	16 795	17 457	17 513	18 364	18 540	18 722
19	**Residual item**	..	..	..	..	..	..	..	..
20	**Gross domestic product at market prices**	**3 099 081**	**3 297 053**	**3 387 599**	**3 288 509**	**3 519 994**	**3 656 577**	**3 684 800**	**3 775 016**
	OUTPUT APPROACH AT CONSTANT PRICES (REF. YEAR 2005)								
21	**Total gross value added at basic prices**	**2 680 815**	**2 772 125**	**2 763 907**	**2 604 748**	**2 767 115**	**2 848 620**	**2 845 120**	**2 881 266**
22	Agriculture, forestry and fishing	32 639	34 224	33 727	32 772	30 876	30 850	31 153	32 005
23	Industry, including energy	652 358	684 216	662 581	550 333	656 276	680 344	652 417	647 520
24	Manufacturing	568 520	592 128	574 838	462 015	567 372	595 304	552 122	548 634
25	Construction	154 787	164 982	154 263	139 524	144 596	141 310	132 931	132 182
26	Services	..	..	..	..	..	..	..	..
27	Distrib. trade, repairs; transp.; accommod., food serv. activ.	450 470	467 696	465 392	441 595	464 092	483 350	492 571	504 650
28	Information and communication	150 484	158 380	168 113	166 819	179 453	190 023	197 523	198 221
29	Financial and insurance activities	114 385	116 221	115 306	119 344	120 454	131 065	130 691	138 396
30	Real estate activities	233 506	232 517	246 906	238 761	227 968	235 607	244 980	252 534
31	Prof., scientif., techn. activ.; admin., support service activ.	224 187	240 943	237 701	227 018	246 620	260 440	263 020	271 540
32	Public admin.; compulsory s.s.; education; human health	595 522	599 281	605 153	614 689	623 210	624 713	628 946	631 352
33	Other service activities	72 478	73 993	75 524	73 033	74 734	76 046	76 372	78 388
34	**FISIM (Financial Intermediation Services Indirectly Measured)**	..	..	..	..	..	..	..	..
35	**Gross value added at basic prices, excluding FISIM**	**2 680 815**	**2 772 125**	**2 763 907**	**2 604 748**	**2 767 115**	**2 848 620**	**2 845 120**	**2 881 266**
36	**Taxes less subsidies on products**	**362 837**	**375 161**	**365 769**	**362 680**	**378 008**	**380 346**	**374 635**	**379 776**
37	Taxes on products	376 432	388 332	379 408	376 867	391 909	394 602	388 566	393 592
38	Subsidies on products	13 595	13 204	13 596	14 065	13 868	14 194	13 883	13 808
39	**Residual item**	**0**	**1**	**80**	**61**	**86**	**44**	**9**	**11**
40	**Gross domestic product at market prices**	**3 043 652**	**3 147 287**	**3 129 755**	**2 967 488**	**3 145 209**	**3 229 010**	**3 219 765**	**3 261 054**
	INCOME APPROACH								
41	**Compensation of employees**	**1 372 162**	**1 479 068**	**1 552 003**	**1 552 248**	**1 600 603**	**1 692 809**	**1 760 363**	**1 808 484**
42	Agriculture, forestry and fishing	12 986	14 273	15 273	15 854	16 611	17 064	16 959	16 978
43	Industry, including energy	269 552	289 200	299 769	281 490	282 341	297 531	301 983	302 548
44	Manufacturing	247 323	265 745	274 955	255 683	255 466	268 485	271 771	269 917
45	Construction	82 918	94 723	103 991	103 334	107 849	116 827	122 457	125 073
46	Distrib. trade, repairs; transp.; accommod., food serv. activ.	262 762	283 714	298 170	300 346	312 304	331 246	344 334	352 807
47	Information and communication	73 283	78 735	83 577	84 608	85 971	91 811	96 043	98 947
48	Financial and insurance activities	48 141	49 437	50 268	50 615	52 303	53 761	54 760	56 704
49	Real estate activities	20 021	22 210	22 962	23 171	23 952	25 470	26 640	28 241
50	Prof., scientif., techn. activ.; admin., support service activ.	127 665	146 385	158 045	160 927	169 872	186 762	197 920	203 975
51	Public admin.; compulsory s.s.; education; human health	428 018	451 493	468 949	478 698	494 388	514 713	539 024	560 399
52	Other service activities	46 816	48 898	50 999	53 205	55 012	57 624	60 243	62 812
53	**Wages and salaries**	**1 158 718**	**1 237 691**	**1 306 463**	**1 307 530**	**1 348 429**	**1 423 300**	**1 476 496**	**1 512 468**
54	Agriculture, forestry and fishing	11 911	12 776	13 622	14 172	14 954	15 588	15 551	15 254
55	Industry, including energy	229 470	242 059	252 202	235 661	236 799	248 541	252 079	251 724
56	Manufacturing	210 865	222 614	231 450	214 218	214 572	224 553	227 197	225 072
57	Construction	72 033	80 519	88 059	87 520	92 148	99 239	104 084	106 263
58	Distrib. trade, repairs; transp.; accommod., food serv. activ.	224 914	239 166	252 655	254 037	264 755	279 700	289 780	296 501
59	Information and communication	59 657	64 402	69 466	69 699	69 982	74 662	77 537	79 167
60	Financial and insurance activities	38 645	40 139	41 714	41 470	42 308	43 690	44 185	45 089
61	Real estate activities	17 046	18 674	19 427	19 527	20 090	21 330	22 255	23 366
62	Prof., scientif., techn. activ.; admin., support service activ.	106 295	121 313	132 369	133 798	140 591	154 214	162 708	166 378
63	Public admin.; compulsory s.s.; education; human health	358 892	376 971	393 095	406 201	419 738	437 298	456 750	475 251
64	Other service activities	39 855	41 672	43 854	45 445	47 064	49 038	51 567	53 475
65	**Gross operating surplus and mixed income**	**1 096 383**	**1 145 857**	**1 133 539**	**1 048 878**	**1 198 130**	**1 227 029**	**1 175 001**	**1 198 517**
66	**Taxes less subsidies on production and imports**	**630 536**	**672 128**	**702 057**	**687 383**	**721 261**	**736 739**	**749 436**	**768 015**
67	Taxes on production and imports	688 366	730 557	762 701	749 419	787 537	807 561	821 988	841 414
68	Subsidies on production and imports	57 830	58 429	60 644	62 036	66 276	70 822	72 552	73 399
69	**Residual item**	..	..	..	..	..	..	..	..
70	**Gross domestic product**	**3 099 081**	**3 297 053**	**3 387 599**	**3 288 509**	**3 519 994**	**3 656 577**	**3 684 800**	**3 775 016**

Note: Detailed metadata:http://metalinks.oecd.org/nav1/20150309/fbb4

SWEDEN

Table 3. Disposable income, saving and net lending / net borrowing

Million SEK

		2006	2007	2008	2009	2010	2011	2012	2013
	DISPOSABLE INCOME								
1	**Gross domestic product**	3 099 081	3 297 053	3 387 599	3 288 509	3 519 994	3 656 577	3 684 800	3 775 016
2	Net primary incomes from the rest of the world	73 389	117 134	137 497	84 406	96 979	104 381	114 710	136 274
3	Primary incomes receivable from the rest of the world	399 407	495 788	511 740	399 011	442 382	435 341	423 041	432 426
4	Primary incomes payable to the rest of the world	326 018	378 654	374 243	314 605	345 403	330 960	308 331	296 152
5	**Gross national income at market prices**	3 172 470	3 414 187	3 525 096	3 372 915	3 616 973	3 760 958	3 799 510	3 911 290
6	Consumption of fixed capital	477 229	506 239	545 480	576 775	587 439	600 663	618 420	628 862
7	**Net national income at market prices**	2 695 241	2 907 948	2 979 616	2 796 140	3 029 534	3 160 295	3 181 090	3 282 428
8	Net current transfers from the rest of the world	-49 382	-50 641	-60 421	-53 105	-61 688	-60 294	-63 202	-70 486
9	Current transfers receivable from the rest of the world	27 557	25 731	29 036	26 065	24 213	26 805	29 537	32 677
10	Current transfers payable to the rest of the world	76 939	76 372	89 457	79 170	85 901	87 099	92 739	103 163
11	**Net national disposable income**	2 645 859	2 857 307	2 919 195	2 743 035	2 967 846	3 100 001	3 117 888	3 211 942
	SAVING AND NET LENDING / NET BORROWING								
12	**Net national disposable income**	2 645 859	2 857 307	2 919 195	2 743 035	2 967 846	3 100 001	3 117 888	3 211 942
13	Final consumption expenditures	2 150 231	2 255 672	2 344 668	2 410 955	2 521 012	2 613 713	2 669 939	2 749 946
14	Adj. for change in net equity of households in pension funds	9	10	10	12	12	10	12	15
15	**Saving, net**	495 637	601 645	574 537	332 092	446 846	486 298	447 961	462 011
16	Net capital transfers from the rest of the world	-2 173	-3 196	-3 282	-3 335	-3 327	-4 153	-4 383	-4 182
17	Capital transfers receivable from the rest of the world	3 312	2 540	2 014	2 009	1 872	1 772	1 719	1 390
18	Capital transfers payable to the rest of the world	5 485	5 736	5 296	5 344	5 199	5 925	6 102	5 572
19	Gross capital formation	713 614	811 367	830 628	688 093	806 525	870 849	833 154	834 982
20	Acquisitions less disposals of non-financial non-produced assets	15 393	-673	1 849	818	1 488	1 847	1 177	4 929
21	Consumption of fixed capital	477 229	506 239	545 480	576 775	587 439	600 663	618 420	628 862
22	**Net lending / net borrowing**	241 686	293 994	284 258	216 621	222 945	210 112	227 667	246 780
	REAL DISPOSABLE INCOME								
23	**Gross domestic product at constant prices, reference year 2005**	3 043 652	3 147 287	3 129 755	2 967 488	3 145 209	3 229 010	3 219 765	3 261 054
24	Trading gain or loss	-522	17 931	13 191	21 874	12 712	-2 386	-3 835	-5 566
25	**Real gross domestic income**	3 043 130	3 165 218	3 142 946	2 989 362	3 157 921	3 226 624	3 215 930	3 255 488
26	Net real primary incomes from the rest of the world	72 064	112 450	127 567	76 728	87 004	92 108	100 114	117 520
27	Real primary incomes receivable from the rest of the world	392 196	475 964	474 782	362 714	396 878	384 152	369 211	372 914
28	Real primary incomes payable to the rest of the world	320 132	363 513	347 215	285 986	309 874	292 045	269 098	255 395
29	**Real gross national income at market prices**	3 115 194	3 277 668	3 270 513	3 066 090	3 244 925	3 318 732	3 316 044	3 373 008
30	Net real current transfers from the rest of the world	-48 490	-48 616	-56 057	-48 274	-55 343	-53 204	-55 160	-60 786
31	Real current transfers receivable from the rest of the world	27 059	24 702	26 939	23 694	21 722	23 653	25 779	28 180
32	Real current transfers payable to the rest of the world	75 550	73 318	82 996	71 968	77 065	76 858	80 938	88 965
33	**Real gross national disposable income**	3 066 704	3 229 052	3 214 456	3 017 816	3 189 582	3 265 527	3 260 884	3 312 222
34	Consumption of fixed capital at constant prices	471 368	491 480	510 248	522 489	529 151	541 263	553 168	561 039
35	**Real net national income at market prices**	2 646 581	2 791 672	2 764 428	2 541 783	2 717 911	2 788 697	2 776 314	2 830 691
36	**Real net national disposable income**	2 598 091	2 743 056	2 708 370	2 493 508	2 662 568	2 735 492	2 721 154	2 769 906

Note: Detailed metadata:http://metalinks.oecd.org/nav1/20150309/9da3

SWEDEN

Table 4. Population and employment (persons) and employment (hours worked) by industry
ISIC Rev. 4

		2006	2007	2008	2009	2010	2011	2012	2013
	POPULATION, THOUSAND PERSONS, NATIONAL CONCEPT								
1	**Total population**	**9 080.5**	**9 148.1**	**9 219.6**	**9 298.5**	**9 378.1**	**9 449.2**	**9 519.4**	**9 600.4**
2	Economically active population	..	..	..	..	..	..	..	..
3	Unemployed persons	..	..	..	..	..	..	..	..
4	Total employment	4 422.4	4 524.4	4 565.2	4 454.8	4 497.7	4 593.6	4 627.4	4 673.2
5	Employees	4 170.5	4 268.1	4 320.7	4 207.3	4 244.3	4 350.6	4 390.2	4 437.5
6	Self-employed	251.9	256.3	244.5	247.5	253.4	243.0	237.2	235.7
	TOTAL EMPLOYMENT, THOUSAND PERSONS, DOMESTIC CONCEPT								
7	Agriculture, forestry and fishing	92.8	91.2	92.6	92.1	97.2	106.2	108.0	104.2
8	Industry, including energy	722.6	740.3	743.0	676.8	666.2	676.1	665.5	650.9
9	Manufacturing	666.0	682.3	683.0	617.0	606.8	614.4	603.0	586.8
10	Construction	257.0	277.4	296.4	294.5	301.0	315.7	321.3	321.6
11	Distrib. trade, repairs; transp.; accommod., food serv. activ.	886.4	902.7	915.3	910.5	927.3	942.5	945.4	955.1
12	Information and communication	162.9	167.4	173.3	168.9	166.6	167.7	171.3	173.3
13	Financial and insurance activities	93.7	92.6	96.6	93.9	94.1	95.6	96.2	97.7
14	Real estate activities	66.0	69.3	69.2	69.1	68.4	71.2	71.2	73.4
15	Prof., scientif., techn. activ.; admin., support service activ.	414.1	448.9	467.0	452.3	471.2	494.5	509.1	521.5
16	Public admin.; compulsory s.s.; education; human health	1 518.6	1 527.6	1 508.2	1 490.7	1 496.5	1 518.0	1 525.9	1 552.1
17	Other service activities	208.3	207.0	203.6	206.0	209.2	206.1	213.5	223.4
18	**Total employment**	**4 422.4**	**4 524.4**	**4 565.2**	**4 454.8**	**4 497.7**	**4 593.6**	**4 627.4**	**4 673.2**
	EMPLOYEES, THOUSAND PERSONS, DOMESTIC CONCEPT								
19	Agriculture, forestry and fishing	45.2	45.4	48.2	50.0	53.4	55.9	55.0	54.8
20	Industry, including energy	709.4	726.8	730.1	663.8	653.6	664.5	654.2	639.9
21	Manufacturing	652.9	668.9	670.3	604.3	594.5	603.1	592.0	575.8
22	Construction	226.8	244.9	265.1	261.6	266.4	284.7	292.6	293.0
23	Distrib. trade, repairs; transp.; accommod., food serv. activ.	829.1	845.0	862.6	857.5	874.3	893.7	901.6	913.1
24	Information and communication	153.8	157.8	164.5	159.3	157.1	158.9	162.7	165.2
25	Financial and insurance activities	93.3	92.2	96.3	93.6	93.8	95.3	95.9	97.4
26	Real estate activities	61.7	65.1	65.3	65.3	64.5	67.1	67.1	68.7
27	Prof., scientif., techn. activ.; admin., support service activ.	372.7	406.8	424.7	409.9	427.3	453.1	468.3	481.3
28	Public admin.; compulsory s.s.; education; human health	1 506.1	1 514.7	1 495.6	1 478.1	1 483.5	1 505.8	1 513.9	1 539.3
29	Other service activities	172.4	169.4	168.3	168.2	170.4	171.6	178.9	184.8
30	**Total employees**	**4 170.5**	**4 268.1**	**4 320.7**	**4 207.3**	**4 244.3**	**4 350.6**	**4 390.2**	**4 437.5**
	SELF-EMPLOYED, THOUSAND PERSONS, DOMESTIC CONCEPT								
31	Agriculture, forestry and fishing	47.6	45.8	44.4	42.1	43.8	50.3	53.0	49.4
32	Industry, including energy	13.2	13.5	12.9	13.0	12.6	11.6	11.3	11.0
33	Manufacturing	13.1	13.4	12.7	12.7	12.3	11.3	11.0	11.0
34	Construction	30.2	32.5	31.3	32.9	34.6	31.0	28.7	28.6
35	Distrib. trade, repairs; transp.; accommod., food serv. activ.	57.3	57.7	52.7	53.0	53.0	48.8	43.8	42.0
36	Information and communication	9.1	9.6	8.8	9.6	9.5	8.8	8.6	8.1
37	Financial and insurance activities	0.4	0.4	0.3	0.3	0.3	0.3	0.3	0.3
38	Real estate activities	4.3	4.2	3.9	3.8	3.9	4.1	4.1	4.7
39	Prof., scientif., techn. activ.; admin., support service activ.	41.4	42.1	42.3	42.4	43.9	41.4	40.8	40.2
40	Public admin.; compulsory s.s.; education; human health	12.5	12.9	12.6	12.6	13.0	12.2	12.0	12.8
41	Other service activities	35.9	37.6	35.3	37.8	38.8	34.5	34.6	38.6
42	**Total self-employed**	**251.9**	**256.3**	**244.5**	**247.5**	**253.4**	**243.0**	**237.2**	**235.7**
	TOTAL EMPLOYMENT, MILLION HOURS, DOMESTIC CONCEPT								
43	Industry, including energy	1 271.9	1 285.7	1 293.8	1 153.6	1 174.0	1 194.2	1 150.7	1 120.7
44	Distrib. trade, repairs; transp.; accommod., food serv. activ.	1 471.8	1 521.2	1 553.4	1 525.9	1 586.6	1 615.6	1 591.8	1 608.2
45	Financial and insurance activities	142.1	140.6	146.4	142.8	144.0	144.6	141.5	144.8
46	Prof., scientif., techn. activ.; admin., support service activ.	611.7	664.2	696.6	670.1	715.8	741.9	738.9	736.0
47	Public admin.; compulsory s.s.; education; human health	2 220.7	2 282.7	2 275.1	2 272.3	2 308.5	2 344.8	2 375.4	2 405.4
48	**Total employment**	**7 072.0**	**7 291.1**	**7 381.3**	**7 168.4**	**7 353.8**	**7 499.1**	**7 488.9**	**7 510.9**
	EMPLOYEES, MILLION HOURS, DOMESTIC CONCEPT								
49	Industry, including energy	1 246.2	1 257.3	1 268.4	1 131.7	1 152.5	1 171.8	1 127.3	1 099.8
50	Distrib. trade, repairs; transp.; accommod., food serv. activ.	1 347.8	1 398.5	1 439.8	1 412.9	1 474.9	1 510.3	1 499.3	1 521.5
51	Financial and insurance activities	141.4	140.0	145.9	142.3	143.6	144.4	141.1	144.3
52	Prof., scientif., techn. activ.; admin., support service activ.	540.2	591.9	629.6	605.4	647.4	678.2	677.6	676.9
53	Public admin.; compulsory s.s.; education; human health	2 201.5	2 262.3	2 256.5	2 254.0	2 290.4	2 326.4	2 354.4	2 385.1
54	**Total employees**	**6 587.6**	**6 794.5**	**6 920.4**	**6 707.6**	**6 885.5**	**7 047.2**	**7 051.9**	**7 089.5**
	SELF-EMPLOYED, MILLION HOURS, DOMESTIC CONCEPT								
55	Industry, including energy	25.7	28.4	25.4	21.9	21.5	22.4	23.4	20.9
56	Distrib. trade, repairs; transp.; accommod., food serv. activ.	124.0	122.8	113.6	113.0	111.7	105.2	92.5	86.7
57	Financial and insurance activities	0.7	0.6	0.4	0.5	0.4	0.3	0.4	0.4
58	Prof., scientif., techn. activ.; admin., support service activ.	71.5	72.3	67.0	64.7	68.4	63.7	61.4	59.1
59	Public admin.; compulsory s.s.; education; human health	19.2	20.5	18.6	18.3	18.1	18.4	21.1	20.3
60	**Total self-employed**	**484.4**	**496.6**	**460.9**	**460.9**	**468.2**	**451.9**	**437.0**	**421.4**

Note: Detailed metadata:http://metalinks.oecd.org/nav1/20150309/4598

SWITZERLAND

Table 1. Gross domestic product, expenditure approach

Million CHF

		2006	2007	2008	2009	2010	2011	2012	2013
	AT CURRENT PRICES								
1	**Final consumption expenditure**	357 609	370 053	382 247	387 765	395 235	399 802	408 210	415 086
2	Household	291 063	301 877	312 173	313 976	320 656	323 363	329 171	334 860
3	NPISH's	8 536	8 811	9 281	9 810	9 937	10 055	10 213	10 571
4	Government	58 011	59 366	60 793	63 979	64 643	66 385	68 827	69 655
5	Individual	31 589	32 134	32 643	35 898	36 284	37 419	38 829	39 156
6	Collective	26 422	27 232	28 150	28 081	28 359	28 965	29 998	30 499
7	*of which:* Actual individual consumption	331 188	342 821	354 097	359 684	366 877	370 837	378 213	384 587
8	**Gross capital formation**	134 789	137 950	151 833	154 925	145 892	166 124	151 456	143 281
9	Gross fixed capital formation, total	131 218	140 470	144 462	133 298	138 430	144 596	147 205	148 778
10	Dwellings	23 502	23 659	24 083	25 081	26 776	28 583	29 228	29 845
11	Other buildings and structures	23 047	23 655	25 026	25 001	25 258	25 954	27 119	27 552
12	Transport equipment	9 615	10 341	9 928	9 321	10 992	12 499	11 263	10 273
13	Other machinery and equipment	..	..	..	..	..	..	..	..
14	Cultivated assets	198	243	174	209	213	240	200	219
15	Intangible fixed assets	30 802	32 980	34 358	34 367	35 357	35 443	37 819	38 759
16	Changes in inventories, acquisitions less disposals of valuables	3 570	-2 520	7 371	21 627	7 462	21 527	4 251	-5 496
17	Changes in inventories	-1 173	-336	429	1 585	1 507	4 385	961	8 768
18	Acquisitions less disposals of valuables	4 744	-2 184	6 942	23 212	5 956	17 142	3 290	-14 264
19	**External balance of goods and services**	45 727	65 077	63 300	44 371	65 018	52 399	64 925	76 964
20	Exports of goods and services	305 214	353 163	376 235	337 209	389 443	406 706	418 818	458 382
21	Exports of goods	214 419	246 871	270 931	234 867	288 010	306 871	311 737	346 444
22	Exports of services	90 795	106 292	105 304	102 342	101 433	99 834	107 082	111 938
23	Imports of goods and services	259 487	288 085	312 934	292 837	324 425	354 306	353 893	381 417
24	Imports of goods	198 440	220 352	244 161	222 040	252 351	280 762	274 262	296 624
25	Imports of services	61 047	67 733	68 773	70 797	72 074	73 544	79 630	84 793
26	Statistical discrepancy	..	..	..	..	..	..	..	..
27	**Gross domestic product**	538 125	573 080	597 381	587 061	606 146	618 325	624 592	635 331
	AT CONSTANT PRICES, REFERENCE YEAR 2005								
28	**Final consumption expenditure**	353 035	360 010	363 498	369 378	374 535	378 363	388 899	396 853
29	Household	287 403	294 063	298 261	301 707	306 694	309 167	317 841	324 614
30	NPISH's	8 492	8 735	9 122	9 544	9 638	9 751	9 886	10 214
31	Government	57 140	57 215	56 141	58 123	58 240	59 445	61 165	62 050
32	Individual	31 062	30 937	30 108	32 658	32 724	33 479	34 449	34 849
33	Collective	26 078	26 279	26 035	25 463	25 513	25 963	26 713	27 199
34	*of which:* Actual individual consumption	326 957	333 731	337 468	343 950	349 074	352 442	362 227	369 701
35	**Gross capital formation**	128 218	123 995	132 957	138 898	132 054	147 967	132 436	121 454
36	Gross fixed capital formation, total	129 912	136 342	137 346	127 017	132 583	138 225	141 525	143 948
37	Dwellings	22 827	22 098	21 648	22 680	24 163	25 253	25 774	26 189
38	Other buildings and structures	22 326	22 032	22 500	22 796	22 899	22 997	23 874	24 074
39	Transport equipment	9 549	10 227	9 745	9 130	10 887	12 539	11 697	12 071
40	Other machinery and equipment	..	..	..	..	..	..	..	..
41	Cultivated assets	197	234	157	195	203	230	189	202
42	Intangible fixed assets	30 504	32 041	32 728	32 027	32 863	32 505	34 468	34 852
43	Changes in inventories, acquisitions less disposals of valuables	..	..	..	..	..	..	..	..
44	Changes in inventories	-5 591	-26 825	36 290	306 409	-571 015	-1 159 211	425 668	2 497 469
45	Acquisitions less disposals of valuables	3 898	-1 425	3 890	11 989	2 686	7 257	952	-4 762
46	**External balance of goods and services**	46 574	65 482	65 302	41 996	59 741	50 609	62 093	76 872
47	Exports of goods and services	290 940	324 004	336 516	302 945	341 861	358 642	361 468	416 756
48	Exports of goods	202 828	224 624	236 811	207 870	245 130	263 320	260 718	310 075
49	Exports of services	88 112	99 412	99 640	95 456	96 593	94 444	100 344	105 072
50	Imports of goods and services	244 366	258 522	271 214	260 949	282 120	308 032	299 375	339 884
51	Imports of goods	184 802	195 535	207 392	194 611	211 358	231 125	218 000	254 093
52	Imports of services	59 564	62 986	63 713	66 679	71 061	77 170	83 450	86 048
53	Statistical discrepancy (including chaining residual)	0	194	442	-46	148	-239	-330	-912
54	**Gross domestic product**	527 827	549 681	562 198	550 226	566 478	576 701	583 097	594 267

Note: Detailed metadata:http://metalinks.oecd.org/nav1/20150309/b5d5

SWITZERLAND

Table 2. Gross domestic product, output and income approach
ISIC Rev. 4

Million CHF

		2006	2007	2008	2009	2010	2011	2012	2013
	OUTPUT APPROACH AT CURRENT PRICES								
1	Total gross value added at basic prices	516 898	550 732	574 819	565 995	583 796	596 145	603 609	614 153
2	Agriculture, forestry and fishing	4 403	4 618	5 019	4 440	4 256	4 332	4 078	4 341
3	Industry, including energy	114 246	122 307	129 351	120 335	123 970	127 935	126 475	126 692
4	Manufacturing	103 205	110 846	117 349	108 007	112 042	116 300	114 610	114 802
5	Construction	25 178	25 736	27 002	27 748	29 317	30 696	31 245	31 359
6	Services	..	..	..	..	..	..	..	..
7	Distrib. trade, repairs; transp.; accommod., food serv. activ.	107 971	115 274	123 987	119 532	128 441	126 743	125 924	125 677
8	Information and communication	21 151	21 416	22 413	22 751	23 696	23 881	24 263	24 803
9	Financial and insurance activities	64 458	73 588	66 607	62 896	60 902	61 670	62 817	65 409
10	Real estate activities	4 801	5 065	5 464	5 965	5 925	6 008	6 076	6 372
11	Prof., scientif., techn. activ.; admin., support service activ.	40 657	43 911	48 021	50 811	52 429	54 089	56 879	58 970
12	Public admin.; compulsory s.s.; education; human health	89 979	92 884	98 235	102 243	104 580	108 303	112 908	116 164
13	Other service activities	44 054	45 932	48 720	49 274	50 280	52 487	52 945	54 365
14	FISIM (Financial Intermediation Services Indirectly Measured)	..	..	..	..	..	..	..	..
15	Gross value added at basic prices, excluding FISIM	516 898	550 732	574 819	565 995	583 796	596 145	603 609	614 153
16	Taxes less subsidies on products	21 227	22 349	22 561	21 065	22 350	22 180	20 983	21 178
17	Taxes on products	31 957	33 038	33 928	32 818	34 336	35 106	34 961	35 307
18	Subsidies on products	10 731	10 689	11 367	11 753	11 986	12 927	13 978	14 129
19	Residual item	0	0	0	0	0	0	0	0
20	Gross domestic product at market prices	538 125	573 080	597 381	587 061	606 146	618 325	624 592	635 331
	OUTPUT APPROACH AT CONSTANT PRICES (REF. YEAR 2005)								
21	Total gross value added at basic prices	506 824	527 355	539 846	527 940	543 255	553 907	560 639	572 096
22	Agriculture, forestry and fishing	4 307	4 447	4 523	4 619	4 468	4 811	4 588	4 485
23	Industry, including energy	112 441	117 815	122 211	110 234	117 034	125 202	124 857	124 576
24	Manufacturing	101 621	106 711	110 317	99 260	106 187	114 934	113 935	113 269
25	Construction	24 278	23 843	24 223	24 948	26 621	26 794	27 168	26 966
26	Services	..	..	..	..	..	..	..	..
27	Distrib. trade, repairs; transp.; accommod., food serv. activ.	106 019	111 911	116 225	115 986	120 801	119 653	120 488	123 218
28	Information and communication	21 544	21 836	22 979	23 392	23 960	23 205	23 423	24 011
29	Financial and insurance activities	61 995	67 358	63 833	60 097	60 062	60 094	61 360	66 121
30	Real estate activities	4 701	4 850	5 052	5 328	5 114	5 044	4 973	5 074
31	Prof., scientif., techn. activ.; admin., support service activ.	39 806	41 870	43 427	43 946	44 626	45 396	47 282	47 868
32	Public admin.; compulsory s.s.; education; human health	88 757	89 880	92 293	94 177	95 294	97 457	100 429	103 173
33	Other service activities	42 977	43 489	45 326	45 285	45 327	46 241	45 799	46 396
34	FISIM (Financial Intermediation Services Indirectly Measured)	..	..	..	..	..	..	..	..
35	Gross value added at basic prices, excluding FISIM	506 824	527 355	539 846	527 940	543 255	553 907	560 639	572 096
36	Taxes less subsidies on products	21 003	22 330	22 335	22 291	23 267	22 737	22 340	21 947
37	Taxes on products	31 630	32 862	33 341	33 610	34 734	34 984	35 576	35 247
38	Subsidies on products	10 627	10 532	11 001	11 308	11 477	12 201	13 128	13 171
39	Residual item	0	-4	17	-6	-44	56	118	225
40	Gross domestic product at market prices	527 827	549 681	562 198	550 226	566 478	576 701	583 097	594 267
	INCOME APPROACH								
41	Compensation of employees	300 083	316 035	332 306	340 240	342 505	356 132	365 517	375 407
42	Agriculture, forestry and fishing	..	..	..	..	..	..	..	..
43	Industry, including energy	..	..	..	..	..	..	..	..
44	Manufacturing	..	..	..	..	..	..	..	..
45	Construction	..	..	..	..	..	..	..	..
46	Distrib. trade, repairs; transp.; accommod., food serv. activ.	..	..	..	..	..	..	..	..
47	Information and communication	..	..	..	..	..	..	..	..
48	Financial and insurance activities	..	..	..	..	..	..	..	..
49	Real estate activities	..	..	..	..	..	..	..	..
50	Prof., scientif., techn. activ.; admin., support service activ.	..	..	..	..	..	..	..	..
51	Public admin.; compulsory s.s.; education; human health	..	..	..	..	..	..	..	..
52	Other service activities	..	..	..	..	..	..	..	..
53	Wages and salaries	252 983	266 615	280 782	287 819	289 923	301 039	308 551	..
54	Agriculture, forestry and fishing	..	..	..	..	..	..	..	..
55	Industry, including energy	..	..	..	..	..	..	..	..
56	Manufacturing	..	..	..	..	..	..	..	..
57	Construction	..	..	..	..	..	..	..	..
58	Distrib. trade, repairs; transp.; accommod., food serv. activ.	..	..	..	..	..	..	..	..
59	Information and communication	..	..	..	..	..	..	..	..
60	Financial and insurance activities	..	..	..	..	..	..	..	..
61	Real estate activities	..	..	..	..	..	..	..	..
62	Prof., scientif., techn. activ.; admin., support service activ.	..	..	..	..	..	..	..	..
63	Public admin.; compulsory s.s.; education; human health	..	..	..	..	..	..	..	..
64	Other service activities	..	..	..	..	..	..	..	..
65	Gross operating surplus and mixed income	222 869	240 823	245 810	229 518	244 896	243 909	242 423	243 187
66	Taxes less subsidies on production and imports	15 174	16 222	19 265	17 303	18 745	18 284	16 652	16 738
67	Taxes on production and imports	34 364	35 541	36 673	35 622	37 563	38 267	38 238	38 653
68	Subsidies on production and imports	19 190	19 319	17 408	18 319	18 818	19 983	21 586	21 915
69	Residual item	..	..	..	..	..	..	..	..
70	Gross domestic product	538 125	573 080	597 381	587 061	606 146	618 325	624 592	635 331

Note: Detailed metadata:http://metalinks.oecd.org/nav1/20150309/b5d5

SWITZERLAND

Table 3. Disposable income, saving and net lending / net borrowing

Million CHF

		2006	2007	2008	2009	2010	2011	2012	2013
	DISPOSABLE INCOME								
1	**Gross domestic product**	538 125	573 080	597 381	587 061	606 146	618 325	624 592	..
2	Net primary incomes from the rest of the world	41 032	4 270	-38 390	12 064	36 681	6 242	12 330	..
3	Primary incomes receivable from the rest of the world	139 512	151 343	96 272	103 262	129 983	97 639	115 714	..
4	Primary incomes payable to the rest of the world	98 479	147 073	134 661	91 198	93 301	91 397	103 384	..
5	**Gross national income at market prices**	579 158	577 350	558 991	599 124	642 827	624 567	636 922	664 994
6	Consumption of fixed capital	110 232	115 619	122 122	125 627	125 978	127 984	129 273	131 750
7	**Net national income at market prices**	468 925	461 731	436 869	473 498	516 849	496 583	507 649	533 244
8	Net current transfers from the rest of the world	-11 498	-10 776	-12 061	-12 539	-12 639	-10 864	-13 667	..
9	Current transfers receivable from the rest of the world	27 850	29 697	40 475	33 638	31 599	31 836	34 484	..
10	Current transfers payable to the rest of the world	39 347	40 472	52 536	46 176	44 238	42 701	48 151	..
11	**Net national disposable income**	457 428	450 956	424 808	460 959	504 210	485 719	493 983	..
	SAVING AND NET LENDING / NET BORROWING								
12	**Net national disposable income**	457 428	450 956	424 808	460 959	504 210	485 719	493 983	..
13	Final consumption expenditures	357 609	370 053	382 247	387 765	395 235	399 802	408 210	..
14	Adj. for change in net equity of households in pension funds	2 197	2 389	2 581	2 841	2 858	2 879	2 995	..
15	**Saving, net**	102 015	83 293	45 142	76 036	111 832	88 796	88 767	..
16	Net capital transfers from the rest of the world	-523	-916	-159	-182	-639	-2 144	-135	..
17	Capital transfers receivable from the rest of the world	0	0	0	0	0	0	0	..
18	Capital transfers payable to the rest of the world	523	916	159	182	639	2 144	135	..
19	Gross capital formation	134 789	137 950	151 833	154 925	145 892	166 124	151 456	..
20	Acquisitions less disposals of non-financial non-produced assets	4 866	4 741	3 660	3 633	4 481	8 212	1 994	..
21	Consumption of fixed capital	110 232	115 619	122 122	125 627	125 978	127 984	129 273	131 750
22	**Net lending / net borrowing**	72 070	55 304	11 612	42 923	86 799	40 300	64 455	..
	REAL DISPOSABLE INCOME								
23	**Gross domestic product at constant prices, reference year 2005**	527 827	549 681	562 198	550 226	566 478	576 701	583 097	594 267
24	Trading gain or loss	-1 881	-3 881	-6 594	165	1 115	-955	-1 563	..
25	**Real gross domestic income**	525 946	545 799	555 604	550 390	567 593	575 746	581 534	..
26	Net real primary incomes from the rest of the world	40 104	4 067	-35 705	11 310	34 348	5 812	11 480	..
27	Real primary incomes receivable from the rest of the world	136 354	144 139	89 539	96 812	121 715	90 916	107 737	..
28	Real primary incomes payable to the rest of the world	96 250	140 072	125 244	85 502	87 367	85 103	96 257	..
29	**Real gross national income at market prices**	566 049	549 866	519 899	561 700	601 942	581 558	593 014	615 925
30	Net real current transfers from the rest of the world	-11 237	-10 263	-11 218	-11 755	-11 835	-10 116	-12 725	..
31	Real current transfers receivable from the rest of the world	27 219	28 283	37 645	31 537	29 589	29 644	32 107	..
32	Real current transfers payable to the rest of the world	38 457	38 546	48 862	43 292	41 424	39 760	44 831	..
33	**Real gross national disposable income**	554 812	539 603	508 681	549 945	590 107	571 442	580 289	..
34	Consumption of fixed capital at constant prices	..	..	..	..	..	..	..	..
35	**Real net national income at market prices**	458 312	439 751	406 318	443 921	483 976	462 388	472 653	493 897
36	**Real net national disposable income**	447 075	429 488	395 100	432 166	472 141	452 272	459 929	..

Note: Detailed metadata:http://metalinks.oecd.org/nav1/20150309/6696

SWITZERLAND

Table 4. Population and employment (persons) and employment (hours worked) by industry
ISIC Rev. 4

		2006	2007	2008	2009	2010	2011	2012	2013
	POPULATION, THOUSAND PERSONS, NATIONAL CONCEPT								
1	Total population	7 557.6	7 618.6	7 711.1	7 801.3	7 877.6	7 912.4	7 996.9	8 089.3
2	Economically active population	..	..	..	..	..	..	..	..
3	Unemployed persons	..	..	..	..	..	..	..	..
4	Total employment	4 051.4	4 122.0	4 228.8	4 268.0	4 280.5	4 366.4	4 408.1	4 460.7
5	Employees	3 569.4	3 612.1	3 730.3	3 786.9	3 799.5	3 874.5	3 919.1	3 962.6
6	Self-employed	482.0	509.9	498.5	481.2	481.0	491.9	489.1	498.1
	TOTAL EMPLOYMENT, THOUSAND PERSONS, DOMESTIC CONCEPT								
7	Agriculture, forestry and fishing	..	..	..	..	..	..	..	..
8	Industry, including energy	..	..	..	..	..	..	..	..
9	Manufacturing	..	..	..	..	..	..	..	..
10	Construction	..	..	..	..	..	..	..	..
11	Distrib. trade, repairs; transp.; accommod., food serv. activ.	..	..	..	..	..	..	..	..
12	Information and communication	..	..	..	..	..	..	..	..
13	Financial and insurance activities	..	..	..	..	..	..	..	..
14	Real estate activities	..	..	..	..	..	..	..	..
15	Prof., scientif., techn. activ.; admin., support service activ.	..	..	..	..	..	..	..	..
16	Public admin.; compulsory s.s.; education; human health	..	..	..	..	..	..	..	..
17	Other service activities	..	..	..	..	..	..	..	..
18	**Total employment**	..	..	..	..	..	..	..	..
	EMPLOYEES, THOUSAND PERSONS, DOMESTIC CONCEPT								
19	Agriculture, forestry and fishing	..	..	..	..	..	..	..	..
20	Industry, including energy	..	..	..	..	..	..	..	..
21	Manufacturing	..	..	..	..	..	..	..	..
22	Construction	..	..	..	..	..	..	..	..
23	Distrib. trade, repairs; transp.; accommod., food serv. activ.	..	..	..	..	..	..	..	..
24	Information and communication	..	..	..	..	..	..	..	..
25	Financial and insurance activities	..	..	..	..	..	..	..	..
26	Real estate activities	..	..	..	..	..	..	..	..
27	Prof., scientif., techn. activ.; admin., support service activ.	..	..	..	..	..	..	..	..
28	Public admin.; compulsory s.s.; education; human health	..	..	..	..	..	..	..	..
29	Other service activities	..	..	..	..	..	..	..	..
30	**Total employees**	..	..	..	..	..	..	..	..
	SELF-EMPLOYED, THOUSAND PERSONS, DOMESTIC CONCEPT								
31	Agriculture, forestry and fishing	..	..	..	..	..	..	..	..
32	Industry, including energy	..	..	..	..	..	..	..	..
33	Manufacturing	..	..	..	..	..	..	..	..
34	Construction	..	..	..	..	..	..	..	..
35	Distrib. trade, repairs; transp.; accommod., food serv. activ.	..	..	..	..	..	..	..	..
36	Information and communication	..	..	..	..	..	..	..	..
37	Financial and insurance activities	..	..	..	..	..	..	..	..
38	Real estate activities	..	..	..	..	..	..	..	..
39	Prof., scientif., techn. activ.; admin., support service activ.	..	..	..	..	..	..	..	..
40	Public admin.; compulsory s.s.; education; human health	..	..	..	..	..	..	..	..
41	Other service activities	..	..	..	..	..	..	..	..
42	**Total self-employed**	..	..	..	..	..	..	..	..
	TOTAL EMPLOYMENT, MILLION HOURS, DOMESTIC CONCEPT								
43	Industry, including energy	..	..	..	..	..	..	..	..
44	Distrib. trade, repairs; transp.; accommod., food serv. activ.	..	..	..	..	..	..	..	..
45	Financial and insurance activities	..	..	..	..	..	..	..	..
46	Prof., scientif., techn. activ.; admin., support service activ.	..	..	..	..	..	..	..	..
47	Public admin.; compulsory s.s.; education; human health	..	..	..	..	..	..	..	..
48	**Total employment**	..	..	..	..	..	..	..	..
	EMPLOYEES, MILLION HOURS, DOMESTIC CONCEPT								
49	Industry, including energy	..	..	..	..	..	..	..	..
50	Distrib. trade, repairs; transp.; accommod., food serv. activ.	..	..	..	..	..	..	..	..
51	Financial and insurance activities	..	..	..	..	..	..	..	..
52	Prof., scientif., techn. activ.; admin., support service activ.	..	..	..	..	..	..	..	..
53	Public admin.; compulsory s.s.; education; human health	..	..	..	..	..	..	..	..
54	**Total employees**	..	..	..	..	..	..	..	..
	SELF-EMPLOYED, MILLION HOURS, DOMESTIC CONCEPT								
55	Industry, including energy	..	..	..	..	..	..	..	..
56	Distrib. trade, repairs; transp.; accommod., food serv. activ.	..	..	..	..	..	..	..	..
57	Financial and insurance activities	..	..	..	..	..	..	..	..
58	Prof., scientif., techn. activ.; admin., support service activ.	..	..	..	..	..	..	..	..
59	Public admin.; compulsory s.s.; education; human health	..	..	..	..	..	..	..	..
60	**Total self-employed**	..	..	..	..	..	..	..	..

Note: Detailed metadata:http://metalinks.oecd.org/nav1/20150309/d612

TURKEY

Table 1. Gross domestic product, expenditure approach

Million TRY

		2006	2007	2008	2009	2010	2011	2012	2013
	AT CURRENT PRICES								
1	**Final consumption expenditure**	628 374	709 055	785 625	820 797	945 266	1 104 544	1 204 705	1 344 982
2	Household[1]	534 849	601 239	663 944	680 768	787 753	923 836	994 396	1 109 385
3	NPISH's[1]	..	..	..	..	..	..	..	..
4	Government	93 525	107 816	121 681	140 029	157 514	180 708	210 310	235 598
5	Individual	33 258 e	38 339 e	43 270 e	49 794 e	56 012 e	64 260 e	74 786 e	83 779 e
6	Collective	60 268 e	69 477 e	78 411 e	90 235 e	101 502 e	116 448 e	135 524 e	151 819 e
7	*of which:* Actual individual consumption	568 107 e	639 578 e	707 214 e	730 563 e	843 765 e	988 096 e	1 069 182 e	1 193 163 e
8	**Gross capital formation**	167 262	177 637	207 044	142 291	214 523	305 692	285 237	322 869
9	Gross fixed capital formation, total	169 045	180 598	189 094	160 718	207 816	283 163	287 121	318 068
10	Dwellings[2]	72 313	82 662	90 293	74 073	92 482	117 967	127 108	141 821
11	Other buildings and structures	..	..	..	..	..	..	..	..
12	Transport equipment	..	..	..	..	..	..	..	..
13	Other machinery and equipment[3]	96 732	97 936	98 801	86 646	115 334	165 196	160 013	176 247
14	Cultivated assets	..	..	..	..	..	..	..	..
15	Intangible fixed assets	..	..	..	..	..	..	..	..
16	Changes in inventories, acquisitions less disposals of valuables	-1 783	-2 961	17 949	-18 427	6 708	22 528	-1 884	4 801
17	Changes in inventories	-1 783	-2 961	17 949	-18 427	6 708	22 528	-1 884	4 801
18	Acquisitions less disposals of valuables	..	..	..	..	..	..	..	..
19	**External balance of goods and services**	-37 246	-43 513	-42 135	-10 529	-60 990	-112 522	-73 144	-102 670
20	Exports of goods and services	171 926	188 225	227 253	222 103	233 046	311 148	372 563	401 409
21	Exports of goods	135 921	150 739	182 223	170 412	182 115	241 855	294 496	311 761
22	Exports of services	36 006	37 485	45 030	51 690	50 931	69 293	78 067	89 649
23	Imports of goods and services	209 172	231 738	269 388	232 632	294 036	423 670	445 707	504 079
24	Imports of goods	193 000	212 430	247 035	206 775	264 864	389 172	408 708	459 522
25	Imports of services	16 073	19 308	22 352	25 857	29 172	34 498	36 999	44 557
26	Statistical discrepancy	..	..	..	..	..	..	..	..
27	**Gross domestic product**	758 391	843 178	950 534	952 559	1 098 799	1 297 713	1 416 798	1 565 181
	AT CONSTANT PRICES, REFERENCE YEAR 2005								
28	**Final consumption expenditure**	569 551	601 610	601 268	595 298	631 120	677 068	679 736	715 553
29	Household[1]	487 017	513 806	512 179	500 499	533 892	574 913	572 202	601 508
30	NPISH's[1]	..	..	..	..	..	..	..	..
31	Government	82 952	88 368	89 913	96 908	98 822	103 444	109 803	116 599
32	Individual	..	..	..	..	..	..	..	..
33	Collective	..	..	..	..	..	..	..	..
34	*of which:* Actual individual consumption	516 354 e	545 012 e	543 834 e	534 146 e	568 418 e	611 200 e	610 373 e	641 986 e
35	**Gross capital formation**	146 962	155 519	148 061	105 649	156 789	183 147	167 656	186 572
36	Gross fixed capital formation, total	154 568	159 360	149 551	121 068	158 046	186 538	181 505	189 049
37	Dwellings[2]	65 054	68 830	64 078	54 643	64 575	71 406	71 975	78 279
38	Other buildings and structures	..	..	..	..	..	..	..	..
39	Transport equipment	..	..	..	..	..	..	..	..
40	Other machinery and equipment[3]	89 557	90 606	85 534	66 523	93 481	115 060	109 505	110 801
41	Cultivated assets	..	..	..	..	..	..	..	..
42	Intangible fixed assets	..	..	..	..	..	..	..	..
43	Changes in inventories, acquisitions less disposals of valuables	..	..	..	..	..	..	..	..
44	Changes in inventories	-7 577	-1 347	2 154	-21 226	2 790	210	-16 846	1 762
45	Acquisitions less disposals of valuables	..	..	..	..	..	..	..	..
46	**External balance of goods and services**	-24 595	-32 356	-19 872	-1 594	-29 302	-39 508	-11 722	-27 040
47	Exports of goods and services	151 251	162 238	166 687	158 293	163 688	177 019	201 767	204 766
48	Exports of goods	120 140	130 148	134 111	121 396	127 942	137 812	159 478	159 067
49	Exports of services	31 218	32 224	32 719	36 947	35 832	39 292	42 420	45 793
50	Imports of goods and services	175 845	194 595	186 559	159 887	192 990	216 527	213 489	231 806
51	Imports of goods	162 361	178 383	171 136	142 142	173 858	198 906	195 774	211 349
52	Imports of services	13 485	16 213	15 424	17 744	19 132	17 622	17 716	20 457
53	Statistical discrepancy (including chaining residual)	1 747	1 277	1 377	-3 788	650	5 158	7 765	3 134
54	**Gross domestic product**	693 666	726 050	730 834	695 564	759 257	825 865	843 435	878 219

Note: Detailed metadata: http://metalinks.oecd.org/nav1/20150309/c96c
1. *Final consumption expenditure of households* includes *Final consumption expenditure of NPISH's*.
2. Including *Other buildings and structures*.
3. Including *Transport equipment*.

TURKEY

Table 2. Gross domestic product, output and income approach
ISIC Rev. 4

Million TRY

		2006	2007	2008	2009	2010	2011	2012	2013
	OUTPUT APPROACH AT CURRENT PRICES								
1	Total gross value added at basic prices	668 418	754 385	854 585	864 450	980 547	1 150 453	1 262 973	1 387 384
2	Agriculture, forestry and fishing	..	..	..	..	..	..	..	..
3	Industry, including energy	..	..	..	..	..	..	..	..
4	Manufacturing	..	..	..	..	..	..	..	..
5	Construction	..	..	..	..	..	..	..	..
6	Services	..	..	..	..	..	..	..	..
7	Distrib. trade, repairs; transp.; accommod., food serv. activ.	..	..	..	..	..	..	..	..
8	Information and communication	..	..	..	..	..	..	..	..
9	Financial and insurance activities	..	..	..	..	..	..	..	..
10	Real estate activities	..	..	..	..	..	..	..	..
11	Prof., scientif., techn. activ.; admin., support service activ.	..	..	..	..	..	..	..	..
12	Public admin.; compulsory s.s.; education; human health	..	..	..	..	..	..	..	..
13	Other service activities	..	..	..	..	..	..	..	..
14	FISIM (Financial Intermediation Services Indirectly Measured)	10 490	12 929	14 928	21 708	19 419	17 324	21 926	25 195
15	Gross value added at basic prices, excluding FISIM	657 928	741 456	839 658	842 742	961 128	1 133 130	1 241 048	1 362 189
16	Taxes less subsidies on products	100 463	101 723	110 877	109 817	137 672	164 584	175 751	202 992
17	Taxes on products	..	..	..	..	..	..	..	..
18	Subsidies on products	..	..	..	..	..	..	..	..
19	Residual item	..	..	..	..	..	..	..	..
20	Gross domestic product at market prices	758 391	843 178	950 534	952 559	1 098 799	1 297 713	1 416 798	1 565 181
	OUTPUT APPROACH AT CONSTANT PRICES (REF. YEAR 2005)								
21	Total gross value added at basic prices	614 592	644 255	652 375	629 190	686 195	747 389	764 487	801 188
22	Agriculture, forestry and fishing	..	..	..	..	..	..	..	..
23	Industry, including energy	..	..	..	..	..	..	..	..
24	Manufacturing	..	..	..	..	..	..	..	..
25	Construction	..	..	..	..	..	..	..	..
26	Services	..	..	..	..	..	..	..	..
27	Distrib. trade, repairs; transp.; accommod., food serv. activ.	..	..	..	..	..	..	..	..
28	Information and communication	..	..	..	..	..	..	..	..
29	Financial and insurance activities	..	..	..	..	..	..	..	..
30	Real estate activities	..	..	..	..	..	..	..	..
31	Prof., scientif., techn. activ.; admin., support service activ.	..	..	..	..	..	..	..	..
32	Public admin.; compulsory s.s.; education; human health	..	..	..	..	..	..	..	..
33	Other service activities	..	..	..	..	..	..	..	..
34	FISIM (Financial Intermediation Services Indirectly Measured)	10 982	11 972	12 983	14 241	15 955	17 941	18 546	20 855
35	Gross value added at basic prices, excluding FISIM	601 256	628 646	633 524	604 920	658 226	714 932	730 599	760 650
36	Taxes less subsidies on products	92 324	97 768	97 185	89 209	100 858	111 439	113 046	117 844
37	Taxes on products	..	..	..	..	..	..	..	..
38	Subsidies on products	..	..	..	..	..	..	..	..
39	Residual item	86	-364	125	1 435	173	-506	-211	-274
40	Gross domestic product at market prices	693 666	726 050	730 834	695 564	759 257	825 865	843 435	878 219
	INCOME APPROACH								
41	Compensation of employees	..	..	..	..	..	..	..	..
42	Agriculture, forestry and fishing	..	..	..	..	..	..	..	..
43	Industry, including energy	..	..	..	..	..	..	..	..
44	Manufacturing	..	..	..	..	..	..	..	..
45	Construction	..	..	..	..	..	..	..	..
46	Distrib. trade, repairs; transp.; accommod., food serv. activ.	..	..	..	..	..	..	..	..
47	Information and communication	..	..	..	..	..	..	..	..
48	Financial and insurance activities	..	..	..	..	..	..	..	..
49	Real estate activities	..	..	..	..	..	..	..	..
50	Prof., scientif., techn. activ.; admin., support service activ.	..	..	..	..	..	..	..	..
51	Public admin.; compulsory s.s.; education; human health	..	..	..	..	..	..	..	..
52	Other service activities	..	..	..	..	..	..	..	..
53	Wages and salaries	..	..	..	..	..	..	..	..
54	Agriculture, forestry and fishing	..	..	..	..	..	..	..	..
55	Industry, including energy	..	..	..	..	..	..	..	..
56	Manufacturing	..	..	..	..	..	..	..	..
57	Construction	..	..	..	..	..	..	..	..
58	Distrib. trade, repairs; transp.; accommod., food serv. activ.	..	..	..	..	..	..	..	..
59	Information and communication	..	..	..	..	..	..	..	..
60	Financial and insurance activities	..	..	..	..	..	..	..	..
61	Real estate activities	..	..	..	..	..	..	..	..
62	Prof., scientif., techn. activ.; admin., support service activ.	..	..	..	..	..	..	..	..
63	Public admin.; compulsory s.s.; education; human health	..	..	..	..	..	..	..	..
64	Other service activities	..	..	..	..	..	..	..	..
65	Gross operating surplus and mixed income	..	..	..	..	..	..	..	..
66	Taxes less subsidies on production and imports	..	..	..	..	..	..	..	..
67	Taxes on production and imports	..	..	..	..	..	..	..	..
68	Subsidies on production and imports	..	..	..	..	..	..	..	..
69	Residual item	..	..	..	..	..	..	..	..
70	Gross domestic product	..	..	..	..	..	..	..	..

Note: Detailed metadata:http://metalinks.oecd.org/nav1/20150309/c96c

TURKEY

Table 3. Disposable income, saving and net lending / net borrowing

Million TRY

		2006	2007	2008	2009	2010	2011	2012	2013
	DISPOSABLE INCOME								
1	**Gross domestic product**	758 391	843 178	950 534	952 559	1 098 799	1 297 713	1 416 798	1 565 181
2	Net primary incomes from the rest of the world	..	..	..	..	..	..	..	..
3	Primary incomes receivable from the rest of the world	..	..	..	..	..	..	..	..
4	Primary incomes payable to the rest of the world	..	..	..	..	..	..	..	..
5	**Gross national income at market prices**	..	..	..	..	..	..	..	..
6	Consumption of fixed capital	..	..	..	..	..	..	..	..
7	**Net national income at market prices**	..	..	..	..	..	..	..	..
8	Net current transfers from the rest of the world	..	..	..	..	..	..	..	..
9	Current transfers receivable from the rest of the world	..	..	..	..	..	..	..	..
10	Current transfers payable to the rest of the world	..	..	..	..	..	..	..	..
11	**Net national disposable income**	..	..	..	..	..	..	..	..
	SAVING AND NET LENDING / NET BORROWING								
12	**Net national disposable income**	..	..	..	..	..	..	..	..
13	Final consumption expenditures	628 374	709 055	785 625	820 797	945 266	1 104 544	1 204 705	1 344 982
14	Adj. for change in net equity of households in pension funds	..	..	..	..	..	..	..	..
15	**Saving, net**	..	..	..	..	..	..	..	..
16	Net capital transfers from the rest of the world	..	..	..	..	..	..	..	..
17	Capital transfers receivable from the rest of the world	..	..	..	..	..	..	..	..
18	Capital transfers payable to the rest of the world	..	..	..	..	..	..	..	..
19	Gross capital formation	167 262	177 637	207 044	142 291	214 523	305 692	285 237	322 869
20	Acquisitions less disposals of non-financial non-produced assets	..	..	..	..	..	..	..	..
21	Consumption of fixed capital	..	..	..	..	..	..	..	..
22	**Net lending / net borrowing**	..	..	..	..	..	..	..	..
	REAL DISPOSABLE INCOME								
23	**Gross domestic product at constant prices, reference year 2006**	693 666	726 050	730 834	695 564	759 257	825 865	843 435	878 219
24	Trading gain or loss	..	..	..	..	..	..	..	..
25	**Real gross domestic income**	..	..	..	..	..	..	..	..
26	Net real primary incomes from the rest of the world	..	..	..	..	..	..	..	..
27	Real primary incomes receivable from the rest of the world	..	..	..	..	..	..	..	..
28	Real primary incomes payable to the rest of the world	..	..	..	..	..	..	..	..
29	**Real gross national income at market prices**	..	..	..	..	..	..	..	..
30	Net real current transfers from the rest of the world	..	..	..	..	..	..	..	..
31	Real current transfers receivable from the rest of the world	..	..	..	..	..	..	..	..
32	Real current transfers payable to the rest of the world	..	..	..	..	..	..	..	..
33	**Real gross national disposable income**	..	..	..	..	..	..	..	..
34	Consumption of fixed capital at constant prices	..	..	..	..	..	..	..	..
35	**Real net national income at market prices**	..	..	..	..	..	..	..	..
36	**Real net national disposable income**	..	..	..	..	..	..	..	..

Note: Detailed metadata:http://metalinks.oecd.org/nav1/20150309/10d4

TURKEY

Table 4. Population and employment (persons) and employment (hours worked) by industry
ISIC Rev. 4

		2006	2007	2008	2009	2010	2011	2012	2013
	POPULATION, THOUSAND PERSONS, NATIONAL CONCEPT								
1	**Total population**	69 395.0	70 215.0	71 095.0	72 050.0	73 003.0	73 950.0	74 898.5 e	75 774.2 e
2	Economically active population	..	..	..	..	..	..	..	..
3	Unemployed persons	..	..	..	..	..	..	..	..
4	Total employment	..	..	..	..	..	..	..	..
5	Employees	..	..	..	..	..	..	..	..
6	Self-employed	..	..	..	..	..	..	..	..
	TOTAL EMPLOYMENT, THOUSAND PERSONS, DOMESTIC CONCEPT								
7	Agriculture, forestry and fishing	..	..	..	..	..	..	..	..
8	Industry, including energy	..	..	..	..	..	..	..	..
9	Manufacturing	..	..	..	..	..	..	..	..
10	Construction	..	..	..	..	..	..	..	..
11	Distrib. trade, repairs; transp.; accommod., food serv. activ.	..	..	..	..	..	..	..	..
12	Information and communication	..	..	..	..	..	..	..	..
13	Financial and insurance activities	..	..	..	..	..	..	..	..
14	Real estate activities	..	..	..	..	..	..	..	..
15	Prof., scientif., techn. activ.; admin., support service activ.	..	..	..	..	..	..	..	..
16	Public admin.; compulsory s.s.; education; human health	..	..	..	..	..	..	..	..
17	Other service activities	..	..	..	..	..	..	..	..
18	**Total employment**	..	..	..	..	..	..	..	..
	EMPLOYEES, THOUSAND PERSONS, DOMESTIC CONCEPT								
19	Agriculture, forestry and fishing	..	..	..	..	..	..	..	..
20	Industry, including energy	..	..	..	..	..	..	..	..
21	Manufacturing	..	..	..	..	..	..	..	..
22	Construction	..	..	..	..	..	..	..	..
23	Distrib. trade, repairs; transp.; accommod., food serv. activ.	..	..	..	..	..	..	..	..
24	Information and communication	..	..	..	..	..	..	..	..
25	Financial and insurance activities	..	..	..	..	..	..	..	..
26	Real estate activities	..	..	..	..	..	..	..	..
27	Prof., scientif., techn. activ.; admin., support service activ.	..	..	..	..	..	..	..	..
28	Public admin.; compulsory s.s.; education; human health	..	..	..	..	..	..	..	..
29	Other service activities	..	..	..	..	..	..	..	..
30	**Total employees**	..	..	..	..	..	..	..	..
	SELF-EMPLOYED, THOUSAND PERSONS, DOMESTIC CONCEPT								
31	Agriculture, forestry and fishing	..	..	..	..	..	..	..	..
32	Industry, including energy	..	..	..	..	..	..	..	..
33	Manufacturing	..	..	..	..	..	..	..	..
34	Construction	..	..	..	..	..	..	..	..
35	Distrib. trade, repairs; transp.; accommod., food serv. activ.	..	..	..	..	..	..	..	..
36	Information and communication	..	..	..	..	..	..	..	..
37	Financial and insurance activities	..	..	..	..	..	..	..	..
38	Real estate activities	..	..	..	..	..	..	..	..
39	Prof., scientif., techn. activ.; admin., support service activ.	..	..	..	..	..	..	..	..
40	Public admin.; compulsory s.s.; education; human health	..	..	..	..	..	..	..	..
41	Other service activities	..	..	..	..	..	..	..	..
42	**Total self-employed**	..	..	..	..	..	..	..	..
	TOTAL EMPLOYMENT, MILLION HOURS, DOMESTIC CONCEPT								
43	Industry, including energy	..	..	..	..	..	..	..	..
44	Distrib. trade, repairs; transp.; accommod., food serv. activ.	..	..	..	..	..	..	..	..
45	Financial and insurance activities	..	..	..	..	..	..	..	..
46	Prof., scientif., techn. activ.; admin., support service activ.	..	..	..	..	..	..	..	..
47	Public admin.; compulsory s.s.; education; human health	..	..	..	..	..	..	..	..
48	**Total employment**	..	..	..	..	..	..	..	..
	EMPLOYEES, MILLION HOURS, DOMESTIC CONCEPT								
49	Industry, including energy	..	..	..	..	..	..	..	..
50	Distrib. trade, repairs; transp.; accommod., food serv. activ.	..	..	..	..	..	..	..	..
51	Financial and insurance activities	..	..	..	..	..	..	..	..
52	Prof., scientif., techn. activ.; admin., support service activ.	..	..	..	..	..	..	..	..
53	Public admin.; compulsory s.s.; education; human health	..	..	..	..	..	..	..	..
54	**Total employees**	..	..	..	..	..	..	..	..
	SELF-EMPLOYED, MILLION HOURS, DOMESTIC CONCEPT								
55	Industry, including energy	..	..	..	..	..	..	..	..
56	Distrib. trade, repairs; transp.; accommod., food serv. activ.	..	..	..	..	..	..	..	..
57	Financial and insurance activities	..	..	..	..	..	..	..	..
58	Prof., scientif., techn. activ.; admin., support service activ.	..	..	..	..	..	..	..	..
59	Public admin.; compulsory s.s.; education; human health	..	..	..	..	..	..	..	..
60	**Total self-employed**	..	..	..	..	..	..	..	..

UNITED KINGDOM

Table 1. Gross domestic product, expenditure approach

Million GBP

		2006	2007	2008	2009	2010	2011	2012	2013
	AT CURRENT PRICES								
1	**Final consumption expenditure**	1 177 252	1 238 200	1 289 380	1 288 408	1 340 731	1 376 396	1 416 423	1 456 642
2	Household	850 835	897 836	926 562	908 137	953 264	985 843	1 022 159	1 059 685
3	NPISH's	41 259	43 718	46 893	50 205	50 885	53 259	50 386	51 770
4	Government	285 158	296 646	315 925	330 066	336 581	337 294	343 878	345 187
5	Individual	172 495	181 190	193 838	206 294	211 683	213 300	216 111	218 556
6	Collective	112 663	115 456	122 087	123 772	124 899	123 994	127 767	126 631
7	*of which:* Actual individual consumption	1 064 589	1 122 744	1 167 293	1 164 636	1 215 832	1 252 402	1 288 656	1 330 011
8	**Gross capital formation**	259 693	283 450	274 196	221 851	254 692	265 106	273 430	292 199
9	Gross fixed capital formation, total	254 926	273 750	272 516	239 078	250 198	260 779	268 823	282 083
10	Dwellings	52 629	55 012	55 046	46 523	50 497	54 016	53 449	57 524
11	Other buildings and structures	90 430	101 454	94 448	81 975	80 099	82 290	87 254	89 897
12	Transport equipment	12 528	11 153	11 738	10 256	14 224	9 260	10 544	11 437
13	Other machinery and equipment[1]	..	..	..	..	..	..	..	..
14	Cultivated assets[1]	750	817	1 122	1 335	1 127	1 317	1 414	1 450
15	Intangible fixed assets	49 089	52 316	55 500	52 297	55 423	58 835	60 161	64 301
16	Changes in inventories, acquisitions less disposals of valuables	4 767	9 700	1 680	-17 227	4 494	4 327	4 607	10 116
17	Changes in inventories	5 311	7 538	535	-16 039	4 285	2 751	1 767	8 899
18	Acquisitions less disposals of valuables	-544	2 162	1 145	-1 188	209	1 576	2 840	1 217
19	**External balance of goods and services**	-33 219	-40 694	-44 901	-28 115	-37 058	-23 825	-34 469	-33 733
20	Exports of goods and services	390 394	379 768	420 900	400 260	447 057	499 452	500 735	515 892
21	Exports of goods	244 848	222 462	254 965	230 746	270 816	309 184	305 142	306 765
22	Exports of services	145 546	157 306	165 935	169 514	176 241	190 268	195 593	209 127
23	Imports of goods and services	423 613	420 462	465 801	428 375	404 115	523 277	535 204	549 625
24	Imports of goods	322 269	315 758	351 380	314 337	368 226	405 699	414 114	419 364
25	Imports of services	101 344	104 704	114 421	114 038	115 889	117 578	121 090	130 261
26	Statistical discrepancy	0	0	0	0	0	0	0	-1 986
27	**Gross domestic product**	1 403 726	1 480 956	1 518 675	1 482 144	1 558 365	1 617 677	1 655 384	1 713 122
	AT CONSTANT PRICES, REFERENCE YEAR 2005								
28	**Final consumption expenditure**	1 142 970	1 169 054	1 170 482	1 146 689	1 149 816	1 150 575	1 166 925	1 180 937
29	Household	830 123	853 080	848 770	820 352	824 081	823 152	835 690	850 208
30	NPISH's	39 182	39 159	39 259	40 195	39 621	41 104	38 539	38 809
31	Government	273 664	276 891	282 438	285 743	285 824	285 871	292 538	291 712
32	Individual	163 174	165 427	169 188	173 208	175 082	177 476	181 338	182 895
33	Collective	110 488	111 452	113 209	112 366	110 427	107 918	110 725	108 249
34	*of which:* Actual individual consumption	1 032 482	1 057 584	1 057 297	1 034 383	1 039 395	1 042 579	1 056 176	1 072 498
35	**Gross capital formation**	253 749	267 315	248 118	202 643	236 645	240 683	244 381	255 800
36	Gross fixed capital formation, total	246 653	259 618	247 427	211 827	224 378	229 588	231 277	239 076
37	Dwellings	49 187	48 876	45 905	37 592	40 575	42 518	40 517	42 268
38	Other buildings and structures	87 089	94 568	85 235	74 926	76 376	78 240	80 171	80 008
39	Transport equipment	12 654	11 221	11 338	9 781	13 605	8 566	9 831	10 714
40	Other machinery and equipment[1]	..	..	..	..	..	..	..	..
41	Cultivated assets[1]	742	812	1 005	1 075	943	989	975	1 009
42	Intangible fixed assets	48 077	50 204	51 697	48 491	50 535	52 338	52 929	56 197
43	Changes in inventories, acquisitions less disposals of valuables	..	..	..	..	..	..	..	..
44	Changes in inventories	-2 304	-63	11 073	22 656	-7 045	-3 535	-4 623	-11 592
45	Acquisitions less disposals of valuables	..	..	..	..	..	..	..	..
46	**External balance of goods and services**	-31 913	-35 376	-25 131	-18 263	-26 270	-13 803	-21 317	-21 498
47	Exports of goods and services	383 912	375 683	381 807	350 396	372 234	393 193	395 823	401 689
48	Exports of goods	241 436	220 588	224 648	201 944	223 719	239 040	237 039	235 893
49	Exports of services	142 650	155 646	157 135	147 907	147 373	152 927	157 693	164 873
50	Imports of goods and services	413 613	410 204	402 656	363 214	394 886	398 774	411 205	417 123
51	Imports of goods	313 826	306 772	301 498	269 016	301 965	307 150	315 115	317 272
52	Imports of services	99 972	103 647	100 637	93 339	92 372	91 071	95 557	99 364
53	Statistical discrepancy (including chaining residual)	2 212	962	3 831	5 998	2 434	7 585	4 179	2 141
54	**Gross domestic product**	1 367 018	1 401 954	1 397 299	1 337 067	1 362 623	1 385 040	1 394 168	1 417 379

Note: Detailed metadata:http://metalinks.oecd.org/nav1/20150309/2265
1. Item *Other machinery and equipement* includes item *Cultivated assets*.

UNITED KINGDOM

Table 2. Gross domestic product, output and income approach
ISIC Rev. 4

Million GBP

		2006	2007	2008	2009	2010	2011	2012	2013
	OUTPUT APPROACH AT CURRENT PRICES								
1	Total gross value added at basic prices	1 259 084	1 327 944	1 368 717	1 345 046	1 400 684	1 441 598	1 475 948	1 525 154
2	Agriculture, forestry and fishing	7 540	8 234	9 083	7 505	9 482	9 224	9 997	10 035
3	Industry, including energy	203 749	204 858	212 704	200 857	205 579	210 853	213 206	214 850
4	Manufacturing	143 236	143 173	145 966	136 278	143 146	146 249	146 861	147 345
5	Construction	86 037	91 068	89 965	80 820	83 608	91 517	88 716	92 244
6	Services	..	..	..	..	..	..	..	..
7	Distrib. trade, repairs; transp.; accommod., food serv. activ.	237 329	249 445	253 202	247 295	257 645	261 503	267 462	279 391
8	Information and communication	80 890	85 016	88 223	83 436	86 435	89 358	92 214	95 148
9	Financial and insurance activities	104 217	119 740	108 405	125 695	120 031	118 740	119 761	124 544
10	Real estate activities	110 708	119 838	136 426	123 631	146 132	155 413	167 285	176 162
11	Prof., scientif., techn. activ.; admin., support service activ.	146 378	155 206	161 688	156 618	160 603	168 293	175 777	186 143
12	Public admin.; compulsory s.s.; education; human health	234 682	244 983	256 745	267 411	274 825	279 206	281 877	284 939
13	Other service activities	47 554	49 556	52 276	51 778	56 344	57 491	59 653	61 698
14	FISIM (Financial Intermediation Services Indirectly Measured)	..	..	..	..	..	..	..	..
15	Gross value added at basic prices, excluding FISIM	1 259 084	1 327 944	1 368 717	1 345 046	1 400 684	1 441 598	1 475 948	1 525 154
16	Taxes less subsidies on products	144 642	153 012	149 958	137 098	157 681	176 079	179 436	187 968
17	Taxes on products	150 860	158 936	155 640	143 583	164 618	182 374	186 638	194 735
18	Subsidies on products	6 218	5 924	5 682	6 485	6 937	6 295	7 202	6 767
19	Residual item	0	0	0	0	0	0	0	618
20	Gross domestic product at market prices	1 403 726	1 480 956	1 518 675	1 482 144	1 558 365	1 617 677	1 655 384	1 713 122
	OUTPUT APPROACH AT CONSTANT PRICES (REF. YEAR 2005)								
21	Total gross value added at basic prices	1 225 278	1 256 121	1 255 013	1 198 810	1 223 704	1 244 612	1 253 330	1 272 454
22	Agriculture, forestry and fishing	7 176	6 916	7 644	7 136	7 130	7 731	7 371	7 090
23	Industry, including energy	194 791	195 402	190 167	173 527	178 878	177 386	172 574	171 707
24	Manufacturing	144 369	145 363	141 199	127 944	133 960	136 394	134 635	133 772
25	Construction	81 166	82 919	80 748	70 091	76 071	77 738	71 892	72 954
26	Services	..	..	..	..	..	..	..	..
27	Distrib. trade, repairs; transp.; accommod., food serv. activ.	236 506	243 789	238 043	222 469	224 543	228 326	230 660	237 513
28	Information and communication	81 274	86 580	88 241	84 737	90 587	92 862	95 458	97 145
29	Financial and insurance activities	103 920	108 252	111 072	110 689	103 552	103 162	102 818	100 486
30	Real estate activities	106 915	108 544	110 305	113 614	116 229	119 153	122 822	125 305
31	Prof., scientif., techn. activ.; admin., support service activ.	142 055	155 628	156 610	141 172	150 311	159 881	168 380	178 768
32	Public admin.; compulsory s.s.; education; human health	223 449	222 097	224 358	227 566	229 638	230 089	233 923	234 702
33	Other service activities	48 026	46 293	47 734	46 285	45 808	47 855	47 829	48 127
34	FISIM (Financial Intermediation Services Indirectly Measured)	..	..	..	..	..	..	..	..
35	Gross value added at basic prices, excluding FISIM	1 225 278	1 256 121	1 255 013	1 198 810	1 223 704	1 244 612	1 253 330	1 272 454
36	Taxes less subsidies on products	141 739	145 836	142 266	138 311	138 712	140 212	140 661	144 609
37	Taxes on products	147 266	151 632	148 369	144 416	144 982	146 496	147 421	151 631
38	Subsidies on products	5 527	5 786	6 104	6 128	6 284	6 297	6 886	7 169
39	Residual item	0	-3	20	-53	207	216	177	315
40	Gross domestic product at market prices	1 367 018	1 401 954	1 397 299	1 337 067	1 362 623	1 385 040	1 394 168	1 417 379
	INCOME APPROACH								
41	Compensation of employees	733 152	777 590	792 428	791 986	816 958	827 828	849 423	875 918
42	Agriculture, forestry and fishing	3 432	3 964	3 994	4 147	4 248	4 744	4 690	4 838
43	Industry, including energy	116 697	118 736	119 598	115 379	118 669	121 726	126 439	130 365
44	Manufacturing	101 767	101 700	102 805	98 684	100 325	102 515	106 144	109 442
45	Construction	40 994	46 679	45 819	44 291	44 921	45 543	46 871	48 336
46	Distrib. trade, repairs; transp.; accommod., food serv. activ.	152 021	160 633	167 058	164 143	167 530	169 422	176 072	181 578
47	Information and communication	47 768	51 409	52 912	50 000	51 346	54 169	57 040	58 821
48	Financial and insurance activities	59 113	65 659	58 983	61 201	63 937	61 443	59 698	61 534
49	Real estate activities	8 575	9 335	9 953	9 026	9 546	9 676	11 082	11 428
50	Prof., scientif., techn. activ.; admin., support service activ.	86 384	93 614	96 417	95 713	96 212	97 746	102 858	106 072
51	Public admin.; compulsory s.s.; education; human health	193 671	201 510	210 480	220 427	228 227	230 703	231 415	238 648
52	Other service activities	24 498	26 053	27 214	27 661	32 321	32 655	33 258	34 298
53	Wages and salaries	609 357	644 928	662 462	659 468	669 179	678 260	694 101	713 930
54	Agriculture, forestry and fishing	2 963	3 484	3 597	3 718	3 731	4 216	4 153	4 380
55	Industry, including energy	99 989	101 612	103 170	99 351	101 736	104 475	107 527	109 938
56	Manufacturing	86 804	86 666	88 518	84 980	85 990	88 123	90 439	92 600
57	Construction	34 819	39 912	39 751	38 289	38 834	39 653	40 639	41 961
58	Distrib. trade, repairs; transp.; accommod., food serv. activ.	128 921	135 996	144 148	140 910	141 052	142 392	146 875	150 218
59	Information and communication	41 278	43 761	45 776	43 025	43 542	45 946	47 842	48 805
60	Financial and insurance activities	48 113	53 480	47 078	50 051	50 702	48 045	46 028	49 298
61	Real estate activities	7 305	7 685	8 374	7 606	7 795	7 997	8 987	9 212
62	Prof., scientif., techn. activ.; admin., support service activ.	70 259	76 572	79 979	79 768	77 614	78 645	82 483	84 514
63	Public admin.; compulsory s.s.; education; human health	155 917	160 978	167 896	173 877	177 447	179 865	182 134	187 571
64	Other service activities	19 794	21 448	22 695	22 873	26 726	27 028	27 433	28 033
65	Gross operating surplus and mixed income	511 572	535 476	560 293	536 021	561 740	593 772	604 636	625 016
66	Taxes less subsidies on production and imports	159 002	167 890	165 954	154 137	179 667	196 077	201 325	210 823
67	Taxes on production and imports	171 534	180 399	178 622	167 751	192 552	207 846	213 877	222 928
68	Subsidies on production and imports	12 532	12 509	12 668	13 614	12 885	11 769	12 552	12 105
69	Residual item	0	0	0	0	0	0	0	1 368
70	Gross domestic product	1 403 726	1 480 956	1 518 675	1 482 144	1 558 365	1 617 677	1 655 384	1 713 122

Note: Detailed metadata: http://metalinks.oecd.org/nav1/20150309/2265

UNITED KINGDOM

Table 3. Disposable income, saving and net lending / net borrowing

Million GBP

		2006	2007	2008	2009	2010	2011	2012	2013
	DISPOSABLE INCOME								
1	Gross domestic product	1 403 726	1 480 956	1 518 675	1 482 144	1 558 365	1 617 677	1 655 384	1 713 122
2	Net primary incomes from the rest of the world	14 502	14 065	2 576	2 538	17 170	18 729	-5 261	-15 760
3	Primary incomes receivable from the rest of the world	253 285	311 625	291 673	179 149	177 643	204 195	172 460	161 227
4	Primary incomes payable to the rest of the world	238 783	297 560	289 097	176 611	160 473	185 466	177 721	176 987
5	Gross national income at market prices	1 418 225	1 495 025	1 521 251	1 484 682	1 575 535	1 636 409	1 650 124	1 697 361
6	Consumption of fixed capital	193 231	202 582	199 645	203 460	207 522	212 991	218 749	227 379
7	Net national income at market prices	1 224 994	1 292 443	1 321 606	1 281 222	1 368 013	1 423 418	1 431 375	1 469 982
8	Net current transfers from the rest of the world	-12 680	-13 996	-14 112	-15 826	-20 696	-21 937	-22 195	-27 162
9	Current transfers receivable from the rest of the world	20 277	13 824	20 288	17 769	14 761	13 479	15 828	19 296
10	Current transfers payable to the rest of the world	32 957	27 820	34 400	33 595	35 457	35 416	38 023	46 458
11	Net national disposable income	1 212 314	1 278 447	1 307 494	1 265 396	1 347 317	1 401 481	1 409 180	1 442 820
	SAVING AND NET LENDING / NET BORROWING								
12	Net national disposable income	1 212 314	1 278 447	1 307 494	1 265 396	1 347 317	1 401 481	1 409 180	1 442 820
13	Final consumption expenditures	1 177 252	1 238 200	1 289 380	1 288 408	1 340 731	1 376 396	1 416 423	1 456 642
14	Adj. for change in net equity of households in pension funds	0	0	0	0	0	0	0	0
15	Saving, net	35 062	40 247	18 114	-23 012	6 587	25 085	-7 243	-13 822
16	Net capital transfers from the rest of the world	-1 089	321	825	542	857	641	474	518
17	Capital transfers receivable from the rest of the world	668	857	1 389	855	1 197	1 022	729	917
18	Capital transfers payable to the rest of the world	1 757	536	564	313	340	381	255	399
19	Gross capital formation	259 693	283 450	274 196	221 851	254 692	265 106	273 430	290 213
20	Acquisitions less disposals of non-financial non-produced assets	-8	11	40	-373	-53	-196	-361	-219
21	Consumption of fixed capital	193 231	202 582	199 645	203 460	207 522	212 991	218 749	227 379
22	Net lending / net borrowing	-32 481	-40 311	-55 652	-40 488	-39 673	-26 193	-61 089	-75 919
	REAL DISPOSABLE INCOME								
23	Gross domestic product at constant prices, reference year 2005	1 367 018	1 401 954	1 397 299	1 337 067	1 302 823	1 385 040	1 394 168	1 417 379
24	Trading gain or loss	-2 588 e	-4 038 e	-19 494 e	-13 014 e	-9 245 e	-15 110 e	-12 812 e	-11 722 e
25	Real gross domestic income	1 364 430 e	1 397 916 e	1 377 805 e	1 324 053 e	1 353 379 e	1 369 930 e	1 381 356 e	1 405 657 e
26	Net real primary incomes from the rest of the world	14 096 e	13 276 e	2 337 e	2 267 e	14 911 e	15 861 e	-4 390 e	-12 931 e
27	Real primary incomes receivable from the rest of the world	246 195 e	294 152 e	264 618 e	160 040 e	154 276 e	172 923 e	143 911 e	132 291 e
28	Real primary incomes payable to the rest of the world	232 098 e	280 875 e	262 281 e	157 773 e	139 365 e	157 062 e	148 301 e	145 222 e
29	Real gross national income at market prices	1 378 523 e	1 411 196 e	1 380 142 e	1 326 321 e	1 368 290 e	1 385 793 e	1 376 966 e	1 392 725 e
30	Net real current transfers from the rest of the world	-12 325 e	-13 211 e	-12 803 e	-14 138 e	-17 974 e	-18 577 e	-18 521 e	-22 287 e
31	Real current transfers receivable from the rest of the world	19 709 e	13 049 e	18 406 e	15 874 e	12 819 e	11 415 e	13 208 e	15 833 e
32	Real current transfers payable to the rest of the world	32 034 e	26 260 e	31 209 e	30 012 e	30 793 e	29 992 e	31 729 e	38 120 e
33	Real gross national disposable income	1 366 198 e	1 397 985 e	1 367 339 e	1 312 183 e	1 350 317 e	1 367 216 e	1 358 446 e	1 370 438 e
34	Consumption of fixed capital at constant prices	188 404	194 630	182 954	178 837	181 723	182 408	184 767	..
35	Real net national income at market prices	1 190 701 e	1 219 973 e	1 199 016 e	1 144 562 e	1 188 066 e	1 205 422 e	1 194 429 e	1 206 155 e
36	Real net national disposable income	1 178 376 e	1 206 762 e	1 186 213 e	1 130 424 e	1 170 092 e	1 186 844 e	1 175 908 e	1 183 868 e

Note: Detailed metadata:http://metalinks.oecd.org/nav1/20150309/6f6d

UNITED KINGDOM

Table 4. Population and employment (persons) and employment (hours worked) by industry
ISIC Rev. 4

		2006	2007	2008	2009	2010	2011	2012	2013
	POPULATION, THOUSAND PERSONS, NATIONAL CONCEPT								
1	Total population	60 827.0	61 319.0	61 824.0	62 260.0	62 759.0	63 285.0	63 705.0	64 106.0
2	Economically active population	..	..	..	..	..	..	..	..
3	Unemployed persons	..	..	..	..	..	..	..	..
4	Total employment[1]	29 028.0	29 229.0	29 440.0	28 955.0	29 018.0	29 167.0	29 525.0	29 908.0
5	Employees	25 096.0	25 213.0	25 408.0	24 918.0	24 836.0	24 940.0	25 074.0	25 407.0
6	Self-employed	3 736.0	3 806.0	3 824.0	3 843.0	3 962.0	4 026.0	4 194.0	4 234.0
	TOTAL EMPLOYMENT, THOUSAND PERSONS, DOMESTIC CONCEPT								
7	Agriculture, forestry and fishing	352.0	350.2	361.6	370.9	392.4	386.6	386.5	349.2
8	Industry, including energy	3 208.3	3 132.6	3 067.6	2 881.6	2 840.8	2 850.9	2 875.2	2 864.9
9	Manufacturing	2 916.3	2 825.4	2 746.7	2 562.4	2 502.1	2 492.0	2 502.1	2 482.3
10	Construction	2 116.4	2 180.4	2 190.0	2 093.3	1 983.7	1 953.6	1 936.3	1 937.0
11	Distrib. trade, repairs; transp.; accommod., food serv. activ.	7 824.1	7 854.7	7 941.0	7 747.0	7 714.7	7 729.0	7 838.9	7 865.5
12	Information and communication	1 175.2	1 194.2	1 173.1	1 136.7	1 134.8	1 188.5	1 209.3	1 231.9
13	Financial and insurance activities	1 106.4	1 130.2	1 148.5	1 114.7	1 074.0	1 097.0	1 103.8	1 107.9
14	Real estate activities	394.1	415.9	428.3	429.9	438.9	433.3	458.1	518.6
15	Prof., scientif., techn. activ.; admin., support service activ.	4 048.3	4 197.9	4 289.1	4 204.2	4 272.2	4 348.7	4 518.3	4 679.1
16	Public admin.; compulsory s.s.; education; human health	7 348.6	7 352.6	7 423.9	7 668.2	7 848.8	7 824.1	7 813.1	7 902.2
17	Other service activities	1 567.5	1 570.1	1 604.9	1 507.8	1 526.6	1 562.7	1 555.3	1 584.4
18	Total employment[2]	29 140.7	29 378.7	29 627.8	29 154.3	29 227.0	29 374.5	29 694.8	30 040.8
	EMPLOYEES, THOUSAND PERSONS, DOMESTIC CONCEPT								
19	Agriculture, forestry and fishing	216.6	210.3	208.3	196.8	198.6	193.7	206.3	191.2
20	Industry, including energy	2 979.3	2 914.0	2 848.5	2 694.6	2 642.6	2 656.7	2 660.9	2 632.5
21	Manufacturing	2 702.4	2 623.5	2 549.1	2 395.4	2 328.4	2 321.0	2 317.7	2 280.5
22	Construction	1 301.6	1 319.2	1 321.1	1 284.3	1 174.1	1 148.5	1 125.6	1 118.7
23	Distrib. trade, repairs; transp.; accommod., food serv. activ.	7 093.6	7 120.2	7 201.6	7 019.2	6 977.3	6 998.1	7 066.7	7 109.9
24	Information and communication	1 010.3	1 023.6	1 023.7	999.0	988.5	1 006.9	1 017.8	1 033.5
25	Financial and insurance activities	1 064.5	1 079.1	1 093.1	1 045.2	1 002.9	1 028.3	1 028.1	1 034.8
26	Real estate activities	345.1	365.3	380.3	389.0	392.0	381.6	397.8	457.0
27	Prof., scientif., techn. activ.; admin., support service activ.	3 488.4	3 622.5	3 717.5	3 550.8	3 575.4	3 646.2	3 745.3	3 902.0
28	Public admin.; compulsory s.s.; education; human health	6 964.8	6 969.8	7 022.9	7 201.0	7 353.4	7 318.2	7 307.6	7 381.4
29	Other service activities	1 138.4	1 144.2	1 175.2	1 117.1	1 119.0	1 125.9	1 109.7	1 119.5
30	Total employees[2]	25 602.5	25 768.2	25 992.3	25 496.9	25 423.9	25 504.1	25 665.7	25 980.6
	SELF-EMPLOYED, THOUSAND PERSONS, DOMESTIC CONCEPT								
31	Agriculture, forestry and fishing	135.4	139.9	153.3	174.1	193.8	192.9	180.2	158.0
32	Industry, including energy	229.0	218.5	219.1	186.9	198.2	194.2	214.3	232.4
33	Manufacturing	213.9	202.0	197.6	167.1	173.7	171.0	184.5	201.8
34	Construction	814.8	861.2	868.9	809.0	809.5	805.1	810.7	818.3
35	Distrib. trade, repairs; transp.; accommod., food serv. activ.	730.4	734.6	739.3	727.8	737.4	730.9	772.1	755.6
36	Information and communication	165.0	170.6	149.4	137.8	146.3	181.6	191.5	198.3
37	Financial and insurance activities	41.8	51.0	55.3	69.5	71.2	68.7	75.7	73.1
38	Real estate activities	49.0	50.7	47.9	40.9	47.0	51.6	60.3	61.6
39	Prof., scientif., techn. activ.; admin., support service activ.	559.9	575.3	571.6	653.4	696.8	702.5	773.0	777.1
40	Public admin.; compulsory s.s.; education; human health	383.8	382.8	401.0	467.2	495.4	505.9	505.6	520.9
41	Other service activities	429.1	425.9	429.6	390.7	407.6	436.8	445.6	464.9
42	Total self-employed[2]	3 538.2	3 610.5	3 635.5	3 657.4	3 803.1	3 870.4	4 029.0	4 060.2
	TOTAL EMPLOYMENT, MILLION HOURS, DOMESTIC CONCEPT								
43	Industry, including energy	6 049.7	5 942.4	5 739.6	5 349.0	5 380.1	5 395.5	5 434.0	5 508.6
44	Distrib. trade, repairs; transp.; accommod., food serv. activ.	12 678.4	12 715.9	12 752.9	12 292.8	12 220.8	12 179.5	12 480.8	12 659.4
45	Financial and insurance activities	1 900.5	1 973.8	1 997.5	1 960.6	1 929.2	2 002.5	2 028.8	2 028.3
46	Prof., scientif., techn. activ.; admin., support service activ.	7 052.1	7 302.1	7 348.4	7 000.2	7 105.5	7 281.2	7 664.7	7 925.7
47	Public admin.; compulsory s.s.; education; human health	11 015.4	11 027.0	11 014.6	11 440.3	11 647.6	11 602.1	11 818.4	11 988.2
48	Total employment	48 565.8	49 025.1	48 798.6	47 854.7	48 052.2	48 274.9	49 233.3	50 112.9
	EMPLOYEES, MILLION HOURS, DOMESTIC CONCEPT								
49	Industry, including energy	5 612.5	5 541.8	5 320.9	4 995.0	4 992.2	5 018.9	5 031.5	5 061.0
50	Distrib. trade, repairs; transp.; accommod., food serv. activ.	11 173.4	11 218.7	11 269.4	10 834.8	10 750.3	10 742.2	10 947.3	11 161.8
51	Financial and insurance activities	1 824.8	1 886.1	1 897.4	1 832.6	1 803.0	1 876.7	1 880.3	1 888.6
52	Prof., scientif., techn. activ.; admin., support service activ.	6 061.6	6 302.9	6 371.9	5 952.2	6 014.9	6 187.3	6 448.8	6 714.5
53	Public admin.; compulsory s.s.; education; human health	10 455.8	10 478.1	10 441.7	10 786.0	10 957.9	10 899.7	11 135.3	11 259.1
54	Total employees	42 035.1	42 440.7	42 272.2	41 394.7	41 325.3	41 502.6	42 218.1	42 987.0
	SELF-EMPLOYED, MILLION HOURS, DOMESTIC CONCEPT								
55	Industry, including energy	437.1	400.5	418.7	354.0	387.9	376.5	402.5	447.6
56	Distrib. trade, repairs; transp.; accommod., food serv. activ.	1 505.0	1 497.2	1 483.5	1 458.0	1 470.5	1 437.3	1 533.5	1 497.6
57	Financial and insurance activities	75.7	87.7	100.1	128.0	126.2	125.7	148.5	139.7
58	Prof., scientif., techn. activ.; admin., support service activ.	990.4	999.2	976.5	1 047.9	1 090.5	1 093.9	1 215.8	1 211.2
59	Public admin.; compulsory s.s.; education; human health	559.6	548.9	572.8	654.3	689.7	702.4	683.1	729.1
60	Total self-employed	6 530.7	6 584.4	6 526.3	6 460.0	6 726.9	6 772.2	7 015.2	7 125.9

Note: Detailed metadata: http://metalinks.oecd.org/nav1/20150309/ebf6
1. Total employment consists of employees, self employed, unpaid family workers and persons on a government training scheme.
2. Data in terms of jobs instead of persons.

UNITED STATES

Table 1. Gross domestic product, expenditure approach

Billion USD

		2006	2007	2008	2009	2010	2011	2012	2013
	AT CURRENT PRICES								
1	**Final consumption expenditure**	11 394	11 960	12 382	12 289	12 724	13 220	13 633	14 032
2	Household	9 065	9 502	9 732	9 571	9 927	10 414	10 795	11 179
3	NPISH's	239	249	282	276	275	275	288	306
4	Government	2 090	2 210	2 369	2 442	2 522	2 531	2 550	2 548
5	Individual	858	909	962	979	998	1 004	1 016	1 031
6	Collective	1 232	1 301	1 407	1 463	1 524	1 527	1 533	1 516
7	*of which:* Actual individual consumption	10 162	10 659	10 975	10 826	11 200	11 693	12 100	12 516
8	**Gross capital formation**	3 233	3 236	3 059	2 525	2 753	2 878	3 099	3 244
9	Gross fixed capital formation, total	3 166	3 202	3 091	2 673	2 691	2 836	3 034	3 170
10	Dwellings	836	689	517	395	385	388	442	519
11	Other buildings and structures	675	779	852	746	663	672	722	722
12	Transport equipment	237	232	194	115	175	224	261	278
13	Other machinery and equipment	..	..	..	..	..	..	..	..
14	Cultivated assets	..	..	..	..	..	..	..	..
15	Intangible fixed assets	665	707	741	731	752	784	814	836
16	Changes in inventories, acquisitions less disposals of valuables	67	34	-32	-148	62	42	65	74
17	Changes in inventories	67	34	-32	-148	62	42	65	74
18	Acquisitions less disposals of valuables	..	..	..	..	..	..	..	..
19	**External balance of goods and services**	-771	-719	-723	-395	-513	-580	-568	-508
20	Exports of goods and services	1 476	1 665	1 842	1 588	1 852	2 106	2 194	2 262
21	Exports of goods	1 050	1 166	1 299	1 065	1 280	1 467	1 527	1 563
22	Exports of services	427	498	543	523	573	640	667	699
23	Imports of goods and services	2 247	2 383	2 565	1 983	2 365	2 686	2 762	2 770
24	Imports of goods	1 900	2 004	2 149	1 590	1 950	2 245	2 306	2 302
25	Imports of services	348	379	416	393	415	442	456	468
26	Statistical discrepancy	..	..	..	..	..	..	..	..
27	**Gross domestic product**	13 856	14 478	14 719	14 419	14 964	15 518	16 163	16 768
	AT CONSTANT PRICES, REFERENCE YEAR 2005								
28	**Final consumption expenditure**	11 063	11 294	11 315	11 250	11 425	11 572	11 729	11 929
29	Household	8 825	9 021	8 960	8 810	8 983	9 194	9 353	9 573
30	NPISH's	237	243	274	276	279	276	290	302
31	Government	2 002	2 030	2 081	2 159	2 162	2 104	2 092	2 065
32	Individual	822	835	843	861	848	829	831	830
33	Collective	1 180	1 195	1 238	1 299	1 314	1 275	1 261	1 235
34	*of which:* Actual individual consumption	9 883	10 099	10 076	9 947	10 107	10 296	10 469	10 697
35	**Gross capital formation**	3 111	3 042	2 830	2 352	2 576	2 650	2 812	2 895
36	Gross fixed capital formation, total	3 046	3 008	2 863	2 488	2 516	2 609	2 748	2 823
37	Dwellings	790	643	489	387	379	379	428	478
38	Other buildings and structures	610	656	683	601	536	527	546	532
39	Transport equipment	236	228	188	106	168	211	242	255
40	Other machinery and equipment	..	..	..	..	..	..	..	..
41	Cultivated assets	..	..	..	..	..	..	..	..
42	Intangible fixed assets	655	683	702	698	711	730	751	764
43	Changes in inventories, acquisitions less disposals of valuables	66	33	-31	-137	54	35	53	59
44	Changes in inventories	66	33	-31	-137	54	35	53	59
45	Acquisitions less disposals of valuables	..	..	..	..	..	..	..	..
46	**External balance of goods and services**	-732	-657	-514	-365	-423	-423	-417	-388
47	Exports of goods and services	1 427	1 559	1 649	1 504	1 683	1 798	1 857	1 913
48	Exports of goods	1 014	1 090	1 157	1 017	1 163	1 239	1 284	1 320
49	Exports of services	413	470	492	487	520	560	573	593
50	Imports of goods and services	2 158	2 213	2 156	1 860	2 097	2 212	2 263	2 289
51	Imports of goods	1 821	1 855	1 786	1 504	1 728	1 827	1 866	1 884
52	Imports of services	337	358	372	358	371	386	400	408
53	**Statistical discrepancy (including chaining residual)**	1	3	11	27	20	18	14	15
54	**Gross domestic product**	13 443	13 682	13 642	13 263	13 599	13 817	14 138	14 452

Note: Detailed metadata:http://metalinks.oecd.org/nav1/20150309/8459

UNITED STATES

Table 2. Gross domestic product, output and income approach
ISIC Rev. 4

Billion USD

		2006	2007	2008	2009	2010	2011	2012	2013
	OUTPUT APPROACH AT CURRENT PRICES								
1	Total gross value added at basic prices	12 917	13 500	13 731	13 450	13 957	14 497	15 179	..
2	Agriculture, forestry and fishing	135	145	157	140	162	198	199	..
3	Industry, including energy	2 200	2 288	2 325	2 140	2 314	2 482	2 611	..
4	Manufacturing	1 747	1 795	1 748	1 649	1 760	1 853	1 966	..
5	Construction	691	707	645	570	532	539	573	..
6	Services	..	..	..	..	..	..	..	..
7	Distrib. trade, repairs; transp.; accommod., food serv. activ.	2 120	2 172	2 186	2 107	2 191	2 266	2 378	..
8	Information and communication	751	823	861	839	871	903	962	..
9	Financial and insurance activities	1 007	996	861	921	955	961	1 026	..
10	Real estate activities	1 373	1 484	1 523	1 533	1 574	1 623	1 707	..
11	Prof., scientif., techn. activ.; admin., support service activ.	1 471	1 561	1 664	1 559	1 604	1 689	1 785	..
12	Public admin.; compulsory s.s.; education; human health	2 743	2 888	3 070	3 204	3 311	3 383	3 464	..
13	Other service activities	426	436	438	436	443	453	474	..
14	FISIM (Financial Intermediation Services Indirectly Measured)	..	..	..	..	..	..	..	..
15	Gross value added at basic prices, excluding FISIM	12 917	13 500	13 731	13 450	13 957	14 497	15 179	..
16	Taxes less subsidies on products	940	980	989	968	1 001	1 037	1 066	..
17	Taxes on products	992	1 035	1 042	1 026	1 057	1 097	1 123	..
18	Subsidies on products	51	55	53	58	56	60	57	..
19	Residual item	..	..	..	..	..	..	..	..
20	Gross domestic product at market prices	13 858	14 480	14 720	14 418	14 958	15 534	16 245	..
	OUTPUT APPROACH AT CONSTANT PRICES (REF. YEAR 2005)								
21	Total gross value added at basic prices	12 557	12 747	12 668	11 877	12 613	12 811	13 137	..
22	Agriculture, forestry and fishing	149	129	137	155	158	152	152	..
23	Industry, including energy	2 154	2 233	2 173	2 076	2 193	2 239	2 322	..
24	Manufacturing	1 735	1 794	1 723	1 586	1 696	1 708	1 741	..
25	Construction	631	607	556	484	460	460	479	..
26	Services	..	..	..	..	..	..	..	..
27	Distrib. trade, repairs; transp.; accommod., food serv. activ.	2 058	2 054	2 002	1 834	1 898	1 929	1 962	..
28	Information and communication	759	839	879	856	896	930	986	..
29	Financial and insurance activities	993	967	843	976	973	966	988	..
30	Real estate activities	1 346	1 419	1 438	1 433	1 476	1 506	1 533	..
31	Prof., scientif., techn. activ.; admin., support service activ.	1 410	1 419	1 484	1 363	1 383	1 440	1 497	..
32	Public admin.; compulsory s.s.; education; human health	2 650	2 679	2 768	2 810	2 831	2 843	2 872	..
33	Other service activities	411	405	394	376	376	379	386	..
34	FISIM (Financial Intermediation Services Indirectly Measured)	..	..	..	..	..	..	..	..
35	Gross value added at basic prices, excluding FISIM	12 557	12 747	12 668	11 877	12 613	12 811	13 137	..
36	Taxes less subsidies on products	..	..	..	..	..	..	..	..
37	Taxes on products	..	..	..	..	..	..	..	..
38	Subsidies on products	..	..	..	..	..	..	..	..
39	Residual item	..	..	..	..	..	..	..	..
40	Gross domestic product at market prices	13 445	13 685	13 646	13 263	13 596	13 847	14 232	..
	INCOME APPROACH								
41	Compensation of employees	7 514	7 909	8 090	7 796	7 969	8 277	8 615	8 854
42	Agriculture, forestry and fishing	38	41	42	42	41	41	47	51
43	Industry, including energy	1 063	1 091	1 093	989	1 012	1 058	1 104	1 124
44	Manufacturing	925	944	933	836	848	883	918	932
45	Construction	421	440	433	369	345	349	368	390
46	Distrib. trade, repairs; transp.; accommod., food serv. activ.	1 432	1 500	1 504	1 422	1 444	1 513	1 581	1 626
47	Information and communication	376	401	407	399	405	433	464	484
48	Financial and insurance activities	580	618	613	549	574	607	631	642
49	Real estate activities	79	81	80	76	76	78	84	88
50	Prof., scientif., techn. activ.; admin., support service activ.	981	1 053	1 085	1 025	1 059	1 120	1 192	1 239
51	Public admin.; compulsory s.s.; education; human health	2 252	2 376	2 511	2 611	2 700	2 756	2 804	2 859
52	Other service activities	292	308	321	315	312	322	338	350
53	Wages and salaries	6 069	6 406	6 544	6 260	6 386	6 641	6 941	7 134
54	Agriculture, forestry and fishing	31	34	35	34	34	34	39	43
55	Industry, including energy	846	869	870	783	801	847	884	901
56	Manufacturing	738	752	741	661	674	707	734	748
57	Construction	355	369	364	308	286	291	307	326
58	Distrib. trade, repairs; transp.; accommod., food serv. activ.	1 195	1 252	1 258	1 186	1 205	1 260	1 321	1 356
59	Information and communication	316	336	344	330	341	364	394	412
60	Financial and insurance activities	491	527	518	466	486	513	537	547
61	Real estate activities	69	71	69	64	65	68	73	77
62	Prof., scientif., techn. activ.; admin., support service activ.	831	899	925	867	900	953	1 020	1 056
63	Public admin.; compulsory s.s.; education; human health	1 685	1 784	1 888	1 956	2 000	2 035	2 076	2 117
64	Other service activities	251	264	274	266	268	277	290	300
65	Gross operating surplus and mixed income	5 619	5 571	5 540	5 580	5 944	6 237	6 683	7 024
66	Taxes less subsidies on production and imports	940	980	989	968	1 001	1 043	1 074	1 102
67	Taxes on production and imports	992	1 035	1 042	1 026	1 057	1 103	1 132	1 162
68	Subsidies on production and imports	51	55	53	58	56	60	58	60
69	Residual item	-217	17	99	75	49	-38	-209	-212
70	Gross domestic product	13 856	14 478	14 719	14 419	14 964	15 518	16 163	16 768

Note: Detailed metadata:http://metalinks.oecd.org/nav1/20150309/8459

UNITED STATES

Table 3. Disposable income, saving and net lending / net borrowing

Billion USD

		2006	2007	2008	2009	2010	2011	2012	2013
	DISPOSABLE INCOME								
1	**Gross domestic product**	13 858	14 480	14 720	14 418	14 958	15 534	16 245	..
2	Net primary incomes from the rest of the world	69	126	173	147	206	261	253	..
3	Primary incomes receivable from the rest of the world	724	876	857	644	720	803	819	..
4	Primary incomes payable to the rest of the world	656	749	684	497	514	542	566	..
5	**Gross national income at market prices**	14 142	14 587	14 794	14 493	15 121	15 848	16 515	..
6	Consumption of fixed capital	2 136	2 264	2 363	2 368	2 382	2 453	2 543	..
7	**Net national income at market prices**	12 006	12 322	12 431	12 125	12 740	13 396	13 972	..
8	Net current transfers from the rest of the world	-102	-126	-138	-136	-142	-149	-145	..
9	Current transfers receivable from the rest of the world	19	20	24	20	21	21	22	..
10	Current transfers payable to the rest of the world	121	146	162	156	163	170	167	..
11	**Net national disposable income**	11 904	12 197	12 293	11 988	12 598	13 247	13 827	..
	SAVING AND NET LENDING / NET BORROWING								
12	**Net national disposable income**	11 904	12 197	12 293	11 988	12 598	13 247	13 827	..
13	Final consumption expenditures	11 387	11 954	12 374	12 285	12 724	13 238	13 698	..
14	Adj. for change in net equity of households in pension funds	0	0	0	0	0	0	0	..
15	**Saving, net**	517	242	-81	-297	-127	9	129	..
16	Net capital transfers from the rest of the world	-2	0	5	-1	-1	-2	7	..
17	Capital transfers receivable from the rest of the world	0	0	6	0	0	0	8	..
18	Capital transfers payable to the rest of the world	2	0	1	1	1	2	1	..
19	Gross capital formation	3 233	3 236	3 059	2 525	2 753	2 865	3 094	..
20	Acquisitions less disposals of non-financial non-produced assets	0	0	0	0	0	0	0	..
21	Consumption of fixed capital	2 136	2 264	2 363	2 368	2 382	2 453	2 543	..
22	**Net lending / net borrowing**	-582	-729	-772	-454	-498	-406	-415	..
	REAL DISPOSABLE INCOME								
23	**Gross domestic product at constant prices, reference year 2005**	13 445	13 685	13 646	13 263	13 596	13 847	14 232	..
24	Trading gain or loco	196	-39	-240	-63	-80	-42	-62	..
25	**Real gross domestic income**	13 641	13 647	13 406	13 200	13 516	13 805	14 170	..
26	Net real primary incomes from the rest of the world	66	119	158	132	167	206	197	..
27	Real primary incomes receivable from the rest of the world	701	823	781	587	590	642	644	..
28	Real primary incomes payable to the rest of the world	635	705	623	455	423	436	447	..
29	**Real gross national income at market prices**	13 706	13 765	13 563	13 331	13 682	14 010	14 366	..
30	Net real current transfers from the rest of the world	-99	-119	-127	-125	-128	-132	-126	..
31	Real current transfers receivable from the rest of the world	19	19	22	18	19	18	19	..
32	Real current transfers payable to the rest of the world	117	137	148	143	147	150	145	..
33	**Real gross national disposable income**	13 607	13 646	13 436	13 206	13 553	13 878	14 240	..
34	Consumption of fixed capital at constant prices	2 060	2 136	2 196	2 224	2 237	2 265	2 304	..
35	**Real net national income at market prices**	11 645	11 631	11 371	11 113	11 449	11 749	12 065	..
36	**Real net national disposable income**	11 547	11 512	11 244	10 988	11 321	11 618	11 939	..

Note: Detailed metadata:http://metalinks.oecd.org/nav1/20150309/1406

UNITED STATES

Table 4. Population and employment (persons) and employment (hours worked) by industry
ISIC Rev. 4

		2006	2007	2008	2009	2010	2011	2012	2013
	POPULATION, THOUSAND PERSONS, NATIONAL CONCEPT								
1	Total population	298 818.0	301 696.0	304 543.0	307 240.0	309 776.0	312 034.0	314 246.0	316 465.0
2	Economically active population	153 679.0	155 373.0	156 567.0	156 448.0	156 211.0	155 930.0	157 256.0	..
3	Unemployed persons	7 001.0	7 078.0	8 924.0	14 265.0	14 825.0	13 747.0	12 506.0	..
4	Total employment	146 678.0	148 295.0	147 643.0	142 183.0	141 386.0	142 183.0	144 750.0	146 187.0
5	Employees	136 089.0	137 876.0	137 580.0	132 354.0	131 705.0	132 734.0	135 221.0	136 779.0
6	Self-employed	10 589.0	10 419.0	10 063.0	9 829.0	9 681.0	9 449.0	9 529.0	9 408.0
	TOTAL EMPLOYMENT, THOUSAND PERSONS, DOMESTIC CONCEPT								
7	Agriculture, forestry and fishing	2 206.0	2 095.0	2 168.0	2 103.0	2 206.0	2 254.0	2 186.0	2 130.0
8	Industry, including energy	18 675.0	18 655.0	18 385.0	16 576.0	16 543.0	16 865.0	17 351.0	17 656.0
9	Manufacturing	16 377.0	16 302.0	15 904.0	14 202.0	14 081.0	14 336.0	14 686.0	14 869.0
10	Construction	11 749.0	11 856.0	10 974.0	9 702.0	9 077.0	9 039.0	8 964.0	9 271.0
11	Distrib. trade, repairs; transp.; accommod., food serv. activ.	37 071.0	36 976.0	36 881.0	35 414.0	35 183.0	35 457.0	36 129.0	36 230.0
12	Information and communication	5 253.0	5 375.0	5 426.0	5 099.0	5 054.0	5 085.0	5 063.0	5 270.0
13	Financial and insurance activities	7 254.0	7 306.0	7 279.0	6 826.0	6 605.0	6 613.0	6 786.0	6 984.0
14	Real estate activities	2 713.0	2 684.0	2 475.0	2 350.0	2 336.0	2 384.0	2 409.0	2 483.0
15	Prof., scientif., techn. activ.; admin., support service activ.	13 287.0	13 884.0	13 634.0	13 159.0	13 277.0	13 803.0	14 325.0	14 329.0
16	Public admin.; compulsory s.s.; education; human health	38 713.0	39 656.0	40 446.0	41 001.0	41 367.0	41 034.0	41 348.0	41 502.0
17	Other service activities	9 759.0	9 805.0	9 977.0	9 953.0	9 735.0	9 646.0	10 190.0	10 332.0
18	**Total employment**	**146 678.0**	**148 295.0**	**147 643.0**	**142 183.0**	**141 386.0**	**142 183.0**	**144 750.0**	**146 187.0**
	EMPLOYEES, THOUSAND PERSONS, DOMESTIC CONCEPT								
19	Agriculture, forestry and fishing	1 305.0	1 239.0	1 307.0	1 267.0	1 385.0	1 408.0	1 410.0	1 341.0
20	Industry, including energy	18 316.0	18 271.0	18 045.0	16 223.0	16 204.0	16 547.0	16 998.0	17 340.0
21	Manufacturing	16 046.0	15 959.0	15 597.0	13 881.0	13 781.0	14 060.0	14 378.0	14 596.0
22	Construction	9 839.0	9 966.0	9 157.0	8 001.0	7 378.0	7 454.0	7 446.0	7 752.0
23	Distrib. trade, repairs; transp.; accommod., food serv. activ.	35 216.0	35 172.0	35 163.0	33 814.0	33 629.0	33 914.0	34 652.0	34 834.0
24	Information and communication	5 000.0	5 110.0	5 164.0	4 817.0	4 777.0	4 849.0	4 800.0	5 016.0
25	Financial and insurance activities	6 925.0	6 967.0	6 973.0	6 564.0	6 364.0	6 389.0	6 549.0	6 763.0
26	Real estate activities	2 224.0	2 211.0	2 048.0	1 959.0	1 953.0	2 003.0	2 010.0	2 053.0
27	Prof., scientif., techn. activ.; admin., support service activ.	11 425.0	12 011.0	11 800.0	11 300.0	11 418.0	11 920.0	12 344.0	12 418.0
28	Public admin.; compulsory s.s.; education; human health	37 554.0	38 554.0	39 377.0	39 899.0	40 267.0	39 958.0	40 248.0	40 430.0
29	Other service activities	8 287.0	8 372.0	8 548.0	8 510.0	8 327.0	8 289.0	8 765.0	8 832.0
30	**Total employees**	**136 089.0**	**137 876.0**	**137 580.0**	**132 354.0**	**131 705.0**	**132 734.0**	**135 221.0**	**136 779.0**
	SELF-EMPLOYED, THOUSAND PERSONS, DOMESTIC CONCEPT								
31	Agriculture, forestry and fishing	901.0	856.0	861.0	836.0	821.0	846.0	776.0	789.0
32	Industry, including energy	359.0	384.0	340.0	353.0	339.0	318.0	353.0	316.0
33	Manufacturing	331.0	343.0	307.0	321.0	300.0	276.0	308.0	273.0
34	Construction	1 910.0	1 890.0	1 817.0	1 701.0	1 699.0	1 585.0	1 518.0	1 519.0
35	Distrib. trade, repairs; transp.; accommod., food serv. activ.	1 855.0	1 804.0	1 718.0	1 600.0	1 554.0	1 543.0	1 477.0	1 396.0
36	Information and communication	253.0	265.0	262.0	282.0	277.0	236.0	263.0	254.0
37	Financial and insurance activities	329.0	339.0	306.0	262.0	241.0	224.0	237.0	221.0
38	Real estate activities	489.0	473.0	427.0	391.0	383.0	381.0	399.0	430.0
39	Prof., scientif., techn. activ.; admin., support service activ.	1 862.0	1 873.0	1 834.0	1 859.0	1 859.0	1 883.0	1 981.0	1 911.0
40	Public admin.; compulsory s.s.; education; human health	1 159.0	1 102.0	1 069.0	1 102.0	1 100.0	1 076.0	1 100.0	1 072.0
41	Other service activities	1 472.0	1 433.0	1 429.0	1 443.0	1 408.0	1 357.0	1 425.0	1 500.0
42	**Total self-employed**	**10 589.0**	**10 419.0**	**10 063.0**	**9 829.0**	**9 681.0**	**9 449.0**	**9 529.0**	**9 408.0**
	TOTAL EMPLOYMENT, MILLION HOURS, DOMESTIC CONCEPT								
43	Industry, including energy	..	..	..	..	..	..	..	..
44	Distrib. trade, repairs; transp.; accommod., food serv. activ.	..	..	..	..	..	..	..	..
45	Financial and insurance activities	..	..	..	..	..	..	..	..
46	Prof., scientif., techn. activ.; admin., support service activ.	..	..	..	..	..	..	..	..
47	Public admin.; compulsory s.s.; education; human health	..	..	..	..	..	..	..	..
48	**Total employment**	**257 098.0**	**259 116.0**	**256 398.0**	**242 270.0**	**241 652.0**	**245 009.0**	**249 552.0**	**254 062.0**
	EMPLOYEES, MILLION HOURS, DOMESTIC CONCEPT								
49	Industry, including energy	30 912.0	30 546.0	29 665.0	25 856.0	25 910.0	26 740.0	27 368.0	27 664.0
50	Distrib. trade, repairs; transp.; accommod., food serv. activ.	59 779.0	60 320.0	59 872.0	56 493.0	56 362.0	57 815.0	59 292.0	60 197.0
51	Financial and insurance activities	11 068.0	11 040.0	10 847.0	10 428.0	10 353.0	10 519.0	10 695.0	10 701.0
52	Prof., scientif., techn. activ.; admin., support service activ.	27 692.0	28 297.0	28 091.0	26 010.0	26 405.0	27 295.0	28 127.0	29 110.0
53	Public admin.; compulsory s.s.; education; human health	64 313.0	65 623.0	66 979.0	67 517.0	68 163.0	68 202.0	68 566.0	69 899.0
54	**Total employees**	**236 324.0**	**238 773.0**	**237 335.0**	**224 396.0**	**224 146.0**	**227 832.0**	**232 129.0**	**236 871.0**
	SELF-EMPLOYED, MILLION HOURS, DOMESTIC CONCEPT								
55	Industry, including energy	..	..	..	..	..	..	..	..
56	Distrib. trade, repairs; transp.; accommod., food serv. activ.	..	..	..	..	..	..	..	..
57	Financial and insurance activities	..	..	..	..	..	..	..	..
58	Prof., scientif., techn. activ.; admin., support service activ.	..	..	..	..	..	..	..	..
59	Public admin.; compulsory s.s.; education; human health	..	..	..	..	..	..	..	..
60	**Total self-employed**	**20 774.0**	**20 343.0**	**19 063.0**	**17 874.0**	**17 506.0**	**17 177.0**	**17 423.0**	**17 191.0**

Note: Detailed metadata:http://metalinks.oecd.org/nav1/20150309/2c38

EURO AREA

Table 1. Gross domestic product, expenditure approach

Million EUR

		2006	2007	2008	2009	2010	2011	2012	2013
	AT CURRENT PRICES								
1	Final consumption expenditure	6 715 455	6 991 368	7 241 651	7 234 018	7 390 504	7 538 816	7 580 967	7 634 841
2	Household[1]	..	..	..	..	..	..	..	..
3	NPISH's	..	..	..	..	..	..	..	..
4	Government	1 754 776	1 824 244	1 918 689	2 003 931	2 032 741	2 046 374	2 059 533	2 090 101
5	Individual	..	..	..	..	..	..	..	..
6	Collective	..	..	..	..	..	..	..	..
7	*of which:* Actual individual consumption	..	..	..	..	..	..	..	..
8	Gross capital formation	2 058 100	2 236 133	2 259 442	1 886 394	1 992 287	2 090 119	1 982 493	1 929 155
9	Gross fixed capital formation, total	2 011 926	2 165 042	2 201 480	1 951 584	1 962 086	2 024 053	1 982 362	1 942 287
10	Dwellings	..	..	..	..	..	..	..	..
11	Other buildings and structures	..	..	..	..	..	..	..	..
12	Transport equipment	..	..	..	..	..	..	..	..
13	Other machinery and equipment	..	..	..	..	..	..	..	..
14	Cultivated assets	..	..	..	..	..	..	..	..
15	Intangible fixed assets	..	..	..	..	..	..	..	..
16	Changes in inventories, acquisitions less disposals of valuables	46 174	71 091	57 962	-65 190	30 201	66 066	130	-13 132
17	Changes in inventories	..	..	..	..	..	..	..	..
18	Acquisitions less disposals of valuables	..	..	..	..	..	..	..	..
19	External balance of goods and services	97 360	136 365	93 221	137 093	129 334	139 298	260 915	340 403
20	Exports of goods and services	3 384 778	3 690 556	3 815 959	3 223 751	3 692 046	4 074 628	4 252 684	4 325 926
21	Exports of goods	2 627 429	2 858 904	2 935 715	2 402 954	2 806 747	3 129 399	3 258 216	3 287 910
22	Exports of services	757 349	831 652	880 243	820 797	885 299	945 229	994 468	1 000 010
23	Imports of goods and services	3 287 418	3 554 191	3 722 737	3 086 658	3 562 712	3 935 330	3 991 769	3 985 522
24	Imports of goods	2 556 368	2 755 501	2 878 698	2 300 954	2 712 340	3 040 531	3 057 775	3 016 812
25	Imports of services	731 050	798 690	844 039	785 704	850 373	894 799	933 994	968 711
26	Statistical discrepancy	..	..	..	..	..	..	..	..
27	**Gross domestic product**	8 870 915	9 363 866	9 594 314	9 257 504	9 512 125	9 768 233	9 824 375	9 904 399
	AT CONSTANT PRICES, REFERENCE YEAR 2005								
28	Final consumption expenditure	6 567 876	6 689 615	6 746 931	6 736 949	6 792 683	6 798 920	6 730 447	6 701 451
29	Household[1]	..	..	..	..	..	..	..	..
30	NPISH's	..	..	..	..	..	..	..	..
31	Government	1 717 505	1 754 323	1 798 190	1 840 518	1 855 129	1 852 014	1 848 865	1 852 532
32	Individual	..	..	..	..	..	..	..	..
33	Collective	..	..	..	..	..	..	..	..
34	*of which:* Actual individual consumption	..	..	..	..	..	..	..	..
35	Gross capital formation	1 999 255	2 112 800	2 086 775	1 752 390	1 820 172	1 873 866	1 752 760	1 704 173
36	Gross fixed capital formation, total	1 954 678	2 051 386	2 039 374	1 812 615	1 805 345	1 834 496	1 772 668	1 729 658
37	Dwellings	..	..	..	..	..	..	..	..
38	Other buildings and structures	..	..	..	..	..	..	..	..
39	Transport equipment	..	..	..	..	..	..	..	..
40	Other machinery and equipment	..	..	..	..	..	..	..	..
41	Cultivated assets	..	..	..	..	..	..	..	..
42	Intangible fixed assets	..	..	..	..	..	..	..	..
43	Changes in inventories, acquisitions less disposals of valuables	..	..	..	..	..	..	..	..
44	Changes in inventories	..	..	..	..	..	..	..	..
45	Acquisitions less disposals of valuables	..	..	..	..	..	..	..	..
46	External balance of goods and services	136 445	166 339	178 561	112 136	163 125	247 926	373 828	410 500
47	Exports of goods and services	3 309 070	3 550 849	3 584 928	3 130 256	3 475 174	3 703 295	3 793 189	3 870 009
48	Exports of goods	2 568 015	2 756 837	2 765 578	2 360 883	2 669 467	2 860 626	2 922 666	2 971 538
49	Exports of services	741 056	794 011	819 174	768 564	807 084	844 796	872 537	900 301
50	Imports of goods and services	3 172 626	3 384 511	3 406 367	3 018 120	3 312 049	3 455 369	3 419 361	3 459 509
51	Imports of goods	2 457 604	2 621 764	2 620 435	2 283 098	2 540 510	2 660 482	2 609 827	2 628 465
52	Imports of services	715 022	762 746	785 999	735 971	774 544	798 299	813 359	835 158
53	Statistical discrepancy (including chaining residual)	0	-1 134	-1 720	2 949	2 650	-190	-1 433	-4 112
54	**Gross domestic product**	8 703 575	8 967 620	9 010 548	8 604 425	8 778 630	8 920 522	8 855 601	8 812 012

Note: Detailed metadata:http://metalinks.oecd.org/nav1/20150309/5cd7
1. *Final consumption expenditure of households* includes *Final consumption expenditure of NPISH's.*

EURO AREA

Table 2. Gross domestic product, output and income approach
ISIC Rev. 4

Million EUR

		2006	2007	2008	2009	2010	2011	2012	2013
	OUTPUT APPROACH AT CURRENT PRICES								
1	Total gross value added at basic prices	7 943 196	8 391 360	8 636 162	8 359 224	8 560 809	8 781 524	8 833 535	8 899 065
2	Agriculture, forestry and fishing	136 243	147 088	144 889	128 484	140 768	146 700	150 831	154 502
3	Industry, including energy	1 637 075	1 726 764	1 729 695	1 547 404	1 649 629	1 712 560	1 719 175	1 728 645
4	Manufacturing	1 388 764	1 470 597	1 450 096	1 269 086	1 365 560	1 429 730	1 420 409	1 414 676
5	Construction	491 352	519 220	539 547	509 695	487 866	484 894	472 235	462 917
6	Services	..	..	..	..	..	..	..	..
7	Distrib. trade, repairs; transp.; accommod., food serv. activ.	1 515 052	1 599 354	1 652 932	1 602 328	1 617 857	1 663 856	1 671 798	1 678 725
8	Information and communication	374 822	394 117	403 702	395 694	395 547	406 947	409 759	400 980
9	Financial and insurance activities	401 551	421 146	412 322	431 413	442 709	434 589	439 114	438 435
10	Real estate activities	862 326	928 823	972 863	946 043	969 491	1 007 639	1 013 072	1 030 144
11	Prof., scientif., techn. activ.; admin., support service activ.	808 153	871 144	910 666	861 452	884 594	918 348	926 812	939 927
12	Public admin.; compulsory s.s.; education; human health	1 442 767	1 498 337	1 573 049	1 636 609	1 667 617	1 695 042	1 713 967	1 744 112
13	Other service activities	273 856	285 367	296 496	300 102	304 731	310 948	316 770	320 678
14	FISIM (Financial Intermediation Services Indirectly Measured)	..	..	..	..	..	..	..	..
15	Gross value added at basic prices, excluding FISIM	7 943 196	8 391 360	8 636 162	8 359 224	8 560 809	8 781 524	8 833 535	8 899 065
16	Taxes less subsidies on products	927 719	972 506	958 152	898 280	951 316	986 709	990 840	1 005 334
17	Taxes on products	..	..	..	..	..	..	..	..
18	Subsidies on products	..	..	..	..	..	..	..	..
19	Residual item	..	..	..	..	..	..	..	..
20	Gross domestic product at market prices	8 870 915	9 363 866	9 594 314	9 257 504	9 512 125	9 768 233	9 824 375	9 904 399
	OUTPUT APPROACH AT CONSTANT PRICES (REF. YEAR 2005)								
21	Total gross value added at basic prices	7 816 488	8 075 371	8 133 254	7 766 348	7 926 021	8 062 048	8 019 109	7 984 441
22	Agriculture, forestry and fishing	137 064	142 999	148 335	148 507	143 447	144 558	140 009	143 210
23	Industry, including energy	1 618 863	1 676 239	1 644 536	1 445 271	1 561 968	1 608 361	1 599 344	1 587 657
24	Manufacturing	1 395 891	1 448 825	1 414 424	1 209 329	1 323 968	1 387 018	1 366 893	1 357 866
25	Construction	466 948	473 340	468 919	435 376	418 256	406 365	387 440	374 256
26	Services	..	..	..	..	..	..	..	..
27	Distrib. trade, repairs; transp.; accommod., food serv. activ.	1 511 892	1 563 152	1 568 371	1 475 800	1 491 385	1 523 509	1 501 449	1 490 107
28	Information and communication	384 945	414 567	430 993	426 596	433 623	455 909	467 714	464 467
29	Financial and insurance activities	402 069	426 367	432 406	426 445	430 919	436 026	440 634	435 088
30	Real estate activities	822 486	844 263	858 292	867 270	873 620	889 350	887 945	895 651
31	Prof., scientif., techn. activ.; admin., support service activ.	794 433	832 878	847 244	788 721	805 033	823 415	818 756	819 927
32	Public admin.; compulsory s.s.; education; human health	1 407 825	1 427 844	1 455 900	1 474 937	1 491 547	1 501 879	1 505 850	1 506 051
33	Other service activities	269 961	275 384	280 542	278 593	278 781	279 762	280 929	278 845
34	FISIM (Financial Intermediation Services Indirectly Measured)	..	..	..	..	..	..	..	..
35	Gross value added at basic prices, excluding FISIM	7 816 488	8 075 371	8 133 254	7 766 348	7 926 021	8 062 048	8 019 109	7 984 441
36	Taxes less subsidies on products	887 087	892 865	878 796	839 503	854 049	860 177	838 977	830 367
37	Taxes on products	..	..	..	..	..	..	..	..
38	Subsidies on products	..	..	..	..	..	..	..	..
39	Residual item	0	-615	-1 502	-1 426	-1 441	-1 704	-2 485	-2 796
40	Gross domestic product at market prices	8 703 575	8 967 620	9 010 548	8 604 425	8 778 630	8 920 522	8 855 601	8 812 012
	INCOME APPROACH								
41	Compensation of employees	4 113 967	4 310 831	4 502 122	4 492 177	4 555 575	4 656 864	4 710 292	4 756 542
42	Agriculture, forestry and fishing	33 846	34 810	34 718	34 562	35 735	36 754	36 989	37 746
43	Industry, including energy	880 083	913 983	941 419	894 296	903 051	929 886	944 044	957 298
44	Manufacturing	797 552	828 239	855 259	803 169	810 382	835 349	847 056	859 623
45	Construction	277 501	295 990	303 353	291 853	282 778	279 281	271 163	261 323
46	Distrib. trade, repairs; transp.; accommod., food serv. activ.	814 312	857 859	902 238	901 204	914 144	935 515	947 472	956 074
47	Information and communication	171 661	180 134	188 435	189 823	192 450	198 872	204 178	206 649
48	Financial and insurance activities	214 756	225 130	230 338	229 904	229 467	232 802	233 730	236 439
49	Real estate activities	38 264	40 330	41 874	39 711	40 449	41 667	42 542	42 068
50	Prof., scientif., techn. activ.; admin., support service activ.	409 379	443 352	475 458	469 432	488 416	515 166	530 110	535 879
51	Public admin.; compulsory s.s.; education; human health	1 111 624	1 149 420	1 205 806	1 256 641	1 280 310	1 295 851	1 304 431	1 324 693
52	Other service activities	162 543	169 823	178 484	184 752	188 775	191 070	195 634	198 373
53	Wages and salaries	3 188 412	3 345 573	3 497 248	3 484 067	3 530 501	3 608 764	3 645 582	3 679 532
54	Agriculture, forestry and fishing	26 888	27 807	27 792	27 686	28 519	29 294	29 268	29 805
55	Industry, including energy	679 077	706 805	732 414	690 366	698 516	723 162	736 003	745 033
56	Manufacturing	618 152	643 823	667 072	622 572	629 113	652 375	664 072	672 147
57	Construction	219 429	234 422	240 380	231 074	223 393	220 952	215 354	207 587
58	Distrib. trade, repairs; transp.; accommod., food serv. activ.	646 328	681 531	718 716	718 767	727 849	745 102	753 811	760 440
59	Information and communication	133 745	140 633	147 002	147 619	149 643	154 542	158 494	160 939
60	Financial and insurance activities	162 869	171 249	172 729	173 586	173 848	174 885	175 720	176 708
61	Real estate activities	30 419	32 125	33 454	31 656	32 236	33 182	33 693	33 515
62	Prof., scientif., techn. activ.; admin., support service activ.	321 511	348 843	373 194	369 751	384 148	404 580	414 427	420 780
63	Public admin.; compulsory s.s.; education; human health	834 874	862 615	904 733	941 955	957 770	966 264	968 666	981 897
64	Other service activities	133 272	139 544	146 833	151 606	154 581	156 800	160 147	162 828
65	Gross operating surplus and mixed income	3 743 532	3 986 596	4 047 098	3 789 821	3 930 837	4 038 092	4 004 094	4 021 059
66	Taxes less subsidies on production and imports	1 013 415	1 066 439	1 045 094	975 506	1 025 713	1 073 277	1 109 989	1 126 799
67	Taxes on production and imports	..	..	..	..	..	..	..	..
68	Subsidies on production and imports	..	..	..	..	..	..	..	..
69	Residual item	..	..	..	..	..	..	..	..
70	Gross domestic product	8 870 915	9 363 866	9 594 314	9 257 504	9 512 125	9 768 233	9 824 375	9 904 399

Note: Detailed metadata:http://metalinks.oecd.org/nav1/20150309/5cd7

EURO AREA

Table 3. Disposable income, saving and net lending / net borrowing

Million EUR

		2006	2007	2008	2009	2010	2011	2012	2013
	DISPOSABLE INCOME								
1	Gross domestic product	8 884 329	9 375 988	9 587 479	9 257 340	9 505 104	9 761 305	9 806 034	9 896 016
2	Net primary incomes from the rest of the world	..	..	..	..	..	..	..	..
3	Primary incomes receivable from the rest of the world	572 006	674 721	585 042	485 096	550 746	617 906	600 713	591 079
4	Primary incomes payable to the rest of the world	532 769	652 363	647 224	469 029	506 401	558 364	539 318	530 536
5	Gross national income at market prices	8 923 567	9 398 347	9 525 295	9 273 407	9 549 450	9 820 847	9 867 428	9 956 558
6	Consumption of fixed capital	1 436 636	1 516 311	1 595 888	1 627 736	1 667 625	1 716 838	1 758 850	1 778 026
7	Net national income at market prices	7 486 931	7 882 036	7 929 407	7 645 671	7 881 825	8 104 009	8 108 578	8 178 532
8	Net current transfers from the rest of the world	..	..	..	..	..	..	..	..
9	Current transfers receivable from the rest of the world	82 109	79 739	79 214	74 691	79 879	88 899	92 448	87 560
10	Current transfers payable to the rest of the world	179 756	184 709	191 618	189 538	201 837	210 749	218 994	230 967
11	Net national disposable income	7 389 285	7 777 065	7 817 004	7 530 822	7 759 864	7 982 162	7 982 032	8 035 126
	SAVING AND NET LENDING / NET BORROWING								
12	Net national disposable income	7 389 285	7 777 065	7 817 004	7 530 822	7 759 864	7 982 162	7 982 032	8 035 126
13	Final consumption expenditures	6 744 952	7 015 025	7 270 407	7 260 495	7 413 329	7 566 266	7 606 096	7 657 149
14	Adj. for change in net equity of households in pension funds	4	1	2	3	2	2	2	3
15	Saving, net	644 336	762 044	546 599	270 329	346 538	415 900	375 939	377 981
16	Net capital transfers from the rest of the world	..	..	..	..	..	..	..	..
17	Capital transfers receivable from the rest of the world	28 770	27 631	22 673	22 088	24 155	26 667	31 075	26 962
18	Capital transfers payable to the rest of the world	5 763	4 835	5 458	6 531	6 809	8 234	7 695	7 388
19	Gross capital formation	2 087 703	2 262 682	2 283 613	1 911 587	2 011 417	2 112 321	2 005 186	1 953 017
20	Acquisitions less disposals of non-financial non-produced assets	514	-669	1 202	985	692	659	9 391	-1 775
21	Consumption of fixed capital	1 436 636	1 516 311	1 595 888	1 627 736	1 667 625	1 716 038	1 758 850	1 778 026
22	Net lending / net borrowing	15 762	39 137	-125 114	1 051	19 401	38 191	143 594	224 339
	REAL DISPOSABLE INCOME								
23	Gross domestic product at constant prices, reference year 2005	8 724 590	8 989 273	9 032 304	8 625 201	8 799 826	8 942 060	8 876 984	8 833 289
24	Trading gain or loss	..	..	..	..	..	..	..	..
25	Real gross domestic income	8 675 299	8 944 467	8 914 000	8 614 520	8 722 937	8 790 051	8 695 954	8 694 864
26	Net real primary incomes from the rest of the world	38 314	21 329	-57 814	14 951	40 696	53 618	54 445	53 194
27	Real primary incomes receivable from the rest of the world	558 548	643 668	543 945	451 411	505 426	556 424	532 710	519 335
28	Real primary incomes payable to the rest of the world	520 234	622 339	601 759	436 460	464 730	502 807	478 265	466 141
29	Real gross national income at market prices	8 713 613	8 965 797	8 856 184	8 629 471	8 763 634	8 843 669	8 750 398	8 748 057
30	Net real current transfers from the rest of the world	-95 350	-100 139	-104 508	-106 872	-111 922	-109 726	-112 221	-126 001
31	Real current transfers receivable from the rest of the world	80 177	76 069	73 650	69 505	73 306	80 054	81 983	76 932
32	Real current transfers payable to the rest of the world	175 527	176 208	178 158	176 377	185 228	189 779	194 203	202 933
33	Real gross national disposable income	8 618 265	8 865 657	8 751 677	8 522 597	8 651 709	8 733 945	8 638 177	8 622 057
34	Consumption of fixed capital at constant prices	..	..	..	..	..	..	..	..
35	Real net national income at market prices	7 310 779	7 519 273	7 372 401	7 114 764	7 233 236	7 297 657	7 190 656	7 185 843
36	Real net national disposable income	7 215 430	7 419 133	7 267 893	7 007 890	7 121 311	7 187 933	7 078 436	7 059 844

Note: Detailed metadata:http://metalinks.oecd.org/nav1/20150309/4da2

EURO AREA

Table 4. Population and employment (persons) and employment (hours worked) by industry
ISIC Rev. 4

		2006	2007	2008	2009	2010	2011	2012	2013
	POPULATION, THOUSAND PERSONS, NATIONAL CONCEPT								
1	Total population	327 664.4	329 557.4	331 320.9	332 422.6	333 289.7	334 206.1	335 112.5	335 818.5
2	Economically active population	..	..	..	..	..	..	..	..
3	Unemployed persons	..	..	..	..	..	..	..	..
4	Total employment	..	..	..	..	..	..	..	..
5	Employees	..	..	..	..	..	..	..	..
6	Self-employed	..	..	..	..	..	..	..	..
	TOTAL EMPLOYMENT, THOUSAND PERSONS, DOMESTIC CONCEPT								
7	Agriculture, forestry and fishing	5 601.0	5 486.0	5 382.0	5 263.0	5 198.0	5 087.0	5 006.0	4 936.0
8	Industry, including energy	24 810.0	24 858.0	24 941.0	23 683.0	22 980.0	22 969.0	22 792.0	22 485.0
9	Manufacturing	22 929.0	22 974.0	23 067.0	21 798.0	21 075.0	21 064.0	20 893.0	20 600.0
10	Construction	11 355.0	11 814.0	11 551.0	10 783.0	10 331.0	9 962.0	9 508.0	9 079.0
11	Distrib. trade, repairs; transp.; accommod., food serv. activ.	36 481.0	37 301.0	37 666.0	37 017.0	36 891.0	37 073.0	36 884.0	36 626.0
12	Information and communication	3 873.0	3 936.0	4 018.0	3 989.0	3 932.0	3 978.0	4 009.0	4 016.0
13	Financial and insurance activities	4 109.0	4 158.0	4 169.0	4 157.0	4 099.0	4 073.0	4 059.0	4 012.0
14	Real estate activities	1 476.0	1 533.0	1 557.0	1 480.0	1 476.0	1 485.0	1 484.0	1 465.0
15	Prof., scientif., techn. activ.; admin., support service activ.	17 039.0	17 909.0	18 453.0	18 024.0	18 329.0	18 792.0	18 893.0	18 937.0
16	Public admin.; compulsory s.s.; education; human health	33 880.0	34 245.0	34 661.0	35 072.0	35 433.0	35 437.0	35 394.0	35 339.0
17	Other service activities	9 929.0	10 113.0	10 239.0	10 360.0	10 375.0	10 376.0	10 437.0	10 419.0
18	**Total employment**	**148 552.0**	**151 353.0**	**152 638.0**	**149 829.0**	**149 042.0**	**149 232.0**	**148 465.0**	**147 315.0**
	EMPLOYEES, THOUSAND PERSONS, DOMESTIC CONCEPT								
19	Agriculture, forestry and fishing	2 096.0	2 071.0	2 021.0	1 983.0	2 022.0	2 013.0	1 987.0	2 005.0
20	Industry, including energy	23 165.0	23 213.0	23 309.0	22 138.0	21 504.0	21 514.0	21 355.0	21 085.0
21	Manufacturing	21 328.0	21 372.0	21 478.0	20 296.0	19 641.0	19 648.0	19 498.0	19 241.0
22	Construction	9 023.0	9 388.0	9 156.0	8 428.0	8 007.0	7 676.0	7 270.0	6 899.0
23	Distrib. trade, repairs; transp.; accommod., food serv. activ.	29 288.0	30 139.0	30 592.0	30 193.0	30 150.0	30 353.0	30 237.0	30 077.0
24	Information and communication	3 394.0	3 475.0	3 558.0	3 539.0	3 482.0	3 513.0	3 536.0	3 546.0
25	Financial and insurance activities	3 722.0	3 765.0	3 780.0	3 771.0	3 715.0	3 689.0	3 666.0	3 621.0
26	Real estate activities	1 178.0	1 222.0	1 238.0	1 164.0	1 156.0	1 167.0	1 169.0	1 159.0
27	Prof., scientif., techn. activ.; admin., support service activ.	13 435.0	14 188.0	14 668.0	14 268.0	14 505.0	14 875.0	14 956.0	14 976.0
28	Public admin.; compulsory s.s.; education; human health	32 023.0	32 343.0	32 730.0	33 100.0	33 418.0	33 387.0	33 316.0	33 250.0
29	Other service activities	8 311.0	8 465.0	8 564.0	8 671.0	8 651.0	8 630.0	8 641.0	8 618.0
30	**Total employees**	**125 636.0**	**128 267.0**	**129 616.0**	**127 254.0**	**126 611.0**	**126 817.0**	**126 133.0**	**125 236.0**
	SELF-EMPLOYED, THOUSAND PERSONS, DOMESTIC CONCEPT								
31	Agriculture, forestry and fishing	3 505.0	3 416.0	3 361.0	3 280.0	3 175.0	3 074.0	3 019.0	2 931.0
32	Industry, including energy	1 645.0	1 645.0	1 633.0	1 545.0	1 475.0	1 455.0	1 437.0	1 401.0
33	Manufacturing	1 601.0	1 601.0	1 589.0	1 502.0	1 434.0	1 416.0	1 395.0	1 360.0
34	Construction	2 332.0	2 427.0	2 395.0	2 355.0	2 324.0	2 286.0	2 238.0	2 180.0
35	Distrib. trade, repairs; transp.; accommod., food serv. activ.	7 193.0	7 162.0	7 074.0	6 824.0	6 740.0	6 721.0	6 647.0	6 549.0
36	Information and communication	479.0	462.0	460.0	450.0	450.0	465.0	473.0	470.0
37	Financial and insurance activities	386.0	393.0	389.0	386.0	384.0	385.0	393.0	391.0
38	Real estate activities	298.0	311.0	319.0	316.0	320.0	318.0	315.0	306.0
39	Prof., scientif., techn. activ.; admin., support service activ.	3 604.0	3 721.0	3 785.0	3 756.0	3 823.0	3 917.0	3 937.0	3 961.0
40	Public admin.; compulsory s.s.; education; human health	1 857.0	1 902.0	1 931.0	1 972.0	2 015.0	2 049.0	2 078.0	2 089.0
41	Other service activities	1 618.0	1 648.0	1 675.0	1 689.0	1 724.0	1 745.0	1 796.0	1 801.0
42	**Total self-employed**	**22 916.0**	**23 085.0**	**23 021.0**	**22 574.0**	**22 431.0**	**22 415.0**	**22 333.0**	**22 078.0**
	TOTAL EMPLOYMENT, MILLION HOURS, DOMESTIC CONCEPT								
43	Industry, including energy	41 235.0	41 410.3	41 412.8	37 602.7	37 214.1	37 494.7	36 704.9	36 237.9
44	Distrib. trade, repairs; transp.; accommod., food serv. activ.	61 395.6	62 872.0	63 547.9	61 571.8	61 281.3	61 545.9	60 348.4	59 586.1
45	Financial and insurance activities	6 613.6	6 698.1	6 732.8	6 662.0	6 564.4	6 555.2	6 500.7	6 406.0
46	Prof., scientif., techn. activ.; admin., support service activ.	26 508.0	27 877.7	28 848.4	27 873.4	28 486.8	29 239.7	29 160.2	29 043.4
47	Public admin.; compulsory s.s.; education; human health	48 769.3	49 257.3	49 834.8	50 161.9	50 463.0	50 620.8	50 398.8	50 148.7
48	**Total employment**	**240 155.9**	**244 936.4**	**246 713.0**	**238 018.2**	**236 991.4**	**237 623.3**	**233 790.2**	**231 003.9**
	EMPLOYEES, MILLION HOURS, DOMESTIC CONCEPT								
49	Industry, including energy	37 672.6	37 817.5	37 846.1	34 264.5	33 984.8	34 335.4	33 603.7	33 237.7
50	Distrib. trade, repairs; transp.; accommod., food serv. activ.	45 102.4	46 570.9	47 444.3	46 075.5	45 923.5	46 241.9	45 292.7	44 756.3
51	Financial and insurance activities	5 781.8	5 856.6	5 900.7	5 834.3	5 740.8	5 734.8	5 674.8	5 586.5
52	Prof., scientif., techn. activ.; admin., support service activ.	19 437.3	20 576.4	21 416.3	20 541.3	21 003.4	21 593.1	21 539.9	21 384.6
53	Public admin.; compulsory s.s.; education; human health	45 555.7	45 973.4	46 512.1	46 770.3	47 032.7	47 105.8	46 878.0	46 634.2
54	**Total employees**	**190 834.0**	**195 129.9**	**197 322.5**	**189 950.7**	**189 336.1**	**190 125.3**	**186 942.1**	**184 740.4**
	SELF-EMPLOYED, MILLION HOURS, DOMESTIC CONCEPT								
55	Industry, including energy	3 562.3	3 592.7	3 566.7	3 338.3	3 229.3	3 159.2	3 101.2	3 000.2
56	Distrib. trade, repairs; transp.; accommod., food serv. activ.	16 293.1	16 301.0	16 103.6	15 496.3	15 357.9	15 304.0	15 055.7	14 829.7
57	Financial and insurance activities	831.7	841.6	832.1	827.7	823.6	820.5	825.8	819.6
58	Prof., scientif., techn. activ.; admin., support service activ.	7 070.7	7 301.3	7 432.2	7 332.2	7 483.5	7 646.7	7 620.3	7 658.8
59	Public admin.; compulsory s.s.; education; human health	3 213.7	3 283.9	3 322.8	3 391.6	3 430.3	3 515.0	3 520.8	3 514.6
60	**Total self-employed**	**49 321.9**	**49 806.4**	**49 390.4**	**48 067.5**	**47 655.3**	**47 498.0**	**46 848.1**	**46 263.6**

Note: Detailed metadata:http://metalinks.oecd.org/nav1/20150309/16d5

ORGANISATION FOR ECONOMIC CO-OPERATION AND DEVELOPMENT

The OECD is a unique forum where governments work together to address the economic, social and environmental challenges of globalisation. The OECD is also at the forefront of efforts to understand and to help governments respond to new developments and concerns, such as corporate governance, the information economy and the challenges of an ageing population. The Organisation provides a setting where governments can compare policy experiences, seek answers to common problems, identify good practice and work to co-ordinate domestic and international policies.

The OECD member countries are: Australia, Austria, Belgium, Canada, Chile, the Czech Republic, Denmark, Estonia, Finland, France, Germany, Greece, Hungary, Iceland, Ireland, Israel, Italy, Japan, Korea, Luxembourg, Mexico, the Netherlands, New Zealand, Norway, Poland, Portugal, the Slovak Republic, Slovenia, Spain, Sweden, Switzerland, Turkey, the United Kingdom and the United States. The European Commission takes part in the work of the OECD.

OECD Publishing disseminates widely the results of the Organisation's statistics gathering and research on economic, social and environmental issues, as well as the conventions, guidelines and standards agreed by its members.